Database Management

데이터베이스 관리론

이춘열·김인재 지음

박영사

머 리 말

최근처럼 데이터관리가 일반 대중의 관심사로 대두한 적은 별로 없을 것이다. 이전까지 데이터관리는 정보시스템 종사자들의 전문 분야로 인식되어 왔다. 그러나 고객 정보 유출이나 거래 내역 데이터 훼손들이 대중 매체를 통하여 연일 보도되면서 이제는 일반인들의 관심으로 등장하고 있다.

데이터베이스는 기업 활동의 중심이 되는 인공 신경망이라고 할 수 있다. 기업의 모든 거래활동들은 데이터베이스(operational database)에 저장된다. 따라서 기업 운영에 필요한 데이터들을 파악하고, 이들을 저장할 데이터베이스를 모델링하는 것은 기업 성공을 위한 핵심 과제라고 할 수 있다. 바꾸어 말하면 데이터베이스를 설계한다는 것은 기업 활동을 위한 골격을 구성하는 것이라고 할 수 있다.

건물의 골격이 잘 설계되었을 때, 안전하고 사용하기 편리한 건물이 만들어질 수 있는 것처럼, 기업의 골격이 잘 설계되었을 때 기업 활동이 효과적으로 이루어질 수 있다. 그리고 이러한 기업 골격을 결정하는 주요 과업이 데이터베이스를 설계하는 일이다.

본 교재는 데이터베이스 설계를 위하여, 구성원들이 알아야 할 기본적인 내용들을 사용자 중심으로 소개한다. 특히 데이터관리가 정착됨에 따라 데이터가 조직의 주요 자원으로 인식되고 데이터관리가 기업 경쟁력의 주요 요인으로 인식되고 있다. 본 교재는 이러한 데이터관리 추세를 충분히 반영하도록 노력하였다.

- 제1부에서는 데이터베이스 설계를 위하여 데이터관리를 정보시스템의 관점에서 살펴보고, 데이터베이스의 개발 절차를 총괄적으로 살펴본다.

- 제2부에서는 데이터베이스에 저장할 데이터들을 정의하는 과정을 살펴본다. 이를 데이터베이스의 개념설계라고 하는데, 이를 위한 주 도구인 개체관계모형을 소개하고 이를 사용하여 데이터베이스에 저장할 데이터들을 정의하는 과정을 살펴본다.
- 제3부에서는 데이터베이스에 저장할 데이터들을 관계형 데이터베이스로 표현하는 과정을 살펴본다. 이를 데이터베이스의 논리설계라고 하는데, 이를 위하여 관계형 데이터모형과 이의 특성을 이론적으로 학습한다. 그리고 데이터베이스의 논리설계 기법들을 학습하고, 정규형과 함수종속성과 같은 관계형 데이터베이스 설계를 위한 개념들을 학습한다.
- 제4부에서는 데이터베이스를 구축하는 과정을 살펴본다. 이를 데이터베이스의 물리설계라고 하는데, 데이터들이 저장매체에 기록되는 구조를 살펴보고 효과적으로 데이터들을 저장하기 위한 방안에 대하여 학습한다. 그리고 데이터 보안 등을 살펴본다.
- 제5부에서는 데이터베이스 설계의 마지막 과정으로서, 전사적 데이터관리, 데이터 품질 및 최근 그 중요성이 강조되고 있는 마스터데이터관리 등에 대하여 살펴본다.

본 교재는 데이터베이스관리시스템을 개발하거나 운영하는 엔지니어의 관점이 아니라 데이터베이스를 설계하고 운영하는 사용자의 관점에서 저술되었다. 따라서 컴퓨터 시스템에 대한 전문 지식이 없는 독자들도 데이터관리와 데이터베이스 설계에 대하여 쉽게 학습할 수 있으리라 기대한다.

모든 배움에 있어서 안다는 것과 실행하는 것은 큰 차이를 가진다. 본 교재는 가능한 독자들이 데이터베이스관리에 대한 이론적 지식을 학습하면서 실제로 데이터베이스 구축 과정을 따라가는 느낌을 느낄 수 있도록 하고자 노력하였다. 이를 통하여 독자들이 이 책을 공부하고 난 뒤에는 힘든 프로젝트를 완성하고 난 뒤의 기쁨을 스스로 느낄 수 있기를 바란다.

2011. 6. 이춘열

김인재

차 례

제 1 부 개 요

01 정보시스템과 데이터관리 ······ 3

1.1 시스템, 기업시스템 및 정보시스템 | 3
1.1.1 시스템의 기본 개념 4
1.1.2 정보시스템 7
1.2 정보시스템과 데이터관리의 중요성 | 11
1.2.1 데이터와 정보 12
1.2.2 데이터 계층 13
1.3 데이터관리시스템 | 15
1.3.1 데이터관리시스템 유형 15
1.3.2 파일시스템의 데이터관리 구조 20
1.3.3 데이터베이스시스템의 데이터관리 구조 24
● 요약 | 30

02 데이터베이스시스템 개발 절차 ······ 33

2.1 정보시스템의 개발 | 33
2.1.1 정보시스템 개발 패러다임: 실제 현상의 투사 패러다임 34
2.1.2 정보시스템 개발 방법론 35
2.2 데이터베이스의 개발 | 40
2.2.1 데이터베이스 모형의 3계층 구조 40
2.2.2 데이터베이스의 개발 단계 43
● 요약 | 45

제 2 부 개체관계모형과 개념설계

03 개체관계모형 ······ 49

3.1 개체관계모형의 모델링 시각 | 50
3.2 개체관계모형의 구성요소 | 53
3.3 개체(Entity) | 53
3.3.1 개체와 개체유형 53
3.3.2 개체의 식별기준 55
3.3.3 의존개체와 일반개체 56
3.4 개체의 표현 | 58
3.4.1 속 성 58
3.4.2 속성치 영역 또는 도메인 62
3.4.3 주 키 63
3.4.4 주키의 기준 65
3.5 관 계 | 67
3.5.1 관계의 항수 69
3.5.2 관계의 식별기준 72
3.5.3 관계의 대응개체수 75
3.5.4 관계의 대응개체수와 시간적 영속성 79
3.6 관계의 표현 | 80
3.6.1 속 성 80
3.6.2 주 키 81
3.7 일반화/세분화 관계 | 81
3.7.1 일반화/세분화의 표현 81
3.7.2 세분화의 목적 82
3.7.3 세분화의 적용 기준 85
3.8 개체관계도 | 88
3.8.1 개체관계도의 기본 모형 88
3.8.2 개체관계도의 예시 89
3.9 개체 릴레이션과 관계 릴레이션 | 90

3.9.1 개체 릴레이션 91
3.9.2 관계 릴레이션 93
3.9.3 일반화/세분화 관계 릴레이션의 표현 94
3.9.4 개체관계모델링과 관계형 데이터베이스 개념설계 95
● 요약 | 97

04 개체관계모형의 설계 99

4.1 요구정의: 시나리오의 작성 | 100
4.1.1 시나리오와 실제 현상 투사 패러다임 100
4.1.2 시나리오의 예제 101
4.2 개체, 관계 및 속성의 식별 | 102
4.3 개체의 정의 | 109
4.3.1 개체의 생성 및 이름 부여 109
4.3.2 속성의 정의 111
4.4 관계의 정의 | 118
4.4.1 관계의 생성 및 이름 부여 118
4.4.2 속성의 정의 123
4.5 관계의 개체화 | 125
4.6 대응개체수의 표현방법 | 127
4.6.1 개체중심 표현방법 127
4.6.2 관계중심 표현방법 129
● 요약 | 132

05 개체관계모델링의 일반적 오류 133

5.1 개체관계모형의 분석기준 | 134
5.1.1 오류의 종류 135
5.1.2 분석절차 140
5.2 일반적 오류 유형 | 141
5.2.1 문법적 오류 141
5.2.2 요구정의 오류 150
5.2.3 모형화 오류 151

5.3 사례분석 | 158
● 요약 | 164

제 3 부 관계형 데이터모형과 논리설계

06 관계형 데이터모형 167

6.1 관계형 데이터 구조 | 167
6.1.1 속성 및 속성치 영역 168
6.1.2 릴레이션과 릴레이션 구조 170
6.1.3 릴레이션의 주키 173
6.1.4 릴레이션의 특성 176
6.1.5 데이터베이스와 데이터베이스 구조 179
6.2 무결성 법칙 | 181
6.2.1 속성치 조건 181
6.2.2 개체 무결성 법칙 182
6.2.3 참조 무결성 법칙 183
6.2.4 업무 제약 조건 184
6.3 관계형 연산자 | 185
6.3.1 집합 연산자 185
6.3.2 선택 연산자 189
6.3.3 투사 연산자 192
6.3.4 조인 연산자 193
6.3.5 카티션적 200
6.3.6 나눗셈(Division) 201
6.4 SQL | 203
6.4.1 데이터 정의어 204
6.4.2 데이터 조작어 207
6.4.3 데이터베이스 권한 관리어 211
6.4.4 비절차 언어로서의 SQL과 질의 최적화 212

6.5 관계형 데이터모형의 제약 | 215
6.5.1 비 단순 데이터의 표현 215
6.5.2 계층적 정보의 검색 217
6.5.3 속성명의 검색 219
● 요약 | 221

07 함수종속성과 정규형 223

7.1 관계형 데이터베이스에서 데이터관리의 문제점 | 223
7.1.1 자료의 중복 관리 224
7.1.2 자료관리의 모순 225
7.1.3 잘 설계된 릴레이션 226
7.2 함수종속성 | 227
7.2.1 정 의 227
7.2.2 함수종속성의 법칙 228
7.2.3 함수종속성의 유형 232
7.2.4 릴레이션의 주키와 함수종속성 234
7.3 정 규 형 | 236
7.3.1 제 1 정규형 릴레이션 237
7.3.2 제 2 정규형 릴레이션 238
7.3.3 제 3 정규형 릴레이션 239
7.3.4 보이스-카드 정규형 릴레이션 241
7.3.5 제 4 정규형 245
7.3.6 추가적인 정규형 248
7.4 정규형과 릴레이션 구조 분석 | 248
● 요약 | 251

08 관계형 데이터베이스 논리설계 253

8.1 관계형 데이터베이스의 설계 목표와 설계 방법론 | 254
8.1.1 데이터베이스 스키마의 평가 척도 254
8.1.2 완전 데이터베이스 스키마 256
8.1.3 설계 방법론 257

8.2 분할에 의한 정규화 | 258
8.2.1 분할의 기준과 무손실 분할 259
8.2.2 분할의 절차 261
8.3 개체관계모형을 이용한 설계 방법 | 266
8.3.1 정 규 화 267
8.3.2 릴레이션 수의 최소화 269
8.4 통합 알고리즘 | 277
8.4.1 절 차 277
8.4.2 사 례 279
8.4.3 통합 알고리즘의 단점 282
● 요약 | 283

제 4 부 데이터베이스 구축 및 운용

09 관계형 데이터베이스 물리설계 287
9.1 트랜잭션 | 287
9.1.1 트랜잭션의 정의 288
9.1.2 트랜잭션의 분석 289
9.1.3 데이터베이스 활용도 293
9.2 데이터베이스의 저장 구조와 인덱스 | 295
9.2.1 데이터베이스의 저장 구조 295
9.2.2 인덱스와 데이터 검색 301
9.2.3 이진 검색과 B+ 트리 304
9.3 뷰의 설계 | 310
9.3.1 뷰의 기능 310
9.3.2 뷰의 활용과 데이터의 저장 형식 313
9.4 데이터베이스 물리설계의 기준 | 316
9.4.1 비정규화 316
9.4.2 집계 테이블 또는 유추 데이터 319
9.4.3 테이블의 분할 321

9.4.4 코드 테이블의 통합 321
● 요약 | 323

10 데이터베이스 운영과 보안 325

10.1 데이터베이스의 무결성 | 325
10.1.1 트랜잭션의 무결성 326
10.1.2 데이터 갱신의 무결성 330
10.2 동시성 관리 | 333
10.2.1 동시성 관리의 목표 333
10.2.2 동시적 트랜잭션 실행의 현안 334
10.2.3 잠 금 338
10.2.4 교착 상태 343
10.3 데이터베이스의 파손과 복구 | 347
10.3.1 파손의 유형 347
10.3.2 로그 파일 350
10.3.3 데이터베이스의 복구 알고리즘 353
10.4 데이터 보안 | 356
10.4.1 데이터베이스에 대한 보안 356
10.4.2 컴퓨터 시스템에 대한 보안 359
● 요약 | 361

제5부 전사적 데이터관리

11 정보자원관리 365

11.1 정보자원관리의 대상 | 365
11.2 정보자원관리 활동 | 366
11.3 정보자원관리시스템 | 368
● 요약 | 372

12 기업정보흐름과 마스터데이터관리 ········· 373

12.1 기업정보의 흐름 | 374
12.2 비즈니스 인텔리전스의 구성요소 | 376
12.3 분석질의와 다차원 데이터모형: 스타 스키마 | 380
12.3.1 사실 테이블 382
12.3.2 차원 테이블 385
12.4 비즈니스 인텔리전스 솔루션의 기능 | 387
12.5 마스터데이터관리 | 389
12.5.1 마스터데이터의 식별 390
12.5.2 용어 표준화 392
12.5.3 마스터데이터의 공유 393
● 요약 | 395

13 데이터 품질 ········· 397

13.1 데이터의 품질 프레임워크 | 397
13.2 품질 차원 | 404
● 요약 | 412

영문색인 ········· 413
국문색인 ········· 417

제 1 부
개 요

01 정보시스템과 데이터관리
02 데이터베이스시스템 개발 절차

DATABASE MANAGEMENT

01 개 요

제1장 정보시스템과 데이터관리

제2장 데이터베이스시스템 개발 절차

01 Database Management

정보시스템과 **데이터관리**

우리는 일상생활에서 수많은 형태의 시스템과 접촉한다. 우주시스템의 일부인 태양계, 그 중에서도 지구시스템이라는 자연계(시스템)에서 숨쉬며 생활하고 있다. 우리가 즐기는 강과 산은 지정학적 시스템의 일부이며, 질병을 퇴치하기 위하여 생물학적 시스템을 연구한다. 이렇듯이 세상은 사람에 의해 만들어진 인공시스템과 자연적으로 존재하는 자연시스템으로 구성되어 있다.

데이터베이스를 포함하는 정보시스템 또한 인위적으로 만들어진 인공시스템의 하나이다. 따라서 정보시스템의 설계자 및 관리자는 대상시스템들을 잘 이해하고 이에 대한 진문 지식을 보유하여야 한다.

본 장에서는 일반적인 시스템에 대한 개념들을 살펴본다. 나아가 정보시스템의 역할 및 정보시스템에서의 데이터베이스의 역할에 대하여 학습한다.

1.1 시스템, 기업시스템 및 정보시스템

광대한 우주시스템에서부터 미세한 세포시스템까지, 자연적인 환경시스템에서부터 인공적인 건축물시스템까지, 이 세상에는 서로 다른 수없이 많은 시스템이 존재한다. 이들의 서로 다른 모든 시스템을 공통의 시각으로 분석할 때 하나의 광의의 시스템으로 모델화할 수 있으며, 이것이 시스템의 기본개념이다.

1.1.1 시스템의 기본 개념

시스템(system)이란 공동의 목표를 지향하는 서로 연관된 구성요소들의 유기적 집합체이다. 이 세상에는 다양한 형태의 시스템이 존재한다. 이런 다양한 형태의 시스템을 도형화하여 나타내는 방법 또한 시스템 유형에 따라 서로 다른 형태를 갖는다. 예를 들면, 인간의 육체는 인체구성도로 표현되며 정부 구성은 행정기구표로, 자동차 구성은 설계도로 표현된다.

시스템별 특징을 나타내는 방법으로서 가장 일반적인 것은 시스템을 다음과 같이 여섯 가지 요소로서 정의하는 방법이다.

- 입력(input): 시스템 활동을 위하여 모든 자원(resource)을 주변 환경으로부터 시스템으로 입력하는 기능.
- 처리(process): 입력된 자원을 가치 있는 산출물로 변환하는 활동 또는 그 개체.
- 출력(output): 시스템의 처리 활동 결과물인 산출물을 출력하는 기능.
- 피드백(feedback): 시스템 활동에 대한 평가 결과를 시스템으로 재입력하는 기능(피드백에는 시스템 내부로부터의 피드백과 외부환경으로부터의 피드백이 있다).
- 환경(environment): 시스템 활동에 영향을 미치는 시스템 외부의 모든 대상체들.
- 경계(boundary): 시스템을 외부환경으로부터 분리하는 경계.

IPO 차트

시스템을 입력, 처리, 출력 및 피드백 등의 구성요소로 파악하고, 이를 그림 1-1과 같은 형태의 도형으로 표현한 것을 IPO 차트(Input-Process-Output chart)라고 한다.

상위시스템과 하위시스템

시스템을 분해하면 이를 구성하는 또 다른 시스템들을 파악할 수 있는데 이들을 하위시스템이라고 한다. 하위시스템(sub system)이란 단순히 시스템내

그림 1-1 시스템의 IPO 차트

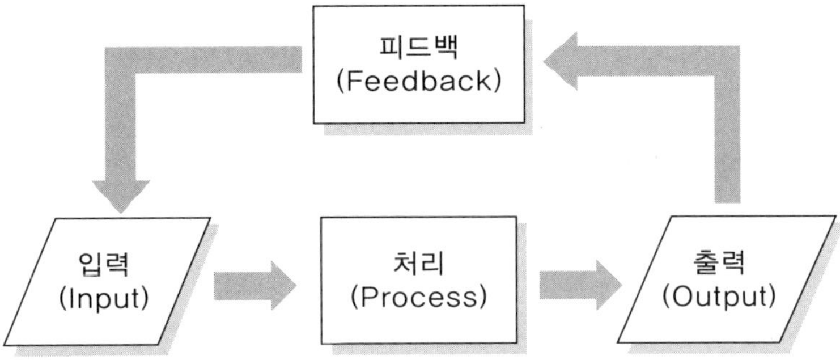

의 시스템, 즉 시스템을 구성하는 또 다른 시스템으로 정의할 수 있다.

예를 들면, 자동차는 그 자체로 하나의 시스템이다. 그러나 이는 다시 엔진부, 본체부, 세시부 등의 하위시스템으로 구성된다. 엔진부는 다시 카뷰레터 시스템, 발전시스템, 연료시스템 등의 하위-하위시스템(sub-sub system)으로 구성되어진다. 이렇게 단계를 내려가면 최종적으로 더 나뉠 수 없는 단위부품 단계까지 분할할 수 있다.

복잡한 시스템을 이해하기 위한 가장 기본적인 방법론은 대상시스템을 우리가 이해할 수 있는 하위시스템으로 분할(decomposition)하는 것이다. 우리가 관심을 가지는 시스템이 큰 시스템의 일부분이라면, 그 모(母)시스템을 상위시

그림 1-2 하위시스템과 단위부품

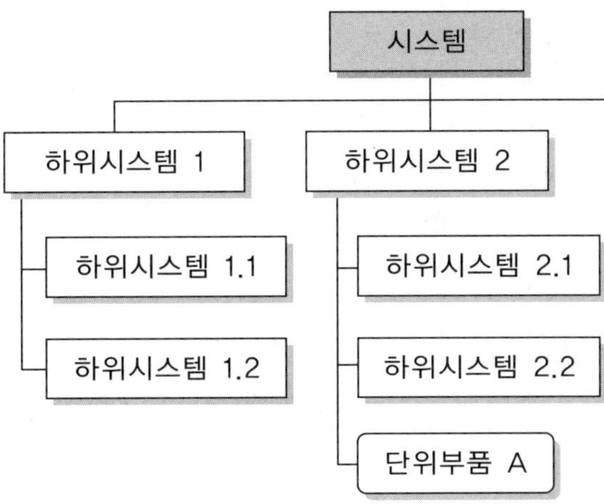

스템(super system)이라 한다.

예를 들면 공군은 시스템이며, 그 모체(母體)인 국군의 한 부분이다. 따라서 공군의 상위시스템은 국군이며, 국군의 하위시스템 중 하나가 공군인 것이다.

물리적 시스템과 논리적 시스템

물리적 시스템(physical system)이란 눈으로 확인할 수 있는 물리적 자원(physical resource)으로 구성되어진 시스템을 말한다. 이에 반하여 자료나 정보 또는 사상이나 경영철학 등의 논리적 자원(conceptual resource)을 사용하는 시스템을 논리적 시스템(conceptual system)이라 한다. 논리적 시스템은 물리적 시스템의 상태 등을 표현한다.

예를 들면, 강의실, 실험실, 연구실 등으로 구성된 '대학캠퍼스'는 물리적 시스템이다. 그러나 교육목표와 재단의 육영방침이 수립되어 있는 '대학'은 논리적 시스템이다. 또한 컴퓨터 하드웨어는 물리적 시스템이다. 그러나 하드디스크에 저장되어 있는 자료 또는 정보는 어떤 물리적 시스템을 나타내는 논리적 시스템이다.

다음은 미국의 크라이슬러(Chrysler) 자동차를 되살려낸 아이아코카 회장(Lee Iacocca)의 어록(語錄) 중에서 물리적 시스템과 논리적 시스템을 나타내는 일부를 발췌한 것이다.

> "내가 회장으로 취임한 몇 달 후, 나는 경악스러운 점을 발견하였다. Chrysler는 자금이 바닥나고 있었다. 그러나 나는 Chrysler에는 자금통제기능이 전혀 없다는 것을 발견하였다. 자금계획과 프로젝트계획 등을 수립할 때면, 회사 내의 자금상황이 어떤지에 대한 전반적인 이해를 하고 있는 사람이 아무도 없었다. 나는 아무것도 알아낼 수 없었으며 나의 경험 중에서 아마도 이때가 최고로 혼돈된 경우였을 것이다. 나는 이미 Chrysler의 경쟁력 없는 자동차에 대하여 알았으며, 나쁜 기업문화와 퇴보되어 가고 있는 공장에 대하여도 파악하고 있었다. 그러나 회사의 기본적인 문제를 해결하기 위하여, 가장 기본적인 계수(計數)를 파악할 수 없었을 때는, 나는 어떻게 해볼 도리가 없었다."

즉 Lee Iacocca는 Chrysler의 물리적 시스템의 나쁜 상태에 대하여는 방안이 있었으나, 논리적 시스템의 나쁜 상태에 대하여는 대비하지 못하였음을 이야기하고 있다.

시스템이 '무엇인가' (What it is)를 이해하기 위해서는 물리적 시스템이 중요한 반면, 논리적 시스템은 물리적 시스템을 나타내기에 중요한 것이다. 예를 들면, 기업을 분석하기 위해서는 '어느 부서의, 어느 사람이, 어떤 서류를 취급하는가?' 등의 물리적 시스템을 이해해야 함과 동시에 그 회사에서 '어떤 기능, 어떤 절차에 따라 일을 처리하는가?' 등의 논리적 시스템도 같이 이해해야 한다.

1.1.2 정보시스템

정보시스템이란 의사결정자가 문제해결을 위한 최적의 의사결정을 할 수 있도록, 관찰된 사실인 자료를 의사결정에 유용한 형태인 정보로 변형하여 제공하는 시스템을 말한다. 정보시스템은 그 대상이 무엇이냐에 따라 여러 유형으로 분류할 수 있으나 일반적으로 기업을 대상으로 한 컴퓨터화된 정보시스템(CBIS: Computer Based Information System)으로 정의한다. 컴퓨터화된 정보시스템(CBIS) 또는 약칭으로 정보시스템(IS: Information System)이란 컴퓨터만으로 구성된 것이 아닌 사람, 절차, 문서, 데이터베이스, 하드웨어, 소프트웨어 등으로 구성된 논리적 시스템이다.

정보시스템의 구성요소

정보시스템의 구성요소로는 하드웨어, 소프트웨어, 데이터베이스, 통신네트워크, 문서, 절차, 인간 등이 있다.

- 하드웨어(hardware)란 컴퓨터장치와 통신망들을 말하며 소프트웨어(software)란 업무처리절차를 컴퓨터언어로 나타낸 프로그램을 말한다. 하드웨어와 소프트웨어를 총칭하여 컴퓨터시스템이라고 하는데, 컴퓨터시스템이 정보시스템의 주요 구성요소임은 말할 나위가 없다.
- 아무리 우수한 컴퓨터시스템이 존재하더라도 양질의 자료가 축적된 데이터베이스(database)가 없다면 이 컴퓨터시스템은 무용지물이 될 것이다. 이는 잘 건축되어진 도서관에 책이 많이 없는 것과 같다고 할 수 있다.
- 지역적으로 분리된 하드웨어나 소프트웨어 또는 데이터베이스를 분산

된 지역에 있는 사용자들이 사용할 수 있게 연결하는 것이 통신 네트워크(data communications and network)이다. 통신 네트워크는 최근 이의 중요성이 강조됨에 따라 컴퓨터시스템으로부터 분리되어 독자적으로 인식되게 되었다.

- 문서(document) 또는 문서화(documentation)가 정보시스템의 구성요소로서 중요한 이유는 정보시스템이 살아 있는 생명체와 같아서 지속적으로 변화되고 확장되기 때문이다. 즉 정보시스템은 개발이 끝난 시점에서부터 유지보수 또는 수정 및 확장이 시작되기 때문에 개발과정에서 정보시스템의 설계 등에 관한 문서화가 잘 이루어져 있어야만 유지보수가 용이하다. 빌딩을 건립한 후에 일부를 증축하거나 구조변경을 하기 위해서는 건물의 설계도가 있어야만 하는 것과 같은 이유이다. 만약 설계도가 없다면 건축물에 대한 증축 또는 구조변경 등이 불가능할 것이다. 우리는 서울과 같은 대도시가 지하 매설물에 대한 상세한 설계도 없이 하수도, 전기선로 등을 추가 매설하기 위한 굴착작업을 하다가 많은 시행착오를 겪으며 막대한 예산을 낭비하는 것을 보아 왔다. 따라서 모든 시스템에서 주된 관심사는 개발비용보다도 이를 유지관리하는 비용임을 잘 알 수 있다. 정보시스템도 이와 같아서 개발보다는 유지보수에 초점을 맞추어야 하며 정보시스템의 주요 구성요소 중의 하나로서 문서화를 강조하는 것도 이와 같은 이유이다.
- 오늘날의 기업에서 업무처리의 비효율은 이를 처리하는 시스템의 문제가 아닌 절차(procedure)의 문제로 인식하고 있다. 따라서 비효율적인 업무처리 절차를 경영혁신(BPR: Business Process Reengineering) 등의 방법을 통하여 과감히 개선하지 않는 한, 정보시스템의 효율성 및 기업의 효율성을 제고할 수 없다. 컴퓨터 프로그램을 개선하여 두 배만큼 속도를 향상시켰다면 몇 초의 개선이 이루어지나 업무처리 절차를 개선하면 며칠 또는 몇 시간의 처리속도 개선효과를 이룰 수가 있다.
- 첨단의 제조설비를 갖춘 공장이더라도 이를 활용할 인력이 부재하다면 양질의 제품을 생산할 수가 없을 것이다. 이와 마찬가지로 정보시스템의 구성요소 중의 하나인 인간(man) 또한 이의 중요성을 강조할

필요가 없을 만큼 주요한 구성요소이다. 정보시스템의 구성요소로서 의 인간은 개발자(developer)와 최종사용자(end-user)의 두 가지 유형이 존재한다. 정보시스템 개발자의 기술적 숙련도는 당연히 강조되어져야 한다. 그리고 현대의 정보시스템에서는 최종사용자 또한 매우 중요한 구성요소로서 강조되고 있다.

결론적으로 요약하면 "정보시스템은 기업시스템의 하위시스템으로서 변화와 확장을 염두에 둔 유지보수성이 강조되어야 하며, 업무처리 절차의 개선을 통한 기업혁신에 기여할 수 있어야 하며, 기업 또는 최종사용자를 위한 시스템이 되어야 한다"라고 정의할 수 있다.

정보시스템의 조직 기능적 분류

조직 기능적 분류는 정보시스템이 조직의 기능부서들 중 어느 부서의 정보 요구를 지원하는가에 따라 분류하는 방법이다. 예를 들면 재무기능을 지원할 경우에는 재무 정보시스템이라고 하며, 생산기능을 지원할 경우에는 생산 정보시스템이라고 한다.

기업에는 마케팅, 생산, 인사 및 자금관리 등의 주요 기능부서가 있다. 기능별 정보시스템(FIS: Functional Information System)이란 이들 각각의 기능부서를 지원하는 정보시스템이다. 따라서 기능별 정보시스템은 세부적으로 다음과 같이 구분된다.

(1) 마케팅기능을 지원하는 마케팅정보시스템(marketing information system)

(2) 생산기능을 지원하는 생산정보시스템(manufacturing information system)

(3) 인사관리기능을 지원하는 인사정보시스템(human resource information system)

(4) 기업자금관리를 지원하는 재무정보시스템(financial information system)

기능별 정보시스템과 더불어 최고경영층을 지원하는 정보시스템을 최고경영자 정보시스템이라고 한다. 최고경영자 정보시스템(EIS: Executive Information System)이란 기업의 전반적인 상황에 대한 정보를 최고경영층에게 제공하는 시스템이다. 따라서 사용법이 쉬워야 하며, 정보형태는 도표 및 멀티미디어형식 등의 요약화된 그래픽형태로 구성되어야 하며, 또한 요약된 종합정보에서

그림 1-3 조직기능에 따른 정보시스템 분류

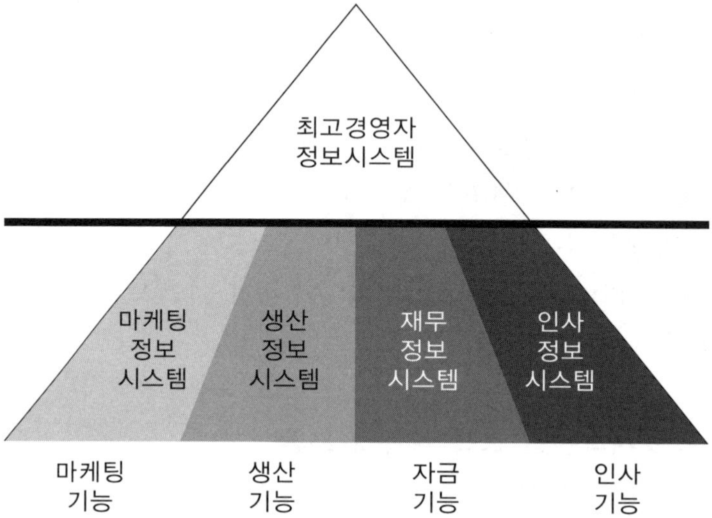

부터 상세한 단위까지 다단계의 정보로 표현되어야 하는 등의 특징을 갖는다.

정보시스템의 기술적 분류

조직기능에 따른 정보시스템의 분류는 모두 정보시스템이 활용되는 환경에 따라 구분한 것들이다. 즉 특정 시스템이 생산정보시스템이란 것은 해당 정보시스템이 생산 활동의 계획이나 관리 통제에 활용된다는 것을 나타낸다. 이와 같이 조직기능에 따른 분류는 외면적 특성에 따른 분류이다.

외면적 특성에 따른 정보시스템의 분류와 대비하여 정보시스템의 기술적 모형은 내부적 구조에 따라 정보시스템의 구성요소들을 분류한다. 정보시스템의 기술적 구성요소들을 개략화하면 그림 1-4와 같다.

- 통신 네트워크는 원격지에서 정보시스템을 사용할 수 있도록 사용자와 정보시스템 또는 정보시스템들을 상호 연결하는 기능이며, 이러한 점에서 이를 전위시스템(front-end system)이라고 한다. 대표적인 통신 네트워크의 유형으로는 웹(Web)기술을 이용하여 인터넷과 같은 공중망을 이용하는 것과 전용 통신망을 이용하는 방법들이 있다.
- 데이터베이스는 정보 처리를 위하여 필요한 원시 자료를 저장하며, 이

그림 1-4 정보시스템의 기술적 모형

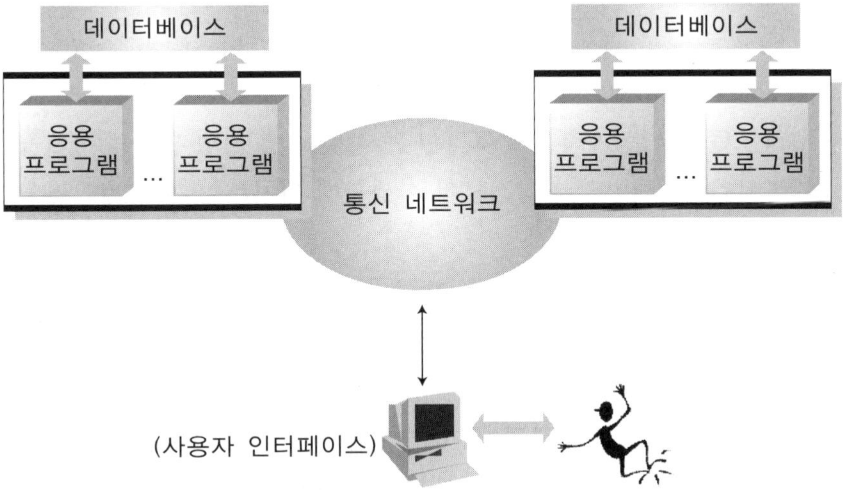

를 응용프로그램들에 제공하며, 처리 결과를 저장관리하는 기능을 수행한다. 따라서 자료들이 데이터베이스에서 어떻게 저장되거나 관리되는지 표면적으로 사용자들에게는 나타나지 않는다. 이러한 점에서 데이터베이스를 후위시스템(back-end system)이라고도 한다.

- 정보시스템의 기능 중 통신과 데이터베이스를 제외한 순수 자료 처리만을 위한 부분을 응용프로그램이라고 한다. 즉, 정보시스템은 통신과 응용프로그램 및 데이터베이스의 결합체라고 할 수 있다.

1.2 정보시스템과 데이터관리의 중요성

인간은 모든 행동에는 판단 또는 의사결정을 수행하며, 이 의사결정에는 단순하든 복잡하든 여러 종류의 자료 또는 정보가 사용된다. 양질의 의사결정을 위해서는 사용되는 자료와 정보의 질이 좋아야 한다.

모든 정보시스템은 정보를 산출해내지만 정보의 질은 천차만별이며, 그 결과 양질의 정보를 소유한 기업이나 조직은 그렇지 못한 기업이나 조직에 비하여 비교 경쟁 우위를 손쉽게 선점할 수 있다.

예를 들면 우리의 생활수준이 낮았던 예전에는 기상정보에 큰 가치를 두지 않았었다. 비가 오면 할 일을 다음으로 미루면 되었고, 해야 할 일을 미루더라도 이로 인한 경제적 손실은 크지 않았었다. 그러나 경제 규모가 커지고 경제 활동이 복잡한 요즈음 기상정보의 가치는 우리의 상상을 초월하게 되었다. 우리는 종종 기상예측을 잘못하여 큰 손실을 본 기업 활동의 사례들을 접하고 있으며, 매일 매일의 기상정보가 실생활에 미치는 영향을 개인적으로도 몸소 체험하고 있다.

정보의 중요성 증대와 더불어 근자에 이르러 정보시스템과 관련하여 발생하고 있는 가장 큰 변화 중의 하나는 데이터관리의 중요성에 대한 인식이다. 개인 사용자들이 간단히 사용할 수 있는 개인용 컴퓨터와 데이터베이스 소프트웨어들의 보급이 확산됨에 따라 데이터에 대한 사용자들의 관심이 급격히 증대하게 되었다. 이 결과 데이터관리는 이제 몇몇 전문가의 관심이 아니라 모든 정보시스템의 사용자 및 개발자들의 관심으로 확산되었으며, 정보시스템의 필수 구성요소로 자리 잡게 되었다.

1.2.1 데이터와 정보

우리는 조직 활동이나 일상생활을 통하여 지속적으로 사건이나 현상 또는 사물들을 관찰하며, 이들을 데이터로 기록하여 축적한다. 데이터(data)란 사물(objects)이나 사건(events)에 대한 관찰 또는 수집된 사실(facts)을 말하며, 정보(information)란 사용자에게 필요한 형태로 변형된 의미 있는 자료를 말한다.

자료와 정보의 구분은 절대적이 아니다. 특정인에게는 자료로서의 가치만을 지니는 것이 다른 사람에게는 유용한 정보일 수 있다. 이러한 점에서 볼 때 정보가 '의미 있는 자료'라는 것은 절대적 가치가 아닌 사용자에 따라 다른 상대적인 가치이다.

예를 들면 어떤 고등학교에서 시험을 보았을 때 개별 학생은 본인의 점수와 석차 및 반 평균 등에 관심이 있을 것이다. 담당 과목 선생님은 학생들의 개별 점수에 대해서는 관심이 없으나 반 평균과 표준편차 등에 관심이 있을 것이다. 이러한 점에서 볼 때 재학생들의 개별 점수는 해당 학생에게는 가치있는 정보이나 담당 과목 선생님에게는 자료라고 할 수 있다. 또 다른 예로서 은

행 창구직원은 개별 거래내역과 당일 거래 후의 잔액 총계에 관심이 있을 것이고, 지점장은 예금종류별 거래실적과 총액을 표로 작성한 요약 정보를 필요로 할 것이며, 은행장은 연간 수신잔고의 추이를 나타내는 그래프를 원할 것이다. 이렇듯 자료와 정보의 가치기준은 주관적이며, 사용자의 필요에 따라 자세한 수치의 나열, 표 또는 그래프 등의 형태로 표시된다.

1.2.2 데이터 계층

일반적으로 모든 시스템의 구조가 계층화되어 있듯이 자료 또는 정보도 '자료항목 → 레코드 → 파일 → 데이터베이스' 등으로 계층적으로 표시된다.

자료항목/필드

일반적으로 특정 대상물을 관찰할 때 우리는 한 가지 사실만 관찰하지 않으며, 여러 항목들을 연관하여 총체적으로 관찰한다. 예를 들면 자동차에 대해서는 자동차의 크기, 색상, 모양 등의 다양한 항목을 관찰한다. 이와 같이 대상물을 관찰함에 있어 가장 기초가 되고, 관찰 대상물의 특성을 나타내는 개별 항목을 필드(field) 또는 자료항목(data element)이라고 한다.

그림 1-5의 예에서와 같이 영업과장인 이동국 씨의 신상명세를 파악하기 위해서 성명, 나이, 부서, 직위, 신장, 체중 등의 항목을 기록할 경우, 이들 성명, 나이, 부서, 직위, 신장, 체중 등의 항목을 필드 또는 자료항목이라 한다. 자료항목이란 자료의 가장 작은 단위로서 더 이상 세분화할 경우에는 그 의미를 상실하게 된다. 위의 예에서 '신장' 자료항목의 183이라는 자료 값은 '이동국' 씨의 키가 183cm라는 사실을 나타내는 의미 있는 자료이지만 이를 더 세분화한 '1', '8', '3' 은 자료로서 아무런 가치가 없게 된다.

레코드

레코드(record)란 특정한 사물 또는 사건에 대한 모든 자료항목들을 모은 것을 말한다. 그림 1-5에서와 같이 영업과장인 '이동국' 씨의 신상에 대한 사항(즉 자료항목)을 모아 놓은 것을 이동국에 대한 '신상명세' 레코드라 한다.

파 일

파일(file)이란 동일한 형식 또는 양식의 레코드들을 모은 집합체를 말한다. 그림 1-5에서와 같이 '이동국' 씨뿐만 아니라 모든 사원의 신상명세를 모아 놓은 것을 '신상명세 파일'이라고 한다. 즉 파일이란 특정 주제와 관련된 모든 레코드들을 모아 놓은 것을 의미하며 학생들의 수강신청내역을 모아 놓으면 '수강신청서 파일', 기업의 외상매출내역을 모아 놓으면 '외상매출 파일'이라 한다.

앞으로 공부하게 될 관계형 데이터베이스에서는 이러한 파일들이 테이블 형태로 저장된다. 이러한 점에서 테이블을 단순 파일(flat file)이라고 한다.

데이터베이스

데이터베이스(database)란 연관된 모든 파일들을 모아 놓은 것을 말한다. 대학교에서 학사관리를 위해서는 '수강신청서 파일'만 필요한 것이 아니라 성적 파일, 학적 파일, 시간표 파일 등이 필요한데, 이들을 모아 놓은 것을 학사관리 데이터베이스라고 한다. 학사관리 데이터베이스로부터 학사업무와 관련된 모든 자료 및 정보를 얻을 수 있다. 또 다른 예로서 기업의 운영 상태를 파

그림 1-5 데이터 계층

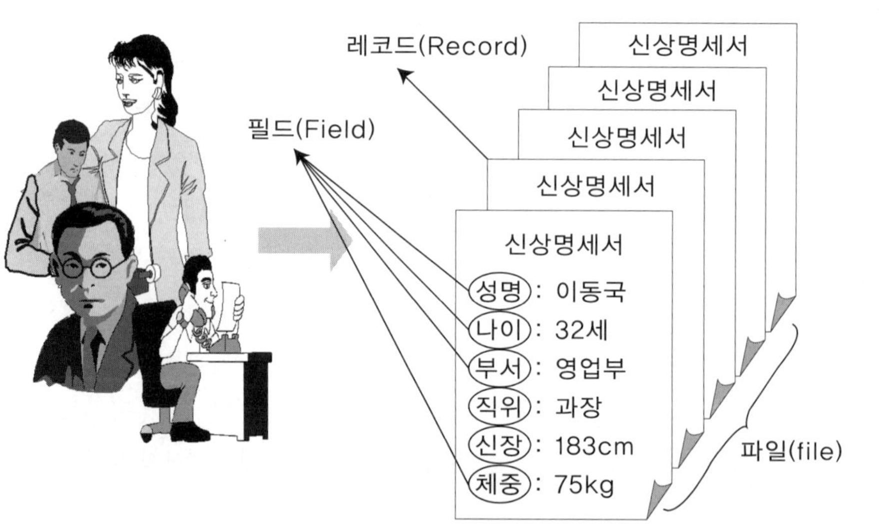

악하기 위해서는 '외상매출 파일' 뿐만 아니라 고객 파일, 주문서 파일, 재고 파일, 판매 파일 등에 포함된 모든 데이터들이 필요한데, 이들을 모두 모아 놓은 것을 기업의 기간업무 데이터베이스(operational database)라고 한다.

1.3 데이터관리시스템

1.3.1 데이터관리시스템 유형

데이터들을 처리하고 관리하는 시스템을 데이터관리시스템이라고 한다. 데이터관리시스템은 시간에 따라 수작업처리시스템에서 파일시스템, 그리고 데이터베이스시스템으로 발전하여 왔다.

수작업처리시스템

컴퓨터가 존재하기 이전에도 정보처리시스템은 존재하였다고 할 수 있다. 다만 이때에는 주판 또는 계산기 등이 컴퓨터의 계산 역할을 담당하였고, 응용프로그램의 역할은 사람이 하였으며, 하드디스크는 문서함이 대신하는 수작업처리시스템이였다. 수작업처리시스템(manual data processing system)에도 파일 개념은 존재하였다. 즉 거래처리가 일어날 때마다 내역을 장부에 기록하여 보관하였으며 이 장부가 컴퓨터화된 정보시스템에서는 파일로 변하게 되었다.

우리 모두가 알고 있다시피 수작업시스템은 정확성이 떨어지며 신속하지

그림 1-6 수작업처리시스템

도 못하며 또한 자료당 처리비용이 많이 들기에 컴퓨터화와 더불어 파일처리 시스템이 등장하게 되었다.

파일시스템

컴퓨터가 처음 사용된 정보화 초기에는 이의 활용 범위 또한 소규모였다. 즉, 정보시스템을 구성하는 각 구성요소들의 기술수준이 매우 초보적이었기 때문에 이의 적용 또한 전반적이고도 통합적인 문제 해결보다는 단위 부서의 개별적인 자료처리 등이 대부분이었다. 이에 따라 정보부서는 급여관리, 인사관리, 재고관리, 구매관리 등의 단위 프로그램을 제작하여 개별적인 자료처리를 지원하였다. 이러한 응용프로그램들은 특정 부서의 요구사항만을 만족시키도록 제작되었다. 따라서 데이터관리 또한 응용프로그램별로 이루어졌는데 이와 같이 단위 업무별로 응용시스템별로 데이터관리를 독립적으로 수행하는 데이터관리시스템을 파일시스템이라고 한다.

파일시스템(file system)은 단위업무별로 파일을 따로 구축하여 관리한다. 따라서 전사적(全社的)인 정보시스템 계획이나 모델이 존재할 수가 없다. 그리고

그림 1-7 파일시스템

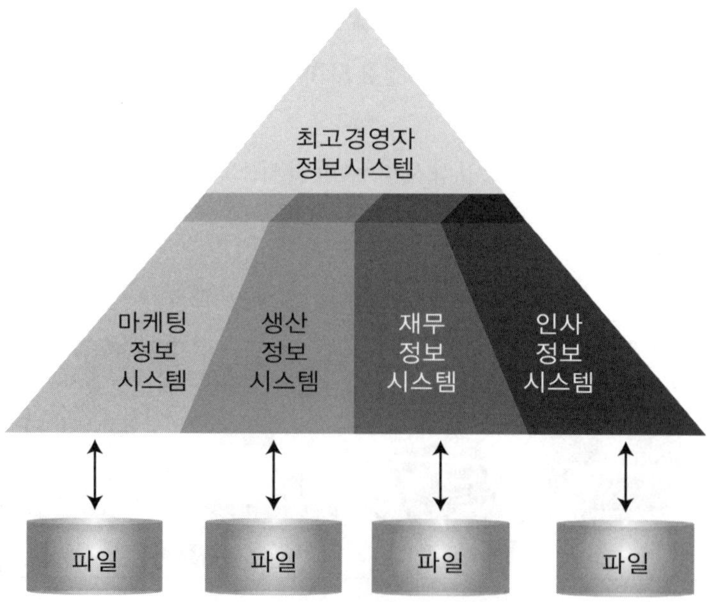

부서별로 관리하는 파일을 타부서에서는 공유할 수가 없으며, 부서마다 파일을 따로 구축하기 때문에 자료의 중복이 발생하게 되며, 이로 인하여 정보의 품질이 저하되며, 처리비용이 증가하게 된다.

파일시스템은 단위 업무별로 데이터를 관리하고 이를 이용하는 사용자들 또한 해당 부서의 근무자로 국한되는 것이 대부분이다. 그러나 정보시스템의 사용자가 중간 관리자 이상으로 확대되게 되면 여러 부서들의 정보를 통합적으로 사용하는 경우들이 발생하게 된다. 그러나 파일시스템은 이러한 통합적 요구에 부합할 수 없는 구조적 결함을 가지고 있다. 이에 따라 각 부서별로 구축하고 관리하던 파일시스템들을 통합적으로 관리할 수 있는 방법이 요구되었으며, 이의 해결책으로서 데이터베이스시스템이 등장하게 되었다.

데이터베이스시스템

데이터베이스(database)란 상호 관계가 있는 자료들을 논리적으로는 하나의 통합된 저장소에 저장한 것이다. 데이터베이스는 파일시스템과는 달리 조

그림 1-8 데이터베이스시스템

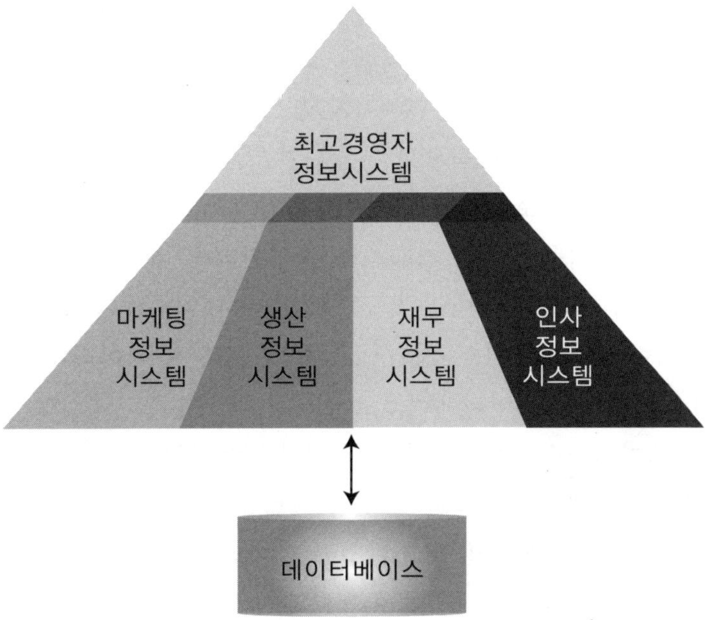

직내의 다수의 사용자나 다수의 부서 또는 조직 전체의 정보 요구에 부응할 수 있도록 자료를 통합관리한다. 따라서 여러 부서에서 따로 보관하던 여러 개의 파일들이 통합된 하나의 데이터베이스에 저장되기 때문에 자료중복을 배제할 수 있으며, 한 곳에 집중되어 있는 자료를 모든 부서의 사용자가 손쉽게 공유할 수 있다.

데이터베이스시스템(database system)이란 데이터베이스와 이를 관리하는 데이터베이스관리 소프트웨어를 포함한 총괄적인 시스템을 의미한다. 그러나 파일시스템을 파일을 이용한 데이터관리방법의 약칭으로 혼용하여 사용하듯이 데이터베이스시스템도 데이터베이스를 이용한 데이터관리방법의 약칭으로 혼용하여 사용한다. 따라서 파일시스템이나 데이터베이스시스템은 문맥에 따라 시스템 자체를 나타내기도 하며, 이들을 이용한 데이터관리방법을 의미하기도 한다.

데이터웨어하우스

데이터웨어하우스(data warehouse)는 데이터의 창고라는 단어가 의미하는 바와 같이 기업의 의사결정에 필요한 모든 데이터들을 과거 데이터까지 포함하여 축적한 대용량의 데이터 저장소이다. 이러한 정의 자체만으로 볼 때 데이터웨어하우스는 일견 데이터베이스와 유사하게 보인다. 그러나 데이터웨어하우스는 데이터베이스들과는 기본적으로 다른 기능을 수행한다.

정보시스템을 기능적으로 분류하면 그림 1-9에 제시된 바와 같이 거래처리시스템, 경영정보시스템과 의사결정지원시스템으로 구분할 수 있다. 이는 기업 활동을 계층에 따라 거래처리, 경영관리 및 전략적 의사결정으로 구분한 것으로부터 유래한다. 이러한 구분에 따라 데이터베이스 또한 거래처리시스템을 위한 데이터베이스, 경영정보시스템을 위한 데이터베이스, 의사결정지원시스템을 위한 데이터베이스로 구분할 수 있다.

거래처리시스템을 위한 데이터베이스란 기업의 가장 기본적인 활동인 업무 거래(transaction)를 처리하기 위한 자료들을 수집하여 저장한 데이터베이스이다. 따라서 이를 기업의 기간업무 데이터베이스 또는 운용 데이터베이스(operational database)라고 한다. 이를 기간(基幹)업무 데이터베이스라고 하는 것

그림 1-9 기간업무 데이터베이스와 데이터웨어하우스

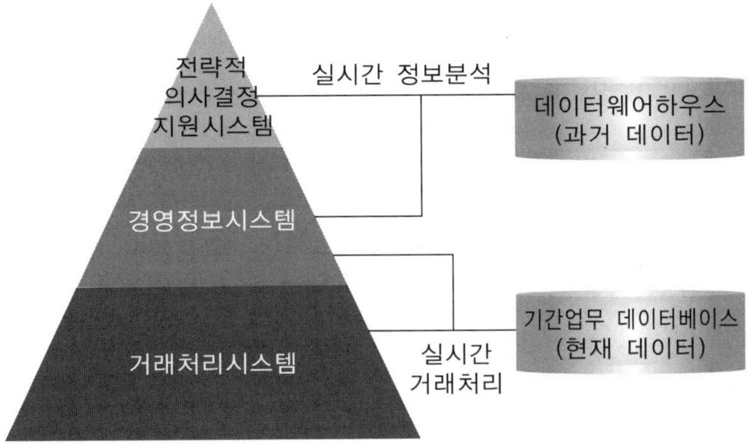

은 이들 데이터베이스가 작동하지 않으면 기업의 모든 활동이 정지되기 때문이다. 기간업무 데이터베이스의 중요성에 대한 실례로서 우리는 은행의 전산시스템이 정지하여 예금 인출이 수 시간 동안 정지되고 하였던 것을 생각할 수 있다.

기간업무 데이터베이스에 반하여 의사결정지원시스템을 위한 데이터베이스는 기업의 과거 및 현재의 기업 활동 전반에 걸친 자료를 요약, 처리하여 저장한 데이터베이스이다. 따라서 이들은 주간, 월간 또는 분기별 실적 등과 같은 요약 정보들을 주로 포함하며 특정 문제에 대한 최적의 의사결정을 할 수 있도록 정보의 검색과 조작이 용이하도록 설계되어 있다. 그리고 이들 데이터베이스들은 기업의 업무 거래에는 직접적인 영향을 미치지 않는다. 따라서 이들을 기간업무 데이터베이스와 차별화하여, 과거 및 현재의 정보들을 역사적으로 저장한 것이라고 하여 데이터웨어하우스라고 부른다.

데이터웨어하우스는 과거의 역사자료를 포함하며, 시간적 정보 분석을 필요로 하기 때문에 데이터의 발생시점을 포함한다. 또한 정보의 분석과 검색이 용이하도록 분석 기준을 다차원화하여, 차원별로 정보의 검색 및 상세 분석(drill down), 통합(roll up) 등이 가능하도록 데이터베이스를 구성한다.

또한 데이터웨어하우스는 정보 분석을 주목적으로 한다는 점에서 일반적

으로 실시간 거래처리자료를 필요로 하지 않는다. 따라서 기간업무 데이터베이스의 지속적인 갱신과는 반대로 정기적으로 일괄하여 갱신하는 경우가 대부분이다. 이러한 데이터웨어하우스의 특징을 기간업무 데이터베이스와 대비하여 요약한 것이 표 1-1이다.

1.3.2 파일시스템의 데이터관리 구조

응용프로그램(application program) 별로 데이터관리가 이루어지는 형태를 파일시스템이라 한다. 따라서 조직 전체적으로 보면 여러 개의 파일들이 응용프로그램별로 필요한 데이터를 관리하기 때문에 전체적인 데이터들을 총괄적으로 파악하기가 쉽지 않다. 즉 모든 데이터관리가 개별 응용프로그램 관점에서 이루어진다. 이와 같이 데이터 관리가 응용프로그램별로 개별 파일을 대상으로 이루어지는 것이 파일시스템의 가장 큰 특징이라고 할 수 있다.

그림 1-10은 파일시스템에 근거한 정보시스템의 구조를 개략화한 것이다. 그림에서 예시된 바와 같이 파일시스템에서는 데이터 파일들이 응용시스템(application system)의 일부로 포함된다. 그 결과 각각의 응용프로그램별로 데이터 파일들이 각각 독자적으로 구축된다.

예를 들면 그림 1-11에 예시된 바와 같이 급여프로그램이 급여계산을 위하여 급여 테이블과 인사 마스터 파일을 사용하고, 프로젝트관리프로그램이 프로젝트관리를 위하여 프로젝트일정파일과 프로젝트참여종사자의 인사마스터파일을 사용할 경우, 급여 계산을 위한 인사 마스터 파일은 급여 계산 담

표 1-1 데이터웨어하우스의 특징

	기간업무 데이터베이스	데이터웨어하우스
용 도	거래처리 중심	분석 중심
데이터의 특성	현재 데이터 상세자료	과거, 시점별 데이터 요약, 처리 자료
데이터 관리	자료값 갱신	자료 검색 (자료값이 갱신되지 않음)
업무처리 형태	반복 업무 개별 데이터를 처리 거래처리 성능이 주요	비 반복적인 분석 업무 여러 데이터를 동시에 처리 성능이 주요하지 않음

그림 1-10 파일시스템 데이터관리 개념도

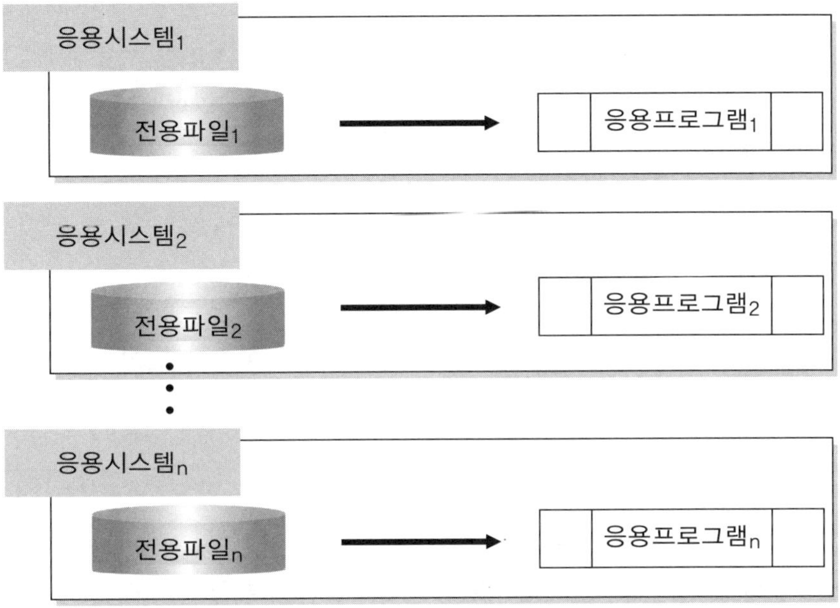

당자가 관리하며, 프로젝트관리를 위한 인사 마스터 파일은 프로젝트관리 담당자가 관리한다.

파일시스템의 가장 큰 문제점은 데이터 파일들이 응용프로그램의 일부로 융합되어 구축되고 관리된다는 점이다. 즉 데이터 관리의 범위가 응용 프로그램별로 관리됨으로써 다른 시스템의 데이터들과의 연계가 불가능하며, 이 결과 전사적으로 효율적인 데이터 관리가 이루어질 수 없다. 보다 구체적으로 파일시스템의 문제점들을 나열하면 다음과 같다.

(1) 데이터의 중복관리

파일시스템에서는 서로 유사하거나 또는 동일한 데이터들도 시스템별로 중복하여 저장되고 관리된다. 이 결과 동일한 자료가 두 번 이상 기록되고 관리되는 일이 발생하게 된다.

앞에서 제시된 급여시스템과 프로젝트 관리시스템을 보다 자세히 분석하여 보자. 급여 계산을 위하여 호봉별 기본급 및 수당 등을 나타내는 급여 테이

그림 1-11 데이터파일의 중복관리 예

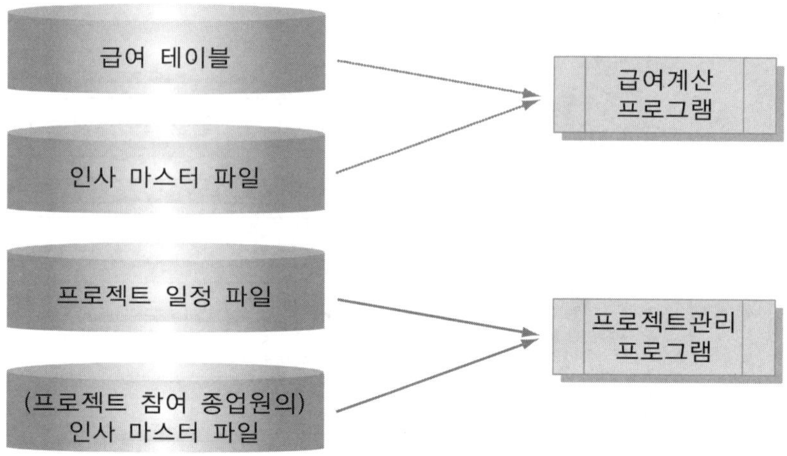

블과 각 종업원별 근무 부서, 직급, 연봉 등을 포함하는 인사 마스터 파일을 활용한다고 가정하며, 프로젝트 관리프로그램은 프로젝트 일정 파일과 프로젝트별 참여 종업원의 근무 부서, 직급, 연봉 등을 포함하는 인사 마스터 파일을 활용한다고 가정하자.

이 경우 인사 마스터 파일의 자료들은 그림 1-11에 예시된 바와 같이 급여시스템과 프로젝트 관리시스템에 공통으로 이용된다. 그러나 이들 데이터들은 각각 급여시스템과 프로젝트 관리시스템의 일부로서 중복하여 저장된다.

데이터의 중복 저장은 저장 공간의 낭비를 초래하며, 저장 노력 또한 중복적으로 이루어진다. 즉 특정 사원의 호봉이나 근무 부서가 변경될 경우 급여시스템과 프로젝트 관리시스템에서 두 번 갱신되어야 한다. 또한 이러한 과정에서 갱신이 누락되거나 잘못 처리될 수 있다. 이는 부정확한 자료들이 발생할 가능성을 증가시키며, 궁극적으로 데이터의 질을 떨어뜨리게 된다.

(2) 데이터 저장형식 및 자료값 불일치

파일시스템에서는 데이터들이 시스템별로 저장, 관리된다. 이 결과 동일한 자료가 중복하여 저장되며, 또한 서로 다른 형식으로 관리되는 경우가 발생한다.

가장 흔한 예로서는 데이터를 표현하기 위하여 서로 다른 코드를 부여하는 경우를 들 수 있다. 즉, 사원의 성별을 특정 파일에서는 '1' 또는 '0' 으로 표시하며, 다른 파일에서는 'M', 'F' 로 표시할 수 있다. 더 나아가 특정 상품 매출 파일에서는 상품 분류 코드를 3단계 세부 분류 코드로 표시하는 것에 반하여 다른 매출 파일에서는 2단계 분류 코드를 사용할 수도 있다. 또한 특정 파일에서는 성적을 문자(A, B 등) 등급으로 표시하는 것에 반하여 다른 파일에서는 점수로(4.5, 4.0, 3.5 등) 표시할 수도 있다.

이와 같은 데이터들이 서로 다른 형식으로 저장될 경우 추후 이들 데이터들을 통합하거나 비교 분석하는 것이 불가능하다. 앞에서 제시된 예들 중에서 문자 등급의 성적과 점수 성적을 서로 비교하거나 함께 처리하고자 할 경우, 만약 이들 사이의 변환 법칙을 모를 경우 상호 비교가 불가능하다.

또한 데이터의 저장 형식이 동일한 경우에도 데이터의 중복 저장은 여러 가지 문제를 일으킬 수 있는데, 가장 대표적인 것이 자료값의 불일치이다. 특정 사원의 직급이나 연봉이 변경된 경우, 해당 사실이 급여시스템 담당자에게만 통보되고 프로젝트 관리시스템의 담당자에게는 통보되지 않을 수 있다. 이러한 경우 급여시스템의 인사마스터파일의 자료들은 갱신되고 프로젝트관리시스템의 인사마스터파일은 갱신되지 않는 오류가 발생할 수 있다. 이와 같이 2개 또는 그 이상의 파일을 중복하여 유지하는 경우가 1개의 파일만을 유지하는 경우와 비교하여 자료값의 불일치(data inconsistency)가 발생할 확률이 훨씬 높다고 하겠다.

(3) 데이터관리의 종속성

파일시스템에서는 데이터관리가 응용시스템의 일부로 포함되어 있다. 그리고 시스템 관리자가 데이터 파일과 응용프로그램을 같이 관리한다. 즉 데이터관리가 독립적으로 수행되는 것이 아니라 시스템의 일부로서 응용프로그램과 같이 관리된다.

이러한 형태는 데이터관리의 투명성을 저하시키며, 관리의 효율성을 저하시키게 된다. 즉 데이터들이 해당 응용 프로그램에 한정하여 사용됨으로써 모든 데이터관리기능이 해당 시스템을 위한 정보 산출로 국한되는 단점을 갖게 된다. 보다 구체적으로 나열하면 다음과 같은 문제들이 발생한다.

- 데이터 파일이 특정 목적만 충족시키는 형태로 구조화된다.
- 데이터 구조를 외부적으로 공개할 필요가 없으며, 이에 따라 자의적인 관리가 보편화될 수 있다.

예를 들면 급여시스템의 인사마스터파일에서는 직급 분류를 급여 계산만을 위한 분류로 설정할 수 있으며, 프로젝트관리시스템의 인사마스터파일에서는 프로젝트 관리만을 위한 분류로 설정할 수 있다. 또한 이들 분류를 변경시킬 필요가 있는 경우, 이를 모든 사원 레코드에 적용하기보다는 그때의 편의에 따라 응용프로그램에서 자의적인 형태로 처리할 수도 있다. 즉, 생산직의 직급 분류를 시간급 생산직과 연봉급 생산직으로 세분할 필요가 있을 경우 이를 인사마스터파일의 직급분류에 반영하는 것이 아니라 응용 프로그램에서 별도의 파일을 불러서 다시 세분하여 처리할 수 있다. 이렇게 처리할 경우 다른 응용 프로그램의 개발자들은 생산직의 직급 분류가 바뀐 것을 모를 수 있다.

(4) 데이터 공유 및 데이터관리 생산성 저하

파일시스템에서는 데이터 파일이 응용시스템의 일부로 취급된다. 따라서 별도의 시스템을 개발하고자 할 경우에는 유사한 업무 처리를 위해서도 해당되는 데이터들을 다시 수집하여 별도의 파일을 다시 만들어야 한다. 이러한 데이터의 변환 작업은 유사한 데이터들을 공유하는 시스템이 증가할수록 기하급수적으로 늘어나게 된다.

1.3.3 데이터베이스시스템의 데이터관리 구조

데이터베이스란 다수 사용자들이 공동으로 이용하기 위하여 데이터를 모아 놓은 것이라고 간략히 정의할 수 있다. 여기서 데이터란 기록된 사실을 칭하며, 기록의 목적은 이후 여러 사용자들이 이를 이용하거나, 참조할 수 있도록 하는 것이다.

데이터베이스시스템은 파일시스템이 지니는 제반 문제점을 해결하기 위하여 제시된 대안이다. 파일시스템이 지니는 문제점들은 앞 절에서 구체적으로 소개되었는데 이들 문제들의 근원을 찾아보면 데이터 파일들이 응용시스템의 일부로서 관리된다는 점이다. 이 결과 서로 공통된 자료들이 존재함에도 각각 독립적으로 응용시스템별로 관리된다. 그 결과 관리노력이 중복되고 동일한 자료들이 응용시스템별로 서로 다른 형태로 표현되거나 기록되게 된다. 이와 같은 문제점을 근원적으로 제거하기 위하여 데이터베이스시스템은 데이터 파일들을 응용프로그램과 분리시켜 별도로 통합하여 관리함으로써 데이터들이 중복하여 관리되지 않도록 한다.

데이터베이스시스템에 근거한 정보시스템의 구조를 개략화하여 도시한 것이 그림 1-12이다. 그림에서 제시된 바와 같이 데이터베이스시스템에서 데이터들은 응용프로그램들과 독립되어 데이터베이스에 통합하여 저장, 관리된다. 즉 데이터베이스는 모든 응용프로그램들을 위한 데이터들을 다 포함하며, 각 응용프로그램들은 데이터베이스에 저장된 데이터들 중에서 필요 데이터들만을 선택하여 사용한다. 이와 같이 데이터들을 응용프로그램들로부터 독립시켜 별도로 저장, 관리하는 것이 데이터베이스시스템의 가장 큰 특징이라 할 수 있다.

데이터들을 응용프로그램들로부터 독립시키는 가장 큰 이유는 여러 데이터 파일들이 중복하여 관리되는 것을 막기 위함이다. 즉 공통된 자료들이 존재하면 이들 자료들을 데이터 파일별로 중복하여 관리하는 것이 아니라 데이

그림 1-12 데이터베이스시스템의 데이터 관리구조

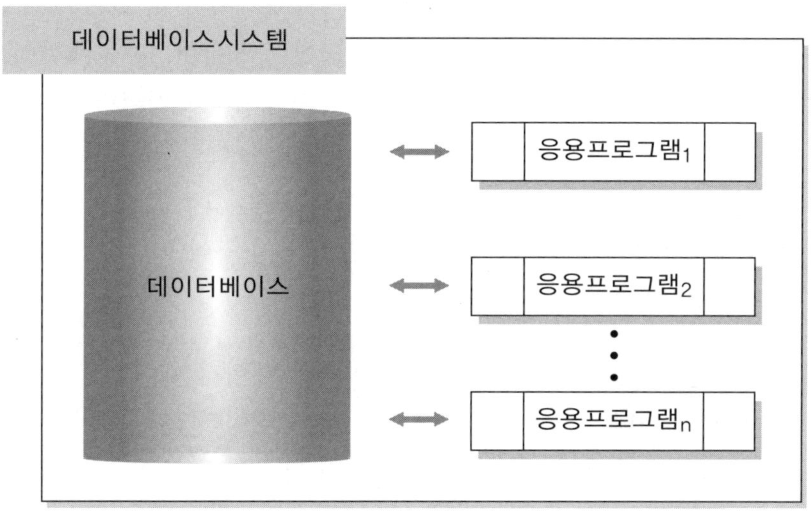

터베이스에 공통적으로 관리하고, 이들 공통 자료를 여러 응용프로그램들이 같이 이용할 수 있도록 하는 것이다. 이 결과, 이상적으로 실제 현상에서의 하나의 사건이나 사물을 나타내기 위하여 하나의 데이터만이 데이터베이스에 기록되고 관리된다. 여기서 이상적이라 함은, 데이터베이스시스템이라 하여도 현실적으로 완전한 자료의 중복 제거가 불가능하며, 부분적으로는 데이터들을 중복하여 관리할 필요가 있음을 의미한다.

이러한 관점에서 볼 때 데이터베이스는 파일들이 모여서 구성되는 것이 아니라 파일을 구성하는 데이터들을 모아 재구성한 것이라 할 수 있다. 앞에서 제시된 예를 이용하여 보다 자세히 설명하면 다음과 같다.

급여계산프로그램과 프로젝트 관리프로그램을 공통 지원하는 데이터베이스를 고려하여 보자. 이를 사원 데이터베이스라 하면, 사원 데이터베이스는 인사마스터파일과 급여 테이블, 프로젝트별 참여 종업원의 인사마스터파일 및 프로젝트 일정 파일들로 구성되는 것이 아니라 이들 파일들에 포함된 데이터들로 구성된다. 보다 구체적으로 인사마스터파일은 종업원별 근무 부서, 직급, 연봉을 포함하며, 급여 테이블은 직급별 수당과 과세기준들을, 프로젝트 참여 종업원의 인사마스터파일은 급여 계산을 위한 인사마스터파일의 내용에 추가하여 종업원별 참여 프로젝트명과 참여율을 포함하며, 프로젝트 일정 파일은 프로젝트 일정을 포함한다고 가정하자. 그러면 사원 데이터베이스는 그림 1-13에 예시된 바와 같이 이들 파일을 구성하는 데이터들을 모두 포함하도록 구성된다. 물론 이들 데이터들이 아무렇게나 널려 있는 것은 아니다. 데이터의 구조를 표현하는 것을 데이터 모형이라 하며, 이에 대한 상세한 내용은 이후 개체 관계 모형과 관계형 데이터 모형에서 소개된다.

이상에서 제시된 데이터베이스의 개념을 수학적으로 표현하면 다음과 같다. 먼저 각 파일들을 데이터의 집합이라 하자. 그러면 데이터베이스는 파일들의 집합이 아니라 각 파일의 합집합이다. 바꾸어 이야기하여 다음과 같이 정의된 3개의 파일이 존재한다고 가정하자.

파일_1={데이터_1, 데이터_2, 데이터_3, 데이터_4}
파일_2={데이터_1, 데이터_2, 데이터_5, 데이터_6}
파일_3={데이터_2, 데이터_6, 데이터_7}

그림 1-13 데이터베이스의 통합관리의 예

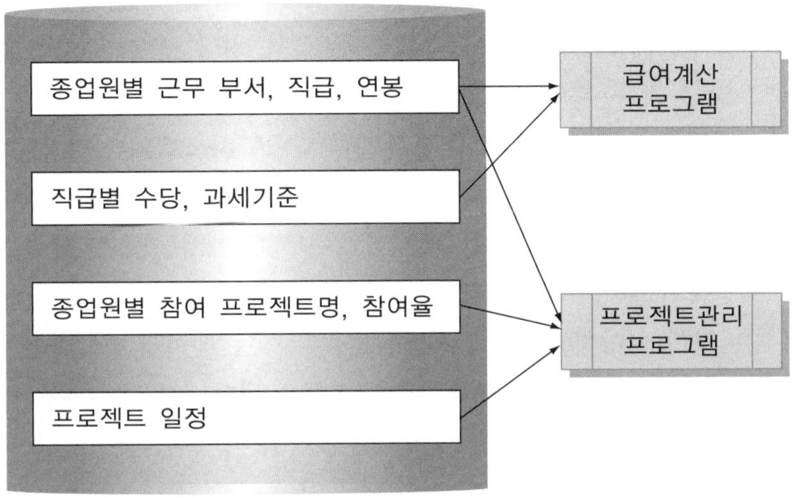

이들 파일들에 대응하는 데이터베이스를 db_123이라 하자. 그러면 db_123은 이들 파일들을 구성하는 자료들의 집합으로 다음과 같이 정의된다.

db_123 = {데이터_1, 데이터_2, 데이터_3, 데이터_4, 데이터_5,
　　　　데이터_6, 데이터_7}
　　　= 파일_1 ∪ 파일_2 ∪ 파일_3

즉, 다음과 같이 파일들의 집합으로 정의되어서는 안 된다.

db_123 = {file_1, file_2, file_3}

이를 그림 1-13의 예를 들어 설명하면, 사원 데이터베이스는 다음과 같이 구성된다.

사원 데이터베이스 = {종업원별 근무 부서, 연봉, 직급, 참여 프로젝트명,
　　참여율, 직급별 수당, 과세기준, 프로젝트 일정}
　≠{{종업원별 근무 부서, 직급, 연봉},
　　{직급별 수당, 과세기준},
　　{종업원별 근무 부서, 연봉, 직급, 참여 프로젝트명,
　　참여율},
　　{프로젝트 일정}}

이렇게 구성된 사원데이터베이스의 내용중 급여계산프로그램은 종업원별 근무 부서, 직급, 연봉, 직급별 수당, 과세기준만을 선택하여 사용하며, 프로젝트 관리프로그램은 종업원별 근무 부서, 직급, 연봉, 종업원별 참여 프로젝트명, 참여율, 프로젝트 일정 등의 자료를 이용한다.

이상에서 설명된 바와 같이 데이터베이스 시스템의 가장 큰 특징은 데이터들을 응용프로그램들로부터 독립하여 관리하는 것이다. 이러한 데이터의 독립관리가 성공적으로 이루어지기 위해서는 예상 가능한 모든 데이터들을 포함하도록 데이터베이스가 설계되어야 한다.

바꾸어 이야기하면 파일시스템의 경우에는 데이터 파일들을 응용프로그램별로 프로그램이 개발될 때마다 구축하면 된다. 이렇게 새로이 구축되는 파일들은 이전에 이미 만들어진 파일들과 독립적으로 만들어지며, 따라서 통합조정될 필요가 없다.[1)]

그림 1-14 데이터베이스시스템의 데이터 통합관리 예

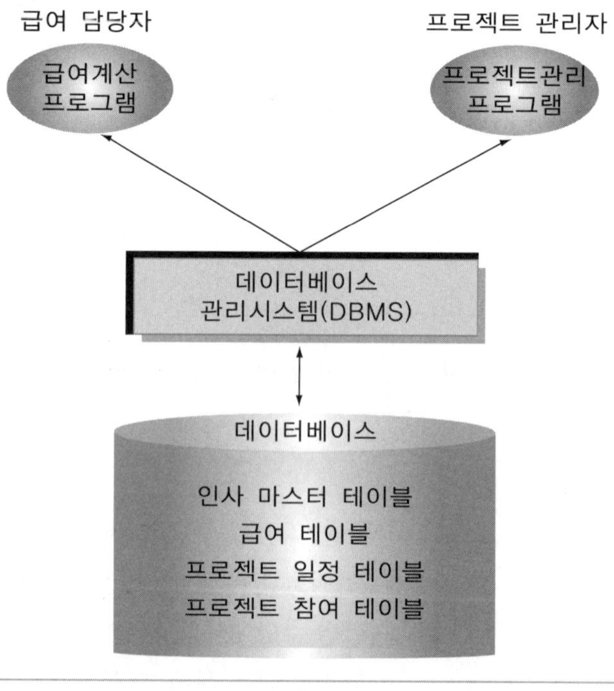

1) 물론 이러한 주장은 가장 극단적인 경우를 나타내며, 많은 경우 데이터 파일들은 서로 공통된 코드나 구조를 사용하도록 사전 조정된다.

그러나 데이터베이스시스템은 그림 1-14에 제시된 바와 같이 여러 응용 프로그램들이 공통으로 사용하기 때문에 응용프로그램들이 사용하는 데이터들을 모두 제공할 수 있도록 설계되어야 한다. 그리고 장차 개발될 응용 프로그램들이 앞으로 사용할 데이터들도 잘 예측하여 이들도 모두 포함하도록 설계하여야 한다. 이를 위해서는 필요한 데이터의 추가나 변경이 용이하도록 통합적으로 설계할 필요가 있다.

SUMMARY

요약

본 단원에서는 데이터베이스 구축 대상인 기업과 정보시스템을 이해하고 정보시스템에서의 데이터베이스의 역할과 데이터관리시스템에 대하여 학습하였다. 본 단원에서 습득한 주요 개념들을 요약하면 다음과 같다.

IPO 차트: 시스템을 처리를 중심으로 입력, 처리, 출력 및 피드백 등의 구성요소로 파악하여 도형으로 표현한 것.

거래처리시스템: 기업의 가장 기초적인 활동인 업무거래를 지원하는 시스템으로서 업무거래의 결과로 발생되는 자료 또는 전표 등의 문서를 수집하여 계산하고 정리하는 등의 처리 과정을 거친 후 이를 데이터베이스에 집적하는 시스템.

기간업무 데이터베이스 또는 운용 데이터베이스: 기업의 가장 기초적인 활동인 업무거래의 결과로 발생되는 자료 또는 전표(transaction) 등을 수집하여 저장한 데이터베이스.

기능별 정보시스템: 각각의 기능부서를 지원하는 정보시스템으로서 세부적으로 마케팅 정보시스템, 생산 정보시스템, 인사 정보시스템 및 재무 정보시스템으로 구분됨.

논리적 시스템: 자료나 정보 또는 사상이나 경영철학 등의 논리적 자원을 사용하는 시스템으로서 물리적 시스템의 상태 등을 표현함.

데이터베이스시스템: 상호 관계가 있는 자료들을 논리적으로는 하나의 통합된 저장소에 저장하여 조직 내의 다수의 사용자나 다수의 부서 또는 조직 전체의 정보 요구사항에 부응할 수 있는 자료의 공유와 통합관리를 목표하는 시스템.

데이터웨어하우스(datawarehouse): 전사적인 수준에서 기업의 의사결정에 필요한 모든 데이터들을 과거의 데이터까지 포함하여 축적한 대용량의 데이터베이스. 이들 데이터베이스들은 기업의 업무 거래에는 직접적인 영향을 미치지 않으며, 또한 주기적 요약 정보들을 포함함. 따라서 이들을 과거 및 현재의 요약정보들을 역사적으로 저장한 것이라고 하여 기간업무 데이터베이스와 차별화하여 데이터웨어하우스라고 칭함.

물리적 시스템: 눈으로 확인할 수 있는 물리적 자원으로 구성되어진 시스템.

수작업 처리시스템: 컴퓨터가 존재하기 이전에 사람이 주판 또는 계산기(calculator) 등을 활용하여 자료를 처리하던 시스템.

시스템: 공동의 목표를 지향하는, 서로 연관된 구성요소들의 유기적 집합체.

시스템의 구성요소: 모든 시스템은 입력, 처리, 출력, 피드백, 환경, 경계의 여섯 가지 구성요소로써 이루어져 있음.

의사결정: 관리자가 주어진 문제에 대한 최적의 해결을 제공할 수 있는 전략이나

S U M M A R Y

행동을 선택하는 행위.

의사결정지원시스템: 특정 문제에 대한 의사결정을 지원해주는 정보를 창출하여 관리자가 최적의 의사결정을 할 수 있도록 함으로써 의사결정의 효율성보다는 효과성을 제고하기 위한 정보시스템.

자료 값의 불일치: 데이터들이 서로 다른 자료값을 나타내는 것.

전위시스템: 통신기능이 정보 처리와는 직접 관계가 없이 지역적으로 분산된 곳에서 정보시스템을 활용할 수 있도록 도와주는 기능을 수행한다는 점에서 이를 전위시스템이라고 함.

정보시스템: 의사결정자가 문제해결을 위한 최적의 의사결정을 할 수 있도록 관찰된 사실인 자료를 의사결정에 유용한 형태인 정보로 변형하여 제공하는 시스템.

정보시스템의 구성요소: 하드웨어, 소프트웨어, 데이터베이스, 통신, 네트워크, 문서, 절차, 인간.

최고경영자 정보시스템: 최고경영층에게 기업의 전반적인 상황에 대한 정보를 제공하는 시스템.

파일시스템: 정보화 초기 단계의 데이터관리시스템 유형으로서 기업 내의 전반적이고도 통합적인 문제를 해결하기보다는 단위 부서의 개별적인 자료처리 요구사항을 지원하기 위하여 응용시스템별로 데이터관리를 독립적으로 수행하는 시스템.

후위시스템: 자료들이 데이터베이스에서 어떻게 저장되거나 관리되는지 표면적으로 사용자들에게 나타나지 않는다는 점에서 데이터베이스를 후위시스템이라고 함.

02 Database Management

데이터베이스시스템 개발 절차

건축물의 설계 및 시공과 관련된 학문을 건축공학이라 하며, 전기 시스템의 설계 및 설치와 관련된 학문을 전기공학이라고 한다. 여기서 공학(engineering)이란 잘 정의된 방법론과 개발 단계를 따르면 양질의 결과물을 산출할 수 있음을 의미한다. 즉, 건축공학에서 규정된 대로, 부실 공사 없이 공사를 완료하면 그 구조물의 안전성은 보장이 된다.

예전에는 정보시스템의 제작을 공학적인 과정이기보다는 자의적인 과정으로 이해했었다. 그러나 최근에는, 특히 정보공학의 대두로, 정보시스템의 제작을 공학적인 과정으로 이해한다. 즉 잘 정의된 방법론과 절차에 따라 시스템을 설계하고 개발하면 양질의 정보시스템을 제작할 수 있다.

좋은 데이터베이스를 구축하기 위해서는 잘 정의된 방법론 및 절차를 적용하는 것이 무엇보다도 요구된다. 좋은 방법론을 적용하는 것이 좋은 시스템을 산출하기 위한 충분조건은 아니라 하더라도 필요조건임은 분명하다.

2.1 정보시스템의 개발

데이터베이스는 정보시스템을 구성하는 구성요소의 하나이다. 이러한 관점에서 정보시스템 개발을 개략적으로 살펴본다. 이후 데이터베이스시스템의 개발 과정을 분석한다.

2.1.1 정보시스템 개발 패러다임: 실제 현상의 투사 패러다임

정보시스템은 실제 현상을 추상화한 가상적 현실을 나타낸다. 즉 정보시스템이 추구하는 바는 정보기술을 이용하여 궁극적으로 실제 현상과 가장 근접하는 가상적인 현실을 구현하는 것이다. 이와 같이 정보시스템을 실제 현상의 투영으로 보는 것을 실제현상의 투사 패러다임(real world mapping paradigm)이라고 한다.

실제 현상의 투사 패러다임에 따라 정보시스템을 분석하기 위하여 먼저 이와 유사한 연극을 분석하여 보자. 연극 또한 정보시스템과 마찬가지로 실제 현상과 가장 근접하는 가상적인 현실을 연극 무대 위에 구현하는 것을 목적으로 한다. 연극을 공연하기 위한 과정을 살펴보면 다음과 같다.

첫째로, 연극에 출연하는 배우, 장치, 소품(이들을 연극의 구성물들이라고 하자)들의 기능과 역할을 설정한 뒤, 구성물들을 모두 준비하여 배치한다.

둘째로, 구성물들 사이에 상황을 설정하고 배우들이 시나리오에 서술된 대사 및 행동에 따라 연기한다.

정보시스템도 연극과 같이 실제 현상을 가상적으로 나타내는데 다만 이들을 연극무대가 아니라 정보시스템이라는 가상적인 공간에 나타낸다. 정보시스템을 구축하기 위해서는 실제 현상을 나타내는 사람, 물건, 장비들을 가상적으로 설정하고, 이들 사이에 사건이나 활동이 발생하도록 거래를 실행한다. 정보시스템에서는 전자를 실체라고 하고 후자를 실체들 사이에서 발생하는 거래라고 한다. 정보시스템에서 실체들을 추상화하여 표현한 것을 데이터라고 하며, 이를 구현하여 저장, 관리하는 곳이 데이터베이스이다. 그리고 거래의 처리과정을 추상화하여 표현한 것이 프로세스이며, 이를 구현한 것이 응용프로그램이다.

이러한 관점에서 볼 때, 데이터와 프로세스는 실제 현상의 다른 측면을 추상화한 것이다. 실제 현상과 정보시스템과의 관계를 실제 현상의 투사 패러다임에 따라 나타내면 표 2-1과 같다.

표 2-1 실제 현상의 투사 패러다임

실제 현상	추상화	정보시스템
실 체	데이터	데이터베이스
실체들 사이에 발생하는 거래	프로세스	응용프로그램

2.1.2 정보시스템 개발 방법론

정보시스템의 개발 방법론은 크게 응용프로그램을 중심으로 하는 프로세스 중심 개발 방법론과 데이터베이스를 중심으로 하는 데이터 중심 개발 방법론으로 구분된다. 이들 개발 방법론 중에서 무엇을 선택할 것인가는 대상시스템의 성격에 의하여 결정된다.

프로세스 중심 개발 방법론

자료의 조작 및 변환 알고리즘이 복잡한 정보시스템을 개발할 경우에는 응용프로그램의 개발에 비중을 두게 된다. 이러한 시스템을 프로세스 중심 정보시스템(process-intensive systems)이라 한다. 프로세스 중심의 정보시스템 개발 방법론은 정보시스템 개발을 위한 전통적인 방법론으로서, 구조적 분석법 등과 같은 대부분의 시스템 개발 방법론들이 이에 포함된다.

예를 들면, 실제로 주문이 발생하였을 경우, 사내 담당직원이 이를 처리하는 과정을 순서에 따라 모델링하는 방법 등이 프로세스 중심 개발 방법론이다. 프로세스 중심 개발을 위하여 가장 많이 사용되는 모형은, 응용프로그램의 설계에 자주 사용되는, 순서도(플로우차트)이다. 그림 2-1은 주문처리 과정을 이러한 순서도의 하나인 Activity Diagram을 이용하여 작성한 것이다.[1)]

그림 2-1에서 사각형은 프로세스를 나타내며, 화살표는 처리 순서를 나타내고, 다이아몬드는 의사결정의 시점을 나타낸다. 이를 통하여 개략적으로 알 수 있겠지만, 프로세스 중심 모형은 업무 처리 프로세스들을 나열하고 이들 사이의 순서를 화살표로 표시하며, 반드시 시작(검은 원)과 끝(검은 원을 포함하

1) Activity Diagram은, UML(Unified Modeling Language)의 9가지 모형도 중의 하나로서, 시스템의 동적인 흐름을 나타내는 모형도이다.

그림 2-1 프로세스 중심 모형

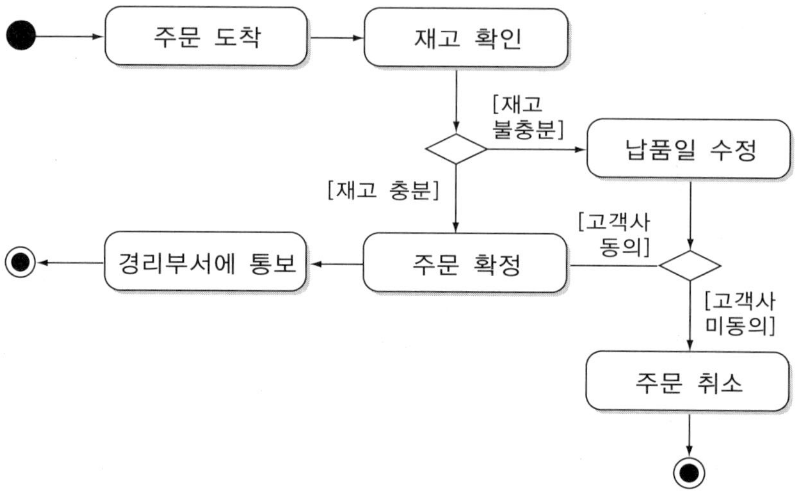

는 흰 원)을 가진다. 따라서 이를 따라 읽어 가면 업무가 어떻게 처리되는가를 자연스럽게 알 수 있다.

데이터 중심 개발 방법론

자료의 조작 및 변환 알고리즘이 비교적 간단하며 자료의 획득 및 관리가 중요한 시스템의 경우에는 데이터베이스의 개발에 비중을 두게 된다. 이들 시스템을 데이터 중심 정보시스템(information-intensive systems)이라 하며, 학사관리시스템, 인사 관리시스템, 재고 관리시스템 등의 거의 대부분의 경영 관련 시스템들이 이에 포함된다.

데이터 중심 개발 방법론은 데이터들이 저장되는 장소를 지정하여 이곳에 무엇이 저장되며, 이들의 갱신 및 이용과 연관된 제약조건 등을 모델링하는데, 정보공학적 개발방법론 등이 이에 포함된다.

예를 들면, 그림 2-2는 주문처리를 위한 데이터들을 데이터 중심 모형의 하나인 개체관계모형으로 설계한 것이다.[2] 그림 2-2에서 사각형은 무슨 데이

2) 개체관계모형은 Chen이 제안한 이후 다양한 확장 모형들이 제시되었다. 이 결과 표현방법에 있어 조금씩 차이가 있다. 본 교재에서는 Chen이 제안한 개체관계모형과 Sybase사에서 공급하는 개체관계모델링 도구인 PowerDesigner의 표현 기법을 같이 사용한다. 그림 2-2는 PowerDesigner를 이용하여 작성한 개체관계도이다.

그림 2-2 데이터 중심 모형

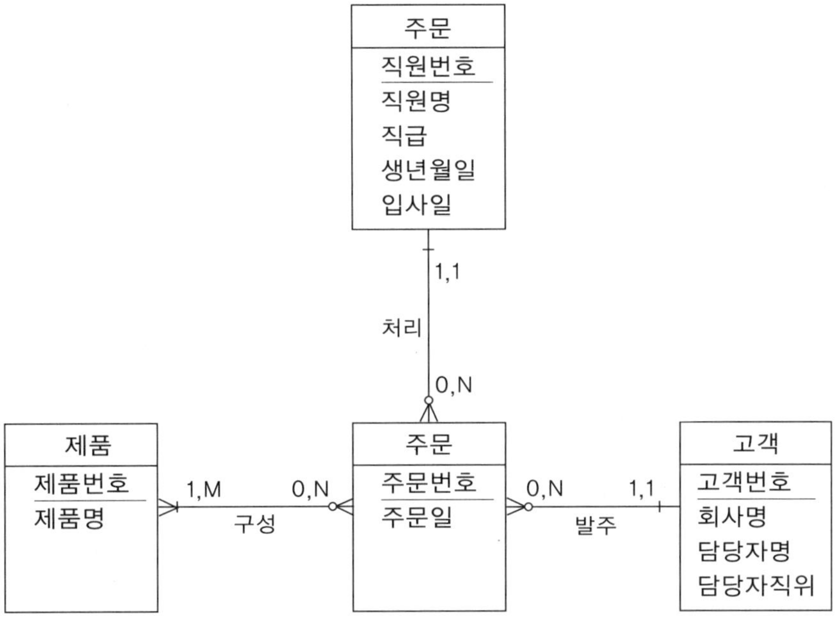

그림 2-3 정보공학적 관점에서 본 정보시스템의 구조

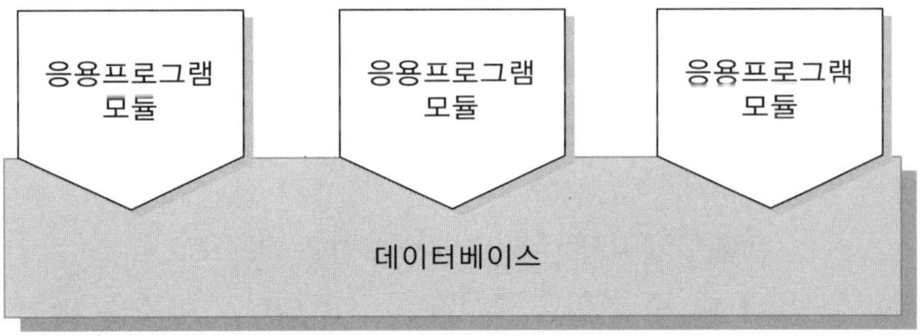

터들이 관리되어야 하는가를 나타내는 데이터 개체들이며, 실선은 이들 데이터 개체들 사이의 상호 연관성을 나타낸다. 그림을 통하여 개략적으로 알 수 있겠지만, 데이터 중심 모델링은 무슨 데이터들이 관리되는가 만을 서술한다. 그리고 이들 데이터들이 어떻게 만들어지고 업무 처리에 어떻게 이용되는가는 직접 관리하지 않는다.

데이터 중심 개발 방법론은 일반적으로 정보공학적 개발 방법론으로 지칭된다. 개략적으로 살펴보면 정보공학적 방법론은 데이터베이스를 먼저 구현하고, 그 위에 응용프로그램들을 탑재하는 구조를 갖는다. 여기서 응용프로그램들은 필요시 대체 가능한 모듈로 취급된다(그림 2-3 참조).

정보시스템 프레임워크

정보시스템 설계의 주요 산출물은 정보시스템아키텍처(ISA: Information System Architecture)이고 이를 나타내는 틀을 정보시스템 프레임워크(ISF: Information System Framework)라고 한다. 정보시스템아키텍처는 개발하고자 하는 정보시스템의 구조를 나타내는 청사진 또는 설계도이다. John Zacman은 정보시스템의 구성요소로서 다음의 3가지를 제시하고 이에 근거한 프레임워크를 제시하였다.

- '무엇을(What) 저장' — 데이터(Data)
- '어떻게(How) 처리' — 처리(Process)
- '어디(Where)와 연결' — 네트워크(Network)

이후 Zacman은 '누가(Who) 처리', '언제(When) 처리' 및 '왜(Why) 처리'의 3가지를 추가한 확장 모델을 제시하였으나 본 교재에서는 기본 프레임워크만 살펴보기로 한다.

정보시스템 프레임워크는 정보시스템을 구성하는 데이터, 프로세스 및 네트워크에 대하여 이들을 하향식으로 세분화함으로써 정보시스템의 아키텍처를 정의한다.

- 첫 번째 단계에서는 제일 먼저 기업을 대상으로 비즈니스 범위를 먼저 설정한다. 즉 기업을 구성하는 주요 엔티티 목록을 산출하고, 기업의 주요기능을 목록화하고, 또한 기업의 주요 거점과 연결 대상 지점들을 선정한다.
- 두 번째 단계는 첫 번째 단계의 산출물을 기초로 하여 보다 세분화되고 구체적인 산출물을 만들어내는데, 이를 비즈니스 모델이라고 한다. 비즈니스 모델은 기업의 중요한 엔티티 목록으로부터 비즈니스 엔티티 관계도를 산출하는 데이터부분과, 주요기능을 세분화하여 기능 및 처리 분할도를 산출하는 프로세스부분과, 각 거점 또는 지역간 연결도

를 구성하는 네트워크에 대한 부분으로 구성된다.

- 세 번째 단계는 비즈니스 모델을 보다 더 세분화하고 구체화하는 단계로서 정보시스템 모델을 개발한다. 정보시스템 모델은 비즈니스 데이터 관계도, 응용프로세스간 연결흐름도 및 분산네트워크 구성도를 주요 산출물로 포함한다.
- 네 번째 단계는 정보시스템 모델로부터 정보시스템의 기술모델을 산출한다. 데이터에 대하여는 데이터베이스 디자인을, 프로세스에 대하여는 프로세스 규정을, 또한 네트워크에 대하여는 네트워크 디자인을 설계한다.
- 다섯 번째 단계는 데이터베이스 스키마를 정의하고 프로그램을 개발하고 네트워크 형상을 정의함으로써 정보시스템의 기술정의를 제시한다.
- 여섯 번째에서는 데이터와 응용프로그램 및 네트워크시스템으로 구성된 정보시스템이 구현되게 된다.

표 2-2 정보시스템 프레임워크

	데이터 (무엇을)	프로세스 (어떻게)	네트워크 (어디를)
1. 비즈니스 범위	기업에 중요한 엔티티 목록	기업이 수행하는 수요기능 목록	기업이 운영되는 지역 목록
2. 비즈니스 모델	비즈니스 엔티티와 관계도	기능과 처리에 대한 분할도	영업 거점간의 연결
3. 정보시스템 모델	비즈니스 데이터와 관계도	응용 프로세스간 연결 흐름도	분산 네트워크 구성도
4. 기술모델	데이터베이스 디자인	프로세스 규정	네트워크 디자인
5. 기술정의	데이터베이스 스키마	프로그램	형상 정의
6. 정보시스템	데이터베이스	응용프로그램	시스템 형상

2.2 데이터베이스의 개발

데이터베이스의 개발은 데이터베이스의 설계도를 작성하고 이에 따라 데이터베이스를 생성하고 시험·운용하는 과정이라고 할 수 있다. 이러한 과정은 거의 모든 정보시스템 또는 공학적인 물건의 제작 과정과 동일하다고 할 수 있다.

공학적인 제작 과정에서 설계도는 여러 단계에 걸쳐 상세화되고 구체화된다. 즉 처음에는 개략적인 투시도를 작성하고, 이를 각 단면에 걸쳐 상세화한 후, 제작 설계도를 작성하는 등의 과정을 거친다. 데이터베이스의 개발에 있어서도 이와 같이 여러 종류의 설계도를 필요로 한다.

여러 종류의 설계도를 필요로 하는 이유는 각 관점이나 나타내는 내용별로 다른 형태의 설계도를 사용하는 것이 편리하기 때문이다. 그리고 이렇게 다른 형태의 설계도를 유지함으로써 용도별로 적절한 설계도를 사용할 수 있으며, 또한 데이터베이스의 내용이 변경될 경우 해당 설계도만을 파악하여 변경부분을 쉽게 수정할 수 있다.

데이터베이스의 설계도를 데이터베이스 모형 또는 스키마라고 하는데 관계형 데이터베이스시스템은 3계층의 다른 설계도를 유지한다. 이하에서는 이들 3계층 구조에 대하여 살펴보고, 이의 특성을 자세히 살펴본다. 그리고 이들 설계도를 작성하기 위한 과정을 분석한다.

2.2.1 데이터베이스 모형의 3계층 구조

데이터베이스는 여러 부서 또는 사용자의 요구사항을 수용하여 구축한 통합된 자료 창고이다. 이는 여러 명의 장님이 코끼리의 서로 다른 부분을 만지고 나서 각자 코끼리의 생김새를 서술하면 데이터베이스 관리자가 이를 종합하여 원래의 코끼리 모양을 만들어 내는 것과도 같다고 할 수 있다. 장님들의 경험으로부터 코끼리를 만드는 모형들을 단계별로 살펴보면 다음과 같다.

- 장님들이 각자 코끼리의 서로 다른 부분을 만지고 나서 각자 코끼리의 생김새를 서술한 것을 외부 모형 또는 사용자 뷰라고 한다.

- 외부 모형을 통합하여 원래의 코끼리의 형상을 그려낸 것을 개념 모형이라 하며,
- 실제로 돌이나 흙, 또는 쇠 등의 특정 소재를 이용하여 코끼리의 형상을 만들기 위한 모형을 내부 모형이라고 한다.

이들 모형은 모두 코끼리라는 실체를 계층별로 서로 다른 시각에서 모형화한 것이다. 이와 같이 데이터베이스의 내용을 계층별로 다른 시각에서 모형화하는 것이 3계층 모형(3 level architecture)이라고 한다. 보다 구체적인 예로서 비행기에 대한 3계층 모형을 도식화하면 그림 2-4와 같다.

그림 2-4 데이터베이스의 뷰, 논리적 구조, 물리적 구조

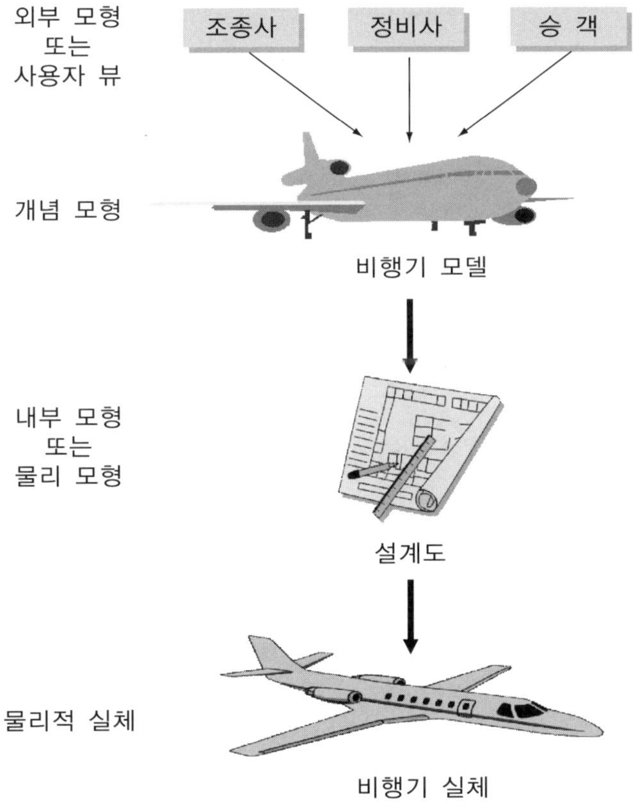

사용자 뷰 또는 외부 모형

비행기에 대한 인식은 사용자가 어떤 그룹인가에 따라 서로 상이할 것이다. 조종사는 복잡한 계기판이 가득한 조종실로 인식할 것이며, 일반 승객은 좌석이 줄 맞추어 나열되어 있는 원통형의 구조물로 이해할 것이며, 정비사는 수많은 전선과 기계들로 가득 찬 첨단 운송수단으로 인식할 것이다. 사용자에 따라 동일한 비행기에 대한 인식이 서로 다르듯 데이터에 대한 이해도 부서 또는 사용자에 따라 서로 다를 수 있다.

좋은 비행기란 조종사, 승객 및 정비사 등 모든 비행기 사용자의 요구를 만족시킬 수 있는 비행기이듯이, 좋은 데이터베이스도 모든 사용자 요구를 전부 다 수용할 수 있는 것이어야 한다. 이와 같이 개별 사용자의 관점을 모델링한 것을 외부 모형(external model), 외부 스키마(external schema) 또는 사용자 뷰(user view)라고 한다.

개념 모형

비행기를 디자인하려면 먼저 비행기 전체적인 생김새를 결정하여야 한다. 즉 크기는 얼마만큼 되어야 되고, 엔진 수는 몇 개여야 하며, 출입구는 몇 개가 적당한가 등의 스케치가 선행되어야 할 것이다. 이를 위해서는 조종사, 승객 및 정비사의 요구사항을 파악하고 각각의 시각을 통합하여 비행기의 개념도를 완성한다.

데이터베이스 디자인에 있어서도 이와 같은 작업을 통하여 데이터베이스의 내용을 정의하는 과정이 필요한데, 이를 데이터베이스의 개념 모형(conceptual database model) 또는 개념 스키마(conceptual schema, conceptual view)라 한다. 따라서 개념 모형은 외부 모형에 포함된 자료들을 모두 포함하는 전체 집합의 개념이다. 역으로 외부 모형은 개념 모형의 일부 자료들로 구성되는 부분 집합의 개념이다.

내부 모형

비행기 제작을 위한 실질적인 단계는 구체적인 설계도를 작성하는 일이다. 동일한 개념 모형에 기초하더라도 비행기의 제작 소재나 작업환경 등이 달라지면, 비행기를 제작하기 위한 설계도 또한 이에 상응하게 달라져야 한다. 즉 알루미늄을 소재로 하는 비행기의 설계도와 나무를 소재로 한 비행기의 설계도가 같을 수 없으며, 프로펠러 비행기의 설계도와 제트 엔진 비행기의 설계도가 같을 수 없다.

데이터베이스의 경우에도 실제로 데이터들을 저장하기 위한 설계도를 작성하여야 하는데 이를 데이터베이스의 내부 모형(internal model)이라고 한다.

내부 모형은 흔히 물리모형, 물리 스키마 또는 줄여서 스키마(schema)[3]라고 한다. 스키마의 작성방법은 데이터베이스관리시스템의 종류에 따라 상이하다. 즉 데이터베이스 스키마란 구체적인 데이터베이스관리시스템에서 구현할 설계도이기에 데이터베이스관리시스템의 형식에 의존적이다. 크게는 계층형 데이터베이스관리시스템의 스키마와 네트워크형 데이터베이스관리시스템의 스키마가 다르며, 이들과 관계형 데이터베이스관리시스템의 스키마가 판이하게 다르다. 또한 Oracle의 스키마와 Sybase의 스키마가 다르며, DB2의 스키마와 Informix의 스키마가 다르다. 이와 같이 스키마 또는 물리 모형은 데이터베이스를 특정환경에서 구축하기 위한 설계도이며, 따라서 데이터베이스관리시스템에 의존적이다.

비행기의 설계도대로 제작하면 실제 비행기가 만들어지듯이 데이터베이스도 스키마에서 설계한 대로 구축하면 그 실체가 나타나게 된다.

2.2.2 데이터베이스의 개발 단계

데이터베이스 개발은 데이터베이스에 저장될 내용을 정의하는 데이터베이스 설계와 실제 데이터를 입력하는 데이터베이스 생성으로 대별된다. 그리고 데이터베이스 설계과정을 통하여 데이터베이스의 구조를 정의한 것을 데이터베이스 모형 또는 스키마라고 한다.

앞에서 소개된 데이터베이스의 3계층 모형에서 설명한 바와 같이 데이터베이스 스키마는 계층에 따라 외부 모형, 개념 모형 및 내부 모형으로 구분된

3) 데이터베이스 스키마는 실제로 구현될 데이터베이스의 구조, 즉 물리 모형을 의미하기도 하며, 전반적으로 데이터 모형을 의미하기도 한다. 후자의 경우에는 외부모형, 개념모형을 외부 스키마 또는 개념 스키마 등으로 표현한다. 여기서는 데이터베이스 스키마가 물리 스키마를 나타내는 것으로 사용한다.

다. 데이터베이스의 3계층 모형을 참조로 하여 살펴보면, 데이터베이스의 개발 단계 또한 정보시스템의 개발 단계인 [요구정의 → 설계 → 구현]의 과정을 거치는데, 설계과정이 특정 데이터베이스관리시스템을 가정한 설계(즉 물리 설계)와 가정하지 않는 설계(논리 설계) 과정으로 구분된다. 이러한 흐름에서 볼 때 데이터베이스의 개발은 개략적으로 그림 2-5의 단계를 따른다.

그림 2-5 데이터베이스 개발 단계

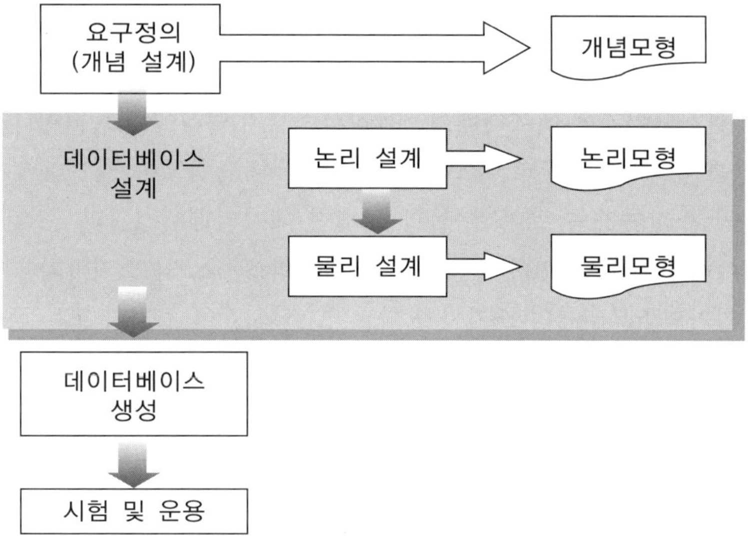

S U M M A R Y

요약

본 단원에서는 데이터베이스시스템의 개발 절차 대하여 학습하였다. 본 단원에서 습득한 주요 개념들을 요약하면 다음과 같다.

개념 모형(conceptual model): 요구 사항의 정의 결과로서 데이터베이스에 무엇이 저장될 것인가를 나타내는 모형으로서, 사용자별 정보요구를 모두 통합한 전체 집합의 개념으로서 개념 스키마(conceptual schema, conceptual view)라고도 함.

내부 모형(internal model): 정의된 데이터들을 저장하기 위한 설계도로서 흔히 스키마(schema)라고 함.

논리 설계: 데이터베이스에 포함될 항목을 추상화하여 정의하고, 이들 간의 관계를 구조적으로 통합 정의하는 활동.

데이터베이스의 3계층 모형: 데이터베이스의 내용을 외부 모형-개념 모형-내부 모형 등으로 계층별로 다른 시각에서 모형화한 것.

데이터 중심 개발 방법론: 자료의 조작 및 변환 알고리즘이 비교적 간단하며 자료의 획득 및 관리가 중요한 정보시스템의 경우, 데이터베이스의 개발에 비중을 두는 개발 방법론.

물리 설계: 실제로 저장되는 데이터베이스의 구조를 정의하는 활동.

사용자 뷰(user view) 또는 외부 모형(external model): 데이터에 대한 개별 사용자의 관점을 모델링한 것.

실제 현상의 투사 패러다임(real world mapping paradigm): 정보시스템을 실제 현상의 투영(mapping)으로 보는 것.

요구정의 또는 개념 설계(conceptual modeling): 데이터베이스 저장 내용을 도출하는 활동으로서 데이터베이스에 무엇이 저장될 것인가를 나타내는 개념 모형을 설계하는 활동.

정보시스템의 개발 과정: 응용프로그램의 개발 과정과 데이터베이스의 개발과정을 동시에 포함함.

정보시스템 아키텍처: 정보시스템의 구조를 나타내는 청사진 또는 설계도.

정보시스템 프레임워크: 정보시스템 아키텍처를 나타내는 틀로서, 보통 정보시스템의 구성요소인 데이터, 프로세스 및 네트워크 등에 대하여 이들을 하향식으로 세분화하여 정의함.

프로세스 중심 개발 방법론: 자료의 조작 및 변환 알고리즘이 복잡한 정보시스템을 개발할 경우, 응용프로그램의 개발에 비중을 두는 개발 방법론.

제2부
개체관계모형과 개념설계

03 개체관계모형

04 개체관계모형의 설계

05 개체관계모델링의 일반적 오류

DATABASE MANAGEMENT

02 개체관계모형과 개념설계

제3장 개체관계모형

제4장 개체관계모형의 설계

제5장 개체관계모델링의 일반적 오류

03 Database Management

개체관계모형

개체관계모형은 데이터베이스 설계를 위하여 가장 많이 사용되고 있는 개념 모형이다. 여기서 개체관계모형을 개념 모형이라고 부르는 이유는 이를 직접 지원하는 데이터베이스 관리시스템이 존재하지 않기 때문이다. 따라서 개체관계모형에 의하여 설계된 데이터베이스는 관계형 데이터모형으로 변환되어 구현된다. 바꾸어 이야기하면 개체관계모형은 관계형 데이터베이스를 설계하기 위하여 사용된다.

개체관계모형이 데이터베이스 설계를 위하여 보편적으로 사용되는 이유는 관계형 데이터모형보다 표현 능력이 우수하기 때문이다. 관계형 데이터베이스는 릴레이션(relation)(즉 테이블)들의 집합이다. 따라서 관계형 데이터베이스를 설계하는 것은 이를 구성하는 테이블들(즉 릴레이션들)을 설계하는 것이라고 할 수 있는데, 모든 테이블들이 서로 동등하게 설계되기 때문에 이들 사이의 연관성을 가시적으로 나타내는 것이 쉽지 않다. 그러나 개체관계모형은 개체(entity)에 추가하여 관계(relationship)라는 개념을 사용하기 때문에 개체들 사이의 연관성을 표현하기가 쉽다. 그리고 개체들을 상위 개체와 하위 개체로 세분화할 수 있다. 이러한 추가적인 표현 기능을 가지고 있기 때문에, 개체관계모형을 사용하여 개념설계를 하고, 이로부터 관계형 데이터베이스를 설계하는 것이 관계형 데이터베이스를 직접 설계하는 것보다 효과적이다.

3.1 개체관계모형의 모델링 시각

개체관계모형은 가장 대표적인 데이터 중심 모형이다. 따라서 개체관계모델링은 데이터 중심적인 관점에서 이루어져야 한다. 만약 프로세스 중심적인 관점에서 모델링이 이루어질 경우 데이터베이스의 개념모형으로서는 부적합한 잘못된 모형이 산출될 수 있다.

데이터 중심 모델링

데이터 중심 모델링이란 데이터를 중심으로 실제 현상을 추상화하는 방법이다. 즉, 비둘기 집과 같이 데이터들이 저장되는 장소를 지정하고, 여기에 저장될 데이터들이 어떻게 갱신되고 사용될 것인가 등에 대한 제약조건들을 정의함으로써 실제 현상을 정보시스템으로 추상화한다.

만약 주문처리를 위한 데이터베이스를 모델링할 경우, 데이터 중심 모델링에서는 주문 또는 제품 등에 대한 데이터들이 저장될 장소를 지정한다. 그리고 새로운 주문이 접수되거나 재고량 등이 변경될 경우, 이에 대한 제약조건[1]들이 충족될 경우에만 데이터가 추가되거나 변경되도록 모형화한다. 이와 같이 데이터 중심 모델링에서는, 업무처리를 위한 과정은 포함되지 않는다. 예를 들면 주문을 수주할 때 할인율을 계산하는 것과 같은 처리 과정은 포함하지 않는다.

데이터 중심 모델링을 위하여 가장 많이 사용되는 모형이 개체관계모형이고 이를 그림으로 표현한 것이 개체관계도이다. 그림 3-1은 방금 예시한 주문처리 데이터베이스의 개체관계도이다.[2] 그림 3-1에서 사각형은, 무슨 데이터들이 관리되어야 하는가를 나타내며(이를 개체라고 함), 실선은 이들 개체들 사이의 상호 연관성(이를 관계라고 함)을 나타낸다. 그림을 통하여 개략적으로 알 수 있겠지만, 데이터 중심 모델링은 무슨 데이터들이 관리되는가만을 서술한

1) 예를 들면, 주문을 받기 위해서는 먼저 해당 제품이 판매되는 제품으로 등록되어 있어야 하며, 주문량이 재고량보다 적거나 같아야 한다.

2) 개체관계도는 Chen이 제안한 이후 다양한 확장 모형들이 제시되었다. 이 결과 표현방법에 있어 조금씩 차이가 있다. 본 교재에서는 Chen이 제안한 개체관계모형과 Sybase사에서 공급하는 개체관계모델링 도구인 PowerDesigner의 표현 기법을 같이 사용한다. 그림 3-1은 PowerDesigner를 이용하여 작성한 개체관계도이다.

그림 3-1 데이터 중심 모형

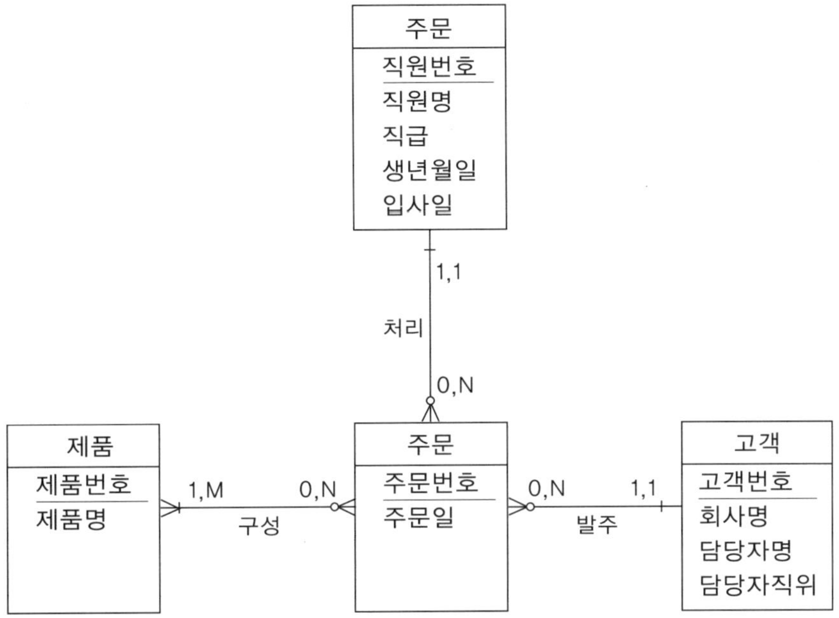

다. 그리고 이들 데이터들이 어떻게 만들어지고 어떻게 이용되는가는 직접 관리하지 않는다.

이후 개체관계모형의 소개에서 보다 자세히 살펴보겠지만, 개체관계모형에서는 데이터의 흐름이나 업무처리과정을 표시하는 개념이 존재하지 않는다. 따라서 흐름이나 절차, 과정들을 표시하여서는 안 된다. 이러한 데이터 중심 모델링에 대한 이해는 개체관계모형을 제대로 사용하고 이해하기 위한 기본이라고 하겠다.

프로세스 중심(절차 중심) 모델링

프로세스 중심(또는 절차 중심) 모델링이란 정보나 데이터의 처리과정, 즉 절차를 중심으로 실제 현상을 추상화하는 방법이다. 절차에 기초한 모형들은 모두 입력물과 출력물이 있으며, 이들 사이에 프로세스가 정의된다. 그리고 한 프로세스의 출력물은 다른 프로세스의 입력물로 사용된다. 이와 같이 선행 프로세스의 출력물이 후행 프로세스의 입력물로 사용되기 때문에 선행 프로

그림 3-2 프로세스 중심 모형

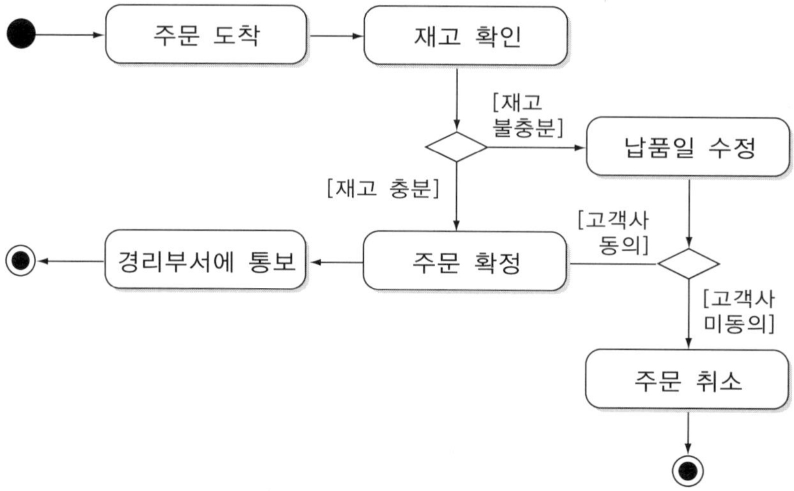

세스와 후행 프로세스들 사이에 선후관계가 구체적으로 정의된다.

절차적 시각을 모델링하기 위하여 가장 많이 사용되는 모형은 응용프로그램의 설계에 자주 사용되는 순서도(플로우차트)이다. 그림 3-2는 주문처리 과정을 이러한 순서도의 하나인 Activity Diagram을 이용하여 작성한 것이다.[3)]

그림 3-2에서 사각형은 프로세스를 나타내며, 화살표는 처리 순서를 나타내고, 다이아몬드는 의사결정을 나타낸다. 그림을 통하여 개략적으로 알 수 있겠지만, 프로세스 중심 모형은 프로세스들을 나열하고 이들 사이의 순서를 화살표로 표시하기 때문에 반드시 시작(검은 원)과 끝(검은 원을 포함하는 흰 원)이 있다. 따라서 시작부터 끝까지 화살표를 따라 읽어 가면 업무가 어떻게 처리되는가를 알 수 있다.

3) Activity Diagram은, UML(Unified Modeling Language)의 9가지 모형도 중의 하나로서, 시스템의 동적인 흐름을 나타내는 모형도이다.

3.2 개체관계모형의 구성요소

개체관계모형은, 명칭을 통하여 알 수 있는 바와 같이, 기본적으로 개체(entity)와 관계(relationship)라는 2가지 개념을 사용하여 데이터베이스에 저장될 데이터들을 모델링한다. 즉 실제 현상을 개체와 관계로 모델링하고 이로부터 데이터베이스에 저장될 가치가 있는 데이터들을 추출한다. 여기서 실제 현상을 개체들과 개체들 사이의 관계로 모델링한다는 것은, 실제 현상을 제 3 자에게 설명할 때 다음과 같이 개체와 관계를 사용하여 설명하는 것을 의미한다.

- 실제 현상을 구성하는 구성물들이 무엇인가를 설명하는데 이를 개체라고 한다.
- 구성물들 사이에 어떠한 관계가 존재하는가를 설명하는데 이를 관계라고 한다.

3.3 개 체(Entity)

개체관계모형은 기본적으로 개체와 관계라는 두 개념에 기초한다. 이들 중에서 순서를 따지자면 개체가 먼저이다. 관계는 개체들이 어떠한 연관성을 가지는가를 정의한 것이기 때문에 논리적으로 볼 때 개체가 먼저 존재하여야만 관계를 정의할 수 있다.

3.3.1 개체와 개체유형

개체(entity)란 실제 현상에 존재하는 것들을 지칭한다. 개체에 대한 이해를 돕기 위하여 연극을 공연한다고 가정하자. 연극을 공연하기 위하여서는 먼저 연극에 출연하는 배우, 장치, 소품들과 같은 연극의 구성물들을 먼저 준비하여야 한다. 이러한 구성물들을 사용하여 무대가 꾸며지면, 배우들은 무대 위에서 연기를 한다. 이때 연극 무대를 구성하는 구성물들이 개체이다.

동일한 맥락에서 정보시스템 또한 실제 현상을 추상화하여 사용자들에게 전달하는 방법들 중의 하나이다. 따라서 정보시스템을 통하여 실제 현상을 추상화하기 위해서는 실제 현상을 가상의 연극 무대로 표현하여야 하는데, 이때 실제 현상을 구성하는 것들을 개체라고 한다.

국민주식회사에서 홍길동 등의 영업사원들이 북악상사, 성북통상 등의 고객사로부터 국민 100% 오렌지주스, 국민 체리 시럽 등의 제품에 대한 주문을 수주하여 처리한다고 하면, 이들 고객사와 제품들, 홍길동, 주문번호가 1049인 주문들이 모두 개체가 될 수 있다.

개체유형(entity class 또는 entity set)은 이러한 개체들을 동일한 유형별로 분류한 것이다. 따라서 앞에서 언급한 예에서 개체유형들을 찾아보면 다음과 같다.

- 북악상사, 성북통상 등은 고객사이며,
- 홍길동은 사원이며,
- 국민 100% 오렌지주스, 국민 체리 시럽 등은 제품이다.

개체유형과 개별 개체는 수학적 표현을 빌리면 집합과 원소에 대응한다. 즉, 개체유형은 개별 개체들을 모아 놓은 집합이며, 개체는 개체유형을 구성하는 원소들이다. 그림 3-3과 같이 고객사라는 개체유형에 북악상사, 성북통상 등의 개체가 존재한다. 후자를 개체유형과 구분하여 개별 개체라고 한다.

예제를 통하여 알 수 있듯이, 개체유형은 일반명사로 표시되며, 개별 개체들은 고유명사로 표시된다.

그림 3-3 개체와 개체유형

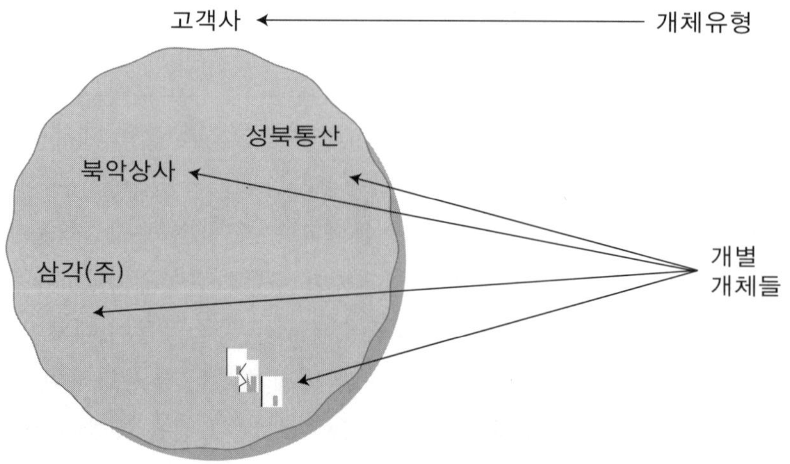

이와 같이 개별 개체와 개체유형은 엄연히 구분된다. 그러나 실제로는 개체라는 동일 단어를 이용하여 개별 개체를 지칭하기도 하며, 개체유형을 지칭하기도 한다. 따라서 개체라는 단어가 언제 개체유형을 뜻하며 언제 개별 개체를 뜻하는가는 상황에 따라 적절히 판단하여야 한다.

3.3.2 개체의 식별기준

개체는 실제 현상에서 물리적으로 존재하거나 또는 개념적으로 우리가 인지할 수 있는 것들을 모두 포함한다. 그리고 개체들을 유형별로 구분하여 모아 놓은 것을 개체유형이라고 한다. 따라서 개체를 식별하기 위하여서는 먼저 실제 현상에 존재하는 것들을 모두 찾아내어, 이들을 동일 유형으로 분류하면 된다. 그러나 현실적으로 실제 현상에 존재하는 무수히 많은 것들 중에서 무엇을 개체로 식별하여야 하며, 무엇을 개체로 식별하지 않아야 하는가를 판단하는 것은 생각만큼 쉬운 일이 아니다.

예를 들면 국민주식회사와 연관하여 존재하는 것들을 살펴보면, 건물이 있으며, 북악상사, 성북통상 등과 같은 고객사들이 있으며, 국민 100% 오렌지 주스, 국민 체리 시럽과 같은 제품이 있으며, 홍길동 등의 사원이 있으며, 이들 사원들이 사용하는 자동차가 있으며, 사원들이 사용하는 전화기, 사무실, 책상 등 나열하기가 거의 불가능할 정도로 무수히 많은 것들이 존재한다. 이들 중에서 데이터베이스 모델링에 포함될 개체들을 선별하는 것은 생각보다 어려운 문제이다.

실제 현상에 존재하는 무수히 많은 구성물들 중에서 어느 것들은 개체로 인식하고, 어느 것들은 개체로 인식하지 않을 것인가의 판단 기준은, 이들에 대한 정보가 저장할 가치가 있는가에 의하여 결정된다. 만약 국민주식회사에서 사원들이 사용하는 자동차에 대한 정보를 저장할 필요가 있으면, 자동차를 개체로 인식하여야 한다. 그러나 무슨 자동차가 있는지, 이것들이 누구의 소유이며, 누구에 의하여 사용되는지 등이 주문처리와 무관한 정보라고 하면, 이들을 개체로 인식할 필요가 없다. 대부분의 경우 주문처리에서 자동차에 대한 정보는 필요하지 않다. 따라서 자동차는 개체로 분류하지 않는다. 그러나 보험업무 처리를 위하여서는 자동차가 반드시 개체로 인식되어야 한다. 이와 같이 무엇이 개체이며 개체가 아닌가 하는 것은 일률적으로 결정할 수 있는 것이 아니며, 구축하고자 하는 데이터베이스의 용도에 따라 판단하여야 한다.

모든 개체가 제품이나 사원 등과 같이 실제로 볼 수 있거나 형상을 가지는 것은 아니다. 예를 들면 북악상사가 국민 100% 오렌지주스 100박스를 3월 1일 주문하였다는 주문번호가 1049인 주문은 우리가 눈으로 식별할 수는 없으나 존재한다고 가정하고 이를 개체로 취급한다. 물론 주문서가 주문을 나타내는 물리적인 형상물이라고 할 수 있다. 그러나 주문서를 분실하여도 주문이라는 개체, 즉 북악상사가 국민 100% 오렌지주스 100박스를 3월 1일 주문하였다는 것은 존재한다. 즉 주문이라는 개체는 물리적인 형체에 의하여 식별되지 않는다. 이와 같이 물리적인 형체를 가지고 있지 않더라도 우리가 관리할 필요가 있는 것들은 개체라고 한다.

요약하면, 개체는 데이터를 저장할 가치가 있는 대상물들이다. 이들 개체는 형태에 따라 다음과 같이 구분된다.

- 물리적 개체: 제품, 사원 등과 같이 물리적 형상을 가지고 있는 것들로서 눈으로 식별할 수 있는 것들
- 개념적 개체: 주문, 예약 등과 같이 거래 또는 활동의 결과를 기록한 것으로서 눈으로는 직접 볼 수 없지만 개념적으로 존재한다고 인식하는 것들

3.3.3 의존개체와 일반개체

개체는 이의 존재 조건과 연관하여 의존개체(weak entity)와 (일반)개체(regular entity 또는 strong entity)로 구분한다.

의존개체

다른 개체가 먼저 존재하여야만 자신이 존재할 수 있는 개체들을 의존개체라고 한다. 예를 들면 부양가족은 사원의 의존개체이다. 왜냐하면, 사원이 먼저 존재하여야만 해당 사원의 부양가족이 존재할 수 있기 때문이다. 사원개체가 존재하지 않으면 부양가족이라는 개체 또한 존재할 수 없다. 이러한 관계를 개체관계모형에서는 존재 종속성(existence dependency)이라고 한다.

예를 들면, 홍길동의 부양가족인 홍아름이 존재하기 위하여서는 홍길동이라는 사원개체가 먼저 존재하여야 한다. 즉 홍아름은 홍길동의 부양가족으로서 존재한다. 물론 실제 현상에서는 홍길동이라는 사람도 존재하고 홍아름도 존재한다. 그러나 사원과 사원의 부양가족을 관리하는 국민주식회사의 입장에서는 홍길동이 사원이 아니면 홍아름 또한 관리의 대상이 아니다. 만약 홍길동이 국민주식회사의 사원이 아닌데 홍아름이 국민주식회사 사원의 부양가족이라는 것은 부양가족의 원래 정의와 모순된다. 따라서 특정 개체가 부양가족 개체가 되기 위하여서는 관련된 사원개체가 먼저 존재하여야 한다.

이와 같이, 다른 개체가 먼저 존재하여야 존재할 수 있는 개체를 의존개체라고 한다.

일반개체

의존개체가 아닌 모든 개체들을 일반개체 또는 개체라고 한다. (일반)개체들은 스스로 독자적으로 존재한다. 즉, 영업 사원 홍길동은 국민 100% 오렌지주스와 같은 제품이나 성북통상 등과 같은 고객사의 존재와 상관없이 스스로 존재한다. 이러한 점에서 (일반)개체는 의존개체와 구별된다.

개체가 독자적으로 존재한다는 것은 다른 개체와 아무런 연관성이 없이 홀로 존재한다는 뜻은 아니다. 이후 관계의 설명에서 자세히 살펴보겠지만, 개체들은 서로 연관성을 가지며, 이러한 연관성은 관계로 표시된다. 다만, 개체가 독자적으로 존재한다는 것은, 의존개체의 예제에서 살펴본 바와 같은 존재 종속성을 가지지 않는다는 것을 말한다. 즉, 홍길동이라는 사원이 존재하기 위하여 국민 100% 오렌지주스라는 제품이 먼저 존재하여야 하는 것이 아니며, 원창(주)이라는 고객사가 먼저 존재하여야 하는 것도 아니다. 이와 같이 다른 개체에 종속되지 않는 개체들을 (일반)개체라고 한다.

3.4 개체의 표현

개체들은 실제 현상에서 물리적이거나 개념적인 형태를 갖는다. 이러한 개체들을 정보시스템에서 디지털화하여 표현하기 위해서는 개체에 대하여 알고 싶은 특성을 정형적으로 서술하여야 한다. 이와 같이 개체의 특성을 표현한 것을 속성이라고 한다. 그리고 속성들 중에서 개체를 식별하기 위하여 사용되는 것을 주키라고 한다.

3.4.1 속 성

각 개체는 속성(property or attributes)을 갖는다. 속성이란 개체를 설명하는 특성, 즉 개체에 대하여 우리가 알고자 하는 정보들이다. 예를 들면, 고객사, 제품과 사원에 대하여 우리는 표 3-1에 열거된 정보들을 알기를 원한다고 하자. 이 경우 이들을 고객사, 제품, 사원들의 속성이라고 한다.

이들 각 속성에 대하여 개체들은 속성값을 갖는다. 예를 들면, 홍길동 사원은 생년월일이라는 속성에 대하여 1968-12-08이라는 값을 가진다(사실 '홍길동' 도 사원의 속성인 이름의 속성값이다).

표 3-1 속성의 예

개체유형	고객사	제 품	사 원
속성	고객번호 고객이름 담당자이름 담당자직위 주소 도시명 지역 우편번호 국가명 전화번호 팩스	제품번호 제품이름 공급업체 제품분류 포장단위 단가 재고량 발주량 재주문량 단품종	사원번호 이름 직위 성별 생년월일 입사일 주소 도시명 지역 우편번호 소속부서장

식별자와 서술자

속성들은 개체의 특성을 나타내기 위하여 사용된다. 그러나 이들 속성들 중에서 특정 개체를 식별하기 위해서만 사용되는 속성들이 있다. 예를 들면, 사원번호는 사원을 식별하기 위해서만 사용되며, 해당 사원의 특성에 대하여 추가적인 정보는 제공하지 않는다. 이와 같은 속성을 식별자라고 한다. 그리고 식별자가 아닌 개체의 특성을 나타내는 것들을 서술자라고 한다. 이러한 점에서 속성은 다음과 같이 구분된다.

- 식별자(identifier): 특정 개체를 타 개체들과 구분하기 위하여 사용됨.
- 서술자(descriptor): 개체의 특성을 설명하기 위하여 사용됨.

이후 소개될 주키와 연관하여 설명하면 주키 또는 키(key)는 식별자이며, 키(key)가 아닌 나머지 속성들은 서술자이다.

식별자와 서술자는 매우 다른 특성을 가지는데, 그 중의 하나가 값의 변화 가능성이다. 서술자들은 값이 수시로 변할 수 있다. 예를 들면 제품의 단가는 시간에 따라 인상될 수도 있고 인하될 수도 있다. 그리고 사원의 주소나 전화번호 또한 변한다. 그러나 식별자는 변해서는 안 된다. 예를 들면, 홍길동은 몸무게가 바뀌어도 홍길동이며, 주소가 바뀌어도 홍길동이다. 따라서 홍길동이라는 사람의 식별자는 바뀌어서는 안 된다. 이와 같이 식별자는 개체가 존재하는 동안 변경 불가능하다. 이러한 식별자와 서술자의 특성을 요약하면 표 3-2와 같다.

그러나 식별자가 서술자의 역할을 같이 수행하는 경우를 많이 볼 수 있다. 예를 들면, 학생의 주키인 학번이 다음과 같이 8자리 문자로 구성되었다고 가정하자.

학번 =	1 9 9 6	1 2	0 0 1 2
	입학연도	학부/학과코드	일련번호

표 3-2 식별자와 서술자의 특성

식별자	값의 갱신이 불가능(갱신이 아니라 삭제와 입력임)
서술자	값의 갱신이 가능

이 경우 학번은 식별자인 동시에 소속학부와 입학연도를 나타내는 서술자로서의 역할도 한다. 따라서 학생이 소속 학부를 바꾸게 되게 되면 학번도 바뀌게 된다. 예를 들면, 홍길동이라는 학생이 경영학부(학부 코드 12)에서 경영정보학부(학부 코드 35)로 전과(轉科)하게 되어 학번이 1996120012에서 1999350071로 변경되었다고 가정하자. 이 경우 학번이 1996120012인 학생은 1999350071인 학생과 전혀 다른 학생이다. (그 이유는 학번이 1996120012인 학생과 학번이 1999350071인 학생은 정보시스템의 입장에서는 다른 학생이기 때문이다.) 그러나 실제로 홍길동이란 학생은 비록 소속은 바뀌었으나 동일한 학생이다. 따라서 학사관리를 위하여서는, 홍길동이가 경영학부에서 수강한 과목들의 성적들은 전과한 후에도 계속 홍길동의 성적으로 관리되어야 한다. 바꾸어 말하면, 경영학부의 홍길동과 경영정보학부의 홍길동은 동일한 개체이며, 다만 학부라는 속성이 변경된 것이다. 그러나 주어진 학번체계에서는 식별자(즉 주키)인 학번이 바뀌게 됨으로써 학부를 바꾸기 이전의 홍길동과 이후의 홍길동은 서로 다른 학생으로 취급된다.

이와 같이 개체의 속성을 정의하는 과정에서 중요한 것은 가능하면 식별자와 서술자를 완전히 구분하는 것이다. 즉, 식별자는 서술자적 성격을 가지는 값을 가능하면 포함하지 않도록 설계하는 것이 바람직하다. 이렇게 함으로써 개체의 속성들이 바뀌어도 식별자는 바뀌는 일이 없게 된다.

기본 속성과 유추 속성

속성들은 해당 속성의 값이 다른 속성들의 값으로부터 유도될 수 있는가에 따라 기본 속성(basic facts)과 유추 속성(derived facts)으로 나누어진다. 유추 속성이란, 해당 속성의 값이 다른 속성들의 값으로부터 유도될 수 있는 것이며, 기본 속성이란 그러한 유도가 불가능한 속성들이다.

예를 들면 개인의 출생연도를 알고 있으면 우리는 개인의 띠(즉, 간지(干支))를 알 수 있다. 이때 출생 간지와 같이 다른 속성의 값으로부터 유도될 수 있는 속성을 유추 속성이라고 한다. 그러나 출생연도는 다른 속성의 값으로부터 유도될 수 없다. 이러한 속성을 기본 속성이라고 한다.

또 다른 예로서 대학교에서 학생의 재학 기간 중 수강한 과목들의 성적평

균은 개별 과목들의 성적으로부터 계산된다. 따라서 이는 유추 속성이다. 그러나 개별 과목의 성적은 매 학기 과목 수강 후 부여되며 이는 유추가 불가능한 기본 속성이다.

유추 속성의 값은 다른 속성들의 값으로부터 유도될 수 있기 때문에 반드시 저장할 필요는 없다. 즉 사용자들이 유추 속성의 값을 알고자 할 경우마다 매번 이를 계산하여(유추하여) 제공하면 된다. 이에 반하여, 기본 속성의 값은 다른 속성들로부터 유추할 수 없기 때문에 반드시 데이터베이스에 저장하여야 한다.

단일값 속성과 복수값 속성

속성은 해당 개체별로 하나 또는 2개 이상의 값을 가지는데, 가질 수 있는 값의 개수(cardinality)에 따라 단일값 속성(single-valued facts)과 복수값 속성(multi-valued facts)으로 구분할 수 있다. 단일값 속성이란 주민등록번호와 같이 하나의 값만이 부여될 수 있는 속성이며, 복수값 속성이란 전화번호와 같이 하나 이상의 값이 부여될 수 있는 속성이다.

자세히 이야기하면, 단일값 속성은 많아야 1개의 값을 가지며, 두개 이상의 값을 가질 수 없다. 즉, 표 3-1에서 제품의 재고량은 현재의 재고 수량을 나타내기 때문에 1개의 값을 가지며, 가격 또한 1개의 값을 가진다. 그러나 만약 고객사에서 2명 이상의 직원이 국민주식회사와 거래를 담당한다면 담당자이름은 2개 이상의 값을 가지며, 따라서 복수값 속성으로 분류된다.

개체관계모형에서 복수값 속성은 속성의 이름 위에 *를 위 첨자로 추가하여 표시하거나(예: 담당자이름*) 또는 속성 뒤에 괄호를 사용하여 발생 빈도를 표시하기도 한다(예: 담당자이름(2-*)).

관계형 데이터 모형에서 보다 자세히 소개되겠지만, 테이블은 복수값 속성을 나타낼 수 없다. 즉, 관계형 데이터베이스에서, 테이블을 구성하는 레코드들은 각 속성들에 대하여 한 개의 값만을 나타낼 수 있다.[4] 따라서, 복수값 속성은 관계형 데이터베이스에서 그대로 표현할 수 없다.

---

4) 이후 보다 자세히 살펴보게 되겠지만, 개체관계모형에서 정의되는 개체는 관계형 데이터베이스에서 테이블로 표현된다. 그리고 개별 개체들은 테이블을 구성하는 레코드로 표현되며, 개체의 속성은 테이블의 속성으로 표시된다.

복수값 속성이 관계형 데이터베이스에서 속성으로 표현될 수 없기 때문에, 가능하면 다음의 2가지 방법을 이용하여, 개체관계모형의 모든 속성들을 단일값 속성으로 정의하는 것이 바람직하다.

- **복수값 중에서 대표되는 값 1개만을 표현하도록 변환**: 복수값 중에서 대표되는 값을 1개 선정하여 속성의 값으로 사용한다. 즉 복수값을 가지는 속성을 단일값을 가지도록 표현한다. 예를 들면 여러 개의 전화번호를 표시하는 대신에 1개의 대표전화번호만을 표시한다.
- **복수값 속성을 개체로 표현**: 복수값 중에서 대표되는 값 1개만을 표현하도록 변환하는 것이 불가능한 경우에는, 복수값 속성을 별도의 개체로 표현함으로써 복수의 값을 표현할 수 있다. 즉, 앞의 예에서, 고객사의 담당자가 여러 명일 경우, 담당자이름을 고객사의 속성으로 표현하는 대신에 고객사의 담당직원들을 개체를 만들어 각 담당직원들을 표현하면, 한 고객사에 대하여 여러 담당자이름을 나타낼 수 있다. 물론 이들이 특정 고객사의 담당직원이라는 사실은 고객사와 담당직원 사이의 관계로 표현된다.

3.4.2 속성치 영역 또는 도메인

속성은 임의의 값을 함부로 가질 수 있는 것은 아니며, 한정된 값들 중에서 하나를 갖는다. 예를 들면, 시험 성적은 보통 0점부터 100점까지 자연수 또는 A+, A와 같은 문자 등급 중 하나의 값을 갖는다. 이와 같이 특정 속성이 가질 수 있는 모든 값을 모아놓은 것, 즉 모든 가능한 속성값들의 집합을 속성치 영역 또는 도메인(domain)이라고 한다.

만약 학교의 성적이 0점부터 100점까지 자연수로 표현되면, 성적의 속성치 영역은 다음과 같이 정의된다.

dom(성적) = {0, 1, 2, ... , 100}

그리고 만약 성적이 A+, A와 같은 문자 등급으로 표현된다면 성적의 속성치 영역은 다음과 같이 정의된다.

dom(성적) = {A+, A, B+, B, C+, C, D+, D, I, F}

예를 통하여 알 수 있는 바와 같이 속성치 영역은 일반적으로 이야기하는 데이터 유형보다 훨씬 제한적이다. 첫 번째 성적의 데이터 유형은 정수이다. 그러나 속성치 영역은 이보다 훨씬 제한적인 0부터 100까지의 정수이다. 그리고 두 번째 성적의 데이터 유형은 2자리 문자(CHAR(2))로 정의된다. 그러나 속성치 영역은 이보다 훨씬 제한적인 A+부터 F까지의 10개의 값들이다.

속성치 영역을 통하여 알 수 있는 바와 같이 첫 번째 예의 성적과 두 번째 예의 성적은 서로 다른 성적을 의미한다. 물론 이들 사이에 변환 공식이 존재할 수 있으나, 경우에 따라서는 서로 변환이 불가능한 경우도 발생한다. 따라서 우리가 속성을 정의한다는 것은 속성치 영역도 같이 정의하는 것을 의미한다.

이와 같이 속성치 영역은 속성을 정의하는 주요 요소이며, 속성치 영역을 어떻게 정의하는가에 따라 다른 의미를 갖게 된다. 속성의 이름이 같다고 하여도 속성치 영역이 다르면 서로 다른 속성들이라고 할 수 있으므로, 속성치 영역이 정의되었을 때 비로소 속성에 대한 정의가 완료되었다고 할 수 있다.

3.4.3 주 키

개체들을 관리함에 있어 가장 기본적인 것은 무엇보다도 여러 개체들 중에서 특정 개체를 식별하는 것이다. 예를 들면, 국민 100% 오렌지주스를 국민 체리 시럽과 구분하여야 한다. 일상적으로 우리는 이름을 사용하여 개체들을 구분한다.

정보시스템에서도 개체들을 구분할 수 있는 방법이 필요하다. 그러나 보통 사용하는 이름을 사용할 경우에는 개별 개체들을 식별하기가 쉽지 않은 경우들이 발생한다. 이름이 같으나 실제로는 서로 다른 개체들이 있을 수 있으며, 또한 같은 이름이라도 여러 가지 방법으로 불릴 수 있기 때문이다. 예를 들면, '국민 100% 오렌지 주스' 를 그냥 '국민 오렌지 주스' 라고 부를 수 있으며, '국민 100 오렌지' 로 줄여서 부를 수도 있다. 그리고 '국민 100% 오렌지 주스' 라고 부를 경우에도 '국민 100% 오렌지 주스' 로 쓸 수도 있으며, '국민100%오렌지주스' 로 쓸 수도 있다. 그러나 정보시스템에서는 이들을 모두 다른 것으로 인식하기 때문에 일상생활에서 사용하는 방법보다 엄격한 식별 방법을 필요로 하는데 이를 키(key) 또는 주키(primary key)라고 한다.

주키의 용도는 개별개체들을 식별하는 것이다. 따라서 주키의 값을 알면 여러 개체들 중에서 특정 개체를 찾아낼 수 있다.

예를 들면, 제품의 주키는 제품번호이다. 즉, 제품번호를 알 경우 어느 제품을 칭하는지 식별할 수 있다. 그러나 제품의 가격은 주키가 될 수 없다. 가격이 만원인 제품이 하나 이상 존재할 수 있기 때문이다.

이와 같이 모든 개체들은 서로 다른 주키값을 가져야 하는데, 이를 주키값의 유일성이라고 한다. 즉, 주키 값이 같은 개체가 여러 개 존재하여서는 안 된다. 물론 경우에 따라서는 만원짜리 제품이 꼭 하나만 존재할 수도 있다. 그러나 여기서 말하는 유일성은 예상 가능한 모든 제품들 중에서의 유일성을 말하므로, 무수히 많은 제품이 있을 수 있다고 가정할 경우 가격이 10,000원인 제품은 당연히 2개 이상 있을 수 있다고 예상할 수 있다.

만약 유일성을 충족시키는 속성[5)]이 존재하지 않을 경우에는 2개 이상의 속성을 결합하여 주키로 사용할 수 있다. 예를 들면 동명이인(同名異人)이 있을 수 있다고 가정할 경우 이름만으로는 사원을 유일하게 구별할 수 없다. 따라서 이름은 주키가 될 수 없다. 이와 같은 경우에는, 사람을 구별하기 위하여 이름과 생년월일을 같이 사용할 수 있다. 즉, 만약 홍길동 사원이 2명이 있으면, 1968-12-8일생 홍길동, 1953-2-19일생 홍길동 이런 식으로 구분할 수 있다. 이 경우 이름과 생년월일을 결합한 것은 주키가 될 수 있다. 이와 같이 두 개 이상의 속성을 결합하여 구성한 주키를 복합키(composite key)라고 부른다. 그러나 복합키를 구성하는 개별 속성들만으로는 주키가 될 수 없다. 이름만을 주키로 이용할 경우에는 여러 명의 동명이인이 있을 수 있다. 또한 생년월일만을 주키로 할 경우에는 같은 날짜에 태어난 여러 사원이 있을 수 있다.

또한 주키가 될 수 있는 속성이 2개 이상 있을 수도 있다. 예를 들면, 학생이라는 개체에 대하여 다음의 속성들을 안다고 가정하자.

학번, 이름, 주소, 주민등록번호, 학과, 입학연도, 졸업예정연도

5) 앞에서 설명한 바와 같이 속성이란 개체의 특성을 나타내는 데이터들이다. 즉, 사원이라고 하는 개체가(보다 정확히 말하면 개체 유형이) 있을 경우, 이의 특성으로는 이름, 주민번호, 키, 나이, 출생일 등이 있을 수 있는데, 이들을 속성이라고 한다.

이 경우 학번을 주키로 사용할 수도 있으며, 주민등록번호를 주키로 사용할 수도 있다. 또한 이름과 주소를 결합하여 주키로 사용할 수도 있다. 그러나 일반적으로 학교에서는 학생의 주키로서 학번을 사용한다. 이와 같이 주키가 될 수 있는 것이 2개 이상 있을 경우에는 일반적으로 많이 사용되는 것을 주키로 지정한다. 이때 나머지 것들은 키 또는 대체키(candidate key 또는 alternate key)라고 한다. 예제에서 학번이 주키가 되면, 주민등록번호는 대체키가 된다.

3.4.4 주키의 기준

개체관계모형에서 주키는 개체를 인식하는 기준이라는 점에서 매우 중요한 의미를 갖는다. 즉 주키를 이용하여 개체들을 서로 구분할 수 있을 때 비로소 개체들이 올바르게 정의되었다고 할 수 있다.

주키가 되기 위해서는 다음과 같은 기본적인 요구 조건을 충족시켜야 한다.

- 존재성(existence): 모든 개체들에 대하여 주키값은 반드시 주어져야 한다. 즉 주키에 대하여서는 빈값(null)이 발생하여서는 안 된다. 주키값이 없다는 것은 해당 개체를 인식할 수 없다는 것이기 때문에 개체의 정의와 상충된다.
- 유일성(uniqueness): 모든 개체들에 대하여 주키는 서로 다른 값을 가져야 한다. 즉 주키값이 같은 경우가 발생하여서는 안 된다. 주키값이 같다는 것은 이들 개체들이 같다는 것이기 때문에 개체의 정의와 모순된다.

이러한 기본적인 기준에 추가하여 개체를 식별하기 위하여 사용된다는 점에서 주키는 다음의 사항들을 고려하여 설정하는 것이 바람직하다.

- 개체의 인식 단위로서의 적절성
- 주키값의 변경 가능성
- 주키 구성의 단순성

(1) 개체의 인식 단위로서의 적절성

주키는 개별 개체를 구별하고 인식하는 기준이다. 바꾸어서 말하면, 주키를 지정함으로써 개체를 구분하는 단위가 결정된다고 할 수 있다.

예를 들면 비디오 대여가게에서 전화번호를 고객의 주키로 사용할 수 있으며, 주민등록번호 또는 가게에서 부여한 임의의 고객 번호 또한 고객의 주키로 사용할 수 있다. 그러나 이들은 다음과 같은 차이점을 갖는다.

- 전화번호를 주키로 사용할 경우 동일한 전화를 공유하는 고객들은 모두 같은 고객으로 취급된다. 예를 들면 같은 전화번호를 사용하는 가족은 동일한 고객으로 취급된다. 따라서 가족들이 대여하거나 반납한 비디오는 동일인이 대여하거나 반납한 것과 같이 취급된다.
- 주민번호를 주키로 사용할 경우에는 각 개인은 주민번호에 의하여 개별적으로 인식된다. 따라서 이 경우에는 같은 가족이라도 남편과 부인은 다른 고객으로 취급된다.

또한 개체의 인식단위로서 주키를 지정하는 과정에서 간과하기 쉬운 점의 하나는 빈값의 발생 가능성이다. 주키가 빈값을 가질 수 없다는 것은 누구나 알고 있다. 그러나 주키를 잘못 설정할 경우, 빈값이 발생할 수밖에 없으며, 이 경우 해당 개체들은 개체로 정의될 수 없는 상황이 발생할 수 있다.

예로서 고객의 주키를 주민번호로 지정할 경우 외국인은 고객이 될 수 없다. 그리고 이를 방지하기 위하여 주키를 주민번호 또는 (외국인의 경우) 여권번호로 지정할 경우, 밀입국자는 고객이 될 수 없다.

이상에서 예시한 바와 같이, 주키는 개체를 무슨 단위로 인식할 것이며, 어디까지를 개체로 인식할 것인가 등을 고려하여 설정하여야 한다.

(2) 주키값의 변경 가능성

주키의 목적은 개체들을 식별하는 것이다. 따라서 이들 개체들이 존재하는 동안 이들의 주키값은 바뀌지 않는 것이 바람직하다. 다르게 말하면, 주키값이 바뀌는 것은 이전 주키값을 갖는 개체는 소멸되었음을 의미한다. 그리고 새로운 주키값을 갖는 개체가 생성되는 것을 의미한다. 따라서 주키값은 실제 현상에서의 개체와 수명을 같이 하도록 설계되는 것이 바람직하다.

예로서 학생의 주키인 학번이 다음과 같이 구성되었다고 가정하자.

학번 =	1996	12	0012
	입학연도	학부/학과코드	일련번호(학부/학과내)

이 경우 학생이 소속학부 또는 학과를 바꾸게 되면 학생의 식별 단위인 주키도 바뀌게 된다. 그러나 실제 현상에서는 비록 소속 학부나 학과가 바뀌었어도 학생은 여전히 해당 학교에 재학하는 동일한 학생이다. 그리고 이전 학부나 학과에서 수강한 과목, 성적들은 전공을 바꾼 후에도 학사관리를 위하여 계속 필요하다. 그러나 예시된 학번 체계에서 학부가 변경되면, 학번이 바뀌게 되며, 이는 새로운 학번의 학생이 새로이 생성된 것을 의미한다. 따라서 실제 학생의 수명 주기와 서로 일치하지 않으며, 이로 인하여 해당 학생의 학사관리에서 이전에 수강한 과목이나 성적들을 쉽게 찾을 수 없는 등의 여러 문제들이 발생할 수 있다.[6)]

(3) 주키 구성의 단순성

개체를 정의할 때 복합키는 가능한 사용하지 않는 것이 바람직하다. 예를 들면, 동명이인(同名異人)이 존재할 경우 이름만으로는 고객을 구별할 수 없다. 이러한 동명이인 고객들을 구분하기 위한 한 가지 방법은 출생지와 출생시각을 같이 사용하는 것이다. 즉, 어디서 언제 태어난 누구라는 식으로 모든 고객을 구별할 수 있다. 그러나 이러한 복합키를 사용하여 고객을 식별하고 관리하는 것은 매우 번거로우며 효과적이지 못하다. 따라서 가능하면 단일 식별자를 사용하는 것이 바람직하며, 이러한 속성이 존재하지 않을 경우에는 고객번호와 같은 인위적인 식별자를 새로이 만들어서 사용하는 것이 바람직하다.

3.5 관 계

개체관계모형에서 개체들을 연결하는 것이 관계(relationship)이며, 이러한 관계는 개체들 사이의 연관성을 표현한다.

예를 들면, 그림 3-4에서 표시된 바와 같이, 사원과 주문 사이에는 처리라는 관계가 존재한다. 즉, 홍길동 사원이 10270 주문과 10275 주문을 담당하여 처리하며, 김국민 사원은 10277 주문을 처리한다.

---

6) 기술적으로 이야기하면, 수강과목 테이블의 주키는 학생 테이블을 참조하는 학번과 과목 테이블을 참조하는 과목번호를 결합한 복합키이다. 따라서 이전 학번을 모르면 이전에 수강한 과목들을 검색하는 데에 많은 어려움이 발생한다.

그림 3-4 관계와 관계유형

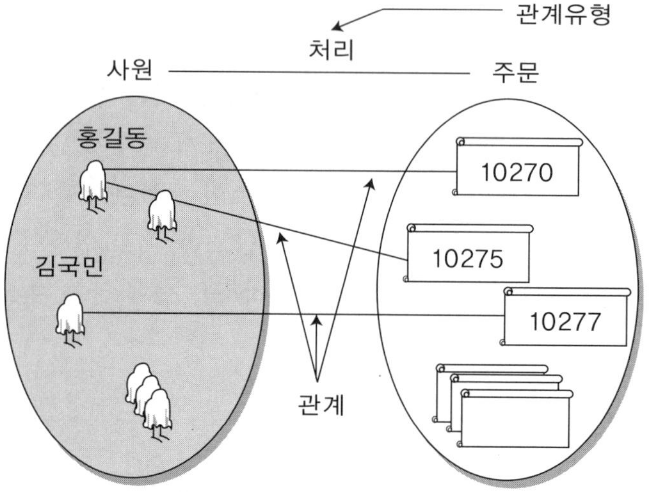

이와 같이 개체와 개체를 연결하는 것을 관계라고 하며, 개별 관계들의 집합을 관계유형(relationship set)이라 한다.[7)]

관계의 수학적 정의

수학적으로 관계는 이를 구성하는 원소들의 순서쌍으로 표현된다. 예를 들면 사원을 나타내는 집합과 주문을 나타내는 집합이 존재한다고 가정할 경우, 이들 사이에 정의된 처리라는 관계는 사원과 주문을 원소로 갖는 순서쌍으로 표현된다.

사원={홍길동, 김국민, 안정훈}

주문={10270, 10275, 10277}

처리={〈홍길동, 10270〉, 〈홍길동, 10275〉, 〈김국민, 10277〉}

이때 관계는 반드시 해당 개체유형에 포함되어 있는 원소들로 구성되어야 한다. 바꾸어 말하면, 〈안정훈, 10248〉은 처리 관계의 원소가 될 수 없다. 왜냐하면, 10248이라는 주문이 없기 때문이다. 이와 같이 관계는 이미 존재하는 개

7) 개체의 경우와 마찬가지로 관계도 관계 유형과 혼합하여 사용된다. 따라서 관계라고 할 경우, 상황에 따라, 개별 관계를 지칭하기도 하며, 관계 유형을 지칭하기도 한다.

체들을 대상으로 정의된다. 따라서 안정훈 사원이 10248 주문을 담당한다면, 먼저 주문개체의 집합에 10248이 포함되어야 한다. 그리고 난 다음에 이들 사이에 관계가 설정될 수 있다.[8)]

관계를 일반화하여 정의하면, n개의 개체유형들에 대하여 n항의 관계를 정의할 수 있으며, 이는 다음과 같이 표현된다.

$$R = \{\langle e_1, e_2, ..., e_n \rangle \mid e_1 \in E_1, e_2 \in E_2, ..., e_n \in E_n\}$$

여기서, $E_1, E_2, ..., E_n$은 개체들의 집합(즉 개체 유형)이며, $e_1, e_2, ..., e_n$은 개별 개체들을 나타낸다.

3.5.1 관계의 항수

관계를 구성하는 개체들을 관계의 참여개체라고 한다. 그리고 참여개체의 수를 관계의 항수(order)라 한다. 관계는 항수에 따라 1항 관계(unary relationship), 2항 관계(binary relationship), 3항 관계(ternary relationship) 및 n항 관계(n-ary relationship) 등으로 구분된다. 그림 3-4는 참여개체가 2개인 2항 관계를 예시하고 있다.

1항 관계

관계가 1개의 개체 유형을 대상으로 정의될 경우 이를 1항 관계(unary relationship)라 한다. 예를 들면, 갑회사에서 누가 누구의 지휘를 받는가를 나타내는 상하 관계는 사원이라는 1개의 개체 유형에 대하여 정의된 관계이며, 따라서 1항 관계이다.

예를 들면, 갑회사의 사원인 홍길동, 김국민, 윤대현, 최소라, 안정훈, 김찬진, 오영수, 선하라, 유가을 중에서 윤대현, 최소라, 안정훈, 홍길동이 김국민 부사장의 지휘를 직접 받는다고 하자. 그리고 김찬진, 오영수, 선하라가 홍길동 과장의 지휘를 받으며, 유가을은 선하라의 지휘를 받는다고 하자. 그러면, 지휘관계는 다음과 같은 순서쌍의 집합으로 표시된다. 이러한 1항 관계를 그

8) 관계를 구성하는 원소는 반드시 해당 개체집합의 원소이어야 한다는 관계의 수학적 정의는 관계형 데이터 모형에서 참조무결성 법칙으로 구현된다. 즉, 처리라는 관계가 사원과 주문을 참조하므로, 처리라는 관계에 포함된 사원과 주문은 먼저 사원 개체유형과 주문 개체유형에 원소로 포함되어 있어야 한다.

그림 3-5 1항 관계

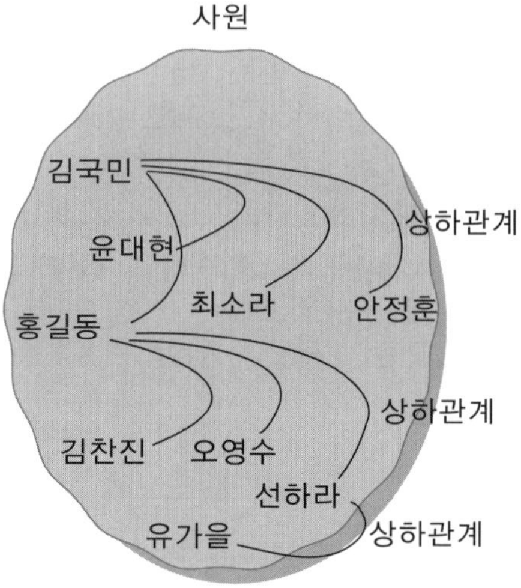

림으로 표시하면 그림 3-5와 같다.

사원={ 홍길동, 김국민, 윤대현, 최소라, 안정훈, 김찬진, 오영수, 선하라, 유가을 }

상하={ 〈김국민, 윤대현〉, 〈김국민, 최소라〉, 〈김국민, 안정훈〉, 〈김국민, 홍길동〉, 〈홍길동, 김찬진〉, 〈홍길동, 선하라〉, 〈홍길동, 오영수〉, 〈선하라, 유가을〉 }

1항 관계의 대표적인 예로서는, 생산관리에서의 제품구성표(BOM: Bill Of Material), 조직도 또는 족보 등이 있다. 이들은 모두 개체들 사이의 상하 관계를 나타내는 것들이다. 여기서 일항 관계는 관계를 구성하는 개체가 하나라는 것은 아니다. 앞에서도 설명한 바와 같이 관계는 개체들 사이의 연관성을 나타내는 것이기 때문에 반드시 2개 이상의 개체에 대하여 만들어진다. 따라서 여기서 1항 관계라는 것은 이들 2개 이상의 개체가 속해 있는 개체유형(즉 개체들의 집합)이 1개라는 것이다.

2항 관계

관계가 2개의 개체유형을 대상으로 하여 정의될 경우 이를 2항 관계(binary

그림 3-6 2항 관계

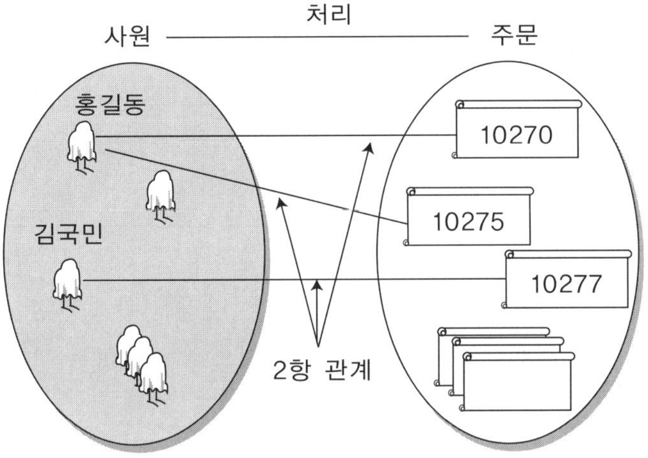

relationship)라 한다. 2항 관계는 가장 일반적인 관계이다. 그림 3-6의 주문 처리 관계 또한 사원과 주문 사이에 정의된 2항 관계이다.

3항 관계

관계가 3개의 개체유형을 대상으로 정의될 경우 이를 3항 관계(ternary relationship)라 한다. 예를 들면, 부서별로 특정 공급업체로부터 장비를 구입한다고 가정하자. 이 경우 어느 부서에서 어느 장비를 어느 공급업체로부터 구입하였는가를 나타내는 구매 관계는 다음과 같이 3항 관계로 표시된다.

부서 ={ 경영팀, 기획팀, 회계팀 }
장비 ={ PS3 PC, X1노트북 }
공급업체={ XY몰, 성북전자랜드 }
구입 ={ 〈경영팀, PS3 PC, 성북전자랜드〉, 〈기획팀, PS3 PC, XY 몰〉,
〈회계팀, X1노트북, 성북전자랜드〉, 〈기획팀, X1노트북, XY 몰〉}

n항 관계

관계가 n개의 개체유형을 대상으로 정의될 경우 이를 n항 관계(n-ary relationship)라 한다. 이론적으로는 임의의 항수를 가지는 관계가 존재할 수 있다.

그러나 개체관계모델링에서는 4항 이상의 관계는 잘 나타나지 않는다. 즉, 관계가 4항 이상이 되면 너무 복잡해져서 우리 인간이 이해할 수 있는 범위를 넘어서게 된다. 따라서 만약 4항 이상의 관계가 발생할 경우에는 이를 3항 이하의 관계로, 보통 2항 관계로 단순화하여 표현하는 것이 바람직하다.

3.5.2 관계의 식별기준

관계는 개체들 사이의 연관성을 표현한다고 하였다. 이러한 정의에 근거하여 살펴볼 경우, 개체들 사이에는 매우 다양한 관계가 존재할 수 있다. 예를 들면, 사원들 사이에는 상하관계, 인간적으로 좋아하는 관계, 고교 동문 관계 등과 같이 무수히 많은 관계가 있을 수 있다.

무수히 많은 관계들 중에서, 개체관계모형에 포함시킬 관계를 찾아내는 것이 관계의 식별기준이다. 관계의 식별기준은 개체의 식별기준과 유사한데 데이터베이스에 저장할 가치가 있는 관계들만을 식별하여 개체관계모형에서 관계로 정의한다. 이는 실제 현상에서 존재하는 것들 중에서 저장할 가치가 있는 개체들만을 모델링에 포함시킨다는 개체의 식별기준과 거의 동일하다.

개체관계모형에서 관계를 성격에 따라 분류하면 다음과 같이 세 가지로 나눌 수 있다.

- 상태관계
- 활동관계
- 사건관계

이들 유형별로 관계의 특성을 요약하여 정리하면 표 3-3과 같다.

(1) 상태관계

상태관계란 개체와 개체 사이에 존재하는 정태적(情態的)인 관계를 나타낸

표 3-3 관계의 분류

	상태관계	활동관계	사건관계
관계의 성격	상태 또는 자격	활동	활동
발생 횟수	1회	반복	1회

다. 홍길동이 영업팀에 소속되는 관계가 이에 해당한다. 상태관계는, 다음에 예시되는 활동관계와 대비하여, 특정 사건이나 활동에 상관없이 항상 존재하는 관계이다. 예를 들면 김찬진이 영업팀에 소속되는 관계는 김찬진 사원이 영업팀장에게 보고하는 것과 같은 특정 활동이 발생하지 않더라도 항상 유지된다. 이러한 관점에서 볼 때, 상태관계는 일종의 자격을 나타낸다고 할 수 있다.

(2) 활동관계

활동관계는 개체들 사이에 발생하는 활동을 나타내는 관계이다. 활동관계는 반복적으로 발생한다는 특징을 갖는다.

활동관계는 활동에 대한 기록, 즉 이력(履歷)을 포함한다. 예를 들면, 사원의 근태관리를 위하여 출근 사항을 기록하거나, 대학교에서 학사관리를 위하여 학생들의 출석을 기록하는 경우 등이 이에 해당한다. 따라서 활동관계는 많은 경우 시간을 포함한다.

활동관계 중의 하나인 출근을 다음과 같이 표현할 경우, 이는 홍길동 사원이 영업팀으로 2003년 1월에 출근하였다는 사실을 나타낸다.

출근 = { 〈홍길동, 영업팀, 2003년1월〉, . . . }

이 기간 중에서 총 며칠 출근하였으며, 며칠 결근하였으며, 휴가를 며칠 동안 사용하였는가 등은 홍길동 사원의 2003년 1월 출근 관계(즉 〈홍길동, 영업팀, 2003년1월〉)의 속성으로 기록된다.[9)]

이와 같이, 활동관계는 반복적인 사건을 나타내기 위하여 사용되며, 이러한 점에서 앞에서 제시된(한번 관계가 설정됨으로써 관계가 지속되는) 상태관계와 구별된다.

(3) 사건관계

사건관계는 개별 사건을 기록한다. 즉, 고객사에서 제품을 주문할 경우, 이를 고객사와 제품 사이에 주문이라는 관계로 표현할 수 있다.

제품 주문 또한 앞에서 설명한 출근과 같이 활동관계로 표현할 수 있다.

---

9) 관계의 속성은 이후 관계의 표현에서 보다 자세히 설명된다.

그러나 활동관계로 표현하면 특정 기간 동안 주문 횟수, 총 주문액 등과 같은 주문 이력은 표현할 수 있으나, 주문 건별로 무엇을 주문하였으며, 언제 주문하였으며, 얼마만큼 주문하였는지 등은 표현할 수 없다. 이러한 정보를 기록하기 위하여서는 고객사의 건별 주문을 개별로 기록하여야 하는데 이를 사건관계라고 한다. 이러한 점에서 사건관계는 앞에서 설명한 활동관계와 다음과 같이 구분된다.

- **사건관계**: 각 개별 사건들을 기록한 것임.
- **활동관계**: 특정 기간 동안의 활동을 총괄적으로 기록한 것임.

사건관계를 기록하기 위해서는 반복적 활동들을 개별 사건으로 구별할 수 있어야 한다. 즉, 홍길동이 2003년 1월 6일 출근한 것과 2003년 1월 8일 출근한 것을 구별하여야 하며, 해바라기 백화점에서 대관령 특제 버터를 2006년 7월 4일 주문한 것과 2006년 8월 6일 주문한 것을 구별하여야 한다. 이와 같이 개별 거래를 기록하기 위하여서는 거래에 참여한 개체들만으로는 개별 사건을 구분할 수 없다.

개별 사건을 구분하기 위한 방안의 하나로서 시간이라는 개체를 추가로 포함할 수 있다. 예를 들면, 구매 관계를 구성하는 고객사와 제품만으로는 2006년 7월 4일의 주문과 2006년 8월 6일의 주문을 구분할 수 없다. 따라서 이를 구분하기 위하여서는 시간을 나타내는 개체를 추가하여 다음과 같이 3항 관계로 표시할 수 있다.

주문={ 〈해바라기 백화점, 대관령산 특제 버터, 2006-7-4〉,
〈해바라기 백화점, 대관령산 특제 버터, 2006-8-6〉, . . . }

그러나 시간을 추가할 경우, 만약 하루에 2개 이상의 주문이 발생할 경우에는 일반적으로 기억하기 힘든 분이나 초 단위까지 시간을 세분화하여 기록하여야 하는 경우가 발생할 수 있다. 예를 들면, 해바라기 백화점에서 2006년 8월 6일 13시 25분에 주문한 대관령산 특제 버터와 2006년 8월 6일 17시 05분에 주문한 대관령산 특제 버터를 구분하기 위하여서는 다음과 같이 시간을 세분화하여 표현하여야 한다.

주문={ 〈해바라기 백화점, 대관령산 특제 버터, 2006-7-4 17:00〉,

〈해바라기 백화점, 대관령산 특제 버터, 2006-8-6 13:25〉,
〈해바라기 백화점, 대관령산 특제 버터, 2006-8-6 17:05〉, . . . }

이와 같이, 여러 사건들이 많이 발생해서 이들 사건들을 구분하기가 쉽지 않을 경우에는 사건관계를 관계가 아니라 개체로 변환시켜 모델링하는 것이 바람직하다. 예를 들면 위의 주문을 관계가 아니라 개체로 식별하고, 각 개체를 식별하기 위하여 주문번호라는 인위적인 식별 번호를 부여한다. 이와 같이 주문을 개체로 모델링하면, 아무리 많은 주문이 연속하여 발생하여도 주문번호를 사용하여 쉽게 구별할 수 있다.

사건관계를 관계로 모델링할 것인지 또는 개체로 모델링할 것인지의 판단은 데이터베이스 설계자의 몫이다. 즉 해당 사건을 어떻게 관리하는 것이 바람직한가를 데이터베이스 설계자가 판단하여 결정하여야 한다.

3.5.3 관계의 대응개체수

관계의 항수와 더불어 관계를 정의하는 가장 기본적인 요소는 대응개체수(cardinality)이다. 대응개체수는 관계를 구성하는 개체들이 상대방 개체에 몇 개씩 대응하는가를 나타내는 숫자이다. 설명의 편의를 위하여 개체유형 A와 B 사이에 정의된 2항 관계를 대상으로 설명할 경우, A와 B 사이의 관계는 A의 개체와 B의 개체들이 대응하는 형태에 따라 다음과 같이 3가지로 구분된다.

- 1-대-1 관계
- 1-대-다수 관계
- 다수-대-다수 관계

1-대-1 관계

1-대-1 관계란 A의 한 개체에 대하여 B의 한 개체만 관련되며 B의 한 개체에 대하여 A의 한 개체만이 대응하는 관계이다. 예를 들면, 일부일처 제도에서 남자와 여자 사이에는 1-대-1의 부부관계가 성립한다(그림 3-7).

1-대-다수 관계

1-대-다수 관계는 A의 한 개체에 대하여 B의 여러 개체가 관련될 수 있

그림 3-7 1-대-1 관계

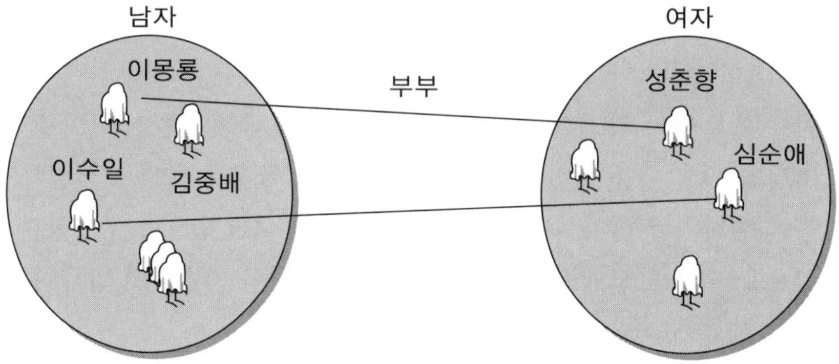

그림 3-8 1-대-다수 관계

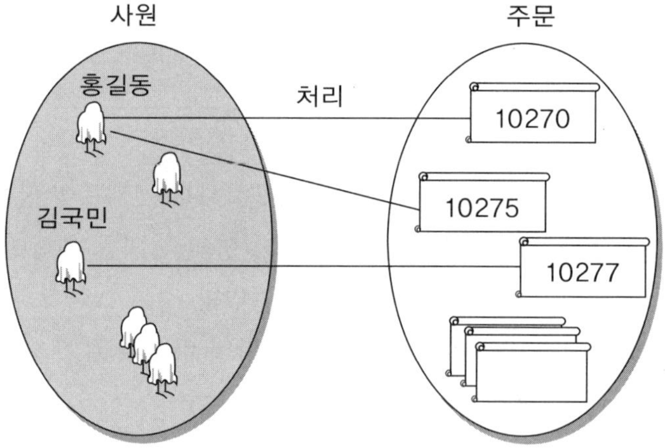

으나 B의 한 개체에 대해서는 A의 한 개체만 대응하는 관계이다. 예를 들면, 주문 처리에서 한 사원은 여러 개의 주문을 담당하여 처리할 수 있으나 특정 주문을 처리하는 사원은 1명이어야 한다고 하면 처리는 사원과 주문 사이에 정의된 1-대-다수 관계이다(그림 3-8).

다수-대-다수 관계

다수-대-다수 관계는 A의 한 개체에 대하여 B의 여러 개체가 관련될 수 있으며, B의 한 개체에 대해서도 A의 여러 개체와 관련될 수 있는 관계를 나타

그림 3-9 다수-대-다수 관계

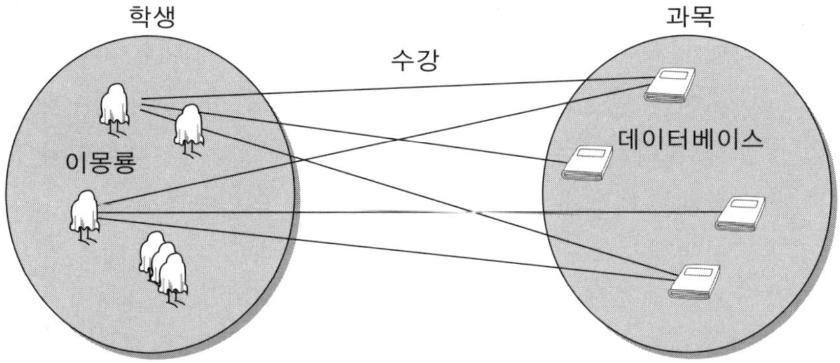

낸다. 예를 들면, 한 학생은 여러 과목을 수강할 수 있으며, 한 과목을 수강하는 학생도 여러 명이다. 따라서 학생과 과목 사이에는 다수-대-다수의 관계가 성립한다(그림 3-9).

강제적(필수) 관계

관계의 대응개체수를 나타내는 구분인 1-대-1 관계, 1-대-다수 관계 및 다수-대-다수 관계에서 '1' 또는 '다수'는 한 개체에 대하여 관계를 맺을 수 있는 상대방 개체의 최대수를 나타낸다. 즉, 주문 처리 관계가 1-대-다수 관계라는 것은 특정 주문을 처리하는 사원은 많아야 1명 존재할 수 있으며, 사원이 처리하는 주문은 여러 개가 존재할 수 있음을 의미한다. 그리고 부부 관계가 1-대-1 이라는 것은 특정 남자(여자)에 대하여 부부 관계인 여자(남자)는 많아야 1명 존재할 수 있음을 의미한다.

대응하는 개체의 최대수와 함께, 대응하는 개체의 최소수 또한 중요한 의미를 갖는다. 예를 들면, 1-대-다수 관계인 주문 처리 관계에서 일반적으로 사원들이 처리하는 주문은 여러 개이나 특정 사원의 경우에는 처리하는 주문이 하나도 없을 수 있다. 이 경우 대응하는 개체의 최소수는 0이다. 그리고 만약 모든 주문에 대하여 이를 처리하는 사원들이 반드시 있다고 하면, 주문에 대응하는 사원의 최소수는 1이다.

대응하는 개체가 최소한 몇 개 이상이어야 한다는 점은 데이터 모델링에서 중요한 의미를 갖는다. 대응하는 개체의 최소수와 연관하여 관계는 다음과 같이 구분된다.

- **강제적**(mandatory) **관계:** 강제적 관계란 대응하는 개체가 반드시 존재하여야 하는 관계를 말한다. 예를 들면, 주문에 대한 사원의 관계는 강제적이다. 즉, 모든 주문에 대하여 적어도 1명의 사원이 대응하여야 한다. 따라서 주문에 대응하는 사원의 최소치는 1이다. 이와 같이 강제적 관계는 대응개체수의 최소치가 1임을 의미한다.
- **선택적**(optional) **관계:** 선택적 관계란 대응하는 개체가 존재하지 않을 수도 있는 관계를 말한다. 1–대–1 관계인 부부 관계에서 모든 여자들에 대하여 대응하는 남자, 즉 남편이 있는 것은 아니다. 따라서 부부 관계에서 여자에 대응하는 남자의 최소치는 0이다. 이와 같이 선택적 관계는 대응개체수의 최소치가 0임을 의미한다.

강제적 관계를 개체관계모델링 도구인 PowerDesigner를 이용하여 표시하면, 그림 3–10에 예시된 바와 같다. 해당 관계에 대하여 mandatory 칸을 체크함으로써 강제적 관계를 표시할 수 있다. Mandatory 칸을 체크하면 대응개체

그림 3–10 강제적 관계와 선택적 관계의 표시

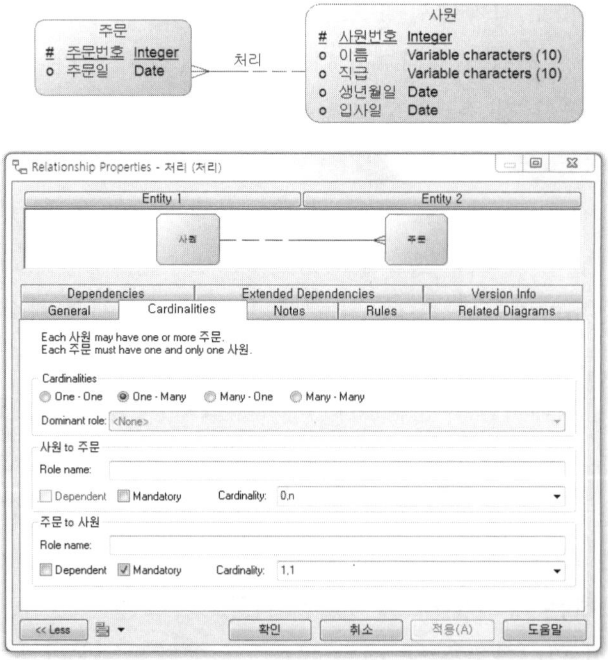

수의 최소치가 1로 표시된다. 그리고 해당 관계에 대하여 mandatory 칸을 체크하지 않음으로써 선택적 관계를 표시할 수 있다. Mandatory 칸을 체크하지 않으면 대응개체수의 최소치가 0으로 표시된다.

3.5.4 관계의 대응개체수와 시간적 영속성

관계의 정의에서 대응개체수는 특정 개체와 연결되는 상대 개체의 수를 나타낸다. 그런데 이때 상대 개체의 수는 경우에 따라서 보는 관점에 따라 다르게 모델링될 수 있다.

예를 들면, 일부일처제도 하에서 부부관계는 보통 1-대-1 관계로 표시된다. 그러나 이혼 및 재혼을 가정할 때 한 남자(또는 여자)는 현재의 부인(또는 남편)과 이혼하고 다른 여자(또는 남자)와 다시 결혼할 수 있다. 이와 같이 부부라는 관계가 현재의 부부 관계가 아니라 한 남자(또는 여자)가 일생동안 경험하는 부부 관계를 나타낸다고 하면, 이는 다수-대-다수 관계로 표시된다. 그러면 부부 관계를 1-대-1 관계로 표시하는 것이 옳은지 또는 다수-대-다수 관계로 표시하는 것이 옳은지에 대한 의문이 생길 수 있다.

대응개체수의 불확실성은 개체들 사이의 관계가 시간이 경과함에 따라 변하기 때문에 발생한다. 예를 들어 현 시점에서의 부부관계는 당연히 1-대-1 관계이다. 그러나 시간이 경과함에 따라 이혼, 재혼 등을 통하여 부부 관계가 변하게 된다. 따라서 평생 동안의 누적 부부관계는 다수-대-다수가 된다. 이와 같이 관계의 대응개체수가 단순한 수학적 정의에 의하여 하나로 정해지지 않을 수 있다는 점에서 데이터베이스 설계의 어려움이 있다고 할 수 있다.

요약하면 관계의 대응개체수는 주어진 시점의 현재 관계를 나타내는지 또는 이때까지 누적된 모든 관계를 나타내는지에 따라 다르게 표시된다. 이러한 차이는 시간이 경과함에 따라 관계가 변하기 때문이다. 따라서 올바른 대응개체수를 식별하기 위하여서는 특정 관계가 이때까지 누적된 모든 관계를 나타내는지, 또는 현재 관계만을 나타내는지를 분석하고, 이에 맞도록 대응개체수를 정의하여야 한다.

3.6 관계의 표현

관계는 개체들 사이의 연관성을 나타내는 것이다. 따라서 관계는, 이후 개체관계도에서 자세히 살펴보겠지만, 이를 구성하는 개체들을 연결하여 표현한다. 이와 같이 관계는 개체와 밀접하게 연관되어 있다. 이러한 점에서 관계를 표현하는 데 있어 가장 중요한 요소는 다음의 2가지라고 할 수 있다.

(1) 관계를 구성하는 개체유형의 수(관계의 항수)

(2) 관계의 대응개체수

그러나 이들은 이미 관계의 정의에서 자세히 다루었기 때문에 본 절에서는 더 이상 언급하지 않는다. 본 절에서는, 이들에 추가하여 관계의 속성을 살펴본다.

3.6.1 속 성

개체뿐만이 아니라 관계도 속성(attribute)을 가질 수 있다. 예를 들면 여러 사원들이 프로젝트에 참여한다고 가정하자. 이 경우 각 사원들이 프로젝트에 참여하기 시작한 날짜와 종료날짜는 모두 다를 수 있다. 여기서 프로젝트 시작일과 종료일은 사원의 속성도 아니며, 프로젝트의 속성도 아니다. 이는 사원과 프로젝트 사이에 맺어진 참여라는 관계의 속성이다.

많은 경우, 개체관계모델링에서 관계의 속성을 정의하지 않는 경우들이 많다. 즉, 관계의 속성을 개체의 속성으로 정의하고 관계는 이들 개체들 사이

그림 3-11 관계의 표현

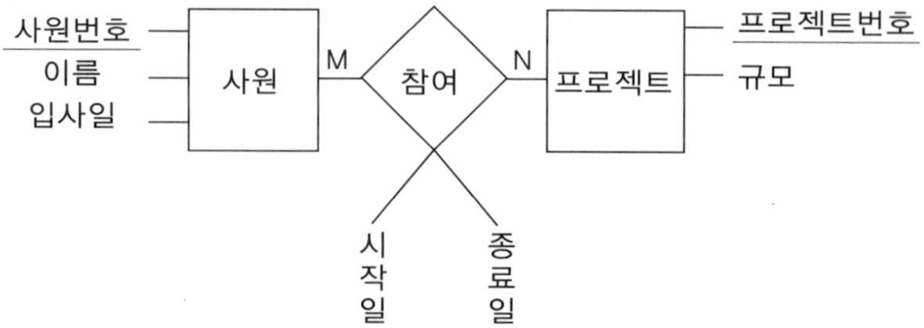

의 연관성으로 정의하는 경우가 많다. 그러나 앞에서 예시된 참여 관계와 같이, 관계를 설명하는 속성들이 있을 경우에는 이를 개체와 별도로 구분하여 관계의 속성으로 정의하여야 한다.

3.6.2 주 키

관계는 주키를 가지지 않는다. 즉, 관계는 앞에서도 설명한 바와 같이 개체들 사이의 연관성을 표현하는 것이며, 따라서 개체들을 참조로 하여 식별된다. 따라서 별도로 식별될 필요가 없으며 그림 3-11과 같이 속성들만을 가진다.

3.7 일반화/세분화 관계

관계 중에는 특수한 구조와 특성을 가지는 관계들이 존재하는데, 이들 중에서 가장 대표적인 것이 일반화/세분화(generalization-specialization) 관계이다. 일반화/세분화 관계란 특정 개체유형이 타 개체유형의 상세유형임을 나타내는 관계이며, 이를 보통 IS_A 관계라 칭한다.

예를 들면, 학생은 사람을 세분화한 상세유형이다. 이 경우 학생을 사람의 세분화 유형(sub_class 또는 specialization)(바꾸어 이야기하여, 사람을 학생의 일반화 유형(super_class 또는 generalization))이라고 한다.

3.7.1 일반화/세분화의 표현

일반화/세분화 관계를 표현하는 방법은 여러 가지가 있으나 가장 일반적인 것은 부분집합 연산자(⊂)를 이용하여 그림 3-12와 같이 표시하는 것이다. 부분집합 연산자를 이용하는 이유는 세분화된 개체의 집합은 일반화된 개체집합의 부분집합이기 때문이다.

그림 3-12는 다음의 일반화/세분화 관계를 나타낸다.

> 학생은 사람의 부분집합이며(학생 ⊂ 사람),
> 학부학생은 학생의 부분집합이며(학부학생 ⊂ 학생),
> 대학원학생은 학생의 부분집합임(대학원학생 ⊂ 학생)

그림 3-12 IS_A 관계

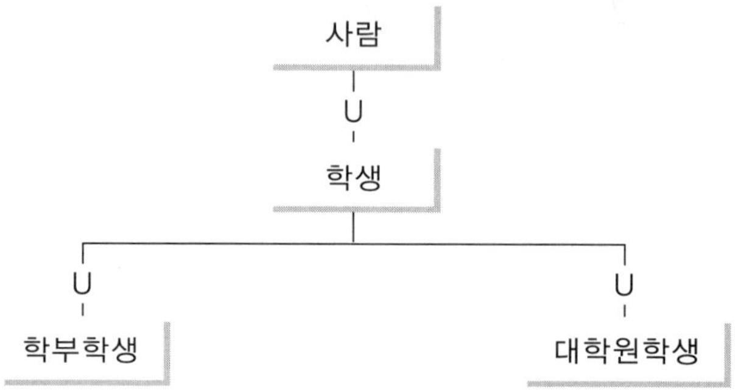

또한 일반화/세분화 관계를 보통 IS_A 관계라고 하여 다음과 같이 표현하기도 한다.

학생	IS_A	사람
학부학생	IS_A	학생
대학원학생	IS_A	학생

일반화/세분화 관계를 IS_A 관계라고 부르는 것은, 개체 A가 개체 B의 상세유형이라는 것을 영어로 표현하면 'A is a B'로 표현되기 때문이다. 따라서 이러한 영어 표현에 따라 IS_A 관계라고 한다.

예시된 바와 같이 일반화/세분화 관계는 계층적으로 반복하여 정의될 수 있다. 그림 3-12는 이러한 계층관계를 도형으로 표시한 것이다.

3.7.2 세분화의 목적

일반화/세분화 관계를 이용하여 개체들을 세분화하는 이유는 이를 활용함으로써 개체들의 속성을 쉽게 표현할 수 있기 때문이다. 즉, 개체유형들 사이에서 속성을 상속할 수 있으며, 이를 통하여 개체들의 속성을 쉽게 나타낼 수 있다. 그리고 해당되지 않는 속성들이 잘못 기록되는 것을 방지함으로써 보다 효과적인 데이터 모델링이 가능하다.

그림 3-13 속성의 상속

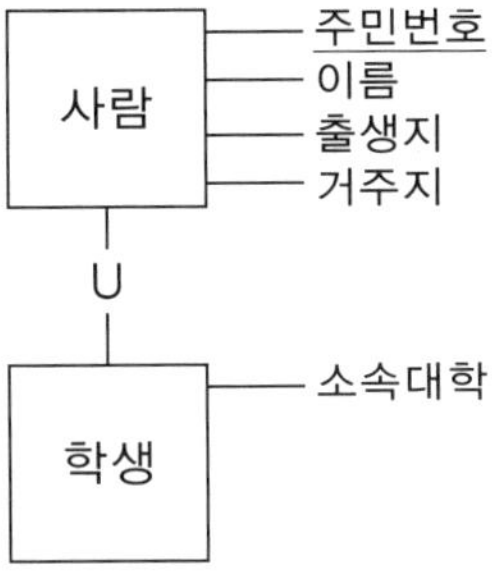

속성의 상속

일반화/세분화 관계가 데이터 모델링에서 중요하게 취급되는 이유는 속성의 상속(inheritance) 때문이라고 할 수 있다. 속성의 상속이란 세분화된 개체들이 일반화 개체의 모든 속성을 상속하여 포함하는 것을 말한다. 즉, 세분화 개체는 일반화 개체의 모든 속성을 포함하며, 이에 추가하여 자신에게만 고유한 속성을 추가로 가질 수 있다.

예를 들면 사람들은 모두 주민번호, 이름, 출생지와 거주지를 가진다고 가정할 경우, 이의 세분화 개체인 학생도 자동적으로 주민번호, 이름, 출생지와 거주지라는 속성을 가진다. 그리고 학생은 이에 추가하여, 예를 들면 소속대학이라는 속성을 추가로 가질 수 있다.

이러한 속성의 상속이 중요한 이유는 일반화/세분화 관계를 통하여 개체들을 모델링함으로써, 그림 3-13을 통하여 잘 예시된 바와 같이, 모든 개체들에게 공통적으로 해당하는 속성들이 무엇이며, 세분화 개체들에게만 해당하는 속성이 무엇인가를 시각적으로 잘 알 수 있기 때문이다.

해당되지 않는 속성의 방지

개체관계모델링에서 세분화의 목적 중의 하나는 해당되지 않는 속성이 개체의 속성으로 포함되는 것을 방지하는 것이다. 예를 들면 대학원생은 학부생과 달리 논문지도 교수를 선정하여야 하며, 논문자격시험을 통과하여야 한다고 가정하자. 이에 반하여 학부생은 학년별 관리가 필요하다고 가정하자(대학원생은 학년별 관리가 필요 없다고 가정한다). 이 경우 모두 학생을 하나의 개체로 표현할 경우, 학생개체는 지도 교수, 논문자격시험, 학년을 모두 속성으로 가진다. 그러나 학부생들은 지도 교수가 배정되지 않으며, 논문자격시험을 치를 필요도 없다. 따라서 모든 학부생들에 대하여 지도 교수와 논문자격시험은 항상 빈값(null)으로 표시된다.

특정 개체(개체유형이 아니라 개별개체)에는 해당되지 않는 속성이 해당 개체가 속한 개체유형의 속성으로 정의되는 것은 바람직하지 않다. 그 이유를 자세히 살펴보면, 이러한 경우 해당 속성값은 특정 개체들에 대해서는 항상 빈값으로 표시되는데, 속성값이 빈값이라는 것은 다음의 2가지 의미로 해석될 수 있다.

(1) 해당 속성의 값이 원래 존재할 수 없음.

(2) 해당 속성의 값이 원래 존재하나 현재는 그 값을 몰라서 기록되지 않았음.

빈값이 이러한 2가지 의미로 해석될 수 있기 때문에 빈값으로 표시된 속성이 있을 경우 해당 개체의 속성값이 위의 2가지 경우 중에서 어디에 해당하는지는 구분할 수 없다. 따라서 가능하면 이들 2가지 경우가 같이 발생하지 않도록 하는 것이 바람직하다. 즉 데이터관리의 관점에서 볼 때, 2번째 경우에만 빈값으로 기록되어야 하며, 첫 번째 경우는 개체의 속성으로 포함되지 않도록 하는 것이 바람직하다.

해당되지 않는 개체의 속성이 포함될 경우, 원래 값이 존재할 수 없는 개체에 대하여서도 잘못하여 값을 부여하는 오류가 발생할 수 있다. 예를 들면, 학부생에게도 잘못하여 지도 교수를 배정할 수 있다. 이와 같은 오류는 자료의 무결성을 저해하는 요인들이다. 따라서 개체의 속성을 부여할 때, 항상 값이 주어질 수 있는 속성들만을 부여하도록 하며, 빈값은 현재 값을 몰라서 기록하지 않은 경우에만 발생하도록 하는 것이 바람직하다.

해당되지 않는 속성이 발생하지 않도록 하기 위해서는 개체를 유형별로 세분화하여야 한다. 즉, 학생을, 그림 3-14에 표시된 바와 같이, 학부생과 대학원생으로 세분화하여 지도 교수, 논문자격시험 통과를 나타내는 속성은 대학원생들에게만 부여한다. 이렇게 함으로써 전체 학생에 공통적으로 적용되는 속성과 세분화된 개체들인 학부생이나 대학원생에게만 적용되는 속성으로 구

그림 3-14 속성의 차별화를 위한 개체 세분화(해당되지 않는 속성의 방지)

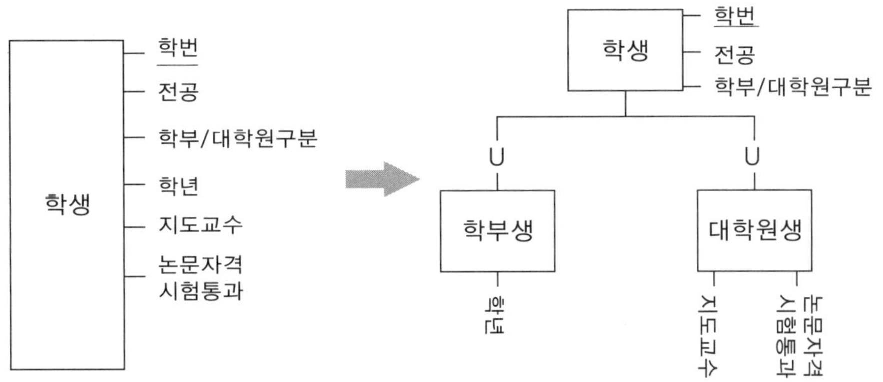

분할 수 있으며, 이 결과 학부생에게 지도 교수나 논문자격시험 통과 여부 등이 입력되는 오류를 원천적으로 방지할 수 있다.

3.7.3 세분화의 적용 기준

개체의 세분화는 반드시 필요한 경우에만 하여야 한다. 실제 현상에서 개체들은 여러 가지로 세분화될 수 있다. 그러나 이들 개체들을 모두 세분화하여 표현할 필요는 없다. 비록 세분화할 수 있는 개체들이라고 하여도, 만약 개체관계모형에서 서로 다르게 표현될 필요가 없으면 세분화할 필요 또한 없다.

예를 들면, 비록 실제 현상에서는 학생들이 남학생과 여학생으로 구분되나, 이들별로 다른 종류의 속성을 기록할 필요가 없는 경우에는, 이들을 세분화된 개체로 구분할 필요가 없다.

개체관계모델링에서 개체들을 세분화하는 것은 다음의 두 가지 경우로 한정하여야 한다.

(1) 속성의 차별화: 다른 속성을 가질 경우

(2) 관계의 차별화: 다른 유형의 개체와 관계를 가질 경우

속성의 차별화

개체관계모형에서 개체들의 특성은 속성으로 표현된다. 따라서 만약 개체들이 동일한 종류의 속성에 의하여 표현될 경우에는, 모형의 관점에서 볼 때

그림 3-15 불필요한 개체의 세분화

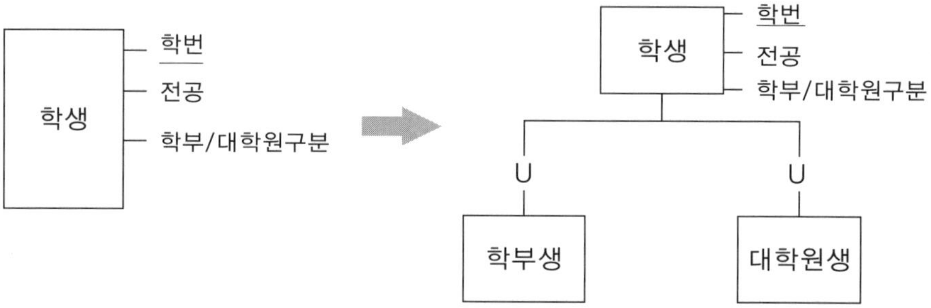

이들 개체들은 동일한 개체유형에 포함된다고 볼 수 있다.

앞에서 제시한 예에서, 대학원생과 학부생 모두 학번과 전공으로 서술된다고 가정하자. 즉 대학원학생들에 대하여 지도 교수나 논문자격시험 통과 등의 세부 정보를 관리하지 않으며, 학부학생에 대하여서도 학년 구분을 관리하지 않는다고 가정하자. 이 경우, 모델링의 관점에서 볼 때 대학원생과 학부생은 차이가 없으며, 따라서 이들은 모두 같은 개체유형에 속하며, 구분할 필요 또한 없다. 즉, 학부생이나 대학생이나 상관없이 학생이라는 개체로 정의하는 것이 올바른 모델링방법이다.

요약하면, 속성의 차별화가 불필요하면 이들 개체의 세분화 또한 불필요하다.

관계의 차별화

개체관계모형에서 개체들을 세분화하는 또 다른 기준은 이들이 다른 관계를 가질 경우이다. 즉, 개체들이 동일한 속성들을 가지더라도 다른 개체들과 다른 형태의 관계를 가질 경우 이들 개체들은 세분화하는 것이 바람직하다.

예를 들면, 앞에서 예시한 학생 개체에서, 학부생과 대학원생 모두 학번과 전공이라는 동일한 속성들만을 가진다고 가정하자. 이 경우, 속성을 기준으로 볼 때, 학생을 학부생과 대학원생으로 세분화할 필요가 없다. 그러나 이 경우에도 대학원생만이 교수와 지도 교수의 관계를 갖는다고 하면, 학생을 학부생과 대학원생으로 구분하는 것이 바람직하다.

바꾸어 말하면, 개체관계모델링에서 관계들은 가능하면 강제적(필수) 관계로 표현하는 것이 바람직하다. 즉, 강제적 관계의 경우는 모든 개체들이 반드시 관계에 참여하여야 하기 때문에 관계에 참여하지 않는 개체가 발생할 경우에는 오류가 발생하였음을 쉽게 알 수 있다. 이에 반하여 선택적 관계의 경우에는 개체들이 다른 개체와 관계를 가질 수도 있고 안 가질 수도 있으므로 특정 개체가 관계를 가지지 않은 것이 잘못된 것인지 또는 정상적인 것인지를 판별하기가 쉽지 않다.

예를 들면, 대학원생은 모두 지도 교수를 배정받아야 하므로, 만약 지도 교수를 배정받지 않은 대학원생이 있으면 이는 잘못된 것임을 알 수 있다. 그러나 학생을 전체적으로 생각할 때는 지도 교수가 배정될 수도 있으며, 안 될 수도 있으므로, 실제로는 지도 교수를 배정하여야 하나 아직 배정되지 않은 것인지 또는 지도 교수가 배정될 필요가 없어서 배정하지 않은 것인지를 알 수 없다. 따라서 학생이라는 개체가 학부생인지 대학원생인지에 따라 서로 다른 관계를 가질 경우에는 그림 3-16과 같이 다른 개체유형들로 세분화하여 표현하는 것이 바람직하다.

요약하면, 선택적 관계로 모델링하는 것보다는 개체유형들을 세분화하여 강제적(필수) 관계로 모델링하는 것이 바람직하다.

그림 3-16 관계의 차별화를 위한 개체 세분화

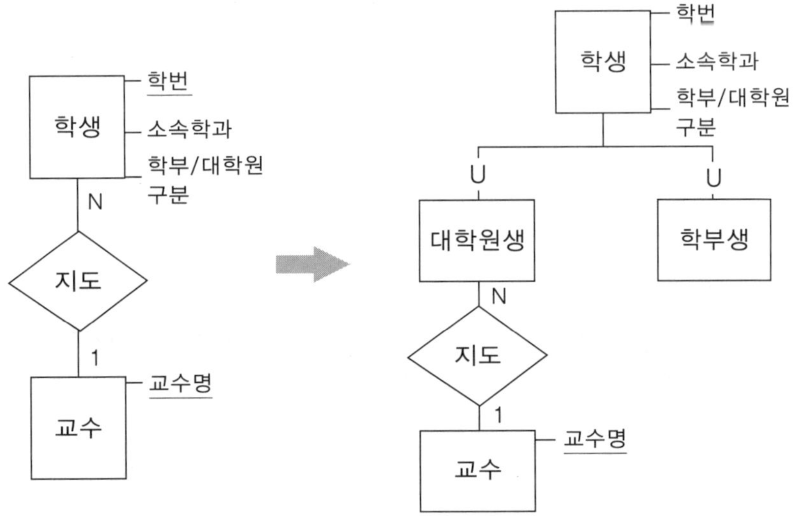

3.8 개체관계도

개체관계모형을 이용하여 설계한 개체들과 이들 사이의 관계를 도형으로 표시한 것이 개체관계도(Entity Relationship Diagram)이다. 개체관계도는 앞에서 언급한 개체와 관계를 한눈에 잘 알 수 있도록 도형화한 것이다.

개체관계도의 작성방법은 판매되고 있는 모델링 도구들마다 조금씩 다르다. 본 교재에서는 Peter Chen이 그의 논문에서 사용한 기본 도형을 근거로 개체관계도를 소개한다. 그리고 상용 도구를 이용한 개체관계도의 작성 및 개체관계모델링방법은 다음 장인 개체관계모형의 설계에서 보다 자세히 소개한다.

3.8.1 개체관계도의 기본 모형

개체관계도는 개체와 관계를 나타낸다. 예를 들어 학생들이 무슨 과목들을 수강하는가를 나타내는 개체관계도로 그림으로 표현하면 그림 3-17과 같다. 개체관계도에서, 사각형은 개체를 나타내며, 마름모는 관계를 나타낸다. 개체와 관계를 연결하는 선 위에 표시된 문자는 관계의 대응개체수를 나타낸다.

개체관계도는 크게 다음의 세 종류의 정보를 나타낸다.

(1) 데이터베이스를 구성하는 개체(보다 정확히는 개체유형)

(2) 개체들 사이의 관계

(3) 관계의 대응개체수

그림 3-17 개체관계도의 기본 모형 예시

개체관계도는 이상의 기본 도형에 추가하여 각 개체 및 관계에 대한 세부 정보들을 추가로 표현한다. 세부 정보란 각 개체 또는 관계의 속성들 및 속성의 자료값 영역들을 포함한다. 개체의 속성들은 별도로 기록하거나 또는 개체

그림 3-18 개체관계도의 도형

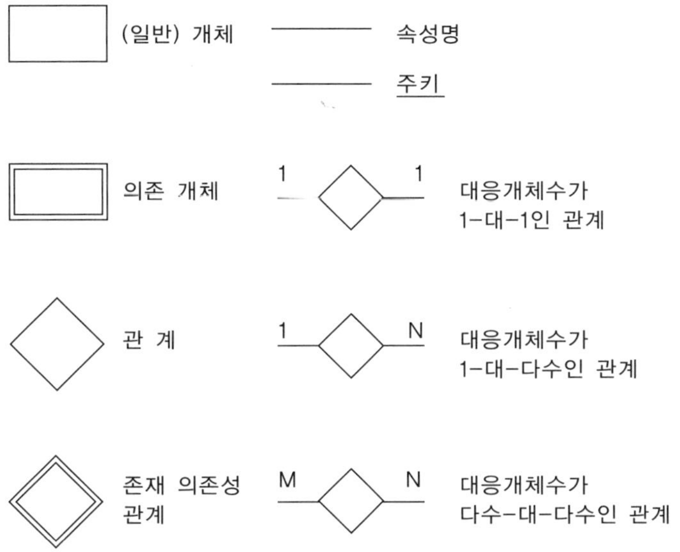

관계도에 같이 표시한다.

개체관계도에서 사용되는 도형들을 보다 세분화하여 예시하면 그림 3-18과 같다.

3.8.2 개체관계도의 예시

Chen의 논문에서 예제로 사용된 개체관계도를 살펴보면 그림 3-19와 같다. 그림의 개체관계도는 사원이 한 부서에 소속되며(부서에는 여러 사원이 있으며), 1명 이상의 부양가족을 가질 수 있다. 이때 부양가족은 사원이 먼저 존재하여야만 존재할 수 있는 의존개체이다. 사원은 여러 프로젝트에 참여할 수 있으며, 참여의 방법은 책임자와 팀원의 두 가지가 있을 수 있다. 프로젝트는 부품을 사용하며, 부품들은 다시 하위 부품들로 구성된다. 이때 부품의 구성은 일항 관계이다. 즉, 특정 부품은 자체로서 부품인 동시에 다른 부품을 구성할 수 있다. 그리고 이들 부품은 특정 프로젝트에서 특정 공급자로부터 구매한 것이다. 여기서 특정 프로젝트가 사용하는 부품은 반드시 해당 프로젝트에서 구매한 것일 필요는 없다. 따라서 사용과 구매는 별도의 관계로 표시된다.

그림 3-19 개체관계도의 예시

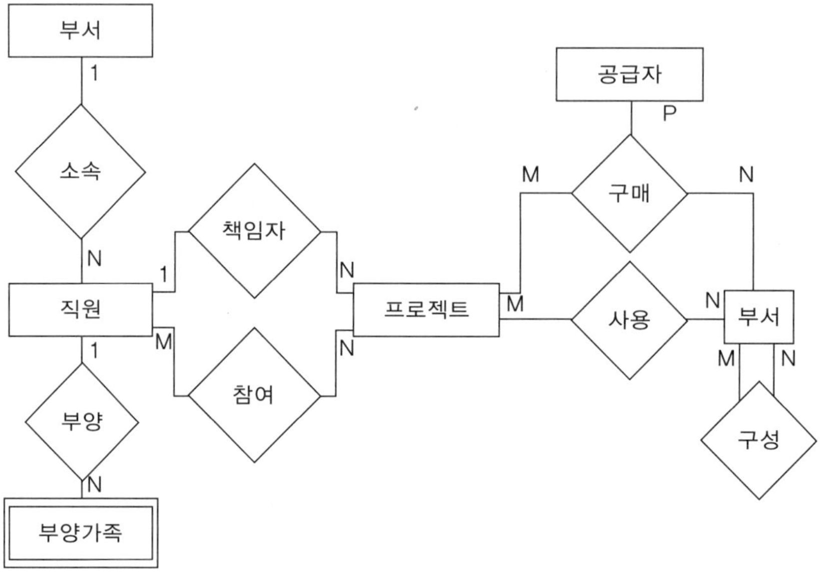

3.9 개체 릴레이션과 관계 릴레이션

개체관계모형에서 모든 내용은 개체와 관계로 표현된다. 이렇게 모델링된 것을 도형으로 표시한 것이 개체관계도이다. 그리고 이들 개체와 관계들이 내포하는 정보를 구체적으로 표현하는 것이 개체 릴레이션과 관계 릴레이션들이다. 즉, 개체관계도는 개체와 관계를 이해하기 쉽도록 시각적으로 표현한 것이며, 이들이 구체적으로 무슨 정보를 포함하는가를 표시한 것이 개체 릴레이션과 관계 릴레이션이다.

바꾸어 말하면, 개체관계모형에 따라 개체와 관계를 정의하고, 개체의 주키, 속성, 관계의 속성들을 명시하면, 이로부터 개체 릴레이션과 관계 릴레이션들이 자동으로 만들어진다. 이러한 개체 릴레이션과 관계 릴레이션은 관계형 데이터베이스를 구성하는 릴레이션(즉 테이블)과 동일한 형태의 릴레이션들이다. 따라서 개체관계모형을 사용하여 관계형 데이터베이스를 설계할 수 있으며, 이러한 이유 때문에 데이터베이스의 개념 설계를 위하여 개체관계모형이 많이 사용되고 있다.

3.9.1 개체 릴레이션

개체에 대한 세부정보는 개체의 주키, 속성 및 속성치 영역(domain)으로 구성된다. 이들을 테이블 형식으로 나타낸 것이 개체 릴레이션[10]이다.

예를 들면 그림 3-19의 직원 개체는 표 3-4의 직원 릴레이션으로 표현된다.

표 3-4 개체 릴레이션(예: 직원)

직원번호	이 름	· · ·	생년월일	입사일	← 속성
직원번호	이름	· · ·	날짜	날짜	← 도메인
1	홍길동	· · ·	1968-12-08	1992-05-01	
2	김국민	· · ·	1953-02-19	1992-08-14	
· · ·	· · ·	· · ·	· · ·		

주키, 속성 및 속성치 영역 등을 사용하여 개체를 표현할 경우 개체의 세부정보는 관계형 데이터모형의 릴레이션(relation), 즉 테이블과 매우 유사한 형태를 띠게 된다. 이러한 뜻에서 개체의 세부정보를 나타내는 데이터구조를 개체 릴레이션(entity relation)이라 한다.

각각의 개체유형들은 릴레이션으로 표시되며, 개별개체들은 릴레이션을 구성하는 레코드로 표시된다.

(일반)개체 릴레이션의 주키

개체 릴레이션은 개체관계도에 표시된 모든 개체들에 대하여 정의된다. 이때, (의존개체를 제외한 일반개체들의 경우), 개체의 주키는 릴레이션의 주키가 되며 개체의 속성들은 릴레이션의 속성이 된다. 이와 같이 개체 릴레이션은 개체의 속성들과 주키로부터 기계적으로 유도된다.

의존개체 릴레이션의 주키

의존개체(weak entity)의 경우 개체 릴레이션은 일반개체와 같이 기계적으

10) 릴레이션은 관계형 데이터베이스의 테이블을 칭하는 이론적 명칭이다. 이는 관계형 데이터모형에서 보다 자세히 설명된다.

로 정의되지 않는다. 의존개체는, 개체의 유형을 설명하는 과정에서, 다른 개체에 종속적이라고 하였다. 다른 개체에 대하여 종속적이라 하는 것은 해당 개체가 존재하지 않을 경우 의존개체 또한 존재하여서는 안 됨을 의미한다.

예를 들면 그림 3-19의 개체관계도에서 부양가족은 이의 존재가 직원이라는 개체에 종속하는 의존개체이다. 부양가족이 직원에 의존하는 개체라는 것은, 부양가족이 존재하기 위해서는 해당 직원이 먼저 존재하고, 직원의 피부양인으로서 부양가족이 존재함을 의미한다. 이와 같이 특정 개체의 존재가 다른 개체의 존재에 종속될 경우 이를 존재종속성이라고 한다. 따라서 가능하면, 이러한 존재종속성이 의존개체의 개체 릴레이션에 표현되도록 하는 것이 바람직하다.

부양가족의 존재종속성을 개체의 식별과 연관하여 설명하면, 부양가족을 식별하기 위하여서는 먼저 직원을 식별하고, 이의 피 부양인으로서 부양가족을 식별한다. 이러한 부양기족의 식별과정을 주키로 표현하면, (의존개체인 부양가족의 주키를 주민번호라고 하고 속성으로서 이름, 나이를 고려한다고 가정할 경우), 부양가족 릴레이션의 주키는 직원을 식별하기 위한 직원번호를 포함하고, 부양가족을 식별하기 위한 주민번호를 포함한다(표 3-5의 부양가족 릴레이션 참조).

부양가족 릴레이션의 주키는 직원번호와 주민번호를 결합한 복합키인데,

표 3-5 의존개체 릴레이션(예: 부양가족)

주키 (직원번호, 주민번호)

직원번호	주민번호	이 름		나 이	← 속성
직원번호	문자	성명		년수	← 도메인
1	820105-1001010	김길동		15	
2	850316-1002345	김정일		12	
3	630425-2011811	박정숙		44	

↑
외래키

직원번호는 직원 릴레이션의 주키로서 부양가족 릴레이션에 포함되었다. 이와 같이 특정 릴레이션의 주키가 다른 릴레이션에 포함될 경우 이를 외래키 또는 외부키(foreign key)라고 한다.

요약하면 의존개체의 개체 릴레이션은 의존개체의 주키와 일반개체의 주키를 같이 포함하도록 설계하는 것이 바람직하다. 이렇게 할 경우 의존개체가 일반개체에 의존한다는 것이 주키를 통하여 자연스럽게 표현될 수 있다.

3.9.2 관계 릴레이션

관계는 개체들 사이의 연관성을 나타낸다. 따라서 관계에 대한 세부 정보는 관계를 구성하는 개체들 및 관계가 지니는 고유 속성을 포함한다. 이를 관계 릴레이션(relationship relation)이라 한다.

관계는 이를 구성하는 개체들에 의하여 식별되므로, 관계 릴레이션의 주키는 관계를 구성하는 개체 릴레이션들의 주키를 결합한 것이다. 예를 들면 직원이 프로젝트에 참여하는 관계에서 참여 릴레이션의 주키는 직원의 주키인 직원번호와 프로젝트의 주키인 프로젝트번호를 결합한 것이다. 따라서 관계 릴레이션의 주키는 항상 관계를 구성하는 개체 릴레이션들의 주키를 결합한 복합키로 구성된다.

표 3-6 관계 릴레이션(다수-대-다수 관계인 경우)

주 키 (직원번호 + 프로젝트 번호)

개체 →	직원	프로젝트	
속성 →	직원번호	프로젝트 번호	참여율
도메인 →	직원번호	프로젝트 번호	백분율
	1	건물_A	100
	2	건물_B	75
	2	건물_A	25
	↑ 외래키	↑ 외래키	

3.9.3 일반화/세분화 관계 릴레이션의 표현

일반화/세분화 관계에 의하여 표현된 개체들과 관계는 앞에서 소개된 개체 릴레이션 및 관계 릴레이션들과는 다른 형식으로 표시된다.

먼저 일반화 개체는 일반 개체와 동일한 형태로 표현된다. 그러나 세분화 개체의 개체 릴레이션은 일반화 개체의 속성을 상속하여 만들어진다. 이때 일반화/세분화 관계를 나타내는 관계 릴레이션은 별도로 만들어지지 않는다. 즉 세분화 개체의 개체 릴레이션이 일반화/세분화 관계에 대한 정보를 같이 표현한다.

예를 들면 그림 3-20에 제시된 일반화/세분화 예제에서 개체 릴레이션은 학생 릴레이션과 학부생 릴레이션 및 대학원생 릴레이션으로 구성된다.

그림 3-20 개체의 세분화

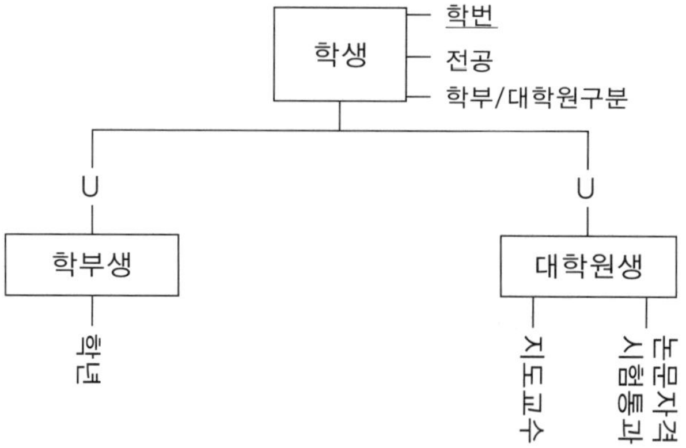

학생 릴레이션은, 표 3-7에서 제시된 바와 같이, 앞에서 설명된 일반개체의 개체 릴레이션들과 같은 형식으로 만들어진다. 그러나 세분화 개체의 개체 릴레이션들은 표 3-8에서 보는 바와 같이, 일반화 개체인 학생의 주키인 학번을 상속한다. 그리고 속성들도 상속하는데, 이들을 세분화 개체 릴레이션에 같이 표시하기도 하고, 표시하지 않기도 한다. 만약에 같이 포함하면, 학부생에 대한 정보를 찾고자 할 경우에는 학부생 릴레이션만 참조하면 된다. 그러나 같이 포함되지 않았으면, 학부생에 대한 정보를 찾기 위해서는 학부생 릴레이션과 학생 릴레이션을 같이 찾아야 한다.

표 3-7 일반화 개체 릴레이션 (예: 학생)

주 키 ↓

학번	전공	학부/대학원구분	
학번	전공	학부/대학원구분	← 도메인
9801231	경영학	학부	
0015243	정보관리학	학부	
0311235	컴퓨터공학	대학원	

(첫 행: ← 속성)

표 3-8 세분화 개체 릴레이션

주 키 ↓

(예: 학부생)

학번	전공	학년	← 속성
학번	전공	학년	← 도메인
9801231	경영학	3	
0015243	정보관리학	4	

(에: 대학원생)

학번	전공	지도교수	논문자격시험통과	← 속성
학번	전공	지도교수	학부대학원구분	← 도메인
0311235	컴퓨터공학	김교수님	통과	

3.9.4 개체관계모델링과 관계형 데이터베이스 개념설계

이상에서 살펴본 바와 같이 개체관계모형이 나타내는 정보는 개체 릴레이션과 관계 릴레이션들로 표현된다. 이러한 점에서 개체관계도와 개체 릴레이션 및 관계 릴레이션들은 해당 데이터베이스의 개념모형이라 할 수 있다. 개체관계모형에 의하여 표현된 개념모형은 그림 3-21에 표시된 바와 같이 논리 설계와 물리 설계를 통하여 관계형 데이터베이스 스키마로 변환된다.

그림 3-21 데이터베이스 개발 단계

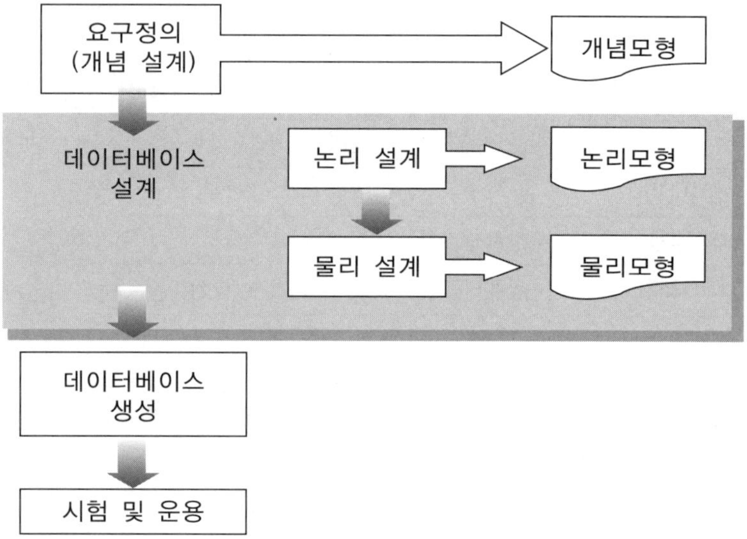

SUMMARY 요약

본 단원에서는 개체관계모형에 대하여 학습하였다. 본 단원에서 습득한 주요 개념들을 요약하면 다음과 같다.

(일반) 개체(regular entity 또는 strong entity): 의존개체가 아닌 모든 개체.

1-대-1 관계: A의 한 개체에 대하여 B의 한 개체만 관련되며 B의 한 개체에 대하여 A의 한 개체만 대응하는 관계.

1-대-다수 관계: A의 한 개체에 대하여 B의 여러 개체가 관련될 수 있으나 B의 한 개체에 대해서는 A의 한 개체만 대응하는 관계.

2항 관계(binary relationship): 관계가 2개의 개체유형으로 구성되어 있을 경우.

3항 관계(ternary relationship): 관계가 3개의 개체유형으로 구성되어 있을 경우.

n항 관계(n-ary relationship): 관계가 n개의 개체유형으로 구성되어 있을 경우.

강제적 관계: A의 모든 개체에 대하여 대응하는 B의 개체가 반드시 존재할 경우, A에 대한 B의 관계는 강제적이라 함.

개체(entity): 실제 현상에 존재하거나 또는 존재하는 것으로 가정하는(즉, 추상화를 통하여 우리가 식별할 수 있는) 것들(즉, 대상)을 지칭.

개체관계도(Entity Relationship Diagram): 실제 현상을 구성하는 개체들과 이들 사이의 관계를 도형으로 표시한 것.

개체유형: 개체들을 동일한 유형별로 분류한 것.

관계(relationship): 개체관계모형에서 개체들 사이의 연관성을 표현하는 개념.

관계의 항수(order): 관계를 구성하는 개체들을 관계의 참여개체라고 하며 참여개체의 수를 관계의 항수(order)라 함.

기본 속성(basic facts): 해당 속성의 값이 다른 속성들의 값으로부터 유도될 수 없는 속성.

다수-대-다수 관계: A의 한 개체와 B의 여러 개체와 관련될 수 있으며, B의 한 개체도 A의 여러 개체와 관련될 수 있는 관계.

단일값 속성(single valued facts): 하나의 값(즉, 도메인의 단일 원소)만을 속성값으로 가지는 속성.

대응개체수(cardinality): 관계를 구성하는 대응개체의 수.

복수값 속성(multi-valued facts): 하나 이상의 값(즉, 도메인의 여러 원소들)을 속성값으로 가지는 속성.

SUMMARY

복합키(composite key): 두 개 이상의 속성의 결합으로 구성된 키.

서술자(descriptor): 개체의 특성을 설명하는 속성.

선택적 관계: A의 모든 개체에 대하여 대응하는 B의 개체가 반드시 존재하지 않을 수 있는 경우, A에 대한 B의 관계는 선택적이라 함.

속성: 개체에 대한 정보.

속성의 상속: 세분화된 개체들이 일반화 개체의 모든 속성을 당연히 포함함을 의미함.

속성치 영역 또는 도메인(domain): 특정 속성이 가질 수 있는 모든 값을 모아 놓은 것. 즉 모든 가능한 속성값들의 집합.

식별자(identifier): 특정 개체를 타 개체들과 구분하는 속성.

외래키(foreign key) 또는 외부키: 다른 릴레이션에 포함된 특정 개체의 주기.

유추 속성(derived facts): 기본 속성의 값으로부터 유도될 수 있는 속성.

의존개체(weak entity) 또는 종속개체: 타 개체가 먼저 존재하여야만 자신이 존재할 수 있는 개체.

일반화/세분화 관계: 특정 개체유형이 타 개체의 상세유형일 경우를 나타내는 관계이며, 보통 IS_A 관계라 칭함.

주키(key): 특정 원소를 식별하기 위하여 사용되는 속성(또는 속성들).

04 Database Management

개체관계모형의 설계

개체관계모델링을 통하여 좋은 데이터베이스를 설계하기 위하여서는 모형을 잘 이해하고 이의 적용 기준을 잘 습득하여야 한다. 이를 위하여 본 장에서는 개체관계모형의 기본 개념들을 실제 데이터베이스 설계에 어떻게 적용할 것인가에 대한 적용 기준을 살펴본다.

앞 장에서 살펴본 바와 같이 개체관계모형은 이론적으로 매우 단순한 모형이다. 그러나 실질적인 모델링은 많은 논리적 사고를 요구한다. 그 이유는, 역설적으로, 개체관계모형이 너무 단순하기 때문이다. 즉, 모형이 단순하기 때문에 이를 실제로 적용할 때, 많은 결정을 설계자가 자신의 논리적 판단에 의존해야 한다.

예를 들면, 조리법이 매우 상세하고, 투입재료가 많은 요리는 일견 매우 어려운 것으로 생각될 수 있다. 그러나 명확히 제시된 구체적인 조리법을 따를 경우 비교적 쉽게 맛있는 요리를 만들 수 있다. 이에 반하여 된장국과 같이 비교적 투입 재료가 간단하며 조리법도 단순한 요리는 일견 매우 쉬울 것 같으나 맛을 내는 것이 오히려 더욱 어려운 경우가 많다. 그 이유는 재료가 간단하고 조리법 또한 단순하기 때문에 맛있는 국을 끓이는 것이 많은 경우 요리사의 개인적인 판단과 경험에 의존하기 때문이다.

이와 같이 훌륭한 개체관계모형을 설계하는 것은, 개체와 관계라는 상대적으로 단순한 개념을 적용하여 실제 현상을 추상화하는 매우 창조적이고 많은 경험을 필요로 하는 작업이라고 할 수 있다.

4.1 요구정의: 시나리오의 작성

개체관계모형은 개체와 관계로 구성된다. 따라서 개체관계모델링은 실제 현상(real world)으로부터 개체와 관계를 추출하는 과정이라고 할 수 있다. 이를 위해서는 먼저 실제 현상이 어떻게 구성되어 있는가를 가능하면 상세히 서술하여야 한다. 실제 현상에 대한 서술이 중요한 이유는 데이터베이스가 실제 현상을 투사하여 기록한 것이며, 따라서 데이터베이스의 설계는 실제 현상에 대한 이해로부터 시작하기 때문이다.

정보시스템의 개발이 실제 현상에 대한 이해로부터 시작하여야 한다는 관점을 실제 현상 투사 패러다임이라고 하였다. 이하에서는 실제 현상 투사 패러다임을 개체관계모델링을 위한 시나리오의 작성과 연관하여 살펴보고, 이후 개체관계모델링 과정에 대하여 설명한다.

4.1.1 시나리오와 실제 현상 투사 패러다임

데이터베이스를 포함하여 모든 정보시스템이 궁극적으로 추구하는 바는 정보기술을 이용하여 실제 현상과 가장 근접하는 가상적인 현실을 구현하는 것이다. 이와 같이 정보시스템을 실제 현상의 구현으로 보는 시각을 실제 현상 투사 패러다임(real world mapping paradigm)이라고 한다.

실제 현상 투사 패러다임을, 이와 동일한 패러다임에 기초하는 연극을 통하여 살펴보면 다음과 같다. 연극의 목적 또한 실제 현상을 가상적인 연극 무대 위에서 구현하는 것이다. 연극은 배우, 장치, 소품(이들을 연극의 구성물들이라고 하자)들을 모두 준비하여 무대에 배치하고 공연하게 된다. 이러한 연극에서 공연을 위한 구성물들이 무엇이며, 어떤 상황에서 무슨 연기를 하여야 하는가를 서술한 것이 시나리오다. 이러한 점에서 연극은 시나리오를 근거로 시작한다고 할 수 있다.

데이터베이스 개발에서도, 연극과 마찬가지로, 먼저 개발하고자 하는 시스템에 대한 시나리오를 작성하여야 한다. 시나리오는 실제 현상을 구성하는 구성물들이 무엇이며, 이들 사이에 무슨 거래나 사건이 어떠한 순서로 어떻게 발생하는가를 서술한 것이다.

4.1.2 시나리오의 예제

본 장을 포함하여 본 교재에서는 마이크로소프트사의 Access DBMS의 예제 데이터베이스인 노스윈드 데이터베이스를 실습 예제로 사용한다. 이 예제 데이터베이스의 시나리오를 작성해 본 것이 표 4-1이다.

표 4-1 노스윈드회사의 시나리오

노스윈드 식품회사는 식품공급회사들로부터 제품을 공급받아 이를 다시 식품 판매회사들에 판매하는 일종의 도매회사이다. 이 회사는 현재 800여종의 식품을 취급하고 있는데, 이들 식품들을 음료, 조미료, 과자류, 유제품, 곡류, 육류, 가공식품 및 해산물의 8개의 제품군으로 분류하여 관리하고 있다. 각 제품군별로 일반적인 설명에 추가하여 그림 이미지를 관리한다. 노스윈드사는 각 제품별로 제품명, 포장단위, 현재고량, 발주수량(즉, 발주하였으나 아직 입고되지 않은 수량), 재주문량, 단종여부 등을 기록하여 관리한다. 그리고 이들 제품들을 공급업체들로부터 구입하는데, 단일 제품은 한 공급업체로부터 구입한다. 즉, '국민 100% 오렌지 주스'는 서울무역(주)으로부터 구입하며, '국민 100% 레몬 주스'는 국민식품(주)으로부터 구입한다. 물론 국민식품(주)은 레몬 주스 이외에도 '국민 체리 시럽'을 공급한다. 이와 같이 공급사들은 여러 종류의 제품을 공급한다. 이들 각 공급사들로부터 효율적으로 제품을 구매하기 위하여, 구매담당자는 각 공급사의 주소, 우편번호, 전화번호, 팩스, 홈페이지 URL 등과 같은 회사에 대한 일반적인 정보뿐만이 아니라 담당자가 누구이며 직위가 무엇인가를 기록하여 관리한다. 다만, 해당 공급사에는 1명의 담당자가 노스윈드와의 모든 거래를 담당한다. 노스윈드사의 고객들은 식품소매회사들이다. 이들 고객사들이 노스윈드사에 제품 구매를 주문하면, 각 주문별로 1명의 영업사원이 할당되어 전담하여 처리한다. 해당 영업사원은 직접 주문을 받은 사원이다. 고객사들은 한 주문에서 여러 제품들을 구매하며, 주문한 제품들을 언제까지(납기일), 어디에 있는 누구에게 납품할(주문한 고객사와 제품을 수령하는 수취인이 다를 수가 있음) 것을 요청한다. 그러면, 담당 영업사원은 재고를 확인하여 납품 가능 여부를 고객사에 알려준다. 만약 재고가 불충분할 경우나 이전에 수주한 주문이 많아서 고객이 요청한 날짜에 납품이 불가능한 경우에는, 수정된 납품 가능일을 고객사에 알려주고, 고객이 동의할 경우 수정된 납품일로 주문을 수주한다. 수주한 주문은 경리부서로 통보한다. 영업사원들은 고객사에 대한 정보를 기록하여 공동으로 관리한다. 고객사에 대하여 영업사원들은 회사의 주소, 우편번호, 전화번호, 팩스 등과 같은 회사에 대한 일반적인 정보뿐만이 아니라 노스윈드사와의 거래 담당자와 담당자의 직위들을 기록하여 관리한다. 고객사들에 있어서도 1명의 담당자가 노스윈드사와의 모든 거래를 담당한다. 여기서, 노스윈드사는 공급사와 고객사의 주소를 국가명, 지역(자체적으로 구분한 지역으로 경기도, 충청남도, 충청북도 등으로 분류된다), 도시, 상세주소, 우편번호로 구분하여 관리한다. 수주한 주문들에 대하여 영업사원들은 무슨 제품들이 몇 개 주문되었으며(주문량), 언제 주문하였으며(주문일), 주문한 제품들을 언제까지(납기일), 어디에 있는 누구에게 납품하여야 하며(수취인), 실제로 언제(선적일) 어느 선적회사에 의하여 선적되었는지 등을 관리한다. 그리고 경리부서는 이들 각 주문의 주문 수량과 단위당 가격(판매가격으로 제품별 구매가격과 다를 수 있음), 할인율, 운임 등을 기록하여 관리한다. 그리고 선적회사별로 연락전화번호와 같은 일반적인 정보를 관리한다. 내부적으로 노스윈드사의 인사팀은 사원들의 사원이름(국문이름 및 영문이름), 직위, 성별, 생년월일, 입사일, 주소, 국적, 자택전화번호, 사내 전화번호, 사진, 신상명세 등을 관리한다.

4.2 개체, 관계 및 속성의 식별

개체를 식별하는 것은 개체관계모델링에서 가장 먼저 이루어져야 할 기본이 되는 작업이다. 그 이유는 개체들을 식별한 후에야 비로소 관계를 정의할 수 있기 때문이다. 본 절에서는 시나리오로부터 개체를 추출하고, 이들 사이의 관계를 정의하며, 속성을 부여하는 기준들을 제시한다.

시나리오로부터 개체를 추출한다는 것은 시나리오를 해석하여 실제 현상을 구성하는 것들을 파악하는 것이다. 여기서 모든 개체들은 문법적으로 명사로 표현된다. 즉 개체가 될 수 있는 것은 명사로 표현되는 것들이다. 따라서 시나리오에서 개체들을 찾아내기 위하여서는 시나리오에 포함된 모든 명사들을 분석하여야 한다.

요약하면 시나리오에서 개체를 추출하기 위한 가장 일차적인 작업은 시나리오에 포함되어 있는 명사들을 모두 찾아내는 것이다. 그러나 이들 명사들이 모두 개체가 되는 것은 아니다.

개체관계모형을 구성하는 개체와 관계 및 속성들은 모두 명사로 표현된다. 따라서 시나리오에서 추출된 명사들은 개체들뿐만이 아니라 관계가 될 수도 있으며 속성이 될 수도 있다. 그리고 개별 개체나 속성값일 수도 있다. 이러한 점에서 볼 때, 개체관계모델링을 위하여서는 시나리오로부터 추출한 명사들에 대한 분석과 분류가 이루어져야 한다.

시나리오로부터 명사의 추출

표 4-1의 노스윈드 시나리오로부터 명사들을 모두 추출하면 다음과 같다.

(단위당)가격, 가공식품, 거래, 거래 담당자, 경기도, 경리부서, 고객, 고객사, 곡류, 공급, 공급사, 공급업체, 과자류, 관리, 구매가격, 구입, 구매, 구매담당자, 국가명, 국민식품(주), '국민 100% 레몬 주스', '국민 100% 오렌지 주스', '국민 체리 시럽', 국적, 그림 이미지, 기록,

날짜, 납기일, 납품, 납품일, 납품가능일, 노스윈드사, 노스윈드식품회사,

담당자, 담당자직위, 단종여부, 도시, 동의,

레몬 주스,
발주, 발주수량, 분류,
사내 전화번호, 사원, 사원이름(국문이름 및 영문이름), 사진, 상세주소, 생년월일,
서울무역(주), 선적, 선적일, 선적회사, 설명, 성별, 수량, 수령, 수정, 수주,
수취인, 식품, (식품)도매회사, (식품)소매회사, (식품)판매회사, 신상명세,
연락전화번호, 영업사원, 요청한 날짜, 우편번호, 운임, 유제품, 육류, 음료,
인사팀, 입고, 입사일,
자택전화번호, 재고, 재주문량, 전담, 전화번호, 정보, 제품, 제품군, 제품명, 종류,
조미료, 주문, 주문량, 주문 수량, 주문일, 주소, 지역,
처리, 충청남도, 충청북도, 취급,
판매, 판매가격, 팩스, 포장단위,
할당, 할인율, 해산물, 현재고량, 홈페이지 URL, 회사

명사의 분류

시나리오로부터 추출된 명사는 개체(유형) 또는 관계(유형)가 될 수 있다. 그리고 이들 개체나 관계의 속성이 될 수도 있다. 그러나 시나리오에는 이들 외에도 개별개체나 속성값을 나타내는 명사들도 포함되어 있다. 따라서 시나리오로부터 추출된 명사는 다음과 같이 4가지로 분류된다.

(1) 개체
(2) 관계
(3) 속성
(4) 개별개체 또는 속성값

이들 중에서, 해당 명사가 무엇으로 분류될 것인가는 다음 절 이후에 설명되는 개체의 정의, 속성의 정의 및 관계의 정의 등에서 보다 자세히 소개된다. 여기서는 명사의 분류기준을 개략적으로 소개하는데, 이를 정리하면 다음과 같다.

- 특정 대상에 대하여 여러 가지 특성을 알아야 할 경우에는 이를 개체

로 분류한다. 예를 들면 공급사에 대하여 공급사의 이름, 대표 전화번호, 담당자 이름 등을 알아야 할 경우에는 공급사를 개체로 정의한다.

- 특정 대상에 대하여 하나의 특성만을 알아야 할 경우에는 이를 다른 개체의 속성으로 분류한다. 예를 들면 공급사의 전화번호만을 알 필요가 있을 경우에는 이를 다른 개체의 속성, 예를 들면 제품 개체의 속성으로 포함시킨다.
- 관계는 개체와 개체들 사이의 연관성을 표현한다.
- 개체관계모형은 개체유형과 이들 사이의 관계를 표시한 것이다. 따라서 개별개체들은 개체관계모델링의 대상이 아니며, 따라서 모형에 포함되지 않는다.
- 속성값들 또한 개체관계모델링의 대상이 아니다. 따라서 모형에 포함되지 않는다.

추출된 명사들을 이상에서 언급된 기준에 따라 개체, 속성, 관계 및 개별개체 또는 속성값으로 분류한 것이 표 4-2이다. 표 4-2는 추출된 명사들에 대하여 분류될 수 있는 모든 가능성을 다 표시한 것이다. 따라서 개체나 관계 또는 속성으로 동시에 분류된 경우들도 발생한다. 속성으로 분류된 경우에는 해당 개체(유형)의 이름을, 관계일 경우에는 이를 구성하는 개체(유형)들의 이름을 명시하였다.

표 4-2 시나리오에 포함된 명사 및 동사성 명사의 분류

명사/ 동사성 명사	개 체	관 계	속 성	개별개체 또는 속성값	비고
(단위당) 가격			V		제품의 속성
가공식품				V	제품군의 속성인 제품종류의 값
거래		V			공급사와 노스윈드(공급과 동일 관계)
거래 담당자			V		공급사의 속성
경기도				V	지역의 속성값
경리부서	V			V	
고객	V				(고객사와 동일개체)
고객사	V				

표 4-2 (계속)

명사/ 동사성 명사	개체	관계	속성	개별개체 또는 속성값	비고
곡류				V	제품군의 속성인 제품종류의 값
공급		V			공급사와 제품과의 관계
공급사	V				(공급업체와 동일개체)
공급업체	V				
과자류				V	제품군의 속성인 제품종류의 값
관리		V			(재고관리)사원과 제품과의 관계
구매가격			V		제품의 속성
구입		V			공급사와 제품, 구매담당자와의 관계
구매		V			고객사와 제품과의 관계
구매담당자	V				
국가명			V		주소의 세부 속성
국민식품(주)				V	공급사의 개별개체
국민 100% 레몬 주스				V	제품의 개별개체
국민 100% 오렌지 주스				V	제품의 개별개체
국민 체리 시럽				V	제품의 개별개체
국적			V		사원의 속성
그림 이미지			V		제품군의 속성
기록		V			(재고관리)사원과 제품과의 관계
날짜			V		(납기일 등과 같은 속성을 통칭)
납기일			V		주문의 속성
납품		V			제품과 고객사 (또는 주문)
납품일			V		주문의 속성
납품가능일			V		주문의 속성
노스윈드사				V	
노스윈드 식품회사				V	(노스윈드사와 동일개체)

표 4-2 (계속)

명사/ 동사성 명사	개체	관계	속성	개별개체 또는 속성값	비고
담당자	V		V		고객사/공급사의 속성
담당자 직위			V		고객사/공급사 또는 담당자의 속성
단종여부			V		제품의 속성
도시			V		주소의 세부속성
동의		V			고객사와 주문과의 관계
레몬 주스				V	제품의 개별개체
발주		V			공급사와 제품과의 관계(공급의 대응개념)
발주수량			V		발주의 속성
분류		V			제품과 제품군과의 관계
사내 전화번호			V		사원의 속성
사원	V				
사원이름(영문)			V		사원의 속성
사원이름(국문)			V		사원의 속성
사진			V		사원의 속성
상세주소			V		사원의 속성
생년월일			V		사원의 속성
서울무역(주)				V	공급사 중의 하나(개별개체)
선적		V			선적회사와 주문과의 관계
선적일			V		선적의 속성
선적회사	V				
설명			V		제품군의 속성
성별			V		사원의 속성
수량			V		발주 수량과 동일한 속성
수령		V			수취인과 주문과의 관계
수정		V			담당 영업사원과 주문과의 관계
수주		V			담당 영업사원과 주문과의 관계
수취인	V		V		주문의 속성

표 4-2 (계속)

명사/ 동사성 명사	개체	관계	속성	개별개체 또는 속성값	비고
식품	V				제품과 동일개체
식품공급회사	V				(공급사와 동일개체)
식품도매회사	V				노스윈드사가 소속된 개체유형
식품소매회사	V				(고객사와 동일개체)
식품판매회사	V				(식품도매회사와 동일개체)
신상명세			V		사원의 속성
연락전화번호			V		선적회사의 속성
영업사원	V				사원의 세분화 개체
요청한 날짜			V		주문의 속성
우편번호			V		주소의 세부속성
운임			V		선적의 속성
유제품				V	제품군의 속성인 제품종류의 값
육류				V	제품군의 속성인 제품종류의 값
음료				V	제품군의 속성인 제품종류의 값
인사팀	V			V	-
입고		V			공급사와 제품과의 관계
입사일			V		사원의 속성
자택전화번호			V		사원의 속성
재고			V		(현재고량과 동의어)
재주문량			V		제품의 속성
전담		V			영업사원과 주문과의 관계
전화번호			V		공급사/고객사의 속성
정보			V		(개체들의 속성에 대한 통칭)
제품	V				
제품군	V				
제품명			V		제품의 속성
종류			V		제품군의 속성

표 4-2 (계속)

명사/ 동사성 명사	개 체	관 계	속 성	개별개체 또는 속성값	비고
조미료				V	제품군의 속성인 제품종류의 값
주문		V			고객사와 제품과의 관계
주문량			V		주문의 속성
주문 수량			V		(주문량과 동의어)
주문일			V		주문의 속성
주소			V		공급사/고객사의 속성
지역			V		주소의 세부속성
처리		V			영업사원과 주문과의 관계
충청남도				V	지역의 속성값
충청북도				V	지역의 속성값
취급		V			노스윈드사와 제품과의 관계
판매		V			노스윈드사와 제품과의 관계
판매가격			V		주문의 속성
팩스			V		공급사/고객사의 속성
포장단위			V		제품의 속성
할당		V			영업사원과 주문과의 관계
할인율			V		주문의 속성
해산물				V	제품군의 속성인 제품종류의 값
현재고량			V		제품의 속성
홈페이지URL			V		공급사의 속성
회사	V				

4.3 개체의 정의

개체관계모형에서 개체는 관계와 달리 개별적으로 생성하여 정의할 수 있다. 물론 의존개체의 경우는 홀로 생성될 수 없으며, 이들이 의존하는 일반개체가 이미 정의되어 있는 경우에 한하여 생성할 수 있다.

개체를 생성하기 위해서는 개체에 이름을 부여하고, 속성을 부여하며, 주키를 지정하는 과정을 따른다. Chen이 제안한 개체관계모형에서 개체는 사각형으로 표시하고 관계는 다이아몬드로 표시한다. 따라서 이러한 표현기법을 사용하여 개체를 정의할 수 있다. 그러나 특별한 자동화 도구를 사용하지 않고 수작업으로 모형을 작성할 경우에는 모델링에서 발생할 수 있는 오류들을 추출하여 수정하는 것이 모두 모형 작성자의 몫이다. 그러나 자동화된 도구[1]를 사용할 경우에는 모형 작성 과정에서 발생할 수 있는 오류들을 자동적으로 확인해 주기 때문에 오류 발생을 줄일 수 있으며, 오류를 쉽게 파악할 수 있다. 따라서 가능하면 자동화된 도구를 이용하는 것이 바람직하다. 최근에는 이러한 추세에 따라 자동화 도구를 사용하는 것이 보편화되고 있다.

요약하면, 자동화된 모델링 도구를 사용하는 것은 다음의 장점을 갖는다.

- 개체관계모형을 작성하는 과정에서 발생하는 오류를 자동으로 식별하여 오류 발생을 원천적으로 방지한다.
- 개체관계모형으로부터 개체 릴레이션들과 관계 릴레이션들(즉 관계형 데이터베이스 스키마)를 자동으로 생성한다. 따라서 개체와 관계들로부터 관계형 데이터베이스 릴레이션(테이블)들을 수작업으로 다시 생성할 필요가 없다.
- 자동화 도구들을 이용한 모델링을 통하여 개체관계모형에 대한 이해를 높일 수 있다.

4.3.1 개체의 생성 및 이름 부여

파워디자이너를 이용하여 개체관계모델링을 수행할 경우, 개체의 생성은

1) 가장 대표적인 개체관계모델링 도구로는 파워디자이너(PowerDesigner)나 ERwin 등이 있다.

다음의 절차를 따른다.

(1) 파워디자이너의 개체관계모델링 도구인 DataArchitect를 실행한다.

(2) CDM(Conceptual Data Model)[2] 작성을 실행한다.

(3) 도구 상자에서 개체를 선택하여 모델링 화면으로 이동하여 클릭하면, 빈 개체가 만들어진다.

(4) 해당 개체를 열면(두 번 클릭하면) 개체 정의 화면이 나타난다. 이를 이용하여 개체의 이름을 부여하고, 속성을 추가하고, 주키를 설정하는 등의 개체 생성과정을 실행한다.

예를 들면, 개체를 생성하기 위하여서는, 그림 4-1에서 표시된 바와 같이, 먼저 빈 개체를 생성하여야 한다. 빈 개체는 파워디자이너의 도구 상자에서 개체를 선택하여 모델링 화면으로 이동하여 클릭하면 만들어진다. 이렇게 빈 개체를 만들고 난 뒤에는, 이에 대한 이름을 부여한다. 이를 위하여서는, 만들어진 개체를 두 번 클릭하면 개체 정의 화면이 나타난다. 개체 정의 화면에서 그림 4-1과 같이 개체의 이름을 부여하면 비로소 새로운 개체가 만들어진다.[3]

그림 4-1 파워디자이너를 이용한 개체 생성 및 이름 부여

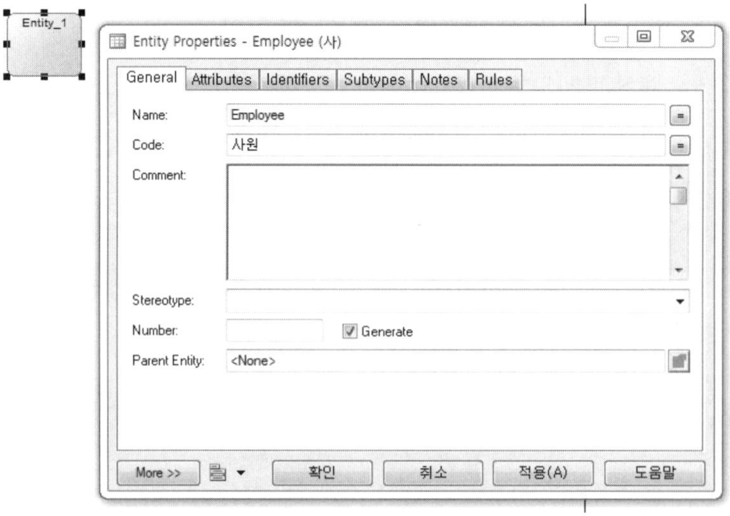

2) 파워디자이너에서는 개체관계모형을 CDM, 즉 개념 데이터 모형(Conceptual Data Model)이라고 부른다. 그리고 관계형 데이터베이스 스키마를 물리 데이터 모형(PDM: Physical Data Model)이라고 부른다. 이러한 호칭은 3계층 데이터모형에서 소개한 개념모형, 논리 모형, 물리 모형을 따른 것이다.

3) 그림 4-1에서 Name은 화면에 나타나는 이름이고 Code는 자동화 도구에서 시스템 내부적으로

4.3.2 속성의 정의

개체를 생성하고 이름을 부여한 다음에는 해당 개체에 대하여 기록할 가치가 있는 특성들을 개체의 속성으로 정의한다. 속성은 개체의 특성들을 총칭하는 말이다. 예를 들면, 고객사라는 개체에 대하여 회사명이나 전화번호, 주소들을 관리할 필요가 있다고 파악되었으면, 이들 정보들을 고객사의 속성으로 정의한다. 따라서 속성의 정의는 추출된 개체에 속성들을 할당하는 과정이다.

속성명과 데이터 타입의 정의

속성들을 정의하기 위하여서는, 그림 4-2와 그림 4-3에서 예시된 바와 같이, 개체 정의 화면에서 해당 속성들의 이름을 입력하고 데이터 타입을 지정하여 준다. 데이터 타입은 그림 4-2에 예시된 바와 같이 직접 정의할 수도 있고, 다음에 설명되는 도메인을 이용할 수도 있다.

그림 4-2 파워디자이너를 이용한 속성의 정의

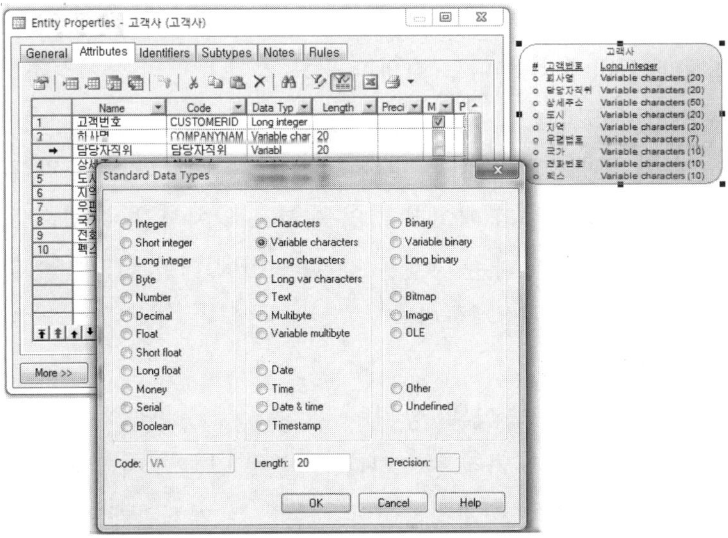

사용되는 이름이다. 여기서 시스템 내부적으로 사용되는 이름이란 파워디자이너가 내부적으로 사용하는 이름이다. 따라서 파워디자이너로부터 만들어지는 모든 산출물은 Code에 입력된 값으로 표시된다. 예를 들면, 파워디자이너의 물리데이터모형에서 릴레이션들의 이름은 모두 Code로 표시된다. 이러한 Name/Code의 의미는 개체뿐만이 아니라 관계, 속성에 대해서도 동일하게 적용된다.

그림 4-3 도메인과 데이터 타입

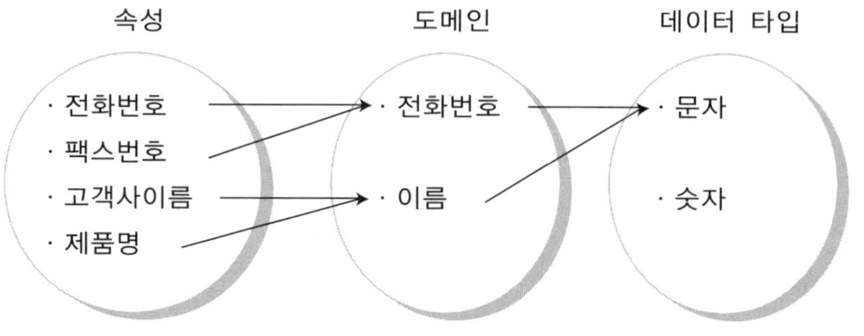

도메인을 이용할 경우에는 먼저 도메인을 정의한다. 그리고 이미 만들어진 도메인을 연결하는 것으로 속성의 데이터 타입을 정의한다.

예를 들면 전화번호라는 속성이 가질 수 있는 값들을 번호라는 도메인으로 정의한다. 그리고 고객사 전화번호의 도메인을 번호로 지정한다. 이 경우에는 고객사의 팩스도 같은 도메인을 가지므로 이미 만들어 둔 번호라는 도메인을 그대로 사용하면 된다. 그리고 공급사라는 개체에도 전화번호라는 속성이 있을 경우에는 이미 만들어 둔 번호 도메인을 그대로 사용하면 된다. 즉, 속성별로 데이터 타입을 따로 정의할 필요 없이 도메인을 설정하고 이를 공동으로 사용할 수 있다.

속성과 도메인의 관계를 그림으로 표시하면 그림 4-3과 같다. 도메인을 사용할 경우, 속성들의 데이터 타입을 서로 일치시킬 수 있으며, 따라서 표준화를 향상시킬 수 있다는 장점을 갖는다. 이에 대한 설명은 이후 도메인의 정의에서 보다 자세히 소개한다.

주키 및 필수 속성의 정의

개체의 정의에서 가장 중요하다고 할 수 있는 것이 주키를 정하는 것이다. 어떠한 속성을 주키로 지정하여야 하는가는 개체관계모형에서 설명하였다. 여기서는 주키를 지정하는 방법에 대하여서 설명한다.

파워디자이너에서 주키는 그림 4-4에서 제시된 바와 같이 해당 속성이 주키(P: Primary key)임을 선택하여 주면 된다. 이와 같이 주키로 지정하면 해당 속성이 반드시 값을 가져야 하는 필수 속성임(즉 빈값(Null value)이 입력되어서는 안

그림 4-4 파워디자이너를 이용한 주키의 정의

된다는 것)을 나타내는 칸(M: Mandatory)이 자동적으로 체크된다. 그 이유는 주키는 반드시 필수 속성이어야 하기 때문이다.

주키가 아닌 속성들에 대하여서도 해당 속성이 필수 속성이어야 할 경우에는 필수 속성을 지정하는 칸을 체크하고, 아닌 경우에는 체크하지 않고 남겨둔다. 이외에도 해당 속성을 모형에 포함시킬 것인가를 지정하는 칸(D: Display)이 있다. 만약 이 칸을 체크하지 않으면, 비록 속성을 정의하였으나 모형에는 포함되지 않는다. 이는 가능한 모든 속성을 정의한 후에 이들 중에서 일부만을 실제로 모형에 포함시킬 경우 유용하게 사용된다.

그림 4-4에서 고객사는 표 4-7에 포함되지 않은 회사명과 고객번호를 포함한다. 회사명은 회사의 이름으로서 너무 자명하기 때문에 시나리오에는 포함되지 않았으나 속성으로 추가하였다. 그리고 고객번호는 고객사의 주키로서 인위적인 번호들이다. 이와 같이 주키를 정의하는 과정에서 시나리오에 포함되어 있지 않았던 인위적인 번호들을 새로 만들어 사용하는 경우들이 많은데, 인위적인 식별번호는 주키의 설정에서 논의하였던 인식단위의 적절성, 주키값의 변경가능성, 주키의 단순성 등을 고려하여 가장 적절한 경우에 한정하여 사용하는 것이 바람직하다.

복수값 속성의 표현

제 3 장 개체관계모형에서 소개한 바와 같이, 속성 중에는 1개의 값을 가지는 단일값 속성이 있는 반면에 여러 개의 값을 가지는 복수값 속성도 존재할 수 있다. 예를 들면 사원개체에서 부양가족의 주민등록번호를 기록할 필요가 있다고 가정하자, 이 경우 1명의 사원은 여러 명의 가족을 부양할 수 있으므로 부양가족의 주민등록번호는 여러 개의 값을 가질 수 있다. 그러나 개체관계모형에서 정의된 속성은 해당 개체 릴레이션의 속성으로 변환될 것이다.[4] 그리고 관계형 데이터베이스에서 모든 속성들은 단일값만을 가질 수 있다. 따라서 개체관계모형에서도 개체의 속성들은 반드시 단일값을 가져야 한다.

부연하면 여러 개의 값을 가지는 속성은, 관계형 데이터베이스에서는, 속성으로 표현될 수 없다. 따라서 개체관계모델링에서도 모든 속성들은 단일값을 갖도록 정의하는 것이 바람직하다. 만약에 복수값을 가지는 속성이 있을 경우에는 다음의 2가지 방법을 이용하여 단일값을 갖는 속성으로 변환한다.

(1) 대표되는 1개의 값만을 표현

만약 고객사의 전화번호가 여러 개일 경우, 대표 전화번호 1개만을 입력하도록 한다. 즉 복수값들 중에서 1개를 선택하여 단일값으로 표현한다. 이렇게 함으로써 복수값이 단일값으로 표현된다.

(2) 개체로 표현

여러 개의 값을 가지는 속성을 속성이 아니라 개체로 변환하여 표현한다. 부양가족의 주민번호와 같은 경우, 여러 부양가족의 주민번호를 1개의 대표 주민번호로 표현할 수 없다. 이러한 경우에는 부양가족 주민번호를 사원의 속성으로 표현하지 않고 부양가족이라는 또 다른 개체의 속성으로 표현한다. 즉, 부양가족이라는 개체를 만들어 각 부양가족들을 표현하면, 부양가족의 주민번호는 단일값을 가지게 된다. 물론 새로이 만들어지는 부양가족이라는 개체가 특정 사원의 부양가족이라는 사실은 이후 설명되는 관계에 의하여 표현된다. 그리고 부양가족은 사원에 의존하는 의존개체로 정의된다.

---

4) 개체관계모델링의 용도는 관계형 데이터베이스의 개념설계이다. 따라서 개체관계모형으로부터 궁극적으로 우리가 도출하고자 하는 것은 관계형 데이터베이스 테이블들이다.

의존개체

그림 4-5는 사원의 부양가족을 나타내기 위하여 부양가족을 사원의 의존개체로 지정하는 것을 나타낸다.

그림 4-5 파워디자이너를 이용한 의존개체의 정의

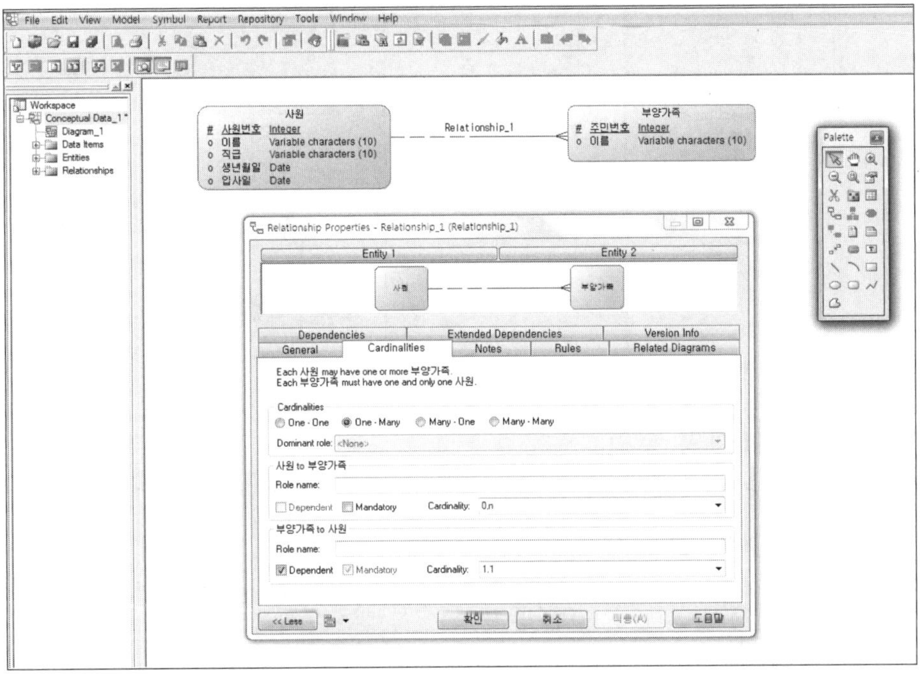

파워디자이너에서 의존개체인 부양가족은 일반개체와 동일하게 정의된다. 다만 관계를 정의할 때 부양가족이 사원에 의존적이라는 것을 나타내는 칸(Dependent)을 체크한다. 이와 같이 의존개체로 정의하면, 개체관계모형에서 설명한 바와 같이, 부양가족 릴레이션의 주키는 일반개체인 사원의 주키를 외래키로 포함하며, 따라서 복합키로 구성된다. 그림 4-6은 그림 4-5의 사원과 부양가족을 포함하는 개체관계도로부터 관계형 데이터베이스 스키마를 생성한 것이다. 그림 4-6에서 보는 바와 같이 부양가족 릴레이션의 주키는 부양가족 개체의 주키인 주민번호에 사원 개체의 주키인 사원번호를 결합한 복합키로 정의된다. 여기서 사원번호는 사원 릴레이션의 주키이며 부양가족 릴레이션에서는 외래키이다.

그림 4-6 의존개체 릴레이션의 주키

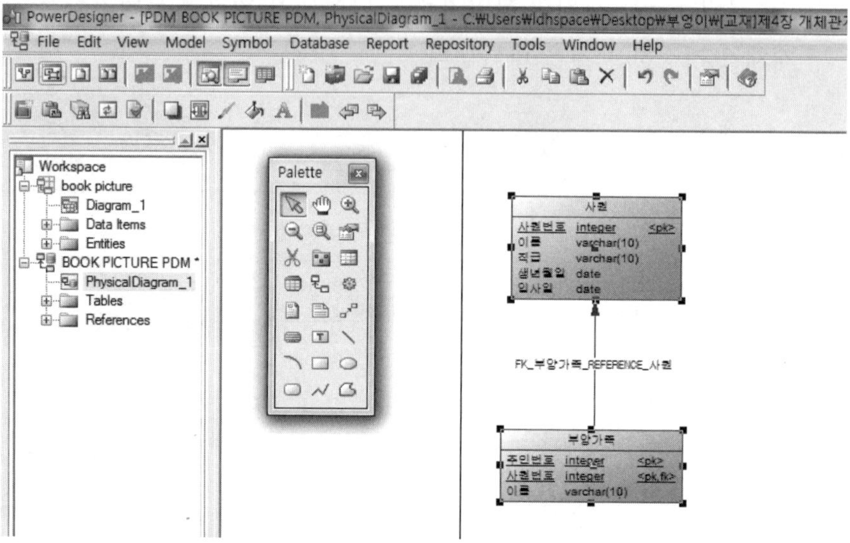

도메인의 정의

제3장 개체관계모형에서 설명한 바와 같이, 각 속성에 대하여서는 이들이 가질 수 있는 모든 값들을 정의한 속성치 영역 또는 도메인(domain)이 존재한다. 따라서 속성을 정의할 경우에는 속성치 영역을 같이 정의하는 것이 바람직하다.

그러나 대부분의 경우 도메인을 정의하지 않고, 앞에서 예시한 그림 4-4와 같이, 속성의 데이터 타입을 직접 지정하는 경우가 대부분이다. 또한 관계형 데이터베이스 설계에서도 테이블을 구성하는 속성들의 데이터 타입을 직접 지정하는 경우가 대부분이다. 이와 같이 실제 업무에서는 속성치 영역이 사용되는 경우가 아직은 많지 않으나, 전사적 데이터관리의 차원에서 가능하면 도메인을 지정하고 이를 이용하여 속성을 정의하는 것이 바람직하다.

파워디자이너에서 도메인을 정의하기 위하여서는 그림 4-7에 예시된 바와 같이, 도메인 목록(List of Domains)에서 새로운 도메인의 이름을 부여하고 이에 해당하는 데이터 타입을 정의하면 된다. 그리고 속성의 데이터 타입은, 그림 4-8에 제시된 바와 같이, 이미 만들어진 도메인 목록들 중에서 해당하는 도메인을 선택하면 된다.

그림 4-7 파워디자이너를 이용한 도메인의 정의

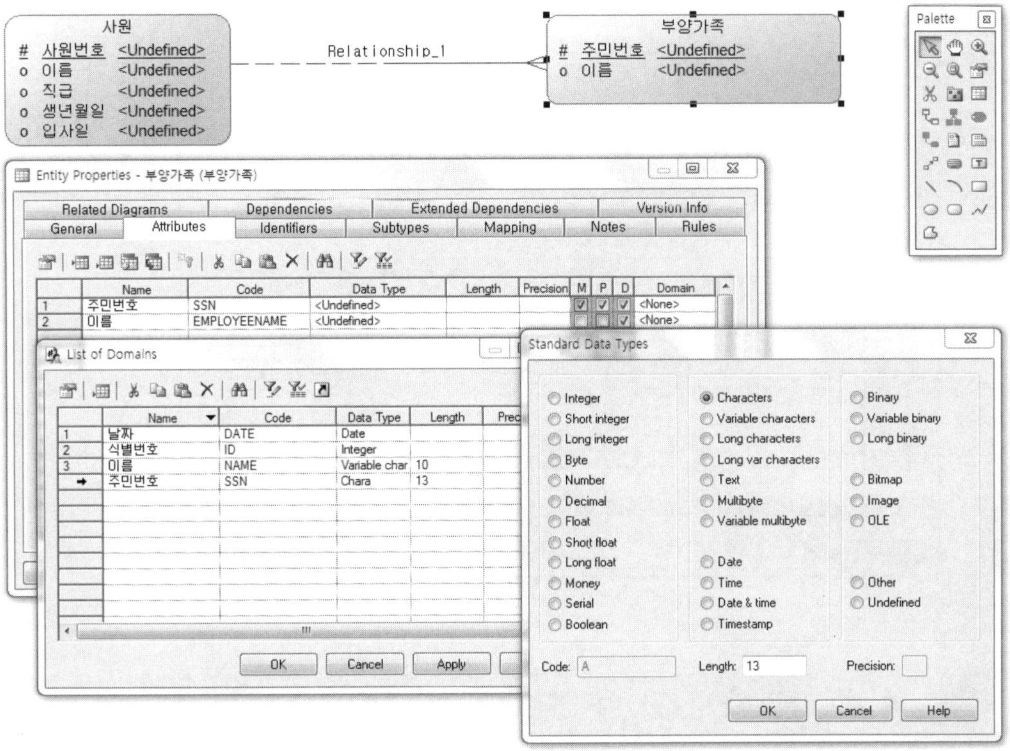

그림 4-7에서 예시된 파워디자이너의 도메인은 개체관계모형에서 소개한 도메인보다 기능이 극히 제한적이다. 이론적으로 도메인은 해당 속성이 가질 수 있는 값들만을 제한적으로 정의한 것이다. 따라서 주민번호일 경우, 단지 13자리 문자가 아니라, 0부터 9까지의 숫자로 구성된 13자리 문자이며, 또한 대한민국의 주민등록번호 부여방법에 이하여 만들어진 적법한 번호들만으로 구성된다. 그러나 그림 4-7에 예시된 도메인의 정의 화면은 이러한 한정된 도메인을 정의하기에는 불충분하다.

이와 같이 현재의 데이터베이스관리시스템이나 모델링 도구들은 완전한 도메인 정의기능을 제공하지 못하고 있다. 그러나 비록 제한된 기능이라고 하여도, 도메인을 정의하고 여러 속성들이 이를 공동으로 사용하게 하는 것은 전사적인 데이터관리의 매우 바람직한 습관이므로, 이를 적극적으로 활용하는 것이 좋다.

그림 4-8 도메인을 사용한 속성의 데이터 타입 정의

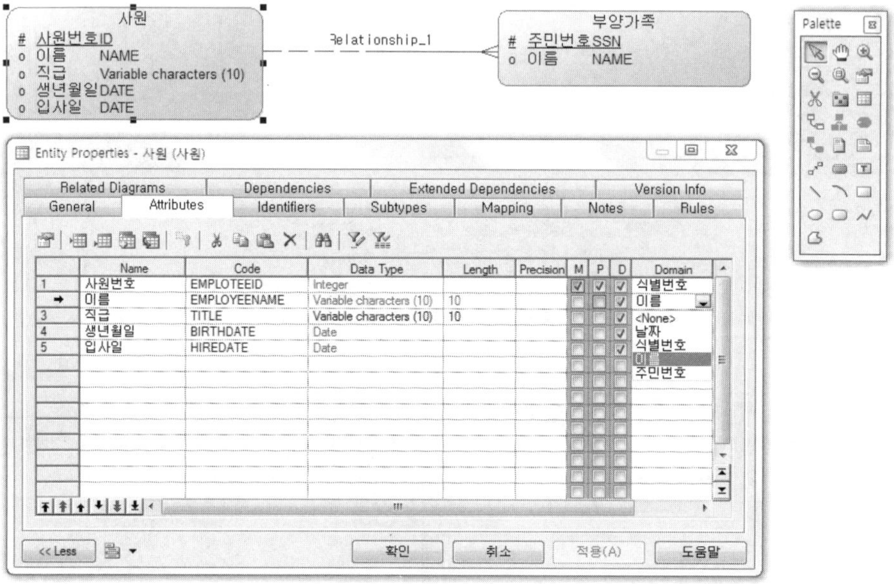

4.4 관계의 정의

개체관계모형에서 관계는 개체와 개체를 연결하여 표현한다. 따라서 관계는 이를 구성하는 개체들이 먼저 생성되어 있는 경우에 한하여 만들어질 수 있다. 관계의 생성은 이를 구성하는 개체(유형)들을 선택하고, 대응개체수를 지정하고, 속성을 부여하는 과정으로 이루어진다.

본 절에서는 파워디자이너와 같은 자동화 도구를 사용하여 관계를 표현하는 방법을 살펴본다.

4.4.1 관계의 생성 및 이름 부여

개체관계모델링에서 관계를 생성하기 위하여서는 먼저 해당 개체들이 만들어져 있는가를 확인하여야 한다. 만약 이들이 모두 만들어져 있으면, 이들 사이에 관계를 생성하고 이름을 부여하면 된다. 개체들이 만들어져 있지 않은 경우에는 해당 개체들을 먼저 만든 후 관계를 생성한다.

파워디자이너를 이용하여 관계를 생성하는 방법은 다음과 같이 관계의 항수에 따라 다르게 이루어진다.

(1) 1항 관계의 생성

(2) 2항 관계의 생성

(3) 3항 이상 관계의 생성

이들 중에서 2항 관계가 가장 일반적인 형태이므로 먼저 2항 관계를 설명하고, 이후 1항 관계와 3항 관계를 생성하는 방법을 소개한다.

2항 관계의 생성

개체관계모델링에서 가장 일반적인 형태는 2항 관계이다. 그리고 가장 쉽게 정의할 수 있는 것 또한 2항 관계이다. 2항 관계는 다음의 절차에 따라 생성된다.

- 도구 상자에서 관계를 나타내는 선을 선택한다. 그리고 이것을 모델링 화면으로 이동하여 개체를 선택하고, 이를 다시 다른 개체까지 끌고 가서 클릭하면 만들어진다. 이와 같이, 대부분의 자동화 도구에서 관계는 단순한 선으로 표시된다.
- 이렇게 만들어진 관계에 대하여 이름을 부여하고 대응개체수를 지정하여 준다. 대응개체수는 1-대-1, 1-대-다수, 다수-대-다수 중에서 선택한다. 그리고 해당 관계에서 상대방 개체가 반드시 존재하여야 하는가를 나타내기 위하여 해당 관계가 강제적인지 또는 선택적인지를 지정한다.

예를 들면, 사원과 주문 사이에 처리라는 관계를 생성하기 위하여서는 그림 4-9와 같이, 사원과 주문을 연결하는 관계를 생성하고, 대응개체수를 1-대-다수(one-to-many)로 선택한다. 그리고 모든 주문에 대하여 이를 처리하는 사원이 있어야 하므로(즉 주문에 대한 사원의 관계는 강제적이므로) "주문 to 사원"을 강제적(mandatory)으로 지정한다. 주문 to 사원의 관계가 강제적이라는 것은 주문에 대하여 반드시 이를 처리하는 사원이 존재하여야 함을 의미한다. 따라서 사원의 최소 대응개체수가 1로 지정된다.

사원의 경우에는 이들이 처리하는 주문이 하나도 없을 수 있으므로(즉, 사

그림 4-9 파워디자이너를 이용한 이항 관계의 생성

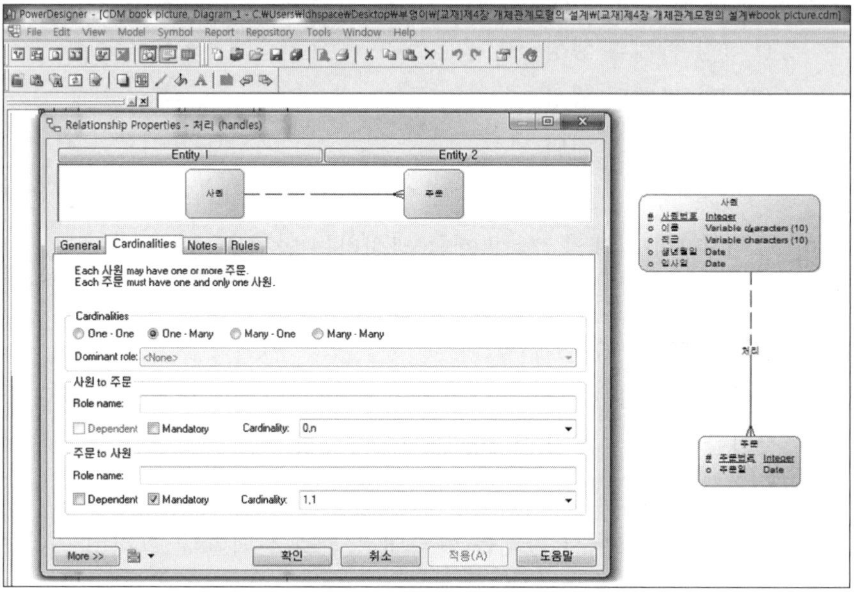

원에 대한 주문의 관계가 강제적이 아니므로) "사원 to 주문"을 강제적(mandatory)으로 지정하지 않는다. 강제적이 아니면(즉 선택적이면) 최소 대응개체수가 0으로 지정되는 것을 볼 수 있다.

1항 관계의 생성

1항 관계는 관계가 1개의 개체유형을 대상으로 정의되는 경우이다. 즉, 동일한 개체유형들 사이에 정의된 2항 관계라고 할 수 있다. 따라서 1항 관계의 생성도 2항 관계와 거의 비슷하다. 다만 개체유형이 하나이므로 관계를 연결하는 방법이 2항 관계와 조금 다르다.

파워디자이너에서 1개의 개체유형을 연결하기 위하여서는 다음의 과정을 따른다.

- 도구상자에서 관계를 선택하여 모델링 화면으로 이동하여 개체를 선택한다.
- 이를 개체 밖의 비어 있는 화면으로 끌고 가서 클릭한다.
- 다시 원래의 개체까지 끌고 가서 클릭하면 1항 관계가 만들어진다.

그림 4-10 파워디자이너를 이용한 1항 관계의 생성

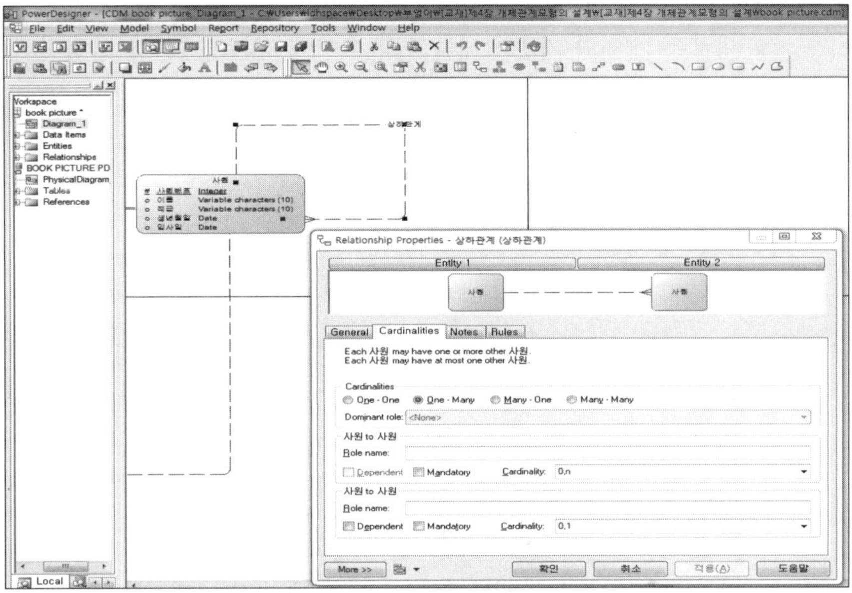

예를 들면, 사원들 사이에서 누가 누구의 지휘를 받는가를 나타내는 상하관계를 나타내기 위하여서는 그림 4-10과 같이, 사원과 사원을 연결하는 1항 관계를 생성하고, 이들의 대응개체수를 1-대-다수로 지정한다. 대응개체수와 선택적/강제적 관계의 설정 등은 모두 2항 관계와 동일하다.

3항 이상 관계의 생성

3항 이상의 관계는 3개 이상의 개체유형들을 대상으로 정의된 관계이다. 그러나 4항 이상의 관계는 잘 나타나지도 않거니와 이의 생성방법이 3항 관계와 동일하므로, 여기서는 3항 관계에 대하여 설명한다.

3항 관계를 나타내기 위하여서는 3개의 개체유형을 연결하는 관계를 생성하여야 한다. 그러나 파워디자이너와 같이 관계를 선으로 나타낼 경우에는 3개의 개체를 연결하는 선을 그릴 방법이 없다. 따라서 3항 관계를 나타내기 위하여서는 이들을 2항 관계로 바꾸어 표현하여야 한다. 3항 관계를 2항 관계로 표현한다는 것은 원래 3항 관계가 가지는 특성은 그대로 유지하면서 다만 표현만을 2항 관계로 나타낼 수 있도록 조작하는 것을 말한다.

3항 관계를 2항 관계로 표현하기 위하여서는 다음의 과정을 따른다.

- 3항 관계를 개체로 바꾼다.
- 새로운 개체와 기존개체들과의 사이에 2항 관계들을 설정한다.

여기서 새로이 만들어지는 개체는 원래 관계인 것을 개체로 표현한 것이라고 하여 관계형 개체라고 한다.

관계형 개체

관계형 개체는 원래 관계인 것을 파워디자이너와 같은 자동화 도구를 사용하여 모델링을 하기 위하여 어쩔 수 없이 개체의 표현형식을 빌려 모델링한 것이다. 따라서 관계형 개체는 다음과 같이 관계의 특성을 그대로 지닌다.

- 주키를 가지지 않음: 관계형 개체는 성격상 관계이기 때문에 주키를 정의하여서는 안 된다.
- 의존개체임: 관계형 개체는 원래 관계를 구성하였던 개체들에 의존한다. 이는 개체가 존재하지 않으면 관계가 정의될 수 없는 것과 마찬가지로 관계형 개체도 해당 개체들이 존재하지 않으면 정의될 수 없기 때문이다.

이와 같이 관계형 개체를 정의하고 나면, 원래의 3항 관계는 새로이 만들어진 관계형 개체와 일반 개체들 사이에서 2항 관계로 표시된다.

예를 들면, 공급사로부터의 제품 구입을 특정 사원이 처리한다고 가정하자. 그러면 구입은 그림 4-11과 같이 3항 관계로 모델링된다. 이를 관계형 개체로 표현하면 그림 4-12와 같다. 그림 4-12의 구입개체와 그림 4-11의 구입관계와는 아무런 본질적인 차이는 없으며, 다만 표현상의 차이만을 갖는다. 즉, 제품, 공급사, 사원이 존재하지 않으면 구입이라는 관계가 존재할 수 없는 것처럼, 구입이라는 개체 또한 제품, 공급사, 사원이 존재하지 않으면 존재할 수 없다. 그래서 구입개체는 이들 개체에 의존하는 의존개체로 표현된다. 이렇게 의존개체를 이용함으로써 원래의 3항 관계는 3개의 2항 관계로 분해된다. 그리고 대응개체수 또한 원래의 다수-대-다수-대-다수의 관계에서 3개의 1-대-다수 관계로 분해된다. 이와 같이 3항 관계를 2항 관계로 분해하기 위해서는 반드시 의존개체를 이용하여야 한다.

그림 4-11 3항 관계

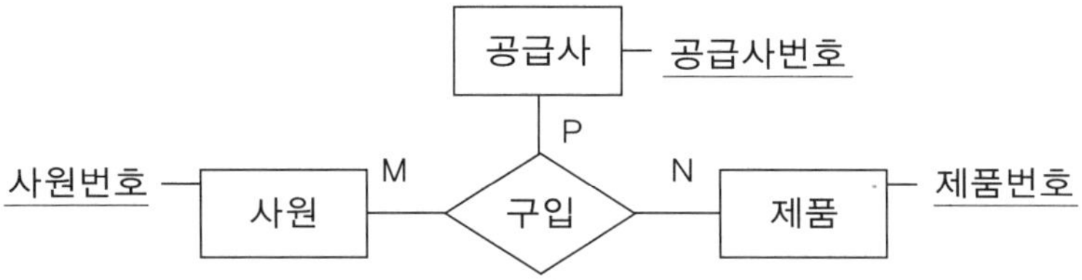

그림 4-12 의존개체를 이용한 3항 관계의 표현방법

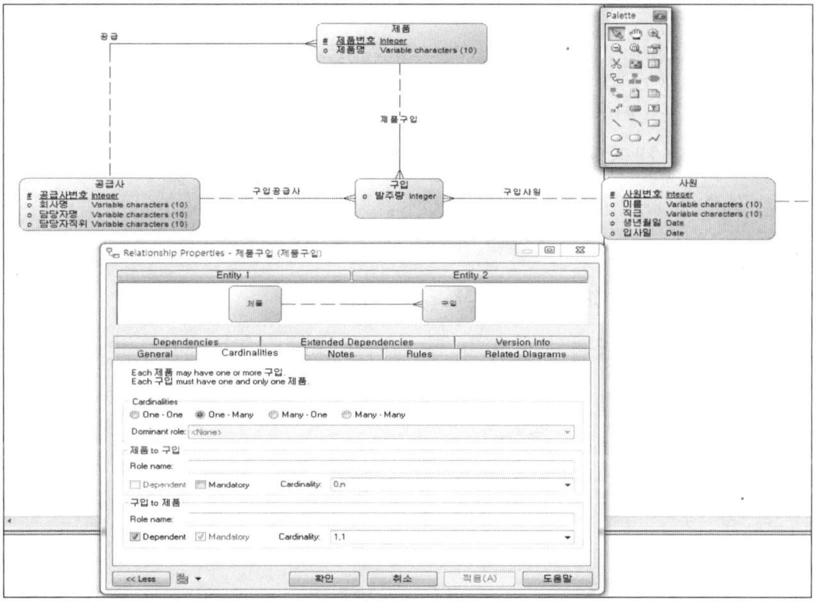

4.4.2 속성의 정의

관계의 속성을 나타내는 방법은 해당 관계의 대응개체수에 따라 다르다. 이하에서는 대응개체수에 따라 관계의 속성을 표현하는 방법을 살펴본다.

1-대-다수 또는 1-대-1 관계의 속성 정의

관계의 대응개체수가 1-대-1 또는 1-대-다수일 경우에는 해당 속성을 개체의 속성으로 표시할 수 있다. 따라서 이를 관계의 속성으로 표현하지 않아도 된다. 1-대-1 또는 1-대-다수 관계의 속성이 개체의 속성으로 표현될 수 있는 이유를 살펴보면 다음과 같다.

1-대-다수 관계의 경우, 다수쪽의 1개의 개체에 대하여서는 1쪽의 개체 1개가 대응한다. 따라서 다수쪽의 개체에 대해서는 1개의 관계만 연결된다. 이와 같이 개체와 관계가 1:1로 대응하기 때문에 관계의 속성은 개체의 속성도 될 수 있다. 그러나 1쪽의 개체에 대해서는 여러 개의 관계가 연결된다. 따라서 관계의 속성을 개체의 속성으로 나타낼 수 없다.

1-대-1 경우에는 어느 쪽의 개체를 선택하여도 개별 개체에 1개의 관계만 연결된다. 따라서 어느 개체나 선택할 수 있다.

이와 같이 1-대-1 또는 1-대-다수 관계의 경우에는 관계의 속성을 개체의 속성으로 표현할 수 있기 때문에 현실적으로 속성을 표현하기가 상대적으로 쉬운 개체를 사용하여 관계의 속성을 표현하고, 관계는 속성을 가지지 않는 것으로 표현한다.

다수-대-다수 관계의 속성 정의

관계의 대응개체수가 다수-대-다수일 경우에는, 관계의 속성을 개체의 속성으로 표현할 수 있는 방법이 없다. 따라서 관계의 속성으로 직접 표현하여야 한다. 그러나 앞에서 살펴본 바와 같이 파워디자이너와 같은 자동화 도구를 사용하여 관계를 모델링할 경우에는 관계가 선으로 표시되고, 선에 대하여서는 속성을 정의할 수 없다. 따라서 관계의 속성을 표현하기 위하여서는 관계를 개체의 형식을 빌려서 표현한 후, 이렇게 만들어진 개체의 속성으로 관계의 속성을 표현하여야 한다. 그리고 이렇게 만들어진 개체를 관계형 개체라고 한다. 이와 같이 다수-대-다수 관계의 속성은 관계형 개체의 속성으로 표시된다.

예를 들면, 여러 명의 사원이 주문을 처리한다고 가정하자. 그리고 각 사원의 책임정도를 참여율이라는 속성으로 나타낸다고 가정하자. 그러면 사원과 주문 사이의 처리 관계는 다수-대-다수 관계로 표시된다. 그리고 처리 관계는 참여율이라는 속성을 갖는다. 이러한 다수-대-다수의 속성을 표시하기 위하여서는 그림 4-13과 같이 사원과 주문 사이에 처리라는 관계형 개체를 생성하고, 처리의 속성으로서 참여율을 정의하면 된다.

그림 4-13 파워디자이너를 이용한 다수-대-다수 관계를 관계형 개체로 표현

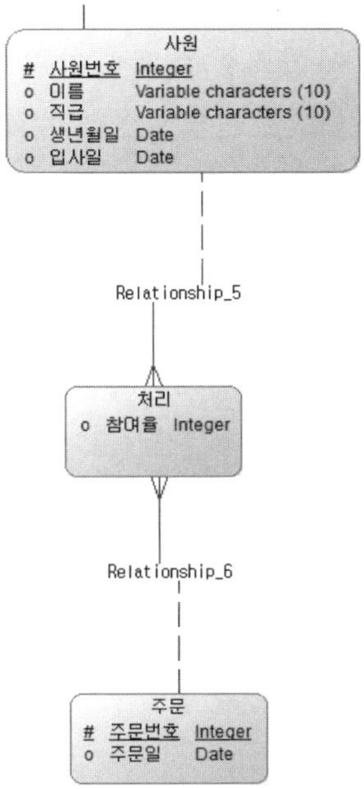

4.5 관계의 개체화

3항 관계의 표현, 관계에 대한 속성의 정의 등에서 살펴보았듯이 많은 경우 관계를 개체로 표현하여야 하는 경우가 발생한다. 그리고 관계로 표현할 수 있으며 개체로도 표현할 수 있는 경우가 대부분이므로, 원래 관계로 식별된 것을 개체로 수정하여야 하는 경우들 또한 발생한다. 이를 관계의 개체화라고 하는데, 관계의 개체화는 다음의 두 가지 방법에 의하여 이루어진다.

(1) 독자적인 주키를 갖는 일반개체로 표현하는 방법

(2) 주키를 가지지 않는 관계형 개체로 표현하는 방법

일반개체로 표현

관계의 정의에서 살펴본 바와 같이 관계는 이를 구성하는 개체들에 의하여 식별된다. 예를 들어서, 앞에서 제시하였던 그림 4-11의 구입은 구입되는 제품과 제품의 공급사 및 담당 사원에 의하여 식별된다. 즉, 구입을 식별하는

주키는 이를 구성하는 개체들의 주키인 제품번호, 공급사번호 및 사원번호의 복합키로 구성된다.

그러나 이와 같이 복합키를 이용하여 관계를 식별하는 것은 복잡하고 번거로울 경우가 많다. 그리고 업무적으로 개체들과 연관하여 관계를 식별하는 것보다는 관계 자체를 독립적으로 식별하는 것이 편리한 경우가 있을 수 있다. 이러한 경우에는 관계를 다음과 같이 개체로 표현하는 것이 편리하다.

- 관계를 개체로 인식한다.
- 인위적인 식별번호를 개체의 주키로 부여한다.

그림 4-11의 구입 관계를 개체로 모델링하기 위해서는 그림 4-14와 같이, 구입 관계를 개체로 바꾸고 새로운 개체와 기존개체들과의 사이에 2항 관계들을 설정한다. 그리고 새로이 만들어진 구입 개체의 주키로 구매번호를 부여한다. 이 경우 새로이 만들어지는 구입개체는 다른 개체에 종속적이지 않은 일반개체이다.

관계형 개체로 표현

개체관계모델링을 위한 자동화 도구들은 2항 관계만을 지원하거나 관계에 대하여서는 속성을 부여하지 못하는 경우들이 대부분이다. 이러한 경우, 3항 이상의 관계를 표현하여야 하는 경우나 속성을 나타내기 위하여서는 이들

그림 4-14 구입을 개체로 인식한 표현방법

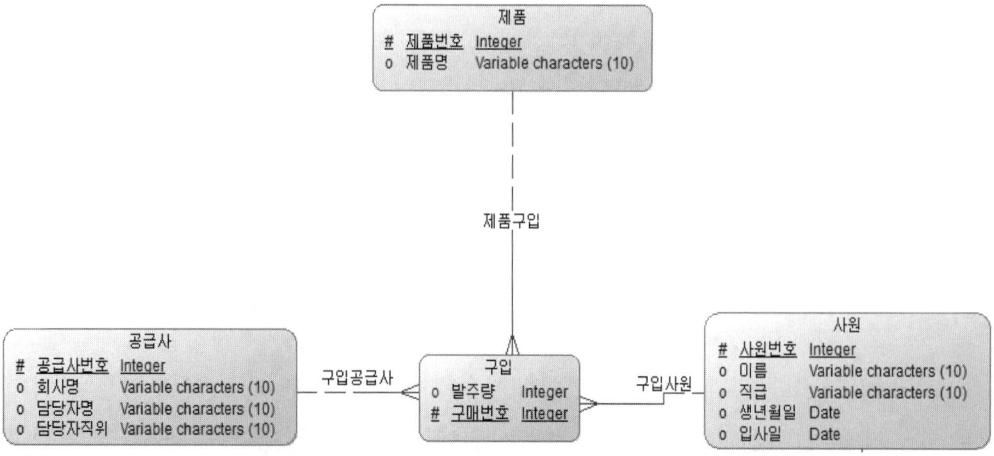

을 개체로 표현하여야 한다. 즉, 이는 원래 관계가 가지는 특성은 그대로 유지하면서 다만 개체의 형식을 빌리는 것이며, 이를 관계형 개체라고 한다.

관계형 개체는 당연히 의존개체로 설정되어야 한다. 그리고 관계형 개체는 독자적인 식별자를 갖지 않는다. 따라서 앞에서 소개되었던 그림 4-12의 구입개체와 그림 4-11의 구입 관계는 본질적으로는 서로 차이가 없다. 다만 표현상 서로 다를 뿐이다. 즉, 제품이나 공급사, 사원 등이 존재하지 않으면, 구입이라는 관계가 존재할 수 없는 것처럼, 구입이라는 의존개체 또한 존재할 수 없다. 이렇게 의존개체를 이용하여 관계를 표현함으로써, 관계에 대하여서도 속성을 부여할 수 있으며, 3항 이상의 관계도 표현할 수 있다.

4.6 대응개체수의 표현방법

개체관계모형에서 관계를 정의하는 요소들 중에서 가장 중요한 것이 이를 구성하는 개체(유형)들과 이들 사이의 대응개체수이다. 대응개체수는 이때까지 설명한 대로, 특정 개체에 대응하는 상대개체의 수를 나타낸다. 예를 들면, 사람이 도시에 거주하는 관계에서 사람과 도시와의 대응개체수는 다수-대-1로 표시된다. 한 도시에 여러 명의 사람이 거주할 수 있으며, 한 사람은 한 도시에만 거주하기 때문이다. 이와 같은 대응개체수의 표현 방법은 개체를 중심으로 상대 개체의 수를 표현하는 것이며, 이를 개체중심 표현방법이라고 한다.

그러나 우리가 알고 있는 이러한 방법 이외의 다른 방법으로도 대응개체수를 표시할 수도 있는데 이를 관계중심 표현방법이라고 한다. 따라서 대응개체수의 표현방법은 다음과 같이 2가지가 있을 수 있다.

- 개체중심 표현방법
- 관계중심 표현방법

4.6.1 개체중심 표현방법

개체중심 표현방법이란, 관계의 대응개체수를 개체를 중심으로 대응하는 상대방 개체의 수를 표현하는 방법이다. 즉, A, B 개체유형 사이에 관계가 정의되어 있을 경우 관계를 매개로 하여 A에 대응하는 B 개체의 수가 몇 개이며,

B에 대응하는 A 개체의 수가 몇 개인가를 표시하는 방법이다.

예를 들어 사람과 도시 사이의 거주 관계를 표현한다고 하자. 이 경우 하나의 도시에는 여러 사람이 거주하며, 경우에 따라서는 한 명도 거주하지 않을 수 있다. 이에 반하여 사람은 반드시 하나의 도시에만 거주하여야 한다. 이를 개체관계도에 표시하기 위하여서는 위의 숫자를 개체와 관계를 연결하는 선에 추가하여 기록하면 된다.

개체관계모델링에서 대응개체수의 표현은 대부분 이러한 개체중심 표현방법을 따른다. 따라서 파워디자이너와 같은 자동화도구들도 앞에서 예시하였던 바와 같이 개체중심 표현방법을 따르고 있다. 즉, 그림 4-15를 파워디자이너를 이용하여 모델링하는 화면을 소개하면, 그림 4-16에서 보는 바와 같이 먼저 관계의 유형을 One-One, One-Many, Many-One, Many-Many 중에서 선택한다. 그러면 이는 특정 개체에 대응할 수 있는 상대방 개체의 최대치가 된다. 그리고 관계의 성격이 강제적인가 선택적인가를 지정하면 이는 특정 개체에 대응할 수 있는 상대방 개체의 최소치가 된다.

이와 같이 개체중심으로 대응개체수를 표현함으로써 특정 개체에 대응하는 상대방 개체가 단수인지 복수인지를 지정할 수 있으며, 강제적인지 선택적인지를 지정할 수 있다. 이 결과 상대방 개체를 지정하는 유형은 다음과 같이 4가지로 구분된다.

- 선택적 복수: 여러 개의 개체가 관계를 통하여 1개의 상대방 개체에 대응한다. 그러나 경우에 따라서는 하나도 대응하지 않을 수 있다.
- 강제적 복수: 여러 개의 개체가 관계를 통하여 1개의 상대방 개체에 대응한다. 그리고 모든 경우 적어도 하나는 대응한다.
- 선택적 단수: 단일의 개체가 관계를 통하여 1개의 상대방 개체에 대응한다. 그러나 경우에 따라서는 하나도 대응하지 않을 수 있다.

그림 4-15 대응개체수의 개체중심 표현방법

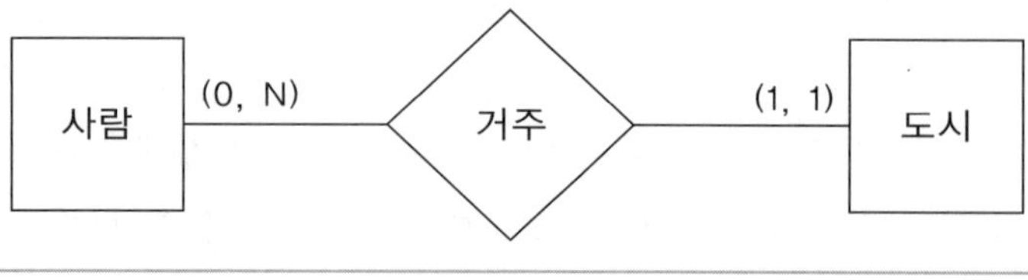

그림 4-16 파워디자이너를 이용한 대응개체수의 개체중심 표현

- 강제적 단수: 반드시 하나만의 개체가 관계를 통하여 1개의 상대방 개체에 대응한다.

4.6.2 관계중심 표현방법

관계중심 표현방법은 관계를 구성하는 원소들을 중심으로 관계의 대응개체수를 표현하는 방법이다. 즉, 개체유형 A와 B 사이에 관계 R이 존재할 경우, R은 A와 B를 구성하는 개체들의 쌍으로 표시된다.[5] 이와 같이 개체들의 순서쌍으로 표현된 관계에서 해당 개체가 몇 번이나 순서쌍에 포함되는가를 계산하여 관계의 대응개체수를 표현한다.

예를 들면 사람과 도시 사이의 거주 관계에서 a1, a2, a3 사람이 c1 도시에 a4, a5 사람이 c2 도시에 각각 거주하며, c3 도시에는 아무도 거주하지 않는다고 하자. 이들 다섯 명의 사람과 세 도시 사이의 거주 관계는 다음과 같은 순서쌍의 집합으로 표시된다.

거주 = {(a1, c1), (a2, c1), (a3, c1), (a4, c2), (a5, c2)}

5) 이에 대한 수학적 정의는 제 3 장 개체관계모형에서 이미 설명하였다.

예시된 관계에서 각 개체가 관계에 포함되는 빈도를 측정하면, a1, a2, a3, a4, a5의 사람들은 반드시 1번 포함되며, c1 도시는 3번 포함되며, c2 도시는 2번, 그리고 c3 도시는 한번도 포함되지 않는다. 이와 같이 개체들이 해당하는 관계에 포함되는 빈도를 중심으로 하여 사람과 도시의 대응관계를 표현하면 그림 4-17과 같다. 즉 (1, 1)은 사람이 거주라는 관계에 반드시 1번만 포함되는 것을 나타내며(최대치도 1이며, 최소치도 1임), (0, N)은 도시가 거주라는 관계에 여러 번 포함될 수 있는 동시에 한번도 포함되지 않을 수도 있음(최대치는 다수이며, 최소치는 0임)을 나타낸다.

제시된 개체관계도를 통하여 알 수 있듯이 관계중심 표현방법에서 대응개체수를 나타내는 숫자는 앞에서 소개된 개체중심 표현방법과 정반대이다. 즉, 그림 4-17에서는 도시쪽이 (0, N)이나 그림 4-15에서는 사람쪽이 (0, N)이다. 그리고, 그림 4-17에서는 사람쪽이 (1, 1)이나 그림 4-15에서는 도시쪽이 (1, 1)이다.

개체관계모델링 도구들에서 대응개체수의 표현은 대부분 개체중심 표현방법을 따른다고 하였다. 그러나 관계중심 표현방법을 제공하는 도구들도 존재하는데 파워디자이너의 association이 이것이다. Association을 사용하여 관계를 표현하는 과정은 다음과 같다.[6)]

그림 4-17 대응개체수의 관계중심 표현방법

- 먼저 association을 생성한다.
- 개체와 association을 연결한다.
- 개체가 association에 참여하는 수(즉 관계중심의 대응개체수)를 지정한다.

이렇게 정의된 관계중심 표현방법은 개체중심 표현방법과 동일하다. 즉 동일한 관계형 데이터베이스 스키마(즉 개체 릴레이션과 관계 릴레이션들)를 생성하는 것을 그림 4-19를 통하여 알 수 있다.

6) 파워디자이너(PowerDesigner) 15.2에서는 association이 비활성화되어 있어, 그림 4-18은 이전 버전 파워디자이너를 사용하여 작성한 그림이다.

그림 4-18 파워디자이너에서 관계중심 대응개체수 표현을 위한 association의 생성

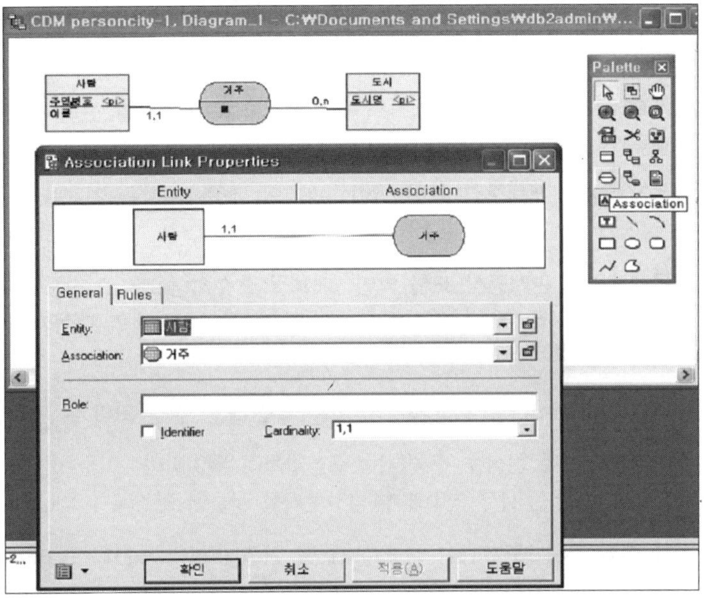

그림 4-19 파워디자이너에서 association을 이용한 모델링과 관계형 데이터베이스 스키마의 생성

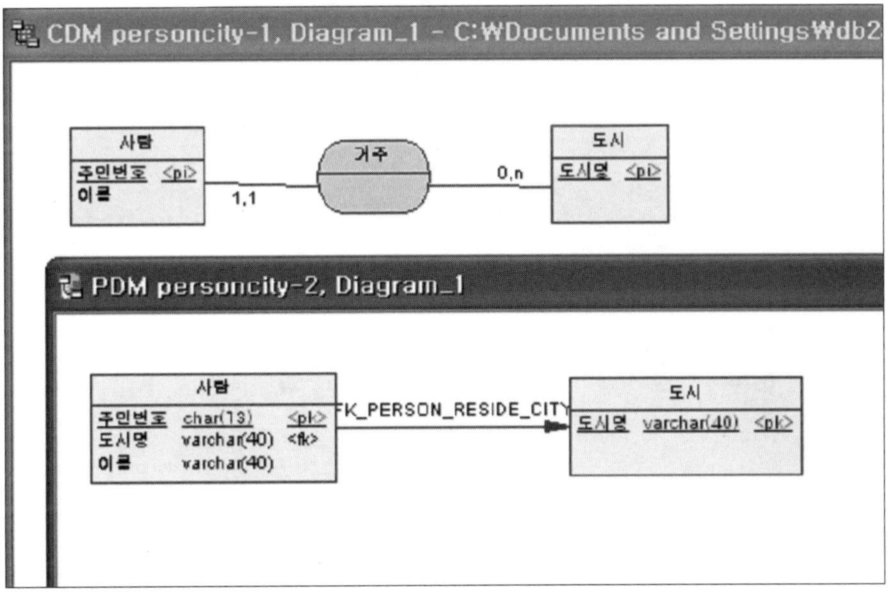

SUMMARY

요약

본 단원에서는 개체관계모형의 설계에 대하여 학습하였다. 본 단원에서 습득한 주요 개념들을 요약하면 다음과 같다.

관계형 개체: 관계를 파워디자이너와 같은 자동화 도구를 사용하여 모델링을 하기 위하여 어쩔 수 없이 개체의 표현형식을 빌려 모델링한 것.

대응개체수의 개체중심 표현 방법: 관계의 대응개체수를 개체를 중심으로 대응하는 상대방 개체의 수를 표현하는 방법.

대응개체수의 관계중심 표현 방법: 개체들의 순서쌍으로 표현된 관계에서 해당 개체가 몇 번이나 순서쌍에 포함되는가를 계산하여 관계의 대응개체수를 표현하는 방법.

도메인(domain): 특정 속성이 가질 수 있는 모든 값을 모아 놓은 것.

시나리오: 실제 현상을 구성하는 구성물들이 무엇이며, 이들 사이에 무슨 거래나 사건이 어떠한 순서로 어떻게 발생하는가를 서술한 것.

실제 현상 투사 패러다임: 정보시스템을 실제 현상의 구현으로 보는 시각.

의존개체: 다른 개체가 먼저 존재하여야만 자신이 존재할 수 있는 개체.

파워디자이너(PowerDesigner): 사이베이스(Sybase)사에서 공급하는 자동화된 개체관계모델링 도구

05 Database Management

개체관계모델링의 일반적 오류

제3장과 4장에서 소개된 바와 같이 개체관계모형은 개체와 관계라는 2가지 개념만을 사용하는 단순한 모형이다. 그리고 본 교재를 포함하여 대부분의 교재에서 소개되는 개체관계모형 예제들 또한 비교적 단순한 것들이 대부분이다. 그러나 이를 실제 모델링에 적용할 경우, 개체를 식별하고, 관계를 설정하며, 속성을 부여하는 과정에서 이들 기준들을 정확하게 적용하는 것이 쉬운 일이 아니라는 것을 느끼게 된다.

개체관계모델링과 같은 개념 설계는 데이터베이스에 무엇이 저장될 것인가를 정의하는(즉 WHAT을 정의하는) 단계이다. 그러나 데이터베이스에 무엇을 저장할 것인가를 설정하는 것은 관점에 따라 다를 수 있다. 따라서 개념 설계에서는 설계된 결과물을 평가하기가 쉽지 않다.

이에 반하여 관계형 데이터베이스 스키마 설계와 같은 논리 설계나 물리 설계는 주어진 목표를 달성하기 위한 방법을 모색하는(즉 HOW를 도출하는) 과정이다. 따라서, 이후 관계형 데이터베이스 설계에서 살펴보겠지만, 정규형 등과 같은 척도를 사용하여 설계된 결과물을 평가하기가 비교적 쉽다.

요약하면 개체관계모델링은 올바른 모델링 기준들을 기계적으로 도출하기가 쉽지 않다. 따라서 설계 능력을 향상시키기 위해서는 여러 가지 모델링 사례들을 살펴보고, 일반적인 오류의 원인들을 여러 각도에서 분석하는 것이 무엇보다도 필요하다고 하겠다. 즉 경험과 사례에 기초한 실질적인 가이드라인이 필요하다.

본 장에서는 개체관계모델링에서 발생하는 일반적인 오류들을 식별하고, 이의 원인을 분석함으로써, 개체관계모델링을 위한 가이드라인을 제시한다.

5.1 개체관계모형의 분석기준

개체관계모델링을 평가하는 기준은 산출된 개체관계도가 모형의 특성에 맞게 잘 설계되었으며, 이렇게 설계된 모형이 사용자들이 원하는 데이터 항목들로 구성되어 있느냐는 것이다. 그런데 여기서 후자, 즉 설계된 모형이 사용자들이 원하는 데이터 항목들로 구성되어 있느냐는 것은 모형으로부터 산출되는 개체 릴레이션과 관계 릴레이션들이 사용자들이 원하는 데이터들을 모두 포함하느냐에 의하여 판단된다.

개체관계모델링과 같은 개념설계의 최종 목표는 관계형 데이터베이스를 개발하는 것이다. 따라서 설계된 모형이 사용자들이 원하는 데이터 항목들로 구성되어 있느냐의 판단은 개체관계모형으로부터 만들어지는 릴레이션(즉 테이블)들이 사용자들이 원하는 데이터 항목들로 구성되어 있느냐에 의하여 판단된다. 이와 같이 개체관계모델링은 자체를 분석하는 것과 더불어 이로부터 만들어지는 개체 릴레이션과 관계 릴레이션들을 함께 분석하여야 한다. 이러한 점에서 볼 때 개체관계모형의 평가는 다음의 두 가지 관점에서 병행적으로 이루어져야 한다.

첫째는 문법적 적합성의 평가이다. 이는 개체관계모형이 문법적 법칙에 맞게 올바르게 작성되었는가를 평가한다. 문법적 법칙에 적합하게 설계된 개체관계도는 설계자가 의도한 내용들을 명료하게 표현한다. 따라서 설계된 내용을 쉽게 분석할 수 있으며, 내용적 오류를 쉽게 식별하고 수정할 수 있다. 그리고 문법적으로 잘못 설계된 모형들은, 내용적으로 무엇을 나타내는 모형인지 파악하기가 쉽지 않다. 이는 마치 문법적으로 잘못 서술된 문장의 내용을 파악하기가 쉽지 않은 것과 같은 경우이다.

둘째는 내용적 적합성의 평가이다. 문법적으로 잘 설계된 모형이라고 하여도 경우에 따라서는 필요한 개체나 관계를 포함하지 않았거나 불필요한 것들을 포함할 수 있다. 이러한 현상은 모형에 포함될 내용을 올바르게 선정하지 못하였기 때문이다. 따라서 설계된 모형이 문법적으로 정확하다고 가정할 때, 모형의 품질은 내용에 의하여 결정된다고 할 수 있다.

5.1.1 오류의 종류

모든 모형은 문법적 오류와 내용적 오류를 포함할 수 있다. 일반적으로 내용적 오류를 판단하기 위하여서는 문법적 오류가 없어야 한다. 바꾸어 말하면, 문법적 오류가 많은 모형은 무슨 내용을 나타내는지 알 수 없으며 따라서 내용의 평가 또한 불가능하다.

문법적 오류는 개체관계모형에서 개체와 관계를 모형의 법칙과 틀리게 표현한 오류들이다. 그리고 내용적 오류는 원인에 따라 다음과 같이 2가지로 세분된다.

(1) 첫째는 내용을 잘못 정의하여 발생하는 오류이다. 마치 영문번역에서 원문인 한국어 문장을 잘못 이해하였거나 일부를 포함하지 않고 누락함으로써 발생하는 오류이다. 정보시스템 모델링에서는 이를 요구정의 오류라고 한다.

(2) 둘째는 비록 내용은 잘 이해하였으나 이에 적합한 표현방법을 사용하지 않아 발생하는 오류이다. 정보시스템의 모델링에서는 이를 모형화 오류 또는 표현 오류라고 한다.

결국 모델링에는 그림 5-1에 표현된 바와 같이 세 가지 유형의 오류가 발생할 수 있다.

문법적 오류

개체관계모델링에서 문법적 오류는 모형의 구성요소인 개체나 관계 등을 잘못 사용하는 경우이다. 예를 들면 관계와 개체 사이에 또 다른 관계를 정의하거나, 관계와 개체 사이에 대응개체수를 정의하는 것 등이다.

강의와 관련하여 시나리오가 다음과 같이 정의되었다고 가정하자.

> 교수는 1개 이상의 과목을 강의하며, 동일 과목에 대하여 한 교수님 또는 여러 교수님이 여러 강의를 할 수 있다. 학생들은 이들 과목을 수강하여 학점을 이수한다.

그림 5-1 오류의 분류

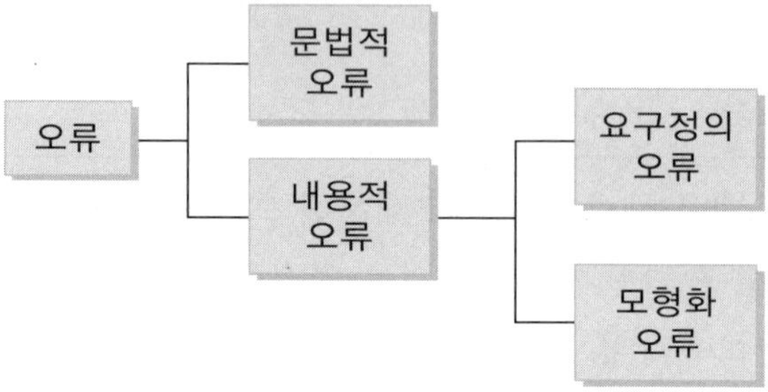

강의 시나리오를 기초로 하여 개체관계도를 그림 5-2와 같이 설계하였다고 가정하자. 이 경우 그림 5-2의 개체관계도는 다음의 문법적 오류들을 포함하고 있다.

(1) 수강이라는 관계가 강의라는 관계와 직접 연결되어 있다. 관계는 개체와 개체 사이에 정의해야지 관계와 개체 사이에 정의할 수 없다.

(2) 과목과 강의, 학생과 수강, 강의와 교수 사이에 대응개체수가 정의되어 있다. 대응개체수는 개체와 개체 사이에 설정하여야 하며, 개체와 관계 또는 관계와 관계 사이에는 설정할 수 없다.

이와 같은 문법적인 오류가 있는 상태에서는 개체관계도가 표현하는 내용을 올바르게 알 수 없으며, 따라서 분석이나 평가 또한 불가능하다. 이들 문법적 오류를 제거하기 위한 방안의 하나로서 수강이라는 관계를 개체와 개체 사이에 정의하며, 대응개체수도 개체와 개체 사이에 설정한다. 이렇게 수정한 개체관계모형이 그림 5-3이다.

그림 5-2의 개체관계도를 그림 5-3과 같이 수정할 경우, 그림 5-3은 문법적 오류를 포함하지 않게 된다.

요구정의 오류

요구정의 오류는 사용자들이 요구하는 내용을 잘못 정의함으로써 발생하는 오류이다.

예를 들면, 앞에서 제시된 〈강의 시나리오〉에서 과목별로 사용하는 교재에 대한 내용이 잘못하여 시나리오에서 누락되었다고 가정하자. 교재에 관한

그림 5-2 문법적 오류(예)

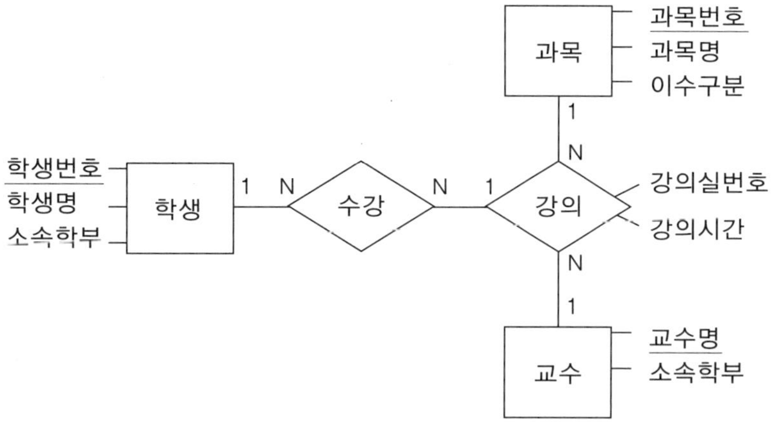

그림 5-3 문법적 오류의 수정(예)

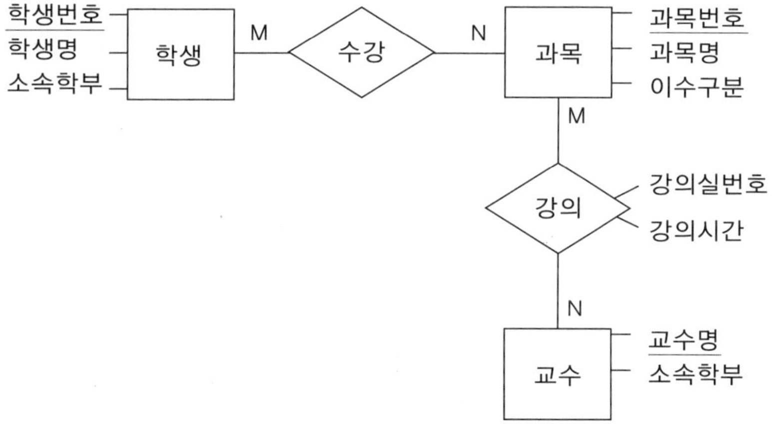

정보를 포함하지 않았기 때문에 그림 5-3의 개체관계도는 비록 문법적인 오류는 없으나 요구정의 오류를 포함하게 된다.

요구정의 오류를 수정하기 위해서는 잘못된 요구정의를 바르게 수정하여야 한다. 즉, 앞에서 제시되었던 〈강의 시나리오〉가 교재에 대한 내용을 포함하도록 정정하고, 이에 기초하여 모델링을 새로 하여야 한다. 새로운 개체관계도는 교재에 대한 개체를 비롯하여 이와 과목과의 관계를 포함하게 될 것이다. 이렇게 설계된 개체관계도는 그림 5-3의 개체관계도와는 다른 새로운 데이터베이스를 위한 새로운 설계도이다.

요구정의 오류를 방지하기 위해서는 모델링하고자 하는 내용을 올바르게 정의하여야 한다. 이를 "Doing the right thing"이라 한다. 이와 같이 요구정의 오류는 시나리오를 작성하는 과정에서 발생한다. 따라서 이를 수정하는 방법은 시나리오를 다시 작성하는 것이다.

모형화 오류

모형화 오류는 시나리오에 정의된 내용을 개체관계모형으로 모델링하는 과정에서 발생하는 오류이다. 예를 들면, 그림 5-3의 개체관계도는 앞에서 언급한 〈강의 시나리오〉를 기초하여 모델링한 것이다.

이에 따라 '학생', '교수'와 '과목'의 개체가 정의되었으며, 학생과 과목 사이에는 '수강'이라는 다수-대-다수의 관계가 설정되었으며, '교수'와 '과목' 사이에는 '강의'라는 관계가 설정되었다. '강의' 관계는 다수-대-다수로 정의됨으로써, 한 교수가 여러 과목들을 강의할 수 있는 것으로 설계하였으며, 한 과목에 대하여 여러 교수가 강의를 할 수 있는 것으로 설계하였다. 따라서 시나리오에 서술된 요구사항들을 잘 나타내는 것으로 보인다. 그러나 보다 자세히 살펴보면, 그림 5-3의 개체관계도는 다음의 오류들을 포함한다.

(1) 한 교수가 한 과목에 대해서는 여러 번(즉 여러 반을) 강의할 수 없다. 그 이유는 강의를 '교수'와 '과목' 사이의 관계로 설계하였기 때문이다. 즉, 한 개의 과목과 한 명의 교수 사이에는 1개의 관계만이 존재할 수 있다.

 그러나 시나리오는 한 과목에 대하여 한 교수가 여러 개의 강의를 담당하는 상황을 가정하고 있다. 예를 들면, 데이터베이스개론 과목이 3개로 분반되어 이 교수님이 첫째와 둘째 반을 담당하고 김 교수님이 셋째 반을 담당할 수 있다. 그러나 그림 5-3의 개체관계도는 이러한 상황을 표현할 수 없으며, 특정 교수가 특정 과목에 대하여 강의하는 사실만을 알 수 있다. 이 결과 그림 5-3의 개체관계도는 시나리오의 요구정의와 다르게 모델링되었다. 왜냐하면, 한 교수가 한 과목에 대하여 여러 반의 강의를 담당할 수 있는 상황을 표현할 수 없기 때문이다.

(2) 특정 과목에 대하여 어느 학생이 어느 교수님의 강의를 수강하는지를

알 수 없다. 시나리오에는 학생이 강의를 수강하는 것으로 서술되고 있다. 만약 이를 특정 교수님(들)의 강의로 해석하면 어느 학생이 어느 교수님의 강의를 수강하는지 알 수 있어야 한다. 그러나 그림 5-3의 개체관계모형은 단지 특정 과목을 수강하는 학생들만을 나타낸다. 그리고 그 과목을 강의하는 교수님들만을 나타내며, 어느 학생이 어느 교수님이 강의하는 수업을 수강하는지는 알 수 없다.

이러한 모형화 오류를 수정하기 위해서는 그림 5-4와 같이 강의를 개체로 모형화하여야 한다(보통 이를 강좌 또는 분반이라고 한다). 이렇게 강의를 강좌 또는 분반이라는 개체로 표현함으로써 위에서 열거된 내용들을 다음과 같이 표현할 수 있다.

(1) 강좌와 교수 사이에 다수-대-다수 관계를 설정할 수 있다. 이렇게 함으로써, 1명의 교수가 동일 과목에 대하여 여러 강좌를 담당할 수 있으며, 여러 명의 교수가 공동으로 1개의 강좌를 담당하여 공동 강의를 할 수 있다.

(2) 학생이 어느 강좌를 수강하였는지 알 수 있으며, 특정 강좌를 담당하는

그림 5-4 모형화 오류의 수정(예)

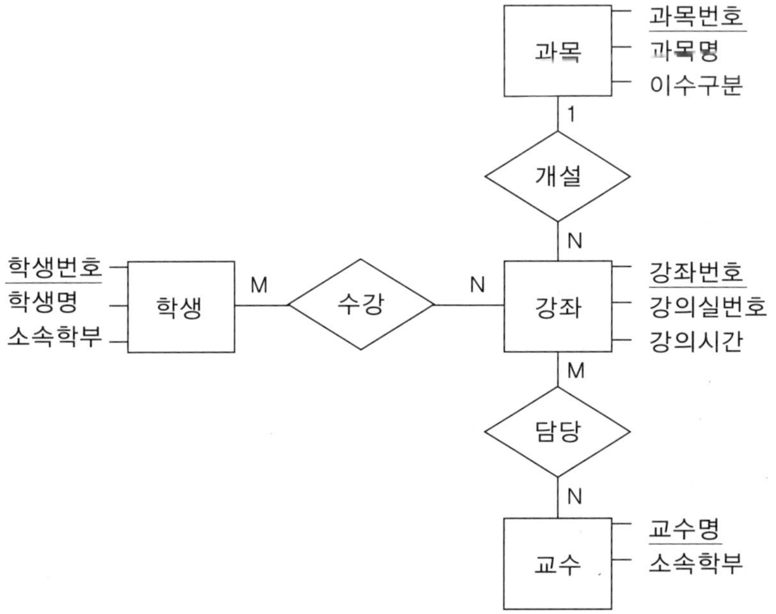

교수님을 앎으로써, 학생이 어느 교수님의 강의를 수강하였는지 알 수 있다.

모형화 오류를 방지하기 위해서는 모형의 특성이나 표현방법을 잘 이해하여 의미적으로 최적의 표현방법으로 모델링하여야 한다. 이를 "Doing the thing right"이라고 한다.

5.1.2 분석절차

개체관계모형은 그림 5-1 오류의 분류에서 열거한 바와 같이 여러 종류의 오류들을 포함한다. 개체관계모형의 분석 또한 이들 오류를 고려하여 순서적으로 이루어져야 하는데 오류의 분석 단계를 개략적으로 열거하면 그림 5-5와 같다.

- 첫 번째 단계에서는 문법적 오류를 식별한다. 즉, 문법적 오류를 식별하여 제거한다.
- 두 번째 단계에서는, 문법적 오류가 제거된 모형에서, 개체 릴레이션과 관계 릴레이션들에 포함된 내용이 요구정의에 서술된 내용들과 일치하는가를 평가한다. 만약 일치하면, 요구정의가 잘 모델링되었다고 할 수 있다. 그렇지 않다면 내용적 오류가 존재한다고 할 수 있다. 내용적 오류는 발생 원인에 따라 요구정의 오류와 모형화 오류로 나누어진다.
  - 요구정의 오류일 경우에는, 잘못된 요구정의 시나리오를 재작성한 후 다시 모델링한다.
  - 모형화 오류일 경우에는, 요구정의를 가장 잘 나타내는 표현방법을 선택하여 다시 모델링한다.

오류 분석은 설계된 개체관계도가 오류를 포함하지 않을 때까지 반복적으로 수행한다.

이상의 분석 절차에서 살펴본 바와 같이 문법적 오류는 이의 식별이나 수정이 비교적 간단하고 기계적이다. 본 장에서는, 4장과 5장에서 부분적으로 소개된 문법적 오류들을, 유형별로 종합하여 제시한다. 그리고 요구정의 오류는 모델링이 잘못되었기보다는 요구정의가 잘못되었기 때문에 발생하는 오류이다. 따라서 비록 실제 모델링에서는 매우 중요한 오류이나, 이를 교재에서 다루기는 쉽지 않다. 즉, 교재에서 다루어지는 모형들은 시나리오가 잘 작성되

그림 5-5 오류의 분석 절차

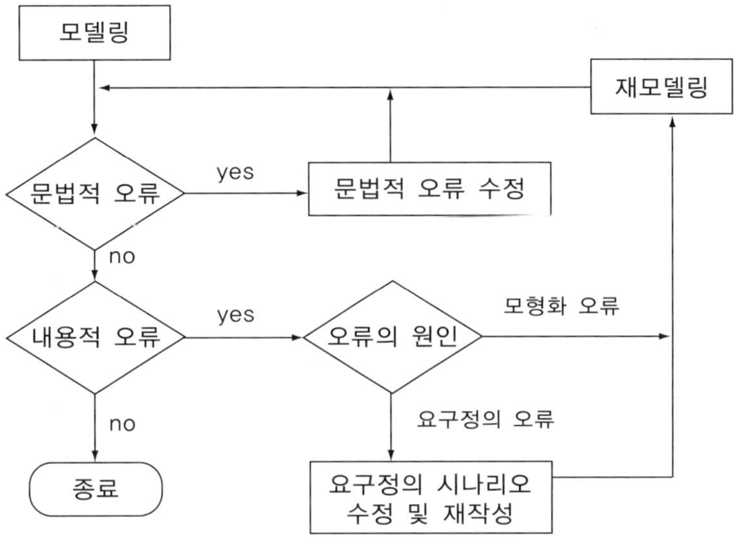

었다고 가정한다. 따라서 본 교재 또한 요구정의 오류보다는 대부분의 내용을 모형화 오류의 식별과 수정에 할당한다.

5.2 일반적 오류 유형

대표적인 개체관계모델링의 오류들에 대하여서는 3장 개체관계모형과 4장 개체관계모형의 설계에서 개략적으로 살펴보았다. 본 절에서는 이러한 오류들을 유형별로 종합하여 일목요연하게 제시한다.

5.2.1 문법적 오류

문법적 오류들은 개체관계모델링의 표현 법칙을 위반하는 것들로서 대표적인 것들은 다음과 같다.

- 관계와 개체 사이에 또 다시 관계를 정의함
- 개체와 관계 사이에 대응개체수를 설정함
- 개체의 주키를 설정하지 않음
- 관계의 주키를 설정함

이러한 문법적 오류는 파워디자이너[1]와 같은 자동화 도구를 사용하면 원천적으로 방지할 수 있다. 즉, 자동화 도구에서는 관계와 개체 사이에 또다시 관계를 정의할 수 없으며, 개체와 관계 사이에는 대응개체수도 정의할 수 없다.

실제로 파워디자이너에서 관계형 개체를 사용하지 않는 경우 관계는 선으로 표시된다. 따라서 관계와 관계 사이에 또 다시 관계를 설정할 수 없다. 이는 선으로 표시된 관계와 개체 사이에 또 다시 선을 연결할 수가 없기 때문이다. 그리고 대응개체수는 선에 대하여 정의되기 때문에 당연히 선(즉 관계)에 의하여 연결되는 개체와 개체 사이에 정의된다. 따라서 개체와 관계 사이에 정의할 수 없다. 이와 같이 자동화 도구를 사용할 경우에는 이러한 오류들이 발생할 가능성이 원천적으로 봉쇄되는 장점이 있다.

그러나 관계형 개체를 이용하여 관계를 표현할 경우에는, 여전히 문법적 오류들이 발생할 수 있다. 그 이유는 관계가 개체의 형식으로 표현되기 때문에 개체의 주키를 설정하지 않은 경우나 관계에 대하여 주키를 설정하는 등의 오류가 발생할 수 있다. 특히 관계형 개체를 이용할 경우에는 관계가 개체의 형식으로 표현됨으로써 이들 오류들이 그림 5-2와 달리 눈에 띄지 않고 숨겨진다는 점에서 더욱 큰 문제라고 할 수 있다.

(1) 관계와 개체 사이에 또다시 관계 정의

그림 5-2의 개체관계도를 파워디자이너와 같은 자동화 도구를 사용하여 표현할 경우, 그림 5-6과 같이 나타낼 수 있다. 그림 5-6에서는 수강과 강의가 개체의 형식을 빌려서 관계형 개체로 표현된다. 그러나 이들은 원래 관계이므로, 자체적으로는 주키를 갖지 않는 의존개체로 표시된다.

그림 5-6으로부터 알 수 있는 바와 같이, 강의라는 관계형 개체와 학생이라는 개체 사이에 또 다시 수강이라는 관계형 개체를 설정하였으며, 따라서 이는 개체관계모형에서 이야기하는 관계의 정의에 어긋난다. 그러나 어쨌든 이들이 개체의 형식을 빌려서 표현되었으므로 문법적으로는 아무런 문제가 없다. 다만, 그림 5-7에 제시된 바와 같이, 이로부터 관계형 데이터베이스 스키마를 도출하면 강의 릴레이션과 수강 릴레이션의 주키는 이들이 의존하는

---

1) 파워디자이너(PowerDesigner)는 Sybase사에서 제공하는 개체관계모델링 도구이다.

그림 5-6 PowerDesigner에서 관계와 개체 사이에 또다시 관계 설정

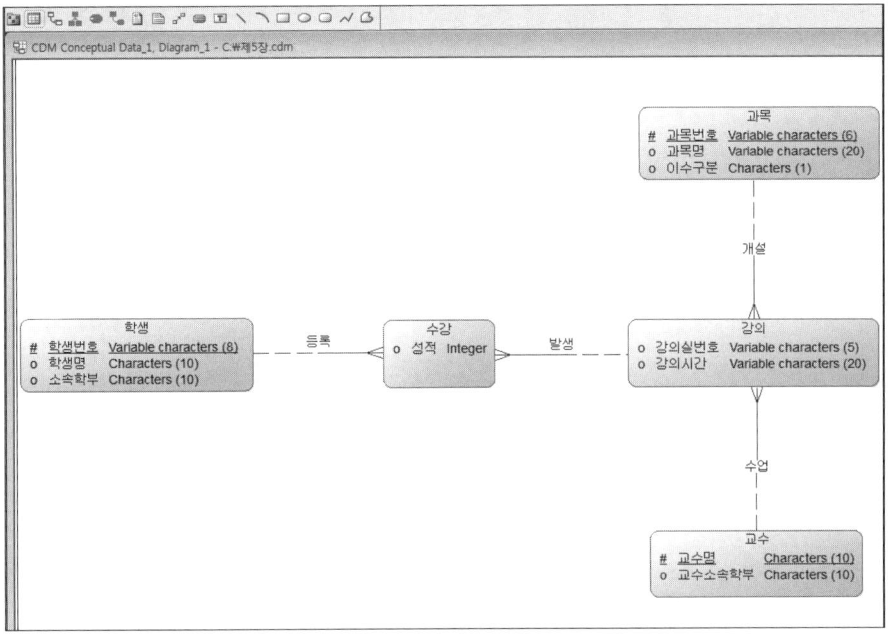

개체 릴레이션들의 주키들을 포함하도록 정의된다. 즉, 강의 릴레이션의 주키는 과목 릴레이션의 주키인 과목번호(C_ID)와 교수 릴레이션의 주키인 교수명(F_NAME)을 결합한 복합키로 구성된다. 그리고 수강 릴레이션의 주키는 강의 릴레이션의 주키인 과목번호(C_ID)와 교수명(F_NAME)에 학생 릴레이션의 주키인 학생번호(S_ID)를 결합한 복합키로 구성된다.

이와 같이, 관계형 개체 사이에 또다시 관계형 개체를 정의하면, 의미적으로 매우 복잡한 구조의 릴레이션들이 만들어진다. 그러나 이는 문법적 오류는 아니며 다만 데이터관리의 관점에서 바람직하지 않다는 것이다. 그리고 이렇게 만들어진 릴레이션들은 이후 데이터관리 과정에서, 릴레이션들이 복합키를 가지므로 데이터를 관리하기가 번거롭게 되는 등의 여러 가지 복잡한 문제들을 발생시킬 수 있다. 따라서 가능하면 처음부터 이러한 오류를 피하는 방향으로 모델링하는 것이 바람직하다.

그림 5-7 의존개체들로부터 관계형 데이터베이스 스키마 도출

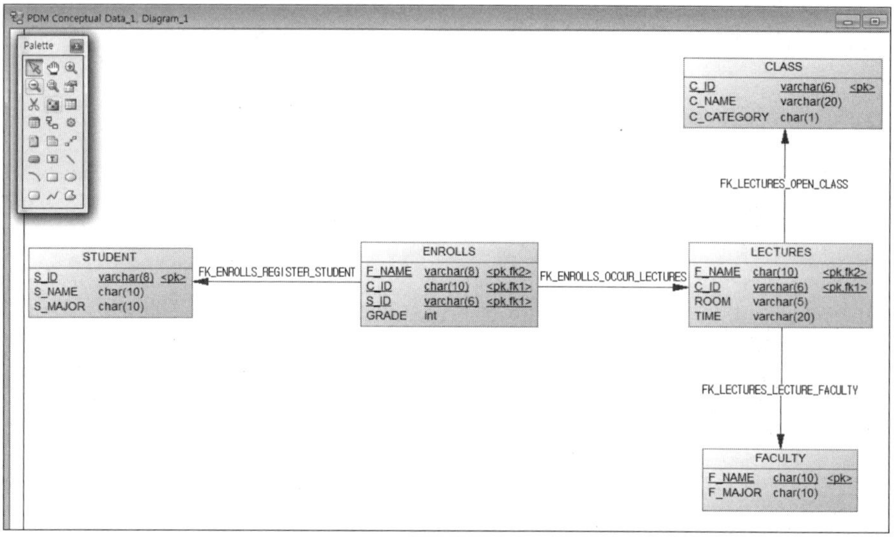

(2) 개체와 관계 사이에 대응개체수를 설정함

그림 5-2의 개체관계도를 통하여 알 수 있는 바와 같이, 개체관계모델링에 익숙하지 않은 설계자들은 개체와 관계 사이에 대응개체수를 정의하는 오류를 저지른다. 그러나 앞에서 설명한 바와 같이 자동화 도구를 사용하는 경우에는 이러한 오류의 발생을 원천적으로 봉쇄할 수 있다. 즉, 대응개체수는 선으로 표현되는 관계에 대하여 정의되기 때문에 당연히 선에 의하여 연결되는 개체와 개체 사이에 정의된다.

그리고 관계를 관계형 개체로 표현할 경우에는, 그림 5-6으로부터 알 수 있는 바와 같이, 대응개체수가 개체와 관계형 개체 사이에 정의된다. 따라서 원래 개체와 관계 사이에 잘못 정의한 대응개체수가 개체와 관계형 개체 사이에 정의되기 때문에 문법적으로 아무런 문제가 없게 된다.

(3) 개체의 주키를 설정하지 않음

개체관계모델링에서 개체의 주키를 정의하지 않은 것은 아직 개체를 정의하지 않은 것과 같다고 할 수 있다. 주키는 개별 개체들을 인식하는 기준이다. 따라서 주키를 정의하지 않은 것은 개체를 어떻게 인식할 것인가를 정의하지

않은 것이며, 따라서 개체가 무엇인지 명확하게 정의하지 않은 것과 동일하다. 요약하면 개체에 대하여서는 반드시 주키를 정의하여야 한다. 만약 주키를 정의하는 데 애로가 발생하면, 해당 개체들이 잘못 정의된 것이라고 할 수 있으므로, 이를 다시 정의하도록 노력하여야 한다.

경우에 따라서는 실수로 주키를 지정하지 않는 경우들이 발생한다. 그림 5-3을 파워디자이너로 표현한 그림 5-8에서 학생개체의 주키를 지정하지 않았다고 가정하자. 그러면 그림 5-9에 예시된 바와 같이, 학생 릴레이션도 주키가 없게 된다. 그리고 관계형 개체인 수강에 대응하는 수강 릴레이션의 주키가 과목번호(C_ID)만으로 정의되는 오류가 발생한다. 이러한 오류가 발생하는 이유는 다음과 같다.

관계 릴레이션의 주키는 관계를 구성하는 개체들의 주키를 결합한 복합키로 정의된다. 그러나 본 예제에서는 수강 관계를 구성하는 개체 중의 하나인 학생이 주키를 갖지 않기 때문에 나머지 개체인 과목의 주키만을 외래키로 포함한다. 이 결과 수강(ENROLLS) 릴레이션의 주키는 과목번호가 된다. 그런데 이렇게 될 경우 수강 릴레이션에는 해당 과목번호(C_ID)에 대하여 한 개의 레코드만이 등록될 수 있으며 그 과목을 어느 학생이 수강하였는지도 알 수 없는 큰 문제가 발생하게 된다.

이와 같이, 비록 개체관계모델링 도구들에서는 개체에 대하여 주키를 정의하지 않아도 문법적 오류는 아니나, 이로부터 여러 가지 오류들이 파생될 수 있으므로 반드시 주키를 설정하는 습관을 기르는 것이 바람직하다.

(4) 관계의 주키를 설정함

관계는 이를 구성하는 개체들에 의하여 식별된다. 따라서 이를 식별하기 위하여 별도의 주키를 정의할 필요가 없다. 만약 관계에 대하여 별도의 주키를 정의하면 관계 릴레이션에 중복된 주키들이 동시에 존재하는 문제가 발생한다.

파워디자이너와 같은 자동화 도구를 사용할 경우, 관계는 개체와 개체를 연결하는 선으로 정의되며, 이러한 관계에 대하여서는 주키는 물론 속성 또한 정의할 수 없다. 따라서 관계에 대하여 주키를 입력할 수 없기 때문에 관계에

그림 5-8 개체의 주키를 지정하지 않은 예제

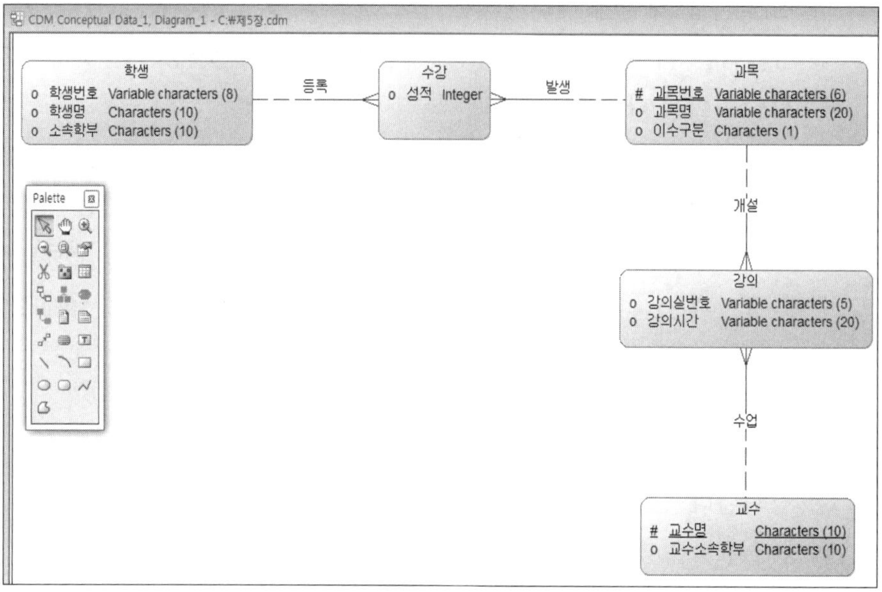

그림 5-9 개체의 주키를 지정하지 않은 경우 데이터베이스 스키마의 오류

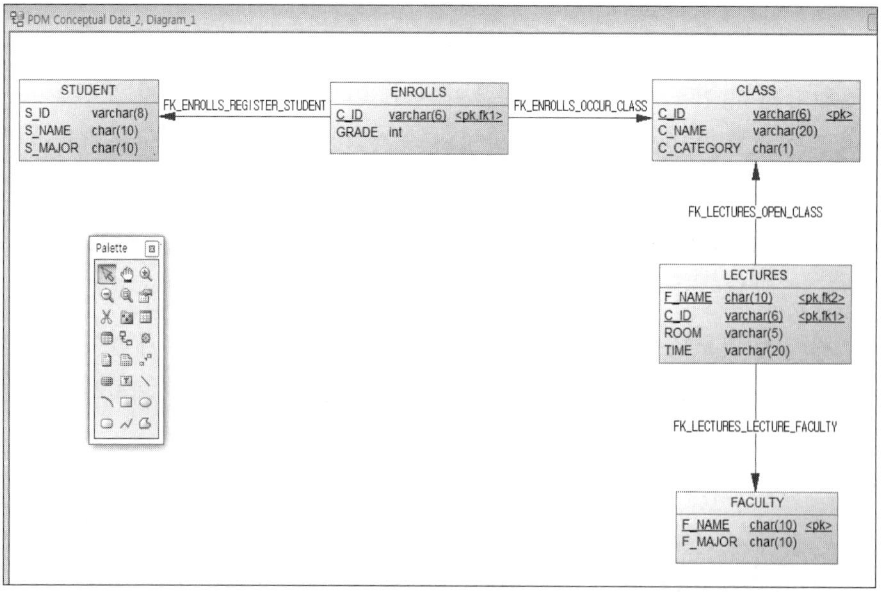

대하여 주키를 정의하는 오류를 원천적으로 봉쇄할 수 있다.

그러나 관계를 관계형 개체로 표현할 경우에는 관계형 개체에 대해서 주키를 정의할 수 있다. 예를 들면, 그림 5-10에 표시된 바와 같이, 관계형 개체에 대하여 수강번호라는 주키를 정의하였다고 가정하자(앞에서 예시된 그림 5-3에서 수강은 학생과 과목 사이의 다수-대-다수 관계이며, 이를 관계형 개체로 표현한 것이 그림 5-10의 수강이다). 그러면 수강 릴레이션은, 그림 5-11에 표시되는 바와 같이, 수강번호(E_ID)와 더불어 학생번호(S_ID)와 과목번호(C_ID) 또한 주키로 포함한다. 이 경우 개별 수강을 식별하기 위하여서는 수강번호(E_ID), 학생번호(S_ID), 과목번호(C_ID)를 모두 알아야 한다. 현실적으로 이 번호들을 모두 사용하여 수강을 식별하는 것은 매우 번거로운 일이다. 그리고 수강번호(E_ID)만으로 수강을 식별할 수 있기 때문에 학생번호(S_ID)나 과목번호(C_ID)를 주키에 포함할 필요가 없다. 그리고 만약 학생번호와 과목번호를 결합하여 주키로 사용할 경우에는 별도로 수강번호를 주키에 추가할 필요가 없다.

물론 관계형 개체가 주키를 포함하여서는 절대 안 되는 것은 아니다. 경우에 따라서는 관계형 개체에 대하여 추가적인 주키를 정의하여야 하는 경우들이 발생한다. 예를 들면, 학생들이 동일 과목을 재수강할 수 있으며, 이들 각각의 수강에 대하여 성적을 각각 기록한다고 가정하자. 그러면 수강이라는 관계는 학생번호와 과목번호만으로 식별될 수 없다. 이에 추가하여 첫 번째 수강인지 또는 두 번째 수강인지 등을 나타내는 수강 일련번호를 추가하거나 또는 해당 과목을 수강한 연도와 학기를 추가하여야 한다. 이러한 경우, 그림 5-12와 같이 관계형 개체에 대하여 추가적인 주키를 지정하여야 하며, 이로부터 도출되는 관계 릴레이션은, 그림 5-13에 표시된 바와 같이, 관계를 구성하는 개체들의 주키에 관계형 개체의 주키를 추가로 포함하는 복합키로 정의된다(여기서는 수강연도와 학기를 추가하였다). 이 경우 수강 릴레이션의 주키를 구성하는 학생번호, 과목번호, 수강연도 및 학기는 중복된 주키가 아니다. 즉, 수강 릴레이션에서 단일 레코드를 식별하기 위하여서는 학생번호와 과목번호에 추가하여 수강연도와 학기도 알아야 하며, 따라서 주키 또한 학생번호와 과목번호에 추가하여 수강연도와 학기를 포함하여야 한다.

이와 같이 관계는 관계를 구성하는 개체들의 주키에 추가하여 관계 자체의 주키를 추가로 포함할 수 있다.

그림 5-10 관계의 주키를 지정한 예제

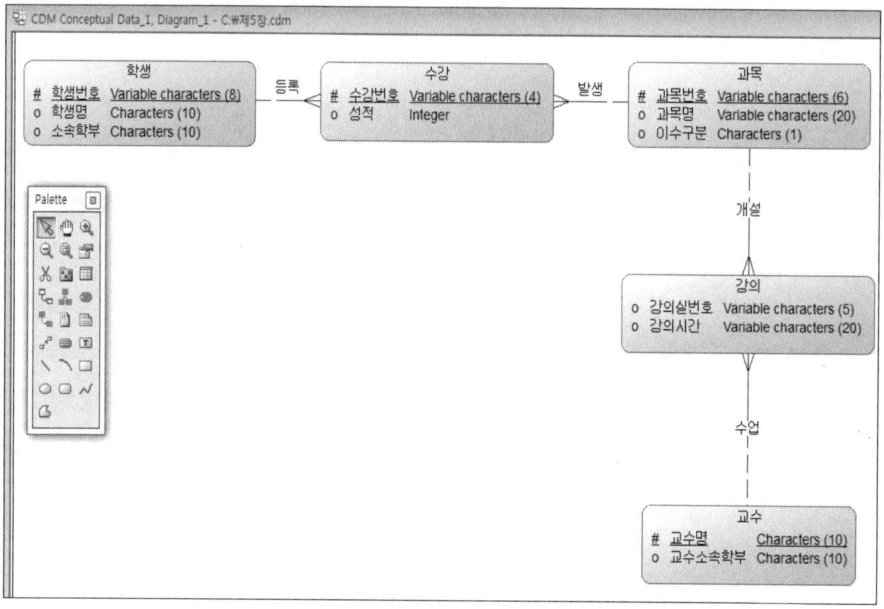

그림 5-11 관계의 주키를 지정할 경우 데이터베이스 스키마의 오류

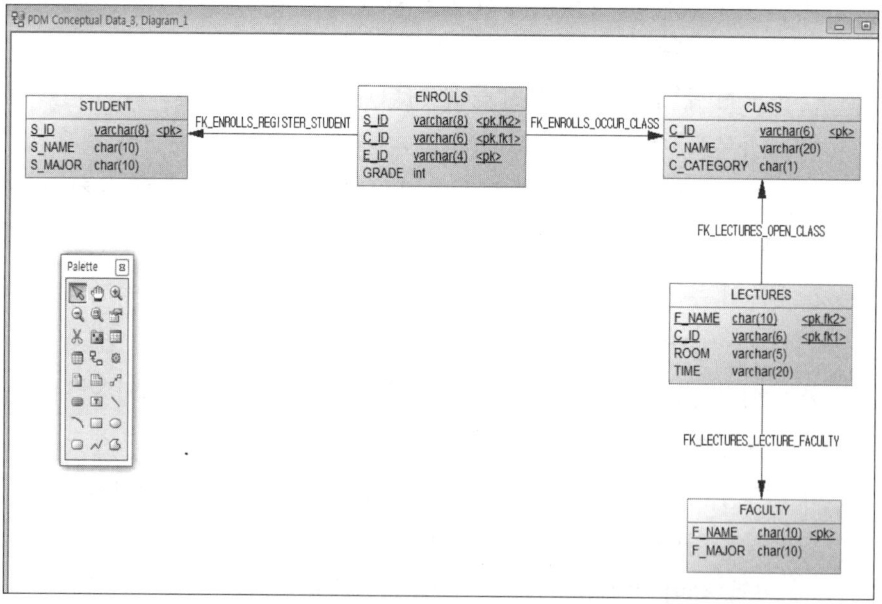

그림 5-12 관계에 대하여 추가적인 주키를 지정한 예제

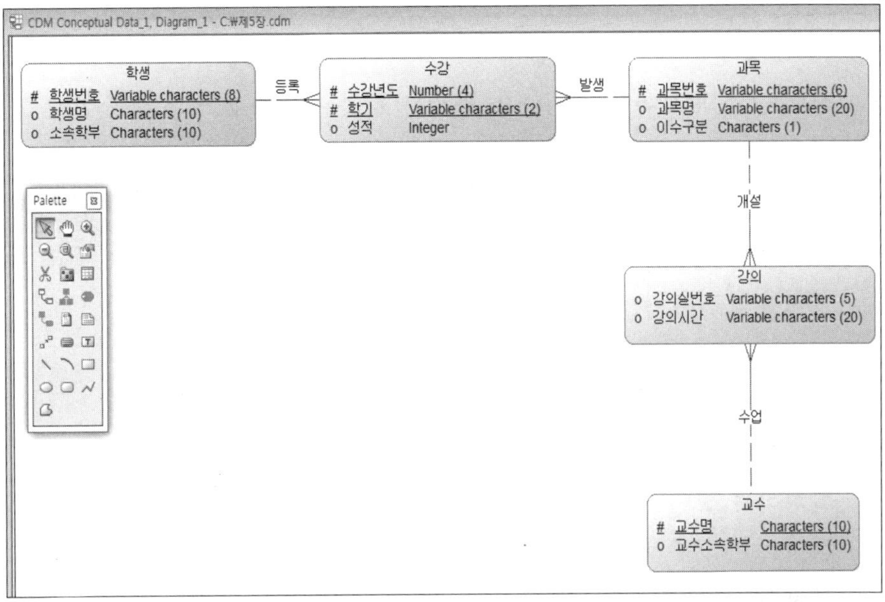

그림 5-13 관계 릴레이션이 개체들의 주키에 추가하여 다른 속성들을 주키에 포함할 경우의 예제

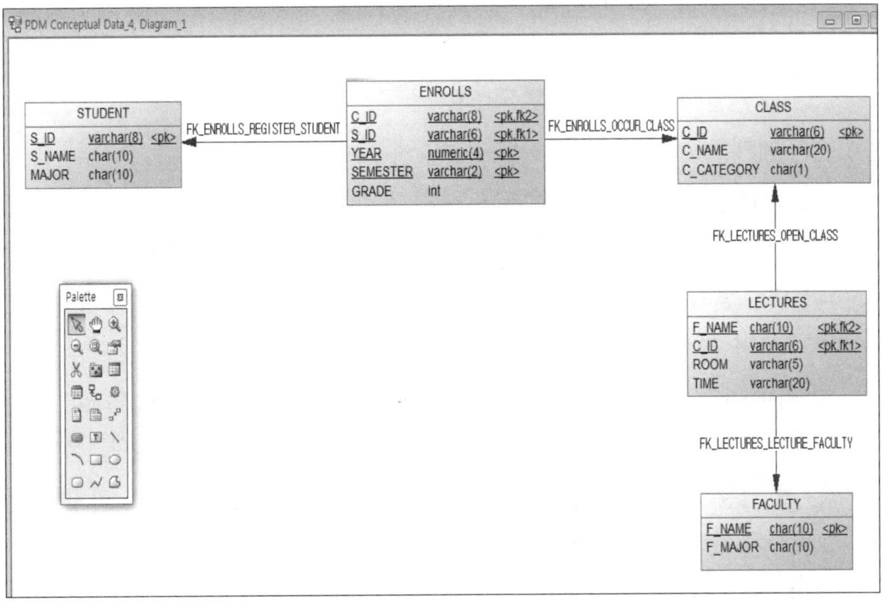

5.2.2 요구정의 오류

요구정의 오류는 사용자의 요구사항을 잘못 정의한 경우를 말한다. 이러한 요구정의 오류는 시스템의 범위를 잘못 정의하였거나 실제 현상을 잘못 파악한 경우 발생한다.

요구정의 오류가 발생하였을 경우, 설계자는 시나리오를 재작성한 후, 새로운 시나리오를 바탕으로 모델링을 다시 하여야 하며, 요구정의 변경이 발생하였음을 기록하여 관리하여야 한다.

(1) 시스템 범위를 잘못 정의

정보시스템 설계에서 가장 중요한 과제들 중의 하나가 시스템의 범위를 설정하는 것이다. 예를 들면 노스윈드 예제 데이터베이스에서 경리부서가 고객사로부터 주문 대금을 수납하고 이를 회계처리하는 것은 시스템의 범위에 포함되지 않았다. 그러나 만약 노스윈드사의 가장 큰 관심이 고객사에 제품을 판매한 주문 대금을 수납하는 것이라고 한다면, 앞 장에서 소개되었던 시나리오는 시스템 범위를 잘못 정의한 것이라고 할 수 있다. 만약 시스템 범위가 수정되면, 데이터베이스 설계자는 이에 맞게 시나리오를 수정하여야 한다.

(2) 실제 현상을 잘못 파악

예제 데이터베이스의 시나리오에서, 공급사들은 여러 종류의 제품을 노스윈드사에 공급하나 1명의 담당자가 노스윈드사와의 모든 거래를 담당한다고 하였다. 그러나 만약 제품별로 담당자가 서로 다를 수 있다고 한다면, 표 4-1의 요구정의는 실제 현상을 잘못 서술한 것이다.

이와 같이, 실제 현상을 잘못 파악함으로써 발생하는 요구정의 오류는 데이터베이스 설계 과정에서 항상 발생할 수 있는 오류들 중의 하나이다. 그리고 이들 요구정의 오류를 방지할 수 있는 방법은 실제 업무를 올바로 파악하는 방법뿐이다. 그리고 경우에 따라서는 현재의 업무 처리 절차나 방법들을 개선하여 현재와는 다른 요구정의를 제안할 수도 있다. 후자와 같이, 데이터베이스(보다 광의로 이야기하면 정보시스템)의 요구사항을 현재 현상과 다르게 정의하고, 이에 따라 데이터베이스(또는 정보시스템)를 구축하면 새로운 절차에 따라 업무가 처리된다. 이와 같이 정보화와 더불어 업무의 처리과정을 개선하는 것을 BPR(Business Process Reengineering)이라고 한다. 따라서 요구정의는 현재 현상과 꼭 같이 정의하는 것이 바람직한 것은 아니다. 이보다는 정보화를 통하여 효율적이고 효과적인 업무 처리가 이루어질 수 있도록 요구사항을 정의하여야 한다.

5.2.3 모형화 오류

모형화 오류는 개체관계모형을 잘못 모델링함으로써 발생하는 오류이다. 이러한 모델링 오류는 크게 2가지로 나누어지는데, 하나는 포함시키지 않아야 하는 개체나 관계를 포함시키는 것이고, 또 다른 하나는 개체나 관계를 잘못된 방법으로 표현하는 것이다.

포함시키지 않아야 하는 개체나 관계를 포함시킨 경우들을 개략적으로 구분하면 다음과 같다.

- 일상적인 활동을 개체나 관계로 정의
- 출력물이나 보고서 등을 개체로 정의
- 저장할 가치가 없는 구성물들을 개체로 정의
- 업무 처리과정을 관계로 정의

개체나 관계를 잘못된 방법으로 표현한 경우로는, 5.1.1 오류의 종류에서 모형화의 오류를 설명하는 과정에서 잠깐 소개한 바와 같이, 다수-대-다수 관계를 1-대-다수 관계로 표시하는 것이라든지, 개체로 표현하는 것이 더 나은 것을 관계로 표현하는 것과 같은 경우들이다. 이러한 표현 오류는 매우 다양할 수 있으나 대표적인 것들만을 예시하면 다음과 같다.

- 대응개체수를 잘못 설정하는 경우
- 관계의 항수를 잘못 표현하는 경우
- 관계를 중복하여 표현하는 경우
- 개체나 관계의 속성을 다른 개체나 다른 관계의 속성으로 할당한 경우
- 개체로 표현하여야 할 것을 관계로 표현한 경우
- 관계로 표현하여야 할 것을 개체로 표현한 경우

(1) 일상적인 업무 처리과정을 개체나 관계로 식별

개체관계모형을 소개하는 과정에서 설명한 바와 같이, 정보시스템은 실제 현상을 구성하는 실체들과 이들 사이에 발생하는 거래의 처리과정으로 모델링된다. 따라서 정보시스템의 모델링 또한 데이터 중심 모델링과 프로세스 중심 모델링이 서로 다르며, 이에 따라 사용하는 기법들 또한 상이하다. 개체관계모형은 데이터 중심 모델링을 위한 모형이다. 따라서 데이터베이스 모델링을 위해서는 분석의 관점 또한 데이터가 중심이 되어야 한다.

그러나 실제 현상을 분석할 때 우리가 가장 이해하기 쉬운 방법은 데이터나 정보가 처리되는 과정을 모델링하는 방법이다. 이 결과 개체관계모델링에서도 프로세스 중심 모델링 방법을 사용함으로써 데이터의 처리과정을 개체나 관계로 모델링하는 오류들이 자주 발생하곤 한다.

예를 들면, 이후 사례분석에서 소개될 예비군관리 데이터베이스의 시나리오에 포함된 '통보', '신고', '작성' 등은 모두 일상적인 데이터의 처리 활동들이다. 따라서 이들에 대한 정보를 특별히 기록하여 관리할 필요가 없으며, 이들을 개체나 관계로 모델링할 필요 또한 없다.

다시 말하면 개체관계모델링에서는 존재를 중심으로 실제 현상을 구성하는 구성물들을 분석하여야 하며, 이들 사이의 업무 처리과정은 이차적인 사항이라고 할 수 있다. 따라서 업무처리과정은 특별히 기록하여 관리할 필요가 있는 것만(예를 들면 주문, 배송 등) 개체나 관계로 식별하며, 일상적인 업무처리과정(예를 들면 재고량 확인, 통보, 열람 등)은 모델링할 필요가 없다.

(2) 출력물이나 입력물을 개체로 식별

데이터베이스에 저장되는 데이터들은 사용자들이 필요로 하는 데이터나 정보 또는 보고서들을 산출하기 위하여 기초가 되는 데이터들이다.

예를 들면, 이후 사례분석에서 소개될 예비군관리 데이터베이스에서 예비군 대원 편성카드는 예비군 부대의 편제(즉, 상급 부대와 하급 부대의 구성 관계)와 누가 무슨 부대에 소속되어 있는가를 취합하여 개인별로 작성한 것이다. 따라서 이는 개체가 아니라 데이터베이스에 저장된 정보들을 추출하여 생성한 출력물이다.

이러한 출력물들은, 관계형 데이터모형에서 설명하겠지만, 뷰(즉 가상 테이블)로 정의된다. 그리고 이들 뷰는 직접 저장되는 것은 아니며, 저장된 테이블들로부터 필요한 데이터들을 검색하여 출력용으로 만들어지는 것이다. 따라서 데이터베이스에 직접 저장되어야 하는 개체로 정의할 필요는 없다.

유사한 예로서 학사관리 데이터베이스의 성적표를 생각할 수 있다. 성적표는 각 학생들이 수강한 결과를 출력한 것이다. 따라서 개체관계모델링에서는 학생과 과목 개체와 수강 관계를 정의하면 되며, 성적표는 별도의 개체나 관계로 포함시킬 필요가 없다.

(3) 저장할 가치가 없는 구성물들을 개체로 정의

개체관계모델링에서 개체로 포함되는 것은 이에 대한 정보를 저장하여 관리할 필요가 있는 것들이다. 따라서 비록 실제 현상에는 존재하더라도 관리할 필요가 없는 것들은 개체로 정의하지 않아야 한다.

학사관리를 예로 들어 보면 강의실에는 책상과 강의 장비들이 설치되어 있다. 이들을 개체로 포함시킬 것인가의 판단은 순전히 이들에 대한 정보를 관리할 필요가 있는가에 따라 결정된다. 학사관리에서 강의실에 비치된 책상들은 개체로 모델링할 필요가 없을 것이다. 그러나 만약 강의실을 배정하는 과정에서 강의 장비들에 대한 정보가 필요하다고 하면, 강의 장비들은 별도의 개체로 식별하여 모형에 포함시켜야 한다.

(4) 업무 처리과정을 관계로 정의

개체관계모델링에서 여러 번 설명한 바와 같이 관계는 개체들 사이의 연관성을 나타낸다. 즉, 개체와 개체 사이에 무슨 관계가 존재하거나 하였다는 것을 영원히 기록할 필요가 있을 경우 이를 관계로 표현한다. 그리고 앞에서도 언급된 바와 같이 일과성의 처리과정, 즉 발생한 후 기록할 필요 없이 소멸하는 활동들은 관계로 표현할 필요가 없다. 그러나 많은 경우 이러한 처리 과정들을 개체관계모델링에서 관계로 표현하는 오류를 발견할 수 있다.

대표적인 예로서는 이후 사례분석에서 소개될 예비군관리 데이터베이스의 시나리오에 포함된 '통보', '신고', '작성' 등을 생각할 수 있다. 물론 이들 활동들을 개체들 사이의 관계로 설정할 수 있다. 즉, 누구에게 무엇을 통보하였으며, 누가 무엇을 신고하였으며 등을 영원히 기록할 필요가 있는 경우에는 이들을 개체들 사이의 관계로 표현할 수 있다. 그러나 대부분의 경우 이러한 일과성의 처리 과정들은 데이터베이스에 기록할 필요가 없다. 따라서 이들 활동들은 관계로 모델링할 필요가 없는 경우가 대부분이다.

(5) 대응개체수를 잘못 정의

대응개체수는 관계를 구성하는 개체들의 수를 나타낸다. 따라서 관계를 정의하는 과정에서 반드시 정의해야 하는 중요한 개념이다. 그리고 제4장 개체관계모형의 설계에서 소개한 바와 같이 시간적 연속성에 따라 대응개체수가 다르게 정의된다. 따라서 시스템의 기능과 목적에 따라 부합하는 대응개체수를 설정하여야 한다.

(6) 관계의 항수를 잘못 설정

개체관계모형의 설계에서 소개한 바와 같이 항수(order)가 다른 관계는 서로 다른 관계이다. 즉, 3항 관계는 2항 관계와 다른 관계이다. 따라서 3항 관계로 모델링되어야 하는 것은 3항 관계로 모델링되어야 하며, 2개의 2항 관계로 분리하여서는 안 된다. 3항 관계를 2항 관계들로 분리하기 위해서는 관계의 개체화에서 살펴본 바와 같이 관계를 개체로 전환하여 표현하는 것이 바람직하다.

(7) 관계를 중복 표현

개체관계모델링에서 관계는 개체들 사이에 설정된다. 따라서 여러 개체들 사이에 순차적으로 정의된 관계는 항상 추이성(transitivity)을 갖는다. 즉, 두 개체 사이의 관계를 직접 설정할 수도 있지만 다른 개체를 매개로 하여 추이적으로 설정할 수도 있다.

예를 들면, 그림 5-14에서 강의장소 관계는 어느 교수님이 어느 강의실에서 강의를 하는지를 나타낸다. 그러나 어느 교수님이 어느 강좌를 강의하며(강의 관계에 의하여 표현), 어느 강좌가 어느 강의실에서 강의되는지(장소 관계에 의하여 표현)를 알면, 이로부터 어느 교수님이 어느 강의실에서 강의하는가를 유도할 수 있다. 이 경우 강의장소 관계는 다른 관계들로부터 추이적으로 유도될 수 있으며, 따라서 이를 추가로 표현할 필요가 없다. 만약 그림 5-14와 같이 중복하여 모델링할 경우, 개체관계모형으로부터 산출되는 릴레이션들을 분석해 보면 강의장소 릴레이션은 강의 릴레이션, 장소 릴레이션과 중복된 정

그림 5-14 중복 관계의 예시

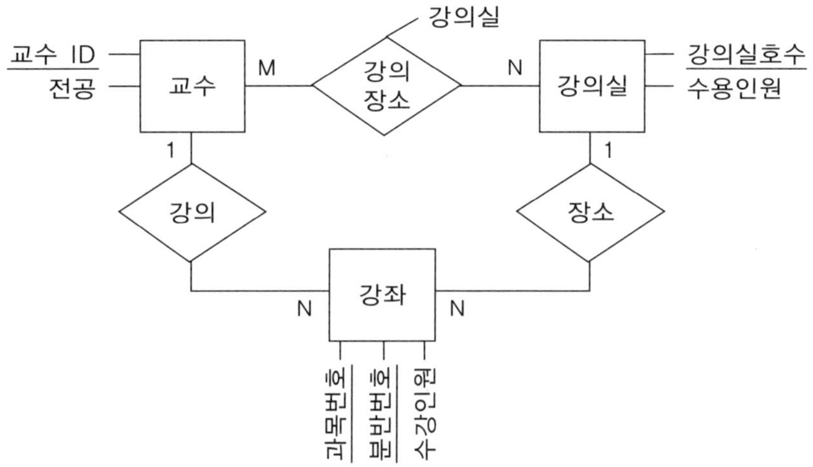

그림 5-15 속성의 할당

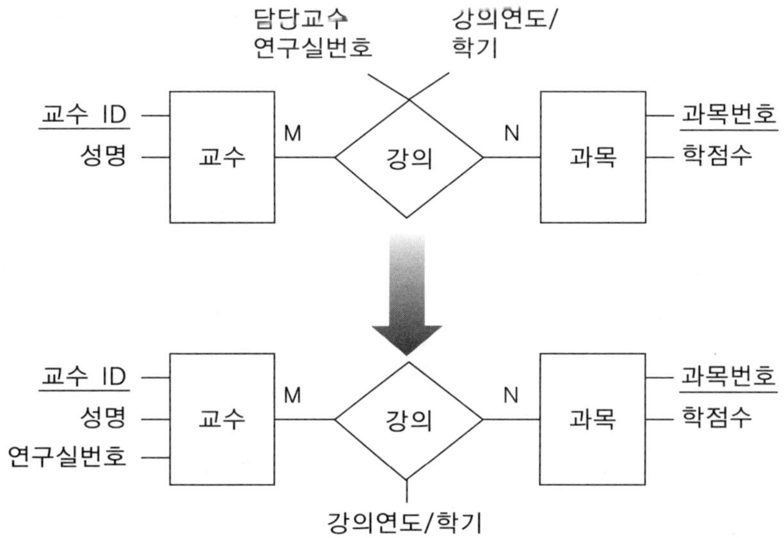

보를 포함하는 것을 알 수 있다.

추이적 관계가 존재할 경우에는 기본적인 관계들만을 설정하고, 이로부터 추이적으로 유도될 수 있는 관계들은 별도로 추가할 필요가 없다.

(8) 개체나 관계의 속성을 다른 개체나 관계의 속성으로 할당한 경우

속성은 가장 연관성이 높은 개체나 관계에 부여하여야 한다. 여기서 가장 연관성이 높다는 것은 해당 속성이 가장 직접적으로 서술하는 개체나 관계를 의미한다.

예를 들면, 어느 교수님이 무슨 과목을 강의하는가를 나타내는 그림 5-15의 개체관계도에서 담당교수 연구실번호는 강의의 속성으로 정의되어 있다. 그러나 연구실번호는 강의보다는 교수님과 더욱 연관성이 높으며, 따라서 교수의 속성으로 정의하는 것이 바람직하다.

이와 같이 개체나 관계의 속성은 가장 연관성이 높은 개체나 관계에 할당하는 것이 바람직하다. 물론 간접적으로 연관되는 개체나 관계에 할당한다고 하여 반드시 안 되는 것은 아니다. 그러나 이렇게 할 경우 개체나 관계로부터 도출되는 릴레이션들이, 이후 관계형 데이터베이스의 설계에서 설명하겠지만, 완전 함수종속성이 아닌 추이적 함수종속성이나 부분 함수종속성을 가지게 된다. 이 결과 이들 릴레이션을 이용하여 데이터를 관리할 경우 여러 가지 형태의 바람직하지 않은 현상들이 발생하며, 따라서 속성은 가장 연관성이 높은 개체나 관계에 할당하여 이들 속성들이 릴레이션의 주키에 대하여 완전 함수종속성을 갖도록 하는 것이 바람직하다.

(9) 개체로 표현할 것을 관계로 표현한 경우

개체관계모델링에서 개체와 관계를 구분하는 기준은 해당 구성물을 독자적으로 식별할 필요가 있는가 하는 점이다. 만약 해당 구성물이 독자적으로 식별되어야 하면, 이들은 개체로 모델링하여야 한다. 그리고 독자적으로 식별할 필요가 없으면 관계로 모델링하는 것이 바람직하다.

예를 들면, 고객이 무슨 제품을 주문하였는가를 나타내기 위하여서는 보통 주문번호라는 인위적인 식별자를 사용하여 개체로 모델링한다. 그렇지 않

그림 5-16 개체를 관계로 모델링한 예제

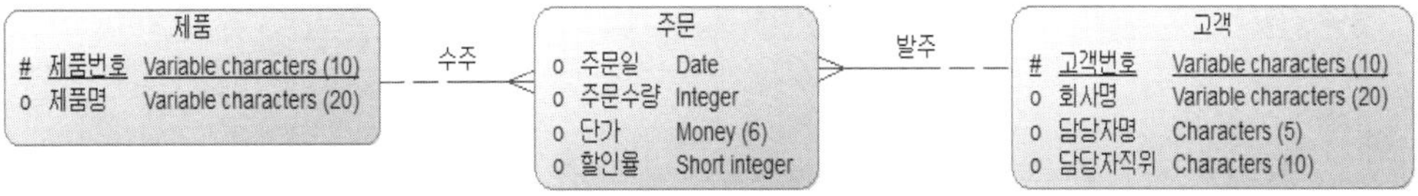

고, 그림 5-16과 같이, 이를 고객과 제품 사이의 관계로 모델링하면 실제 업무 처리 과정에서 다음과 같은 문제점들이 발생한다.

- 특정 고객은 특정 제품을 평생 1번만 구매할 수 있다. 주문이라는 관계로부터 도출되는 주문 릴레이션의 주키는 고객과 제품의 주키인 (예를 들면) 고객번호와 제품번호를 결합한 복합키이다. 이 결과 고객번호와 제품번호 둘다 같은 레코드는 1개만 존재할 수 있으며, 따라서 동일고객은 동일제품을 1번만 구매할 수 있다. 동일고객이 동일제품을 2번 이상 구매할 수 있기 위하여서는 주문 관계가 주문일시 등을 추가로 포함하여야 하는데, 이렇게 할 경우 주문 릴레이션의 주키가 고객번호, 제품번호 및 주문일시를 결합한 복합키로 복잡하게 구성된다.
- 고객이 한번 주문에 2개 이상의 제품을 구매할 경우, 총 구매금액들을 파악하기가 쉽지 않다. 왜냐하면 주문 릴레이션의 주키는, 예를 들면, 고객번호, 제품번호 및 주문일시를 결합한 복합키인데, 동일 주문에서 구매한 제품들을 파악하기 위하여서는 고객번호가 같은 주문들 중에서 주문일시가 같은 것들만을 추출하여야 하는 등의 번거로운 과정이 필요하다.

(10) 관계로 표현할 것을 개체로 표현한 경우

개체관계모델링에서 실제 현상에서 독자적으로 식별할 필요가 없는 것은 관계로 모델링하여야 한다. 만약 이를 개체로 모델링하면, 개체에 대하여 주키를 부여하고 관리하여야 하는 번거로움이 발생한다.

예를 들면, 학생이 과목을 수강하는 것을 수강이라는 개체로 모델링하고 수강번호라는 독자적인 주키를 부여하여 그림 5-17과 같이 모델링하였다고 하면, 이후 데이터를 입력하는 과정에서 실제로는 있지도 않은 수강번호를 인

그림 5-17 관계를 개체로 모델링한 예제

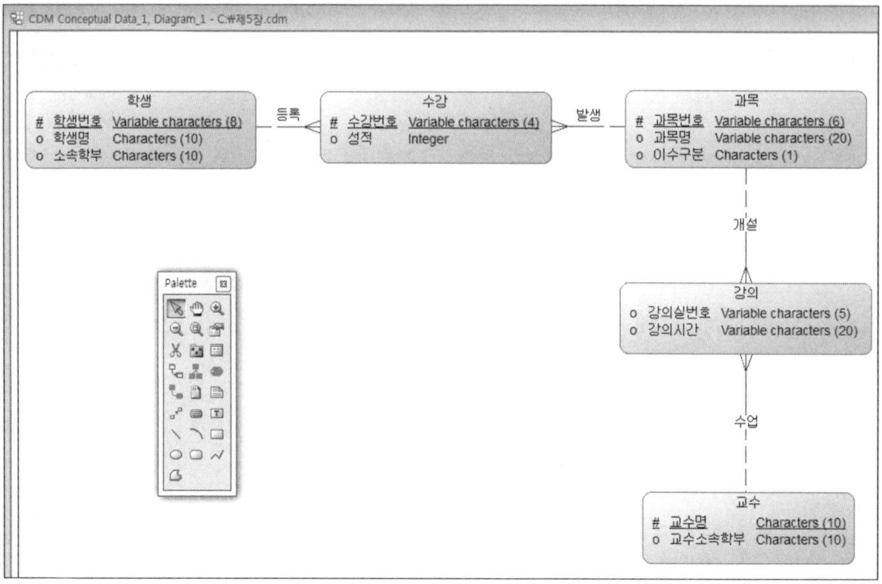

위적으로 부여하여야 하는 번거로움이 발생한다.

5.3 사례분석

본절에서는 앞에서 소개되었던 개체관계모델링의 오류들과 이들이 실제로 왜 발생하는가를 사례를 통하여 총괄적으로 살펴본다. 그림 5-18의 개체관계도는 대학교에서 학생예비군관리를 위한 개체관계모형이다. 예비군관리의 시나리오는 다음과 같다.

> A는 복학으로 인해 예비군 병역사항을 신고하려고 한다. 대학교 예비군 연대본부로 가서 자신의 병역사항을 신고하면 대학교의 연대본부직원은 신고된 병역사항을 열람한 후 이전 소속 동대본부로 통보한다. 통보받은 이전 소속 동대본부는 해당 학생의 신고된 병역사항을 주민등록카드에 기록하고, 관련 기록을 대학교의 연대본부직원에게 전달한다. 연대본부직원은 동대본부로부터 전달받은 병역사항을 사용하여 학생의 학과를 기준으로 예비군을 편성하고, 예비군 대원편성카드에 병역사항을 기록한다.

그림 5-18 사례1_예비군 편성의 개체관계도(수정 전)

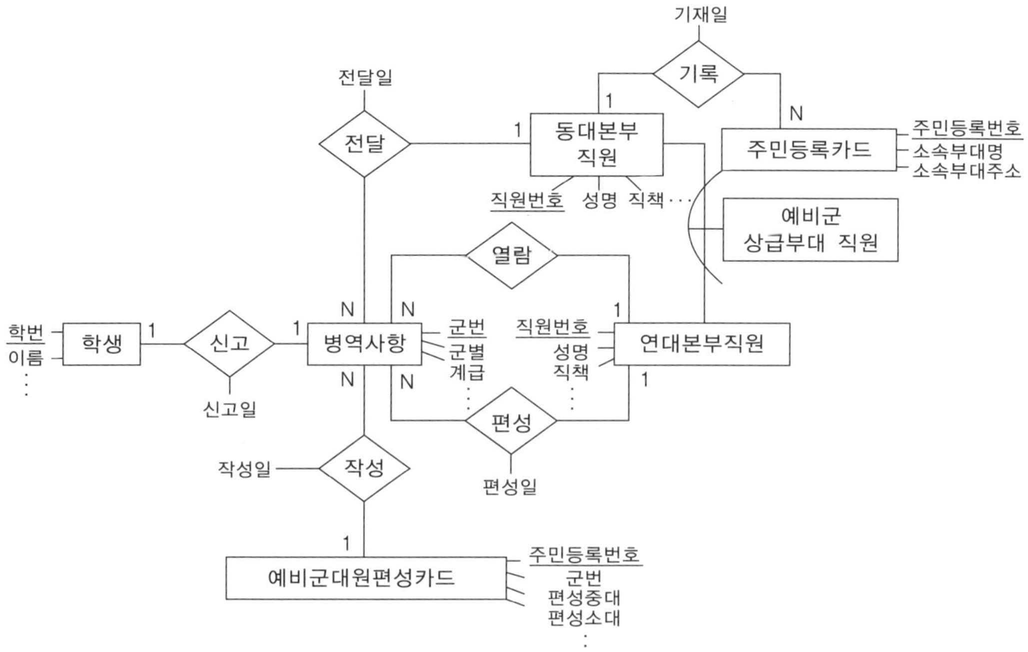

그림 5-18의 개체와 관계로부터 추출된 개체 릴레이션과 관계 릴레이션은 표 5-1, 표 5-2와 같이 정리된다(개체관계모형의 이론적 소개에서 살펴본 바와 같이 모든 개체들은 개체 릴레이션으로 변환되며, 모든 관계들은 관계 릴레이션들로 변환된다). 표 5-1과 표 5-2에 열거된 릴레이션들을 살펴보면 다음과 같은 오류들을 발견할 수 있다.

(1) 부적절한 관계의 설정

그림 5-18의 개체관계모형의 근본적인 문제는 개체들 사이에 설정된 관계들이 부적절하다는 점이다. 예를 들면, 국민대 연대본부직원과 병역사항과의 사이에는 '열람'과 '편성'이라는 두 종류의 관계가 정의되어 있다. 이들 관계는 모두 연대본부직원의 주키인 직원번호와 병역사항의 주키인 군번으로 식별되며, 추가적인 속성으로는 편성일 등을 가진다. 그러나 어느 연대본부직원이 어느 (학생의) 병역사항을 편성하였으며, 열람하였는가를 기록하는 이들 관

표 5-1 그림 5-18의 개체 릴레이션

개체명	속 성	
학생	주 키	학생번호
	속 성	이름, 나이, 소속학과, 입학연도, 주민등록번호, ...
병역사항	주 키	군번
	속 성	군별, 계급, 역종, 병과, 주특기, 입영일, 전역일, 전역부대명, ...
동대본부직원	주 키	직원번호
	속 성	성명, 직책, 소속부대명, 동대장성명, 동대본부주소
연대본부직원	주 키	직원번호
	속 성	성명, 직책, 소속부대명, 연대장성명, 연대본부주소
예비군상급 부대직원	주 키	직원번호
	속 성	성명, 직책, 주민등록번호, 입소일, 소속부대명
주민등록카드	주 키	주민등록번호
	속 성	소속부대명, 소속부대주소
예비군대원 편성카드	주 키	주민등록번호
	속 성	군번, 편성연대, 편성대대, 편성중대, 편성소대, 편성분대, 예비군직책, 동원지정부대, 동원보직

표 5-2 그림 5-18의 관계 릴레이션

관계명	속 성	
신 고	주 키	학생번호, 군번
	속 성	신고일
전 달	주 키	직원번호, 군번
	속 성	전달일
열 람	주 키	직원번호, 군번
	속 성	
편 성	주 키	직원번호, 군번
	속 성	편성일
기 록	주 키	직원번호, 주민등록번호
	속 성	기재일
작 성	주 키	주민등록번호, 군번
	속 성	작성일

계를 데이터베이스에 기록할 필요성이 있는가에 대한 의문을 제기하지 않을 수 없다. 물론, 실제 현상에서는 연대본부직원과 병역사항에는 '편성'과 '열람'의 관계가 존재한다. 그러나 이들 관계를 예비군 데이터베이스에 기록하여 관리할 필요가 있는가는 이들 관계가 존재한다는 것과는 별개이다. 관계를 정의하기 위해서는 먼저 이들 관계에 대한 정보를 데이터베이스에 기록하여 관리할 필요가 있다는 타당성이 검증되어야 한다. 만약에 예비군 편성과 관련된 사고를 방지하고 책임 행정을 실천하기 위하여 예비군 편성의 실명제를(즉 누가 부대 편성을 담당하였는가를 기록 관리함) 실천한다고 하면, '편성'이라는 관계를 모델링에 포함시킬 필요가 있다. 그러나 그렇지 않은 대부분의 경우에는 연대본부직원과 병역사항 사이의 '편성' 관계는 개체관계모형에 포함시킬 필요가 없다.

'열람' 관계에 대해서도 동일한 기준이 적용된다. 만약 병역사항이 매우 중요한 비밀정보여서 누가 누구의 병역사항을 열람하였는가를 기록할 필요가 있으면, '열람' 관계를 데이터 모델링에 포함시켜야 한다. 그러나 그렇지 않은 경우에는 열람 사항을 기록할 필요가 없다.

'신고', '통보', '기록', '작성' 등의 관계들도 유사한 문제점들을 갖는다.

(2) 필요한 개체의 누락

예비군 관리의 중심을 이루는 것은 이느 예비군이 어느 부대에 소속되며, 이들 부대들이 어떻게 구성되는가를 나타내는 예비군 부대의 편성이라고 할 수 있다. 그러나 그림 5-18의 개체관계도에서 편성은 예비군대원의 병역사항 편성을 나타낸다. 그리고 정말 필요한 예비군 부대라는 개체는 없다. 만약 예비군대원편성카드가 예비군 부대의 편성을 나타낸다면, '예비군대원편성카드'라는 물리적인 명칭보다는 '부대'라는 개념적인 명칭을 사용하는 것이 보다 바람직하다.

(3) 필요한 관계의 누락

그림 5-18의 개체관계도에서 예비군의 편성은 '예비군대원편성카드'에 기록되는 것으로 되어 있다. 여기서 '예비군대원편성카드'가 편성 부대를 나타낸다고 가정할 때(사실 표 5-1에서 보는 바와 같이 편성카드의 속성들은 편성부대에 관

한 정보를 나타내는 것들이다), 부대에 대한 정보는 '예비군대원편성카드'를 통하여 표현되었다 볼 수 있다. 그러나 부대들 사이의 관계, 즉 어느 부대가 어느 부대에 소속되며, 상위 부대가 무엇인가 등의 정보가 직접 표현되어 있지 않다. 즉, 그림 5-18에서 각 부대들은 각기 독립적인 개체들이다. 따라서 부대 편제를 나타내기 위해서는 부대들 사이에 편성을 나타내는 1-대-다수의 관계가 설정되어야 한다.

(4) 불필요한 개체의 설정

그림 5-18의 개체관계도에서 학생의 병역사항 및 인적 사항들은 '주민등록카드', '예비군대원편성카드' 및 '병역사항' 개체들에 기록된다. 이들 중 병역에 대한 기초 정보(예를 들면, 입영일, 전역일 및 병과 등)는 '병역사항' 개체에 포함되며, 편성 부대명, 조직 등은 '예비군대원편성카드'에 기록된다. 그리고 주민등록카드는 예비군대원편성카드에 기록된 부대명을 다시 기록한 것이다. 즉 '주민등록카드'는 병역 사항이나 예비군대원편성카드에 기재된 사항에 추가하여 주민관리를 위한 별도의 자료를 더 포함하는 개체라고 할 수 있다.

이러한 점에서 볼 때 '예비군대원편성카드'는 출력표라고 할 수 있다. 따라서 이는 개체로 모델링하는 것보다는 '예비군 부대'라는 개체와 이의 편성 또는 소속을 나타내는 관계들로부터 출력되는 산출물로 모델링하는 것이 보다 낫다. 그리고 주민등록표도 학생의 인적정보를 기록한 산출물이다. 이와 같은 산출표들을 개체로 표시할 경우, 유사한 개체들이 모형에 중복하여 포함되는 현상이 발생한다. 또한 이들 개체들의 속성 분석을 통하여 알 수 있는 바와 같이 동일한 속성들이 여러 개체에 중복적으로 나타난다. 이러한 중복된 데이터들을 제거하기 위해서는 근원적으로 불필요한 개체들을 제거하여야 하며, 이를 통하여 상호 중복되지 않는 개체들만을 포함하여야 한다.

앞에서 열거된 오류들을 수정하면, 그림 5-18은 그림 5-19와 같이 수정된다.

그림 5-19 사례1_예비군 편성의 개체관계도(수정 후)

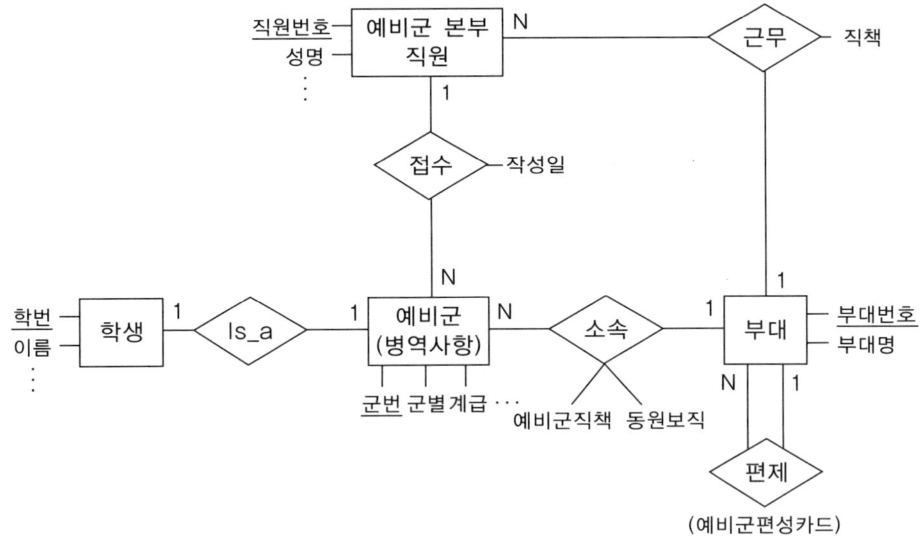

SUMMARY 요약

본 단원에서는 개체관계모델링의 일반적 오류에 대하여 학습하였다. 본 단원에서 습득한 주요 개념들을 요약하면 다음과 같다.

모형화 오류: 정의된 내용을 잘못 모델링함으로써 발생하는 오류.

문법적 오류: 개체관계모델링에서 모형의 구성요소인 개체나 관계 등을 잘못 사용하여 발생하는 오류.

요구정의 오류: 사용자의 요구사항 또는 대상시스템에 포함될 내용을 잘못 정의함으로써 발생하는 오류

제 3 부

관계형 데이터모형과 논리설계

06 관계형 데이터모형

07 함수종속성과 정규형

08 관계형 데이터베이스 논리설계

DATABASE
MANAGEMENT

03

관계형 데이터 모형과 논리설계

제6장 관계형 데이터모형

제7장 함수종속성과 정규형

제8장 관계형 데이터베이스 논리설계

06 Database Management

관계형 데이터모형

관계형 데이터모형(Relational Data Model)은 릴레이션(Relation), 즉 테이블(Table)을 기본단위로 하여 데이터베이스를 구성하는 데이터모형이다. 데이터모형은 데이터들을 정의하고, 이들을 조작하는 연산자를 정의하며, 데이터들이 서로 지켜야 할 법칙을 지정함으로써 완성된다. 이렇게 만들어진 데이터베이스가 얼마나 사용하기 편하며, 효율적인가는 이들 데이터, 연산자 및 법칙들에 의하여 결정된다.

데이터모형을 이해하기 위해서는 데이터 관리의 대상, 즉 데이터 구조와 이들을 조작하기 위한 연산자 및 이들이 만족시켜야 할 법칙들에 대한 올바른 지식이 필요하다. 이에 따라, 본 장에서는 먼저 관계형 데이터모형의 데이터 구조를 정의하며, 관계형 데이터모형의 법칙들을 살펴본 후 데이터 조작을 위한 관계형 연산자를 소개한다. 마지막으로 관계형 데이터모형이 실 현상을 추상화하여 나타냄에 있어 부족한 점을 분석 제시한다.

6.1 관계형 데이터 구조

관계형 데이터베이스의 근간을 이루는 데이터 구조는 테이블, 즉 릴레이션이다. 여기서 데이터 구조란 데이터를 관리하는 단위를 말한다.

그림 6-1에 예시된 바와 같이 관계형 데이터 구조에서 사용하는 용어들을 나열하여 보면, 릴레이션, 속성, 튜플, 속성치 영역, 주키 등이다. 이들을 일상적

으로 우리가 사용하여 왔던 용어들과 대비하여 간략히 설명하면 다음과 같다.

- 릴레이션은 테이블이다.
- 테이블의 열 또는 필드를 속성이라고 한다.
- 테이블의 행 또는 레코드들을 튜플이라고 한다.
- 레코드들을 유일하게 구별하는 식별자를 주키라고 한다.
- 속성들이 취할 수 있는 값들의 집합을 속성치 영역이라고 한다.

6.1.1 속성 및 속성치 영역

관계형 데이터모형에서 데이터의 최소 단위는 속성이다. 여기서 **속성**(attribute)이란 일반적으로 이야기하는 데이터 항목(data item)을 말한다.

개체관계모형에서 우리는 개체의 특성을 속성으로 정의하였다. 그러나 관계형 데이터모형에서는 테이블을 관리 단위로 하기 때문에 테이블을 구성하는 열을 속성이라고 한다. 실질적으로 볼 때 개체관계모형의 개체들은 개체 릴레이션으로 표시되며, 이것이 관계형 데이터모형에서는 릴레이션(즉 테이블)으로 표시되기 때문에 개체의 속성은 릴레이션의 열로 표시된다. 이러한 점에서 개체관계모형의 속성과 관계형 데이터모형의 속성은 실질적으로 동등하다

그림 6-1 릴레이션의 구성

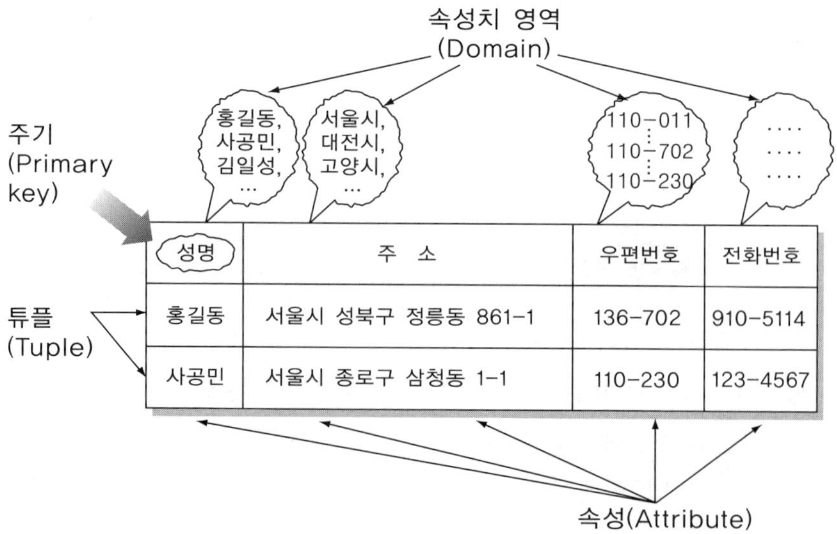

고 할 수 있다.

그러나 이론적으로는 관계형 데이터모형의 릴레이션과 개체관계모형의 개체와는 아무런 연관성이 없다. 따라서 릴레이션의 속성은 단지 릴레이션을 구성하는 열일 뿐이다.

속성치 영역

속성의 값을 속성치 또는 속성값이라고 한다. 예를 들어 '신장'이라는 속성은 170cm, 180cm 등의 값을 가질 수 있다. 따라서 속성을 칭함에 있어, '신장'과 같이 속성의 이름을 칭할 때는 '속성명(attribute name)'이라고 하며, '170cm'와 같이 특정 값을 칭할 때는 속성값이라고 한다. 그러나 본 교재에서는 속성과 속성값, 속성명을 엄격한 구별 없이 문맥에 따라 혼용하여 사용한다.

임의의 속성에 대하여 가능한 모든 속성값의 집합을 속성치 영역 또는 도메인(domain)이라 하며, dom(속성명)이라 표현한다. 대학교에서 과목 성적이 A+, A 등의 문자로 표시된다고 가정할 경우, 과목 성적의 속성치 영역은 다음과 같이 정의된다.

dom(과목 성적) = {A+, A, B+, B, C+, C, D+, D, I, F}

예시된 바와 같이 속성치 영역은 일반적으로 이야기하는, 데이터의 유형보다 세한석이다. 과목 성적의 데이터 유형은 2자리 문자, 즉 CHAR(2)로 정의할 수 있다. 이에 비하여 과목 성적의 도메인은 이미 설정된 과목 성적 등급만을 포함한다. 따라서 J, K+, Q 등은 과목 성적의 값이 될 수 없으며, 도메인에 포함되지 않는다.

기본 속성과 유추 속성

개체관계모형에서 설명한 바와 같이 속성은 다른 속성들의 값으로부터 유도될 수 있는지의 여부에 따라 기본 속성과 유추 속성으로 구분된다. 예를 들면, 생년월일과 나이가 같이 저장될 경우, 나이는 생년월일로부터 계산될 수 있다. 이와 같이 다른 속성들로부터 유도될 수 있는 것을 유추 속성(derived attributes)이라고 하며, 유도될 수 없는 것들을 기본 속성(basic attributes)이라고 한다.

속성이 기본 속성인지 유추 속성인지의 구분은 관계형 모형의 관심이 아니다. 유추 속성이라 하여도 데이터베이스에 저장하기로 결정하였으면, 기본 속성과 동등하게 취급한다.

단일값 속성과 복수값 속성

속성은 취할 수 있는 값의 수에 따라 단일값 속성과 복수값 속성으로 구분된다. 여기서 단일값 속성(single-valued attributes)은 사원의 입사일과 같이 하나의 값만을 가지는 속성이다. 이에 반하여 복수값 속성(multi-valued attributes)은 전화번호와 같이 여러 개의 값을 가질 수 있는 속성이다. 관계형 데이터모형은 복수값 속성을 나타낼 수 없다. 즉 그림 6-1의 테이블에서 튜플의 속성값을 나타내는 셀(cell)에는 한 개의 값만 입력될 수 있다. 따라서 모든 속성은 단일값 속성임을 가정한다. 만약 복수값 속성이 발생할 경우에는 이를 단일값 속성으로 변환하여 표시하여야 한다.

6.1.2 릴레이션과 릴레이션 구조

관계형 데이터모형에서 최소의 관리 또는 조작 단위는 릴레이션이다. 수학적으로 릴레이션(relation)이란 임의의 2개 이상의 집합으로부터 추출된(이때 집합은 서로 동일할 수 있음) 자료 값들로 구성된 순서쌍의 집합이다. 예를 들어 이름을 나타내는 속성치 영역과 나이를 나타내는 속성치 영역이 다음과 같이 정의되었다고 가정하자.

dom(이름) = {이수일, 갑돌이, 이몽룡, 권중래, 변학도}
dom(나이) = {18, 19, ..., 63, 64, 65}

이들 집합의 원소들을 추출하여 다음과 같이 순서쌍들을 구성하였다고 가정하자.

{〈갑돌이, 19〉, 〈이몽룡, 25〉, 〈이수일, 28〉, 〈권중래, 47〉, 〈변학도, 49〉}

이는 이름과 나이로 구성된 릴레이션으로서, 사원들의 나이를 나타낸다.

표 6-1 릴레이션의 예 (사원)

이 름	나 이
이몽룡	25
이수일	28
갑돌이	19
권중래	47
변학도	39

이러한 릴레이션을 표 6-1과 같이 정렬하면 단순 테이블의 형태로 표시된다.

릴레이션에서 열은 속성(예: 나이)을 나타내며, 행은 레코드(예: 〈이몽룡, 25〉)를 나타낸다. 관계형 데이터모형에서는 레코드를 튜플(tuple)이라고 한다. 릴레이션이 단순 테이블이라는 것은 중요한 의미를 갖는다. 단순 테이블이란 테이블의 각 셀(cell)이 하나의 자료값만을 나타낼 수 있다는 것이다. 표 6-1은 모든 셀이 하나의 값만을 표시하므로 릴레이션이다.

만약 부양가족이라는 속성이 여러 부양가족의 이름을 표 6-2와 같이 표시한다고 가정하면 표 6-2는 릴레이션이 아니다. 그 이유는 홍길동 레코드의 부양가족을 나타내는 셀은 3명의 이름을 나타내기 때문이다.

표 6-2를 릴레이션 형태로 변환하기 위하여서는 부양가족 속성이 단일값을 표시하도록 변경해야 한다. 이를 위한 방안은 다음과 같이 2가지가 있을 수 있다.

- 첫째는 표 6-3과 같이 각각의 튜플들이 각각의 부양가족을 나타내도록 변환하는 방법이다.

표 6-2 릴레이션이 아닌 예

이 름	근무연수	부 서	부양가족
홍길동	1	설계부	홍아내, 홍큰딸, 홍아들
최청년	4	관리부	김아내
이몽룡	3	회계부	성춘향
이수일.	2	인사부	최아버지

표 6-3 릴레이션에서 복수값 속성의 표현 방안 (개별 튜플로 표현)

이 름	근무연수	부 서	부양가족
홍길동	1	설계부	홍아내
홍길동	1	설계부	홍큰딸
홍길동	1	설계부	홍아들
최청년	4	관리부	김아내
이몽룡	3	회계부	성춘향
이수일	2	인사부	최아버지

표 6-4 릴레이션에서 복수값 속성의 표현 방안 (개별 속성으로 표현)

이 름	근무연수	부 서	부양가족_1	부양가족_2	부양가족_3
홍길동	1	설계부	홍아내	홍큰딸	홍아들
최청년	4	관리부	김아내		
이몽룡	3	회계부	성춘향		
이수일	2	인사부	최아버지		

- 둘째는 표 6-4와 같이 각각의 속성들이 각각의 부양가족을 나타내도록 변환하는 방법이다.

릴레이션 구조

릴레이션에서 각 열은 속성값들을 나타낸다. 사원 릴레이션에서 첫 번째 열은 사원명이라는 속성의 값을 나타내며, 두 번째 열은 나이라는 속성의 값을 나타낸다. 이와 같이 릴레이션의 각 열이 무엇을 나타내는가를 정의한 것을 릴레이션 구조(relation schema)라고 한다.

예를 들면 표 6-1에서 사원이라는 릴레이션의 구조는 {이름, 나이}로 구성된다. 보다 구체적으로 릴레이션과 릴레이션 구조는 다음과 같이 정의된다.

릴레이션 구조는 속성(엄밀히 이야기하여 속성명)의 집합이다. 즉, 릴레이션 구조 R은 다음과 같이 정의된다.

$R = \{A_1, A_2, \ldots , A_n\}$[1] + 키(keys)

릴레이션을 구성하는 속성의 수를 항수(degree)라고 한다. 릴레이션은 항수에 따라 2항 릴레이션, 3항 릴레이션, ... , n항 릴레이션 등으로 불리어진다. 표 6-1은 2항 릴레이션이며, 표 6-3은 4항 릴레이션이며, 표 6-4는 6항 릴레이션이다.

릴레이션

릴레이션 구조 R에 대응하는 릴레이션 r은 튜플 $t_1, t_2, \ldots , t_p$의 집합이다. 이때 임의의 튜플 t의 i번째 데이터는 릴레이션 구조의 i 번째 속성인 A_i의 속성치 영역인 $dom(A_i)$의 원소이다. 즉,

$r = \{t_1, t_2, \ldots , t_p\}$이며,

$t(A_i) \in dom(A_i)$

바꾸어 말하면, 튜플을 구성하는 데이터들은 속성치 영역의 원소들 중 하나를 값으로 갖는다. 따라서 모든 속성들의 값은 단순자료값이다.

이상에서 살펴본 바와 같이 릴레이션은 실제의 값이 저장된 것이며, 릴레이션 구조는 무슨 데이터가 저장될 것인가를 정의한 것이다. 그러나 보통 릴레이션이라 하면 릴레이션 구조와 릴레이션을 같이 포함하는 것을 의미한다. 즉 릴레이션의 구조에 따라 만들어진 릴레이션을 의미한다.

6.1.3 릴레이션의 주키

릴레이션은 튜플들로 구성된다. 따라서 개별 튜플들은 자체로 다른 튜플들과 구별된다. 예를 들면 표 6-1 사원 릴레이션에서 〈이몽룡, 25〉는 〈이수일, 28〉 및 〈갑돌이, 19〉 등과 내용이 다르며 따라서 서로 구별된다.

릴레이션은 튜플(즉 레코드)들의 집합이기 때문에 같은 튜플이 하나의 릴레이션에 같이 있을 수 없다. 따라서 릴레이션을 구성하는 튜플들은 모두 서

1) 릴레이션은, 수학적 정의에서 각 순서쌍의 집합으로 정의되기 때문에, 속성들의 순서가 중요하다. 그러나 관계형 데이터 모형에서는 릴레이션 구조를 속성들의 집합으로 정의한다. 즉, 열의 순서는 중요하지 않다. 이와 같이, 일견 상호 모순된 것처럼 보이는 것은 관계형 데이터 모형에서 릴레이션을 구성하는 속성들은 이름을 가지기 때문이다. 따라서 릴레이션을 구성하는 속성의 위치가 바뀌더라도 속성명을 통하여 위치를 파악할 수 있다.

로 다르며, 따라서 서로 구별된다. 그러나 표 6-3이나 표 6-4와 같이 항수가 많은 릴레이션의 경우, 튜플들이 길기 때문에 튜플 자체의 내용에 따라 이들을 구별할 경우 매우 번거롭게 된다. 따라서 만약 튜플의 일부만을 사용하여 튜플을 구별할 수 있으면 매우 편리할 수 있다.

예를 들면 표 6-1의 사원 릴레이션에서 이름만 사용하여 다른 튜플들과 구별할 수 있다면 이름과 나이를 모두 사용하는 것보다 편리할 수 있다.

이와 같이 튜플을 식별할 수 있는 속성(또는 속성의 집합)을 키라고 한다. 키 중에서 우리가 튜플을 식별하기 위하여 사용하기로 결정한 것을 주키(primary key)라고 한다. 그리고 주키로 선정되지 않은 것을 대체키(alternate key)라고 한다.

키가 될 수 있는 속성들 중에서 무엇을 주키로 사용할 것인가는 일상업무에서 어떠한 속성을 주로 식별자로 사용하느냐에 의하여 결정된다. 예를 들면 사원 릴레이션이 다음의 표 6-5에 제시된 바와 같이 사번과 주민등록번호를 동시에 포함한다고 가정하자. 이 경우 사번과 주민등록번호 모두 주키가 될 수 있다. 그리고 사원 릴레이션에서는 일반적으로 사번을 주키(primary key)로 사용한다. 그러나 회사가 아니라 일반 시민을 관리하는 주민 릴레이션에서는 주민등록번호를 주키로 선정하는 것이 타당할 것이다.

또한 하나의 속성만으로 튜플을 식별할 수 없는 경우에는 두 개 이상의 속성을 결합하여 사용할 수 있는데 이를 복합키(composite key)라고 한다. 예를 들면 표 6-3의 릴레이션에서 이름만으로는 튜플을 식별할 수 없다. 즉, 첫 번째와 두 번째, 세 번째 튜플은 서로 이름이 같다. 따라서 이름과 부양가족을 같이 알아야 튜플을 식별할 수 있다. 이 경우 릴레이션의 주키는 이름과 부양가족이다. 이와 같이 2개 이상의 속성으로 구성된 주키를 복합키라고 한다.

표 6-5 릴레이션의 예 (사원4)

사 번	주민등록번호	이 름	근무연수	부 서
E1	P1	홍길동	1	설계부
E2	P2	최청년	4	관리부
E3	P3	이몽룡	3	회계부
E4	P4	이수일	2	인사부

표 6-6 릴레이션의 예 (사원5)

이 름	근무연수	부 서
홍길동	1	설계부
최청년	4	관리부
이몽룡	3	회계부
이수일	2	인사부
최청년	1	설계부

특정 속성이 주키가 될 수 있는가의 여부는 해당 속성이 동일한 값을 가지는가에 의하여 결정된다. 예를 들면, 사원4 릴레이션에서 이름은 주키가 될 수 있었다. 그러나 만약 사원5 릴레이션에서와 같이 최청년이라는 같은 이름을 가지는 다른 사원이 설계부에 입사하였다고 가정하면 이름은 릴레이션의 주키가 될 수 없다.

이와 같이 주키가 될 수 있는가의 판단은 현재 해당 속성(또는 2개 이상의 속성들)의 값이 같은 튜플들이 있는가에 한정하여 결정되어서는 안 되며, 데이터베이스가 운용되는 전체 기간 동안 동일한 값을 가지는 튜플이 발생할 수 있는가에 의하여 판단되어야 한다.

예를 들면 현재는 이름이 같은 사원이 없더라도 만약 동명이인이 사원으로 입사할 가능성이 있는 경우, 이름은 주키로 사용되어서는 안 된다. 만약 이름이 주키로 사용되면, 이후에 입사하는 동일 이름을 갖는 신규 사원을 데이터베이스에 입력할 수 없게 되는 문제에 봉착하게 된다. (왜냐하면 릴레이션에는 주키값이 같은 튜플들이 존재하여서는 안 된다). 이와 같이 주키는 현재의 시점이 아니라 데이터베이스가 운용되는 전 기간을 고려하여 선정해야 한다.

외래키

릴레이션의 속성이 다른 릴레이션의 주키일 경우, 이를 외래키 또는 외부키(foreign key)라고 한다. 예를 들면 고객계정 릴레이션과 고객 릴레이션이 다음의 속성들을 갖는다고 가정하자.

고객계정 {계정번호, 잔고, 신용한도, 고객주민등록번호}
고객 {주민등록번호, 성명, 주소, 직업}

고객계정 릴레이션의 속성인 고객주민등록번호는 고객 릴레이션에서 주키로 사용된다. 이와 같이 특정 릴레이션의 속성이 다른 릴레이션의 주키로 사용될 경우 이를 외래키라고 한다.[2)]

외래키는 두 개 이상의 릴레이션을 연결하는 경로이다. 이후 보다 자세히 언급되겠지만, 여러 릴레이션에 분산된 데이터들은 외래키를 통하여 서로 참조된다. 예를 들면, 계정별로 고객의 주소와 직업 등을 검색하고자 한다고 가정하자. 이를 위해서는 계정번호별로 고객주민등록번호를 추출하고, 주민등록번호를 이용하여 고객의 주소와 직업을 찾아 검색한다. 이때 만약 외래키인 고객주민등록번호가 없으면 고객계정 튜플에서 고객 튜플을 찾아갈 수 없다. 이와 같이 외래키는 특정 릴레이션에 있는 튜플로부터 다른 릴레이션에 있는 튜플을 찾아가기 위한 매개 속성이다.

6.1.4 릴레이션의 특성

관계형 데이터모형에서 릴레이션(즉 테이블)은 데이터베이스를 구성하는 기본 단위로서 중요한 의미를 갖는다. 이후 보다 자세히 설명되겠지만, 데이터베이스는 릴레이션들이 모여 있는 것이며, 데이터를 조작하는 기본 단위 또한 릴레이션이다. 이러한 릴레이션의 특성들을 정리하면 다음과 같다.

- 동일한(중복된) 튜플은 존재하지 않는다.
- 릴레이션의 각 행(튜플)의 순서는 아무런 의미를 갖지 않는다.
- 릴레이션의 각 열은 속성을 나타내며, 열의 순서는 아무런 의미를 갖지 않는다.
- 모든 속성들은 단순 자료값을 갖는다.

(1) 동일한(중복된) 튜플은 존재하지 않는다

릴레이션은 수학적으로 볼 때 튜플들의 집합이다. 여기서 집합이라는 말

2) 제시된 예의 '고객주민등록번호'와 '주민등록번호'와 같이, 외래키는 연관된 테이블의 주키와 다른 이름으로 사용될 수 있다.

은 중요한 의미를 갖는다. 수학적으로 집합은 동일한 원소를 중복하여 포함하지 않는다. 따라서 릴레이션 또한 튜플들을 중복하여 포함할 수 없다. 만약 중복된 튜플이 존재하면, 이는 릴레이션이 아니다.

관계형 데이터모형에서 튜플들이 서로 다르다는 것은 중요한 의미를 갖는다.

- 첫째, 모든 릴레이션은 적어도 1개의 키를 갖는다. 튜플들이 서로 같을 수 없기 때문에 릴레이션을 구성하는 모든 속성들을 결합하면 그 값은 서로 다르다. (왜냐하면 모든 속성을 결합한 것이 바로 튜플이기 때문이다.) 따라서 릴레이션을 구성하는 모든 속성들을 결합한 것은 자연적으로 해당 릴레이션의 주키가 된다. 따라서 어느 릴레이션이라도 적어도 1개의 주키는 항상 존재한다.
- 둘째, 릴레이션에는 주키값이 같은 튜플들이 존재할 수 없다. 관계형 데이터모형에서 튜플의 동일성은 주키값의 동일성으로 판단된다. 즉 주키값이 동일한 튜플들은 다른 속성값이 다르더라도 동일한 튜플로 간주한다. 그리고 릴레이션은 동일한 튜플을 포함할 수 없다. 따라서 릴레이션은 주키값이 같은 튜플을 포함할 수 없다.

그러나 상용 데이터베이스관리시스템의 SQL에서는 동일한 레코드들이 테이블을 구성할 수 있다. 그리고 동일한 레코드들을 제거하기 위해서는 UNIQUE라는 명령어를 SQL 문장에 포함한다. 이와 같이, 우리가 서로 같은 것으로 혼용하여 사용하는 SQL의 테이블과 관계형 데이터모형의 릴레이션은 엄격히 말하면 같은 개념이 아니다. 그러나 현실적으로는 혼용하여 사용한다. 다만, SQL에서는 동일한 레코드들이 테이블을 구성할 수 있음을 주지하여야 한다.

(2) 튜플은 순서가 없다

릴레이션이 튜플들을 모아 놓은 것, 즉 튜플들의 집합이라는 것은 튜플들이 릴레이션 안에서 순서를 가지지 않는다는 것을 의미한다. 따라서 파일 시스템에서 데이터를 조작할 때 자주 사용하는 첫 번째 레코드, 다음 레코드, 마지막 레코드 등과 같이 첫 번째 튜플, 두 번째 튜플, 그 다음 튜플, 이전 튜플, 마지막 튜플 등을 릴레이션에서는 찾을 수 없다. 이는 릴레이션이 튜플들의 집합이며, 튜플은 릴레이션의 원소이기 때문이다. 집합에서는 첫 번째 원소, 두 번째 원소, 세 번째 원소 등을 찾을 수 없다. 다만 특정 집합의 원소인지 또는 아닌지 만을 판단할 수 있다.

이후 관계형 연산자에서 보다 자세히 언급되겠지만, 관계형 데이터모형에서 조작의 대상이 릴레이션이라는 점은 튜플의 순서가 의미가 없음을 간접적으로 의미한다. 즉, 관계형 데이터모형에서 모든 자료 조작의 기본 단위는 테이블이며, 테이블은 레코드들을 순서대로 처리하는 것이 아니라 동시에 모두 처리하는 개념이다. 즉, 릴레이션의 원소인 튜플들이 동시에 처리된다.

(3) 테이블의 각 열은 순서가 없다

릴레이션 구조를 설명하는 과정에서 릴레이션 구조 R은 속성(엄밀히 이야기하여 속성명)의 집합이라고 정의하였다. 즉, 릴레이션은 속성들의 집합으로 정의된다. 따라서 첫 번째 속성, 두 번째 속성, 다음 속성들과 같이 순서에 의하여 속성을 지칭할 수 없다. 릴레이션에서 속성을 지칭하는 유일한 방법은 이름(즉, 속성명)에 의한 것이다. 따라서 SQL 명령문에서 속성들은 모두 이름으로 언급된다.

(4) 모든 속성들은 단순 자료값을 갖는다

관계형 데이터모형을 특징짓는 가장 중요한 특성은 모든 데이터, 즉 속성값들이 단순 자료값으로 표시된다는 점이다. 이 조건이 만족되지 않을 경우, 데이터들은 관계형 데이터베이스로 표현될 수 없다.

모든 속성들이 단순 자료값으로 표현된다는 것은 릴레이션이 단순 테이블로 표시되는 것을 의미한다. 즉, 속성값은 도메인을 구성하는 원소 하나로 표시된다. 두 개 이상의 원소를 값으로 가질 수 없다. 그리고 두 개 이상의 속성들의 값을 어떠한 구조로 결합할 수도 없다.

예를 들면 표 6-7의 왼편의 표는 릴레이션이 아니다. 왜냐하면 왼편의 표에서 공급을 나타내는 값은 그 자체가 '제품번호'와 '공급량'을 결합한 또 다른 테이블이기 때문이다. 따라서 이를 릴레이션으로 표현하기 위해서는 오른편과 같이 공급자번호, 제품번호 및 공급량을 속성들로 표현하고, 이들의 값을

표 6-7 릴레이션의 단순 테이블 구조화

<table>
<tr><th>공급자
번 호</th><th colspan="2">공 급</th></tr>
<tr><td rowspan="3">S1</td><td>제품번호</td><td>공급량</td></tr>
<tr><td>P1</td><td>300</td></tr>
<tr><td>P2</td><td>400</td></tr>
<tr><td rowspan="3">S2</td><td>제품번호</td><td>공급량</td></tr>
<tr><td>P2</td><td>500</td></tr>
<tr><td>P3</td><td>900</td></tr>
<tr><td rowspan="5">S3</td><td>제품번호</td><td>공급량</td></tr>
<tr><td>P1</td><td>100</td></tr>
<tr><td>P2</td><td>200</td></tr>
<tr><td>P3</td><td>400</td></tr>
<tr><td>P4</td><td>100</td></tr>
</table>

공급자번호	제품번호	공급량
S1	P1	300
S1	P2	400
S2	P2	500
S2	P3	900
S3	P1	100
S3	P2	200
S3	P3	400
S3	P4	100

모두 단순 자료값으로 표현해야 한다.

6.1.5 데이터베이스와 데이터베이스 구조

관계형 데이터모형에서 데이터베이스는 릴레이션(즉 테이블)들의 집합이다. 릴레이션들의 집합을 데이터베이스라 하면, 데이터베이스가 어떤 릴레이션들로 구성되는가를 정의한 것을 데이터베이스 구조라고 한다. 보다 구체적으로, 데이터베이스 구조와 데이터베이스는 다음과 같이 정의된다.

데이터베이스 구조(database schema)는 릴레이션 구조들의 집합으로 정의된다. 즉, 릴레이션 구조 $R_1, R_2, ..., R_p$를 포함하는 데이터베이스 구조 R은 다음과 같이 표현된다.

$R = \{R_1, R_2, ..., R_p\}$ + 무결성 법칙(integrity rules)

데이터베이스 구조 R에 대응하는 데이터베이스(database) d는 릴레이션{r_1, r_2, … , r_p}의 집합으로 정의된다. 이때 릴레이션 r_i는 릴레이션 구조 R_i에 의하여 정의된다.

이상의 관계형 데이터베이스에서 주시하여야 할 점은 데이터베이스가 릴레이션(즉 테이블)들의 집합이라는 사실이다. 다시 말하면 데이터베이스의 원소들인 릴레이션들 사이에는 아무런 물리적 연결이나 복합적인 구조가 존재하지 않는다. 이와 같이 릴레이션들 사이에 아무런 물리적 연결이 존재하지 않는 상태에서, 데이터베이스 구조를 결정하는 매개체는 릴레이션을 구성하는 속성들이다. 즉 릴레이션들은 의미적으로 상호 비교 가능한 속성[3)]들을 매개로 연결된다.

예를 들어 사원 데이터베이스가 표 6-8과 같이 정의되었다고 가정하자. 이 경우 배우자 릴레이션과 사원 릴레이션은 공통된 속성(즉, 배우자 릴레이션의 사원번호와 사원 릴레이션의 사원번호)을 매개로 연결된다. 이로부터 성춘향을 배우자로 갖는 사원의 직급이 직원임을 알 수 있다. 이와 같이 데이터베이스를 구성하는 릴레이션들은 일정한 법칙을 지키면서 상호 연결되어야 하는데, 이를 무결성 법칙(integrity rules)이라고 한다. 그리고 무결성 법칙은 데이터베이스 구조의 일부로서 데이터베이스를 정의할 때 반드시 포함되어야 한다.

표 6-8 릴레이션들 사이의 연관 관계의 표현

배우자

사원번호	배우자명
E3	성춘향
E1	홍아내

사원

사원번호	이 름	근무연수	직급	부 서
E1	홍길동	1	과장	설계부
E2	최청년	4	부장	관리부
E3	이몽룡	3	직원	회계부
E4	이수일	2	부장	인사부

3) 의미적으로 비교가능하다는 말은 속성의 도메인(즉 속성치 영역)이 같음을 나타낸다. 따라서 이들 도메인을 매개로 하여 다른 테이블에 있는 속성들의 값을 비교할 수 있다.

6.2 무결성 법칙

관계형 데이터베이스는 테이블의 집합이며, 테이블은 튜플들로 구성된다. 그리고 이들 튜플들은 의미상으로 실제 현상의 사실들을 나타낸다. 따라서 관계형 데이터베이스의 튜플들은 실제 현상에서 발생 가능한, 즉 상호 모순이 되지 않는 사실들을 나타내어야 한다.

예를 들면, 앞에서 예시된 표 6-8의 사원 테이블에서 〈E1, 홍길동, 1, 과장, 설계부〉는 홍길동 사원의 사원번호가 E1이며, 근무연수가 1년이며, 직급이 과장이며, 근무부서가 설계부임을 나타내는 튜플이다. 따라서 해당 회사에는 실제로 설계부라는 부서가 존재하여야 하며, 또한 사번이 E1인 사원이 존재하여야 한다. 이와 같이 관계형 데이터베이스의 튜플들은 일정한 제약조건을 만족시켜야 하는데, 이들 제약조건이 만족되지 않을 경우 데이터베이스는 실제 현상에서는 발생할 수 없는, 즉 논리적으로 모순이 되는 자료들을 포함하게 된다.

데이터베이스가 논리적으로 모순되지 않은 실제 현상에서 발생할 수 있는 자료들만을 포함하도록 제한하는 법칙을 무결성 법칙(integrity rules)이라고 한다. 관계형 데이터모형의 무결성 법칙은 다음과 같이 구분된다.

- 속성지 조건(domain constraints)
- 개체 무결성 법칙(entity integrity rule)
- 참조 무결성 법칙(referential integrity rules)
- 업무 제약 조건(business constraints)

6.2.1 속성치 조건

릴레이션의 정의에서도 언급한 바와 같이 튜플(즉 레코드)들은 속성치 영역의 원소로 정의된 값들만을 속성값으로 가질 수 있다. 예를 들면, 근무부서의 속성치 영역인 dom(근무부서)가 {설계부, 회계부, 인사부, 관리부}로 정의되었다고 하면, 사원 릴레이션의 튜플들이 근무부서에 대하여 취할 수 있는 값은 설계부, 회계부, 인사부, 관리부 중에서 하나이다.

이러한 속성치 조건을 보다 구체적으로 서술하면 다음과 같다.

- 첫째, 속성치 영역에 포함되지 않은 값을 속성의 값으로 가질 수 없다. 이러한 값을 가지는 것은 현실적으로 있을 수 없기 때문이다. 예를 들면 근무부서의 도메인이 {설계부, 회계부, 인사부, 관리부}인데 E3 사원의 부서가 감리부라는 것은 현실적으로 있을 수 없다.
- 둘째, 속성값은 특수경우로서 빈값(null)을 가질 수 있다. 바꾸어 이야기하면, 모든 속성치 영역은 빈값을 원소로 포함한다. 빈값은 여러 가지 의미가 있으나, 가장 대표적인 것으로서 "현재 알 수 없음"을 의미한다. 예를 들면, '이아이'가 새로이 입사하여 데이터베이스 담당자가 '이아이' 사원의 근무부서를 알지 못한다고 할 경우, 먼저 사번과 이름만을 등록하고 근무부서는 추후 등록할 수 있다. 이 경우 '이아이' 사원의 근무부서는 빈값으로 표시된다.

6.2.2 개체 무결성 법칙

릴레이션에서 주키값들은 반드시 서로 달라야 한다. 즉, 주키는 릴레이션의 튜플들을 유일하게 식별할 수 있어야 하는데, 이를 위하여 주키값은 같은 값을 가질 수 없다. 이를 주키값의 유일성 조건(uniqueness constraints)이라 한다.

추가하여, 주키 또는 주키를 구성하는 속성들은 빈값(null)을 가져서도 안 된다. 그 이유는 각 튜플을 식별하는 기준이 주키값이기 때문이다. 만약 주키가 빈값이거나 주키를 구성하는 속성이 빈값이라는 것은 식별할 수 없는 튜플(레코드)이 존재한다는 것을 의미한다. 이는 논리적으로 모순이다. 따라서 관계형 데이터베이스에서는 주키값이 서로 같거나 빈값인 튜플들은 입력되어서는 안 되는데 이를 개체 무결성 법칙(entity integrity rule 또는 key constraints)이라 한다.

- **개체 무결성 법칙**(entity integrity rule) : 주키값은 반드시 고유해야 하며, 빈값을 가질 수 없다.

주키값이 빈값(null)을 가진다는 것은 주키값이 아직 부여되지 않았다는 것이며, 이는 데이터관리의 관점에서 해당 개체가 아직 탄생하지 않은 것을 의미한다. 예를 들면, 대한민국 국민을 식별하는 주키로서 주민등록번호를 사용할 경우, 신생아의 주민등록번호가 아직 부여되지 않은 것은, 비록 그 아이가 육체적으로는 탄생하였더라도 데이터관리의 관점에서는(즉, 법적으로는) 아직 태어나지 않은 상태라고 말할 수 있다.

6.2.3 참조 무결성 법칙

개체 무결성 법칙은 개별 튜플들에 대한 제약 조건이다. 이에 반하여 참조 무결성 법칙(referential integrity rule 또는 referential constraints)은 튜플들 사이의 연관 관계에 대한 제약 조건이다.

표 6-8의 사원 테이블과 배우자 테이블에서, 배우자 테이블은 사원의 배우자를 표시한다. 이 경우, 만약 배우자 테이블에는 성춘향이 E26이라는 사원의 배우자로 기록되어 있으나 사원 테이블에는 사원번호가 E26인 사원이 존재하지 않는다면 이는 논리적으로 모순이다. 즉, 성춘향은 회사에 근무하지 않는 유령 사원인 E26의 배우자라는 것이며, 이는 배우자 릴레이션이 사원들의 배우자를 나타낸다는 것과 모순이다. 이와 같이 둘 이상의 릴레이션들 사이에 존재하는 제약조건을 참조 제약조건(referential constraints)이라 하며, 릴레이션의 튜플들이 이를 만족시킬 경우 참조 무결성 법칙(referential integrity rules)을 충족시킨다고 한다.

참조 무결성 법칙은 다른 릴레이션의 주키가 해당 릴레이션의 속성으로 포함될 경우에 발생한다. 참조 무결성 법칙을 보다 구체적으로 정의하면 다음과 같다.

- **참조 무결성 법칙**: 릴레이션 R_1의 속성 A의 속성치 영역을 D라고 하자. 그리고 D를 주키의 속성치 영역으로 하는 릴레이션을 R_2라 할 경우, 릴레이션 R_1의 임의의 튜플에 대하여 속성 A의 값은 다음의 제약조건을 만족시켜야 한다.

  (1) 빈값을 가지거나, 또는

  (2) R_2에 존재하는 임의의 튜플의 주키값과 같아야 한다.

  이때 릴레이션 R_1의 속성 A를 외래키라고 한다.

참조 무결성 법칙이 지켜지지 않는다는 것은 존재하지 않는 값을 다른 테이블에서 참조하는 것을 의미한다. 예를 들면, 배우자 테이블에는 E26이라는 사원이 성춘향의 배우자로 존재하나 사원 테이블에는 사원번호가 E26인 사원이 존재하지 않는다는 것은 회사에 근무하지 않는 유령 사원인 E26을 배우자 테이블에서 참조하는 것을 의미하며, 이는 논리적으로 모순된 사실을 나타낸다.

물론, 실제 업무 처리에서는 상황에 따라 참조의 순서가 반대로 될 수도 있다. 예를 들면, 사원이 입사할 경우, 배우자 테이블에 배우자를 먼저 등록하고 그 다음에 사원 테이블에 해당 사원을 등록할 수도 있다. 그러나 관계형 데이터모형에서는 이의 순서가 반드시 기준이 되는 사원 테이블에 사원을 등록한 후 이를 참조하는 배우자 테이블에 배우자를 등록하는 순서이어야 한다.

6.2.4 업무 제약 조건

개체 무결성 법칙과 참조 무결성 법칙에 추가하여, 데이터베이스에 저장된 속성값들은 해당 속성의 성격에 따라 여러 형태의 제약조건들을 충족시켜야 하는 경우들이 있다.

예를 들면 특정 회사는 2년 이상의 근무연수를 가져야만 관리부에 근무할 수 있다는 회사 규정이 있을 수 있다. 이 경우 관리부 직원의 근무연수는 모두 2보다 같거나 커야 한다. 또한 특정 상품이 1,000개 단위로 판매될 경우 모든 주문량은 1,000의 배수이어야 한다. 앞에서 소개된 개체 무결성 법칙이나 참조 무결성 법칙이 아닌 이런 조건들을 업무 제약 조건(business constraints)이라 한다.

업무 제약 조건들 중에서 간단한 것들은 속성치 영역(즉 도메인)을 사용하여 속성들이 취할 수 있는 값을 제한함으로써 반영될 수 있다. 그러나 이보다 복잡한 제약조건은 데이터의 입력이나 갱신, 삭제시 제약조건을 충족시키는 데이터들만이 저장되도록 제한하는 응용 프로그램을 개발하여 적용하여야 한다.

6.3 관계형 연산자

관계형 데이터베이스에서 데이터들을 조작하기 위한 연산자를 관계형 연산자(relational operator)라 한다. 관계형 연산자의 가장 큰 특징은 다음과 같다.

- 릴레이션을 조작의 단위로 한다.
- 조작의 결과 또한 릴레이션이다.

바꾸어 이야기하면 조작의 대상, 즉 피 연산자가 개별 레코드가 아니라 이들의 집합인 릴레이션이다. 따라서 개별 레코드를 대상으로 하는 경우와 비교하여 표현이 명료하며 조작이 간단하다.

관계형 연산자들은 관계형 데이터베이스에서 데이터 조작 작업을 수행하기 위한 단위 연산자들이다. 따라서 모든 릴레이션의 조작은 이들 연산자들을 이용하여 표현할 수 있다. 이와 같이 관계형 연산자를 이용하여 표현된 식을 관계형 대수식(relational algebra)이라 한다. 그러나 상용화된 관계형 데이터베이스관리시스템은 본 절에서 제시되는 관계형 연산자들을 직접 제공하기보다는 이들 기능을 수행할 수 있는, 사용자가 사용하기에 더욱 편리한 데이터베이스 언어를 통하여 연산 기능을 제공하고 있는데, SQL(Structured Query Language)이 가장 대표적인 데이터베이스 언어이다.

특정 데이터베이스관리시스템이 관계형 연산자들의 기능을 모두 다 제공할 경우 해당 시스템을 관계형 데이터모형의 관점에서 완전(relationally complete)하다고 한다. 현재 상용화된 관계형 데이터베이스관리시스템들은 모두 관계형 데이터모형의 관점에서 완전한 시스템들이다.

릴레이션을 조작 대상으로 하며 릴레이션이 튜플들의 집합이라는 점에서, 관계형 연산자는 전통적인 집합 연산자를 포함한다. 그리고 이에 추가하여 선택, 투사, 조인 연산자 등을 포함한다.

6.3.1 집합 연산자

동일한 구조를 갖는 두 릴레이션이 존재한다고 가정하자. 이 경우, 이들 릴레이션들은 튜플들의 집합이다. 따라서 이들 릴레이션들의 합집합, 교집합 및 차집합은 일반적인 집합의 합, 교 및 차와 동일하게 정의될 수 있는데, 이들 기능을 수행하는 연산자들을 집합 연산자(boolean operators)라 한다.

릴레이션의 합집합

릴레이션의 합집합을 유도하기 위해서는 두 릴레이션은 동일한 구조를 가져야 한다.[4] r과 s의 릴레이션 구조가 서로 같을 경우, 두 릴레이션의 합집합(union)은 다음과 같이 정의된다.

r ∪ s={t | t ∈ r or t ∈ s. 즉, t는 릴레이션 r의 튜플이거나 또는 릴레이션 s의 튜플}

예를 들면, 데이터베이스를 수강하는 학생들의 릴레이션과 컴퓨터개론을 수강하는 학생들의 릴레이션이 각각 표 6-9와 표 6-10과 같다고 가정하자. 그러면 데이터베이스 또는 컴퓨터개론 2과목 중에서 적어도 한 과목을 수강하는 학생들의 명단은 다음과 같이 유도할 수 있다.

데이터베이스 또는 컴퓨터개론을 수강하는 학생
=데이터베이스수강학생 ∪ 컴퓨터개론수강학생

그리고 이 합집합을 실행하는 SQL문은 다음과 같다.

```
SELECT    *    FROM    데이터베이스수강학생
UNION
SELECT    *    FROM    컴퓨터개론수강학생;
```

위의 합집합 연산의 결과는 표 6-11과 같다.

표 6-9 컴퓨터개론수강학생

학 번	성 명
94101	최청년
97001	이여자
93001	홍총각

표 6-10 데이터베이스수강학생

학 번	성 명
93001	홍총각
93002	이남자
94101	최청년

4) 이를 합집합 호환성(Union Compatibility)이라고 한다. 2개의 릴레이션이 합집합 호환성을 가지기 위해서는 릴레이션의 항수(degree)가 같고, 릴레이션의 속성들이 일치해야 하며, 해당 속성들의 속성치 영역 또한 서로 같아야 한다.

표 6-11 데이터베이스수강학생 ∪ 컴퓨터개론수강학생

학 번	성 명
93001	홍총각
93002	이남자
94101	최청년
97001	이여자

릴레이션의 교집합

릴레이션의 교집합을 유도하기 위해서는 두 릴레이션은 동일한 구조를 가져야 한다. r과 s의 릴레이션 구조가 서로 같을 경우, 두 릴레이션의 교집합(intersection)은 다음과 같이 정의된다.

r ∩ s = {t | t ∈ r and t ∈ s. 즉 t는 릴레이션 r의 튜플인 동시에 릴레이션 s의 튜플}

앞의 예에서, 데이터베이스와 컴퓨터개론 두 과목을 동시에 수강하는 학생들의 명단은 다음과 같이 유도할 수 있다.

데이터베이스와 컴퓨터개론을 모두 수강하는 학생
= 데이터베이스수강학생 ∩ 컴퓨터개론수강학생

그리고 이 교집합을 실행하는 SQL문은 다음과 같다.

```
SELECT    *    FROM    데이터베이스수강학생
INTERSECT
SELECT    *    FROM    컴퓨터개론수강학생;
```

만약 교집합을 나타내는 연산자가 직접 지원되지 않으면, 집합의 원소를 나타내는 연산자 IN을 이용하여 교집합을 산출할 수 있다.

```
SELECT    *
FROM      데이터베이스수강학생
WHERE     학번    IN    (SELECT    학번
                         FROM      컴퓨터개론수강학생);
```

표 6-12 데이터베이스수강학생 ∩ 컴퓨터개론수강학생

학 번	성 명
93001	홍총각
94101	최청년

즉, 컴퓨터개론수강학생의 집합에 포함되는 학생들 중에서 데이터베이스수강학생을 검색하면, 두 테이블의 교집합을 산출할 수 있다. 그런데 여기서 데이터베이스수강학생이 컴퓨터개론수강학생의 집합에 포함된다는 것은 데이터베이스수강학생의 학번이 컴퓨터개론수강학생의 학번들로 구성된 집합의 원소라는 것이며, 따라서 앞의 SQL에서와 같이 IN으로 표시할 수 있다.

위의 교집합 연산의 결과는 표 6-12와 같다.

릴레이션의 차집합

릴레이션의 차집합을 유도하기 위해서는 두 릴레이션은 동일한 구조를 가져야 한다. r과 s의 릴레이선 구조가 서로 같을 경우, 두 릴레이션의 차집합(difference)은 다음과 같이 정의된다.

r−s={t | t ∈ r and t ∉ s. 즉, t는 릴레이션 r의 튜플이나 릴레이션 s의 튜플이 아님}

앞에서 제시된 예에서, 데이터베이스만을 수강하는 학생들의 명단은 다음과 같이 유도할 수 있다.

데이터베이스만을 수강하는 학생
=데이터베이스수강학생 − 컴퓨터개론수강학생

그리고 이 차집합을 실행하는 SQL문은 다음과 같다.

```
SELECT    *    FROM    데이터베이스수강학생
MINUS
SELECT    *    FROM    컴퓨터개론수강학생;
```

만약 차집합을 나타내는 연산자가 직접 지원되지 않으면, 집합의 원소를

표 6-13 데이터베이스수강학생 – 컴퓨터개론수강학생

학 번	성 명
93002	이남자

나타내는 연산자 IN을 이용하여 차집합을 계산할 수 있다.

```
SELECT      *
FROM        데이터베이스수강학생
WHERE       학번  NOT  IN (SELECT     학번
                           FROM       컴퓨터개론수강학생);
```

즉, 컴퓨터개론수강학생의 집합에 포함되지 않는 학생들 중에서(즉 컴퓨터개론수강학생의 학번들로 구성된 집합의 원소가 아닌 학번들 중에서) 데이터베이스수강학생을 검색하면, 두 테이블의 차집합이 산출된다.

위의 차집합 연산의 결과는 표 6-13과 같다.

6.3.2 선택 연산자

선택(select 또는 restrict)은 특정 조건을 만족시키는 튜플들만을 추출하는 연산자이다. 선택 연산은 선택 조건을 만족시키는 행들을 추출하여 이들만을 포함하는 새로운 릴레이션을 만드는 연산자이다. 이렇게 하여 만들어진 릴레이션은 원래 릴레이션의 행의 부분 집합이다. 즉 원래 릴레이션을 구성하는 행들 중에서 일부 행들만을 포함한다. 따라서 원래 릴레이션과 구조는 동일하다.

선택 연산은 선택의 조건에 따라 다음과 같이 구분할 수 있다.

(1) 단순 선택(simple selection)

(2) 비교 선택(θ(theta) selection)

단순 선택

단순 선택은 특정 속성의 값을 만족시키는 튜플들만을 선택하는 연산이며, 다음과 같이 정의된다.

$\sigma_{[A=a]}(r) = \{t \subset r \mid t(A) = a$. 즉, 릴레이션 r의 튜플들 중에서 속성 A의 값이 a인 튜플들$\}$

여기서 σ는 선택연산자이며, [A=a]는 속성 A의 값이 a인 튜플들만을 선택하라는 조건식이며, r은 피연산자 즉 릴레이션을 나타낸다.

예를 들면, 표 6-8의 사원 테이블에서, 부서가 설계부인 사원들을 선택하는 연산식은 다음과 같다.

$\sigma_{[부서='설계부']}(사원)$

이를 실행하는 SQL문은 다음과 같다.

```
SELECT    *
FROM      사원
WHERE     부서 = '설계부' ;
```

위의 선택연산의 결과는 표 6-14와 같다.

표 6-14 $\sigma_{[부서='설계부']}$ (사원)

사원번호	이 름	근무연수	직 급	부 서
E1	홍길동	1	과장	설계부

비교 선택

선택 연산에서 선택 조건은 반드시 동일 조건으로 국한될 필요는 없으며, 다음과 같이 임의의 선택 조건을 포함할 수 있다.

$\sigma_{[A\theta a]}(r) = \{t \in r \mid t(A)\theta a$. 즉, 릴레이션 r의 튜플들 중에서 속성 A의 값이 $[t(A)\theta a]$의 조건을 만족시키는 튜플들$\}$

여기서 θ(theta)는 >, ≥, <, ≤, =, ≠ 등의 비교 연산자들이다. 예를 들면 표 6-8의 사원 릴레이션에서 근무 연수가 2년보다 많은 사원을 선택하는 연산식은 다음과 같이 표현된다.

$\sigma_{[근무연수>2]}$ (사원)

이를 실행하는 SQL문은 다음과 같다.

```
SELECT      *
FROM        사원
WHERE       근무연수>2;
```

위의 선택연산의 결과는 표 6-15와 같다.

표 6-15 $\sigma_{[근무연수>2]}$ (사원)

사원번호	이 름	근무연수	직 급	부 서
E2	최청년	4	부장	관리부
E3	이몽룡	3	직원	회계부

또한 하나 이상의 검색조건을 결합할 수도 있다. 다음에 예시된 바와 같이, 논리적 결합자, ∧(AND), ∨(OR), ㄱ(NOT)과 괄호 ( )를 포함할 수 있다. 예를 들면, 표 6-8의 사원 릴레이션에서 부서가 설계부이면서 근무연수가 2년보다 많은 사원을 선택하는 연산식은 다음과 같다.

$\sigma_{[(부서=‘설계부’)\wedge(근무연수>2)]}(사원)$

이를 실행하는 SQL문은 다음과 같다

```
SELECT      *
FROM        사원
WHERE       부서= '설계부'     AND     근무연수>2;
```

위의 선택연산의 결과는 표 6-16과 같다. 이 경우 해당 튜플이 하나도 없으며 따라서 빈 릴레이션이 제시된다.

표 6-16 $\sigma_{[(부서=‘설계부’)\wedge(근무연수>2)]}$ (사원)

사원번호	이 름	근무연수	직 급	부 서

6.3.3 투사 연산자

투사(project)는 해당 릴레이션의 일부 속성만을 추출하여 새로운 릴레이션을 생성하는 연산자이다. 투사 연산자는 선택 조건을 원래 릴레이션의 일부 속성만을 추출하여 이들만을 포함하는 새로운 릴레이션을 만드는 연산자이다. 이렇게 하여 만들어진 릴레이션은 원래 릴레이션의 열의 부분 집합이다. 즉 원래 릴레이션을 구성하는 열들 중에서 일부 열들만을 포함한다. 그리고 레코드 (즉 행) 수는 원래 릴레이션과 동일하다.

투사에 의하여 생성되는 릴레이션은 다음과 같이 정의된다.

$\pi_{[X]}(r) = \{t(X) \mid t \in r$. 즉, 릴레이션 r의 모든 튜플들에 대하여 속성들 X의 값만 선택하여 구성된 튜플들$\}$

여기서 π는 투사 연산자이며, [X]는 릴레이션 구조 R의 부분 집합인 X에 대하여 모든 튜플들의 값을 투사하라는 조건을 나타내며, r은 피연산자 즉 릴레이션을 나타낸다.

예를 들면, 앞에서 제시된 사원 테이블에서, 사원별 부서만을 투사하는 연산식은 다음과 같다.

$\pi_{[\text{이름, 부서}]}(\text{사원})$

이를 실행하는 SQL문은 다음과 같다.

```
SELECT     이름, 부서
FROM       사원;
```

위의 선택연산의 결과는 표 6-17과 같다.

표 6-17 $\pi_{[\text{이름, 부서}]}$ (사원)

이 름	부 서
홍길동	설계부
최청년	관리부
이몽룡	회계부
이수일	인사부

6.3.4 조인 연산자

선택 연산자와 투사 연산자는 단일 릴레이션에 대한 연산자들이다. 이에 반하여 조인(join)은 두 개의 릴레이션을 결합하여 새로운 릴레이션을 생성하는 이항 연산자이다.

앞에서 우리는 2항 연산자로서 집합 연산자들을 살펴보았다. 집합 연산자는 서로 동일한 구조를 갖는 릴레이션들을 대상으로 하기 때문에 만들어지는 릴레이션의 구조도 원래 릴레이션과 같다. 이에 반하여, 조인 연산자는 서로 다른 구조의 릴레이션들을 결합한다. 즉, 조인은 두 개의 릴레이션을 결합하여 확장된 구조의 릴레이션을 구성한다.

조인 연산자는 릴레이션을 결합하는 기준에 따라 다음과 같이 세분된다.

(1) 순수 조인(natural-join)

(2) 비교 조인(theta-join)

(3) 외부 조인(outer-join)

순수 조인

조인의 가장 단순한 형태는 동일한 속성을 매개로 하여 해당 속성의 값이 같은 튜플들을 결합하는 것이다. 이를 순수 조인(natural-join)이라고 하며, 다음과 같이 표시한다.

$r \bowtie s$ = {t(RS) | 조인된 릴레이션의 튜플 t를 R에 대하여 투사한 튜플과 같은 튜플이 r에 있으며, t를 S에 대하여 투사한 튜플이 s에 있음}

예를 들면, 표 6-8의 배우자 릴레이션과 사원 릴레이션을 공통된 속성을 (이 경우에는 사원번호임) 매개로 하여 조인하는 연산식은 다음과 같다.

배우자 $\bowtie$ 사원

이를 실행하는 SQL문은 다음과 같다.

```
SELECT    배우자.* , 사원.*
FROM      배우자, 사원
WHERE     배우자.사원번호 = 사원.사원번호;
```

또는

```
SELECT    배우자.*, 사원.*
FROM      배우자          JOIN      사원
ON        (배우자.사원번호 = 사원.사원번호);
```

위의 조인 연산의 결과는 표 6-18과 같다.

표 6-18 배우자⋈사원

배우자. 사원번호	배우자. 배우자명	사원. 사원번호	사원. 이름	사원. 근무연수	사원. 직급	사원. 부서
E3	성춘향	E3	이몽룡	3	직원	회계부
E1	홍아내	E1	홍길동	1	과장	설계부

예시된 릴레이션을 통하여 알 수 있는 바와 같이 조인의 결과는 두 릴레이션의 모든 속성들로 구성되며, 대응하는 튜플이 존재하는 튜플들로만 구성된다. 즉, 사원 릴레이션의 E2 사원과 E4 사원은 대응하는 튜플이 배우자 릴레이션에 존재하지 않기 때문에 조인 릴레이션에 포함되지 않는다.

예시된 배우자 릴레이션과 사원 릴레이션에서 동일한 사원번호를 가지는 튜플들은 각각 하나씩만 존재한다. 이 결과 튜플들이 각각 1-대-1로 결합되었다. 그러나 경우에 따라서는 1개 이상의 튜플들이 동일 속성을 매개로 하여 결합되는 경우도 있다.

예를 들면, 한 사원이 2개 이상의 프로젝트에 참여할 수 있다는 가정 하에서 사원 릴레이션과 프로젝트 릴레이션이 표 6-19와 표 6-20과 같이 구성되어 있다고 가정하자. 이들 두 릴레이션을 프로젝트명을 매개로 하여 결합할 경우, 사원⋈프로젝트에 대응하는 SQL문은 다음과 같다.

```
SELECT    사원.*, 프로젝트.*
FROM      사원, 프로젝트
WHERE     사원.프로젝트명 = 프로젝트. 프로젝트명;
```

또는

표 6-19 프로젝트

프로젝트명	위 치	규 모	기 간	시작일
건물_A	부천시	50억	2년	1996-04-01
건물_B	서울시	100억	3년	1996-03-15
건물_C	부천시	150억	2년	1996-05-05

표 6-20 사원

이 름	근무연수	부 서	프로젝트명
홍길동	1	설계부	건물_A
홍길동	1	설계부	건물_B
최청년	4	관리부	건물_A
이몽룡	3	회계부	건물_B
이수일	2	인사부	

표 6-21 사원⋈프로젝트

사원.이름	사원.근무연수	사원.부서	사원.프로젝트명	프로젝트.프로젝트명	프로젝트.위치	프로젝트.규모	프로젝트.기간	프로젝트.시작일
홍길동	1	설계부	건물_A	건물_A	부천시	50억	2년	1996-04-01
홍길동	1	설계부	건물_B	건물_B	서울시	100억	3년	1996-03-15
최청년	4	설계부	건물_A	건물_A	부천시	50억	2년	1996-04-01
이몽룡	3	설계부	건물_B	건물_B	서울시	100억	3년	1996-03-15

```
SELECT    사원.*, 프로젝트.*
FROM      사원   JOIN  프로젝트
ON        (사원.프로젝트명 = 프로젝트.프로젝트명);
```

위의 조인 연산의 결과는 표 6-21에 예시된 바와 같이 건물_A 프로젝트의 튜플과 건물_B 프로젝트의 튜플은 해당 프로젝트에 참여하는 사원 튜플들과 중복하여 결합된다. 이 결과 사원 튜플과 프로젝트 튜플이 1-대-다수로 결합된다.

비교 조인

순수 조인은 동일한 속성을 매개로 하여 해당 속성값이 같은 튜플들을 결합하는 연산자이다. 이들 조인을 임의의 속성과 임의의 비교 연산자에 대하여 적용될 수 있도록 확대한 것을 비교 조인(theta-join)이라 한다. 즉, 비교 조인은 상호 비교 가능한 속성들을 비교하여, 비교 기준을 만족시키는 모든 튜플들을 결합하는 연산자로서 다음과 같이 정의된다.

$r \bowtie_{[A\,\theta\,B]} s$ = {t(RS) | 조인된 릴레이션의 튜플 t를 R에 대하여 투사한 튜플과 같은 튜플이 r에 있으며, t를 S에 대하여 투사한 튜플이 s에 있음. 그리고 t는 R의 속성 A와 S의 속성 B에 대하여 [t(A) θ t(B)]의 조건을 만족시킴}

예를 들면, 남자 릴레이션과 여자 릴레이션이 다음과 같이 저장되어 있다고 가정하자.

표 6-22 남자

이 름	나 이	키	몸무게	거주지
홍총각	20	175	63	전주
이남자	35	165	55	대전
박미남	28	172	60	서울

표 6-23 여자

이 름	나 이	키	몸무게	거주지
홍처녀	25	175	63	서울
이여자	39	155	45	전주
박미녀	29	159	52	대구

이들 릴레이션을 이용하여 남자와 여자들을 결합하고자 한다고 가정하자. 먼저 남자의 나이가 여자보다 많은 남녀를 결합하기 위한 조인 연산식은 다음과 같이 표시된다.

남자 $\bowtie_{[\text{남자.나이} > \text{여자.나이}]}$ 여자

이를 실행하는 SQL문은 다음과 같다.

```
SELECT      남자.*, 여자.*
FROM        남자, 여자
WHERE       남자.나이 > 여자.나이;
```

또는

```
SELECT      남자.*, 여자.*
FROM        남자        JOIN     여자
ON          (남자.나이 > 여자.나이);
```

위의 조인 연산의 결과는 표 6-24와 같다.

표 6-24 남자 ⋈ [남자.나이>여자.나이] 여자

남자. 이름	남자. 나이	남자. 키	남자. 몸무게	남자. 거주지	여자. 이름	여자. 나이	여자. 키	여자. 몸무게	여자. 거주지
이남자	35	165	55	대전	홍처녀	25	175	63	전주
이남자	35	165	55	대전	박미녀	29	159	52	대구
박미남	28	172	60	서울	홍처녀	25	175	63	서울

보다 정교한 결합 기준으로서, 거주지가 동일하면서 남자의 나이가 여자보다 많은 결합을 조인 연산식으로 나타내면 다음과 같다.

남자 ⋈ [남자.거주지=여자.거주지 AND 남자.나이>여자.나이] 여자

이를 실행하는 SQL문은 다음과 같다.

```
SELECT    남자.*, 여자.*
FROM      남자, 여자
WHERE     남자.나이 > 여자.나이    AND    남자.거주지 = 여자.거주지;
```

위의 조인 연산의 결과는 표 6-25와 같다.

표 6-25 남자 ⋈ [남자.거주지=여자.거주지 AND 남자.나이>여자.나이] 여자

남자. 이름	남자. 나이	남자. 키	남자. 몸무게	남자. 거주지	여자. 이름	여자. 나이	여자. 키	여자. 몸무게	여자. 거주지
박미남	28	172	60	서울	홍처녀	25	175	63	서울

외부 조인

순수 조인이나 비교 조인을 통하여 알 수 있는 바와 같이, 조인 연산에서 조인 조건을 만족시키지 않는 튜플들은 조인된 결과 릴레이션에 포함되지 않는다. 그러나 경우에 따라서는 이와 같이 결합에서 제외된 튜플들에 대한 정보도 필요할 수 있는데, 이들을 포함하기 위한 조인 연산이 외부 조인(outer-join)이다.

예를 들면 앞에서 예시되었던 사원 릴레이션과 프로젝트 릴레이션의 조인에서, 조인의 결과는 프로젝트에 참여하는 사원만을 포함한다. 즉, 이수일은 포함되지 않는다. 그러나 사원들이 참여하는 프로젝트들이 무엇임과 동시에

참여하지 않는 사원들도 표 6-26과 같이 포함하고자 할 때, 이를 위한 연산자가 외부 조인이다.

프로젝트 릴레이션과 사원 릴레이션에서 프로젝트명을 매개로 하는 외부 조인은 다음과 같이 표시된다.

프로젝트 $\bowtie_{outer}$ **사원**

이를 실행하는 SQL문은 다음과 같다.

```
SELECT      사원.*, 프로젝트.*
FROM        프로젝트   OUTER   JOIN   사원
ON          (사원.프로젝트명 = 프로젝트.프로젝트명);
```

표 6-26 사원 $\bowtie_{outer}$ 프로젝트

사원. 이름	사원. 근무연수	사원. 근무부서	사원. 프로젝트명	프로젝트. 프로젝트명	프로젝트. 위치	프로젝트. 규모	프로젝트. 기간	프로젝트. 시작일
홍길동	1	설계부	건물_A	건물_A	부천시	50억	2년	1996-04-01
홍길동	1	설계부	건물_B	긴물_B	서울시	100억	3년	1996-03-15
최청년	4	설계부	건물_A	건물_A	부천시	50억	2년	1996-04-01
이몽룡	3	설계부	건물_B	건물_B	서울시	100억	3년	1996-03-15
이수일	2	인사부						
				건물_C	부천시	150억	2년	1997-05-05

외부 조인의 결과로부터 어떠한 사원들이 있으며, 이들 중 누가 무슨 프로젝트에 참여하며, 누가 참여하지 않는지를 알 수 있다. 예시된 바와 같이 대응하는 튜플이 없는 튜플들도 모두 포함하는 외부 조인을 완전 외부 조인(full outer join)이라고 한다. 외부 조인은 완전 외부 조인을 의미한다. 이에 반하여, 왼쪽에 표시된 릴레이션들만을 포함하는 외부 조인을 왼쪽 외부 조인(left outer join)이라고 하며, 오른쪽에 표시된 릴레이션들만을 포함한 외부 조인을 오른쪽 외부 조인(right outer join)이라고 한다.

열거된 사원 테이블과 프로젝트 테이블에서, 사원 $\bowtie_{left\ outer}$ 프로젝트는 참여하는 프로젝트가 없는 사원 레코드들은 조인 결과에 포함된다. 그러나 참여 사원이 없는 프로젝트는 조인 결과에 포함되지 않는다.

표 6-27 사원 ⋈ left outer 프로젝트

사원.이름	사원.근무연수	사원.근무부서	사원.프로젝트명	프로젝트.프로젝트명	프로젝트.위치	프로젝트.규모	프로젝트.기간	프로젝트.시작일
홍길동	1	설계부	건물_A	건물_A	부천시	50억	2년	1996-04-01
홍길동	1	설계부	건물_B	건물_B	서울시	100억	3년	1996-03-15
최청년	4	설계부	건물_A	건물_A	부천시	50억	2년	1996-04-01
이몽룡	3	설계부	건물_B	건물_B	서울시	100억	3년	1996-03-15
이수일	2	인사부						

이를 실행하는 SQL문은 다음과 같다.

```
SELECT      사원.*,  프로젝트.*
FROM        프로젝트  LEFT  OUTER  JOIN  사원
ON          (사원.프로젝트명 = 프로젝트.프로젝트명 );
```

그리고 사원 ⋈ right outer 프로젝트는 참여 사원이 없는 프로젝트 레코드들은 조인 결과에 포함된다. 그러나 참여 프로젝트가 없는 사원은 조인 결과에 포함되지 않는다.

이를 실행하는 SQL문은 다음과 같다.

```
SELECT      사원.*,  프로젝트.*
FROM        프로젝트  RIGHT  OUTER  JOIN  사원
ON          (사원.프로젝트명 = 프로젝트.프로젝트명 );
```

표 6-28 사원 ⋈ right outer 프로젝트

사원.이름	사원.근무연수	사원.근무부서	사원.프로젝트명	프로젝트.프로젝트명	프로젝트.위치	프로젝트.규모	프로젝트.기간	프로젝트.시작일
홍길동	1	설계부	건물_A	건물_A	부천시	50억	2년	1996-04-01
홍길동	1	설계부	건물_B	건물_B	서울시	100억	3년	1996-03-15
최청년	4	설계부	건물_A	건물_A	부천시	50억	2년	1996-04-01
이몽룡	3	설계부	건물_B	건물_B	서울시	100억	3년	1996-03-15
				건물_C	부천시	150억	2년	1997-05-05

조인과 외래키

이상에서 살펴본 바와 같이 릴레이션들을 결합하는 가장 중요한 공통 속성은 외래키이다. 관계형 데이터모형의 구조에서 살펴본 바와 같이 외래키는 릴레이션들을 연결하는 경로로 사용된다. 앞에서 제시된 사원 릴레이션과 프로젝트 릴레이션도 외래키인 프로젝트명을 매개로 하여 결합되었다.

모든 릴레이션의 조인이 외래키로 한정되는 것은 아니다. 비교 조인에서 살펴본 바와 같이 임의의 속성을 매개로 하여서도 릴레이션을 결합할 수 있다. 그러나 조인과 연관하여 가장 중요한 역할을 하는 것은 외래키이다.

관계형 데이터베이스의 설계에서 보다 자세히 설명되겠지만, 관계형 데이터베이스는 데이터의 중복을 제거하기 위하여 가능하면 중복이 발생하지 않도록 작은 릴레이션들로 분해하여 저장한다. 예를 들면 앞에서 제시된 사원 ⋈ 프로젝트 릴레이션을 하나의 릴레이션으로 저장하기보다는 사원 릴레이션과 프로젝트 릴레이션으로 분해하여 저장한다. 그러나 사원 ⋈ 프로젝트 릴레이션과 같이 결합된 릴레이션이 사용자들이 사용하기 편하고 이해하기 쉬울 수 있다. 이와 같이 분해된 릴레이션들로부터 원래의 릴레이션을 복원할 수 있도록 하는 연산자가 조인이며, 이를 위한 매개 속성이 외래키이다.

6.3.5 카티션적

집합에서 카티션적(cartesian product)이란 두 집합의 원소들을 결합한 모든 순서쌍의 집합이다. 예를 들면 A={1, 2, 3, ... }, B={1, 2, 3, ... }일 경우 A와 B의 카티션적인 A×B는 {(1, 1), (1, 2), ..., (2, 1), (2, 2), ...}이다. 즉 자연수를 나타내는 두 집합 A와 B의 카티션적은 모든 자연수를 좌표로 하는 2차원 평면의 점들이다.

이를 관계형 데이터베이스에 적용하면, 릴레이션은 튜플의 집합으로서, 이들 사이의 카티션적은 개별 릴레이션의 튜플들 사이에 존재하는 모든 가능한 결합이 된다. 즉, 두 릴레이션의 튜플들로부터 만들어질 수 있는 모든 가능한 튜플들로 구성된 릴레이션을 만드는 연산자가 카티션적이다.

r×s={t(RS) | 조인된 릴레이션의 튜플 t를 R에 대하여 투사한 튜플과 같은 튜플이 r에 있으며, t를 S에 대하여 투사한 튜플이 s에 있음. 그리고 R과 S는 공통된 속성을 가지지 않음 (R ∩ S = ∅).}

표 6-29 남자 × 여자

남자.이름	남자.나이	남자.키	남자.몸무게	남자.거주지	여자.이름	여자.나이	여자.키	여자.몸무게	여자.거주지
홍총각	20	175	63	전주	홍처녀	25	175	63	전주
홍총각	20	175	63	전주	이여자	39	155	45	전주
홍총각	20	175	63	전주	박미녀	29	159	52	대구
이남자	35	165	55	대전	홍처녀	25	175	63	전주
이남자	35	165	55	대전	이여자	39	155	45	전주
이남자	35	165	55	대전	박미녀	29	159	52	대구
박미남	28	172	60	서울	홍처녀	25	175	63	전주
박미남	28	172	60	서울	이여자	39	155	45	전주
박미남	28	172	60	서울	박미녀	29	159	52	대구

카티션적은 결합 조건이 명시되지 않은 조인 연산과 같다. 예를 들면, 앞의 표 6-22와 표 6-23에서 예시된 남자와 여자 릴레이션의 카티션적은 모든 남자 릴레이션의 튜플과 여자 릴레이션의 튜플을 결합하는 경우이다.

이를 실행하는 SQL은 다음과 같이 두 릴레이션을 조건 없이 조인하는 것으로 표시된다.

```
SELECT      남자.*, 여자 *
FROM        남자, 여자;
```

카티션적은 두 릴레이션 사이의 모든 가능한 결합이며, 이는 두 릴레이션 사이의 모든 가능한 조인의 상위 집합(super set)이다. 즉 모든 가능한 조인은 카티션적의 부분집합이다.

6.3.6 나눗셈(Division)

나눗셈 연산자는 큰 릴레이션으로부터 작은 릴레이션을 나누어 제3의 릴레이션을 생성하는 연산자이다. 여기서 나누는 릴레이션(제수 릴레이션)의 모든 튜플을 포함하는 튜플들이 나누어지는 릴레이션(피제수 릴레이션)에 존재할 경우 피제수릴레이션은 제수 릴레이션으로 나누어진다고 말한다.

예를 들어 학번과 과목번호를 속성으로 갖는 수강이라는 릴레이션이 있

표 6-30 수강÷과목

수강

학 번	과목번호
S1	C1
S1	C2
S1	C3
S2	C2
S2	C1
S3	C2

과목

과목번호
C1
C2
C3

수강÷과목

학 번
S1

고, 과목번호만을 속성으로 갖는 과목이라는 릴레이션이 있다고 가정하자. 이들 두 릴레이션에서 표 6-30의 수강 릴레이션을 표 6-31의 과목 릴레이션으로 나눈다고 하자. 이때, 표 6-30의 수강 릴레이션은 표 6-31의 과목 릴레이션에 포함된 튜플들을(즉 C1, C2, C3를) 과목번호 속성의 값으로 가지면서 학번값은 동일한 튜플들을 포함한다. 따라서 표 6-30의 수강 릴레이션은 표 6-31의 과목 릴레이션으로 나누어진다. 이때 나누어진 몫을 나타내는 릴레이션은 학번만을 속성으로 포함하며(왜냐하면 {학번, 과목번호}를 {과목번호}로 나누었기 때문에 {학번}만이 남는다), 튜플은 S1이다. S2와 S3는 C1, C2, C3의 3과목번호를 갖는 쌍이 존재하지 않기 때문에 나누어진 릴레이션에 포함되지 않는다.

SQL은 나눗셈을 나타내는 연산자를 직접 지원하지 않는다. 그러나 카티션적과 차집합 개념을 사용하여 단계적으로 나눗셈을 계산할 수 있다. 나눗셈의 연산과정을 앞에서 소개된 수강 ÷ 과목 예제를 사용하여 설명하면 다음과 같다.

- 단계 1: 과목을 수강하는 모든 학생들의 학번을 추출한다(표 6-31 모든학생 테이블 참조).
- 단계 2: 모든학생 테이블과 과목 테이블의 카티션적을 계산하여, 발생 가능한 모든 수강 가능성을 나타내는 테이블을 생성한다(표 6-31 수강가능 테이블 참조).
- 단계 3: 수강 테이블에 기록되지 않은, 즉 미수강 과목이 있는 학생들을 찾아내기 위하여 먼저 수강가능 테이블의 튜플들 중에서 수강 테이블에 기록되지 않은 튜플들을 찾아낸다(표 6-32 미수강과목 테이블 참조). 그

표 6-31 수강가능한 모든 결합을 추출

모든학생

학 번
S1
S2
S3

과목

과목번호
C1
C2
C3

수강가능

학 번	과목번호
S1	C1
S1	C2
S1	C3
S2	C1
S2	C2
S2	C3
S3	C1
S3	C2
S3	C3

표 6-32 미수강과목으로부터 미수강 학생과 모두 수강한 학생 추출

미수강과목

학 번	과목번호
S2	C3
S3	C1
S3	C2

미수강학생

학 번
S2
S3

수강÷과목

학 번
S1

리고 미수강 학생을 찾아낸다(표 6-32 미수강학생 테이블 참조). 미수강 학생이 아닌 학생을 찾아내면, 이것이 나눗셈이다.

6.4 SQL

데이터베이스관리시스템을 접하면서 가장 먼저 접하게 되는 것이 SQL이다. SQL은 관계형 데이터베이스를 생성하고 조작하기 위한 데이터베이스언어이다.

SQL은 관계형 데이터베이스언어로서 데이터 정의, 데이터 조작 및 데이터베이스 관리기능을 수행하는 3종류의 명령문으로 구성되어 있다. 본 장에서는 이들 SQL에 대하여 개략적으로 소개한다. SQL의 문법적 구조는 데이터베이스

관리시스템별로 조금씩은 다를 수 있으나 본 교재에서는 SQL2 표준안을 기준으로 설명한다.

6.4.1 데이터 정의어

데이터 정의어(DDL: Data Definition Language)는 데이터베이스 안에 무슨 자료가 저장될 것인가를 정의하는 언어이다. 즉 데이터 정의어는 데이터베이스 안에 무슨 자료가 저장될 것이며, 이들 자료들이 어떠한 형태를 지닐 것인가 등의 데이터베이스 구조를 정의하는 언어이다. 따라서 데이터베이스 정의어라고 하는 것이 보다 부합된 명칭이라 할 수 있다.

테이블의 생성

SQL을 이용하여 테이블을 생성하는 예를 살펴보면 표 6-33과 같다. 예시된 바와 같이 테이블의 생성은 릴레이션 구조를 정의하는 과정이다. 부연하면 표 6-33에 열거한 SQL을 실행하면 빈 테이블이 만들어진다고 볼 수 있다.

이렇게 생성된 빈 테이블에, 이하에서 설명되는 데이터 조작어를 이용하여 데이터를 입력하면, 데이터가 저장된 릴레이션이 만들어진다.

표 6-33 테이블의 생성

```
CREATE TABLE 공급사
(공급업체번호   NUMBER(4)  PRIMARY  KEY,
 회사이름       CHAR(20)  NOT  NULL,
 도시명         VARCHAR(10),
 담당자이름     CHAR(20));
```

공급업체 번호	회사 이름	도시명	담당자 이름

테이블의 삭제

생성된 테이블을 삭제하기 위해서는 CREATE에 대응하는 명령어인 DROP을 사용한다. 테이블을 삭제하기 위해서는 테이블 이름만 지정하면 된다. 그러면 저장된 데이터들과 함께 테이블이 삭제된다.

```
DROP TABLE          공급사;
```

테이블의 변경

테이블의 구조를 변경시키기 위해서는 ALTER 명령어를 사용한다. 테이블을 변경한다는 것은 새로운 속성을 추가하거나 기존 속성을 변경 또는 삭제하는 것을 의미한다. 속성의 변경은 다음의 MODIFY 명령어를 사용한다.

```
ALTER TABLE        공급사
        MODIFY      (담당자이름   CHAR(6));
```

속성의 변경은 새로운 데이터 형이 기존 데이터 형보다 확대된 경우에 한하여 가능하다. 바꾸어 이야기하면 회사이름의 데이터 형을 CHAR(20)에서 CHAR(25)로 변경시키는 것은 가능하나 CHAR(25)에서 CHAR(20)으로 변경하는 것은 불가능하다. 또한 문자를 숫자로 변경시키는 것 등도 불가능하다.

새로운 속성의 추가는 해당 속성명(또는 필드명)과 속성의 데이터 형을 추가로 정의하여 기 정의된 테이블에 추가함으로써 이루어진다.

```
ALTER TABLE 공급사
        ADD (전화번호    CHAR(15));
```

릴레이션 구조는 가능한 변경하지 않는 것이 좋다. 그리고 필요한 경우에는 기존 데이터들을 모두 복제한 후 테이블을 삭제하고, 다시 새로운 테이블을 생성한 뒤, 복제된 데이터들을 재입력하는 것이 올바른 절차이다.

속성의 변경이나 추가에 반하여 속성의 삭제는 직접 지원되지 않는다. 속성을 삭제하기보다는 테이블 중 해당 속성을 제외한 나머지 속성들로 구성된 뷰를 정의하는 것이 보다 편리한 방법이다.

뷰의 생성[5)]

관계형 데이터베이스시스템에서 뷰는 가상 테이블을 말한다. 가상 테이블이란 데이터베이스에 실제로 존재하지는 않는 테이블로서 다만 외부적으로 존재하는 것처럼 보이는 테이블을 칭하며 가상 테이블(virtual table)이라 부른다.

---

5) 뷰는 데이터 조작어를 이용하여 이미 만들어져 있는 테이블이나 뷰로부터 생성한다. 이러한 뷰의 생성은, 이해를 위하여, 순서상 데이터 조작어를 공부한 이후에 다시 공부하는 것이 바람직하다.

뷰는 다음과 같은 상호 모순적인 데이터관리의 목표를 실현할 수 있는 방안을 제공하는 관계형 데이터베이스의 주요 기능이다.

- 여러 사용자들이 데이터베이스에 저장된 자료를 공유하면서 각자 원하는 정보 요구를 충족시킬 수 있기 위해서는, 각자가 원하는 자료들만을 포함하는 테이블들이 제공될 수 있어야 한다.
- 데이터베이스에서 자료의 중복은 가능한 범위 안에서 억제되어야 한다. 즉 자료는 공동으로 한번만 저장하고, 이 자료를 모든 사용자들이 공통으로 사용하는 것이 바람직하다.

이들 서로 상충되는 목표를 실현할 수 있는 기능이 뷰이다. 구체적으로 살펴보면 모든 사용자들을 충족시킬 수 있는 자료들을 공통으로 저장한 뒤(이와 같이 데이터베이스에 저장된 테이블을, 뷰와 구분하기 위하여 테이블 또는 기저 테이블(base table)이라고 한다), 가상 테이블인 뷰를 정의하여 각 사용자들에게 원하는 자료들만을 제시한다. 이와 같이 뷰는 여러 사용자들이 데이터베이스를 공유하기 위하여 반드시 필요한 기능이다.

예를 들면 인사부에서는 근무연수가 3년 이상인 경력 사원들의 신상 자료를 별도로 관리하기를 원한다고 가정하자. 이 경우 근무연수3년이상사원 뷰를 표 6-8의 사원 테이블로부터 다음과 같이 생성한다.

```
CREATE VIEW 근무연수3년이상사원 (사원번호, 이름, 직급, 부서) AS
        SELECT 사원번호, 이름, 직급, 부서
        FROM   사원
        WHERE  근무연수 >= 3;
```

이 결과 표 6-8의 사원 테이블로부터 다음과 같은 근무연수3년이상사원이라는 가상의 테이블이 존재하는 것처럼 형성된다.

표 6-34 근무연수3년이상사원 뷰

사원번호	이 름	직 급	부 서
E2	최청년	부장	관리부
E3	이몽룡	직원	회계부

이상에서 우리는 하나의 테이블로부터의 뷰 생성을 살펴보았다. 그러나 뷰는 반드시 하나의 테이블로부터 만들어질 필요는 없으며, 여러 테이블이나 또 다른 뷰로부터 만들 수도 있다. 즉 다음의 데이터 조작어에서 소개되는 모든데이터 검색방법을 이용하여 뷰를 생성할 수 있다. 뷰가 정의된 후, 사용자들은 생성된 뷰에 대해서는 기저 테이블과 동일한 데이터 조작 명령을 수행할 수 있다.

뷰의 삭제

뷰의 삭제는 테이블의 경우와 같이 CREATE VIEW에 대응하는 명령어인 DROP VIEW를 이용하여 다음과 같이 수행한다.

```
DROP VIEW 근무연수3년이상사원 ;
```

6.4.2 데이터 조작어

데이터 조작어(DML: Data Manipulation Language)는 데이터 정의어를 사용하여 만든 데이터베이스에 실제로 자료를 입력하거나 갱신하며, 입력된 자료를 검색하여 추출하기 위해 사용하는 명령어들이다. 데이터 조작어는 다음의 조작기능들을 수행한다.

- 입력기능: 데이터베이스에 새로운 자료를 추가하는 기능
- 변경기능: 데이터베이스에 저장된 자료를 변경하는 기능
- 삭제기능: 데이터베이스에 저장된 자료를 삭제하는 기능
- 검색기능: 데이터베이스에 저장된 자료를 검색하여 추출하는 기능

데이터 조작어는 사용 유형에 따라 대화형 질의어(interactive query language)[6]와 내장형 데이터 조작어(embedded data sublanguage)로 구분된다. 대화형 질의어란 사용자가 응용프로그램을 통하지 않고 직접 데이터베이스시스템에 접근하여 데이터베이스 내 자료를 조작하기 위하여 사용하는 언어이다. 가장 대표적인 대화형 질의어로서는 대화형 SQL이 있다. 관계형 연산자들을

6) 일반적으로 사용자들이 직접 데이터를 조작하여 검색하기 위한 언어를 질의어라고 하며, SQL 또한 단어적 의미상으로 질의어(query language)에 포함된다. 그러나 앞으로 상세히 설명되는 바와 같이, SQL은 질의 기능만을 수행하는 것이 아니라 모든 데이터 조작기능을 수행한다. 또한 추가하여, 데이터의 정의 및 데이터베이스의 관리기능까지 수행하는 범용 데이터베이스언어이다.

설명하는 과정에서 소개한 SQL은 모두 대화형 SQL이다.

대화형 SQL에 반하여 내장형 SQL은 응용프로그램에서 데이터베이스 자료를 조작할 때 사용하는 언어로서 응용프로그램의 일부로 포함된다.

파일시스템에서는 파일을 정의하고, 이들 파일에 데이터를 저장하고, 검색하는 명령문은 프로그램의 일부로 포함된다. 이에 반하여 데이터베이스시스템에서는 해당 데이터들이 저장된 테이블은 프로그램이 아닌 데이터베이스 관리시스템에 의하여 정의되고 관리된다. 응용프로그램은 이렇게 만들어진 데이터베이스를 사용하기만 하는데, 데이터들을 조작하기 위한 내장형 SQL 명령어들을 프로그램의 일부로 포함한다.

예를 들면 다음 프로그램은 emp 테이블의 속성들인 name, years, position을 응용프로그램의 변수들인 iname, iyears, iposition에 읽어들여 처리하는 내장형 SQL 문장이다.

```
Declare
     iyears  :       SMALLINT;
     ieno    :       SMALLINT;
     iname   :       CHAR(10);
     iposition:      CHAR(2);
Begin
     ieno := 9643;
     SELECT  emp.name, emp.years, emp.position
             INTO :iname, :iyears, :iposition
     FROM     emp
     WHERE   empno = :ieno;
       .
       .
End
```

데이터 입력

관계형 데이터베이스에서 데이터들은 레코드 단위로 입력된다. 사원 테이블에 김국민이라는 새로운 사원를 추가한다고 할 경우 테이블명을 명시하고 테이블을 구성하는 각 필드에 대하여 자료값을 입력하면 된다.

```
INSERT INTO 사원(empno, name, years, position)
VAUES ('E7', '김국민', 0, '직원');
```

데이터 입력시 입력되지 않은 속성은 빈값(NULL)으로 저장된다.

데이터 검색

데이터 검색은 데이터베이스에 저장된 데이터들 중 특정 조건을 민족시키는 것들만을 추출하는 기능으로서 단순 질의와 복합 질의로 구분된다. 단순 질의는 하나의 테이블로부터 데이터를 검색하는 활동이며, 가장 간단한 데이터 검색 활동이다. 예를 들면, 표 6-8의 사원테이블에서 설계부에 근무하는 사원들의 이름과 직급을 검색하는 것 등이 대표적인 단순 질의인데, 다음과 같이 SQL로 표현된다.

```
SELECT    사원.이름, 사원.직급
FROM      사원
WHERE     부서 = '설계부';
```

단순 질의는 예제를 통하여 알 수 있는 바와 같이 다음과 같이 구성된다. 따라서 단순 질의의 결과는 원래 테이블의 일부분이며, 이 또한 테이블이다.

SELECT절: 레코드의 필드 중 어느 필드들을 추출할 것인가를 나타냄.
FROM절: 무슨 테이블로부터 데이터를 추출할 것인가를 나타냄.
WHERE절: 테이블을 구성하는 레코드들 중 어떤 레코드들을 추출할 것인가를 나타냄.

단순 질의와 비교하여 두 개 이상의 테이블들로부터의 데이터를 검색하는 것을 복합 질의라고 한다. 예를 들면 표 6-19의 프로젝트 테이블과 표 6-20의 사원 테이블로부터 부천시에서 건설중인 프로젝트에 참여하는 사원의 이름을 알고 싶다고 가정하자. 이 경우 알고자 하는 데이터를 프로젝트 테이블이나 사원 테이블 하나로부터는 추출할 수 없으며, 이 두 테이블을 같이 이용하여야 한다. 이와 같이 복합 질의는 2개 이상의 테이블을 결합하여(join하여) 수행되며, 이 때문에 조인(join)으로 통칭된다.

복합 질의의 구조는 단순 질의와 동일하나 FROM절에 2개 이상의 테이블명을 표시한다. 또한 WHERE절에는 검색 조건(예에서 프로젝트.위치='부천시')

뿐만이 아니라 테이블들이 무엇을 기준으로 결합되는지를 나타내는 조인 조건(예에서 프로젝트.프로젝트명=사원.프로젝트명)이 같이 명시되어야 한다.

```
SELECT    사원.이름
FROM      프로젝트, 사원
WHERE     프로젝트.프로젝트명 = 사원.프로젝트명
AND       프로젝트.위치 = '부천시';
```

위의 SQL문은 조인 조건을 검색 조건과 같이 WHERE절에 같이 포함함으로써 이들을 서로 구별하는 것이 쉽지 않다. 따라서 복합 질의의 이해를 돕기 위해서는 조인 조건과 검색 조건을 분리하는 것이 필요하며, 이를 위한 별도의 명령어가 JOIN이다. JOIN을 이용하여 복합 질의는 다음과 같이 표현된다.

```
SELECT    사원.이름
FROM      프로젝트    JOIN    사원
ON        (프로젝트.프로젝트명 = 사원.프로젝트명)
WHERE     프로젝트.위치 = '부천시';
```

JOIN 명령어를 포함하는 검색 질의에서 조인 조건은 ON절에 표시되며, 검색 조건은 WHERE절에 표시된다.

데이터 갱신

관계형 데이터베이스에서 자료의 갱신은, 먼저 갱신될 레코드들을 검색하고, 다음에 검색된 레코드들의 필드값을 갱신하는 2단계 작업으로 수행된다. 간단한 예를 살펴보면, 표 6-19에서 건물_A 프로젝트의 규모를 10% 상향 조정 한다고 가정하자. 이를 위한 SQL문은 다음과 같다.

```
UPDATE    프로젝트
SET       규모=규모 * 1.1
WHERE     프로젝트명 = '건물_A';
```

예제를 통하여 알 수 있는 바와 같이 데이터 갱신은 다음과 같이 구성된다.

UPDATE절: 대상 테이블을 지정함.
SET절: 무슨 필드의 값이 어떻게 변하는가를 지정함.
WHERE절: 무슨 레코드들의 자료를 갱신할 것인가를 나타내는 갱신 조건을 지정함.

데이터 삭제

데이터의 삭제도 데이터의 갱신과 마찬가지로 먼저 삭제될 레코드들을 검색하고, 다음에 검색된 레코드들을 삭제하는 2단계 작업으로 수행된다. 그러나 삭제의 경우에는 갱신과 달리 삭제 명령문만을 나타내면 되므로 간단한 문법적 구조를 갖는다.

간단한 예를 살펴보면, 표 6-20에서 이몽룡 사원이 퇴사하여 관련된 데이터들을 삭제한다고 가정하자. 이를 위한 SQL문은 다음과 같다.

```
DELETE
FROM        사원
WHERE       이름 = '이몽룡' ;
```

예제를 통하여 알 수 있는 바와 같이 데이터의 삭제는 다음과 같이 구성된다.

DELETE절: 삭제 명령문임을 나타냄
FROM절: 대상 테이블을 지정함.
WHERE절: 무슨 레코드들을 삭제할 것인가를 나타내는 삭제 조건을 지정함.

6.4.3 데이터베이스 권한 관리어

효과적인 데이터 관리를 위하여 데이터베이스 관리자(DBA: Database Administrator)는 누가 어떤 데이터를 어떻게 사용할 수 있는가를 규정한다. 사용자나 프로그램은 특정 데이터들을 추가, 삭제, 변경 또는 검색할 수 있는 권한을 갖거나 전체 데이터베이스를 재구성할 수 있는 권한을 가질 수 있다.

외견상으로는 데이터베이스에 대한 접근제어는 운영 체제에 대한 접근제어와 유사하다. 다만 데이터베이스의 접근제어는 운영체제와 비교하여 관리대상이 더 많고 더 복잡하다. 데이터베이스인 경우 수십, 수백 개의 테이블 각각에 수십, 수백 개의 필드가 있을 수 있다.

권한의 종류

테이블에 대한 권한은 데이터 정의어와 데이터 조작어에서 언급한 다음의 작업들에 대한 권한을 포함한다.

SELECT, INSERT, DELETE, UPDATE, DROP, ALTER, INDEX

관계형 데이터베이스관리시스템은 권한 부여 명령어인 GRANT와 권한 취소 명령어인 REVOKE를 이용해 권한을 부여하거나 취소할 수 있다.

권한의 부여와 취소

DBA나 테이블을 생성한 사용자는 다른 사용자에게 특정 테이블에 대한 데이터 정의 또는 데이터 조작 권한을 부여할 수 있다. 또한 언제든지 허용한 권한을 취소할 수 있다. 전자를 위한 명령어가 GRANT이며, 후자를 위한 것이 REVOKE이다. GRANT와 REVOKE 명령문의 예를 살펴보면 다음과 같다.

```
GRANT     SELECT, UPDATE(근무연수, 직급, 부서)   ON   사원
TO        JILL, JOHN;

REVOKE    UPDATE  ON   제품
FROM      JOHN;
```

권한의 재부여

권한을 부여받은 사용자가 다른 사용자에게 다시 권한을 부여할 수 있는 것을 권한의 재부여(GRANT OPTION)라고 한다. 이를 위한 명령문이 WITH GRANT OPTION이다.

```
GRANT  SELECT  ON  사원
TO  이몽룡  WITH  GRANT OPTION;
```

재부여 권한을 부여받은 '이몽룡'은 사원 테이블에 대한 SELECT 권한을 다시 '김국민'에게 부여할 수 있다.

```
GRANT  SELECT  ON  사원
TO  김국민;
```

6.4.4 비절차 언어로서의 SQL과 질의 최적화

SQL은 비절차형 언어이다. 즉 SQL로 작성된 검색 질의는 데이터의 조작 순서를 명시하지 않으며 단지 검색 조건만을 명시한다. 이렇게 작성된 SQL의 실행 순서는 관계형 데이터베이스관리시스템이 결정한다.

예를 들면 앞에서 예시한 부천시 프로젝트에 참여하고 있는 사원의 이름을 검색하기 위한 질의를 고려하여 보자. 이를 위한 질의는 사원 테이블과 프로젝트 테이블을 결합하기 위한 조인 조건(프로젝트.프로젝트명=사원.프로젝트명)과 부천시 프로젝트를 찾기 위한 검색 조건(프로젝트.위치= '부천시')을 같이 포함한다.

```
SELECT      사원.이름
FROM        프로젝트, 사원
WHERE       프로젝트.프로젝트명 = 사원.프로젝트명
AND         프로젝트.위치 = '부천시' ;
```

이 질의의 실행방법을 살펴보면 크게 다음의 두 가지를 생각할 수 있다.

- 첫 번째 실행방법: 사원 테이블과 프로젝트 테이블을 조인한 후, 조인된 테이블에서 프로젝트의 위치가 부천시인 레코드만을 검색하여 내고, 이로부터 참여하고 있는 사원의 이름을 도출하는 방법.
- 두 번째 실행방법: 프로젝트 테이블에서 위치가 부천시인 레코드만을 검색하여 내고, 이렇게 검색된 테이블과 사원 테이블을 조인한 후, 조인된 테이블에서 사원이름을 도출하는 방법.

위에서 소개한 질의 실행방법을 그림으로 예시하면 각각 다음과 같다.

(1) 첫 번째 실행방법

프로젝트명	위 치	규 모	기 간	시작일
건물_A	부천시	50억	2년	1996-04-01
건물_B	서울시	100억	3년	1996-03-15
건물_C	부천시	150억	2년	1996-05-05

이 름	근무연수	부 서	프로젝트명
홍길동	1	설계부	건물_A
홍길동	1	설계부	건물_B
최청년	4	관리부	건물_A
이몽룡	3	회계부	건물_B
이수일	2	인사부	

사원.이름	사원.근무연수	사원.부서	사원.프로젝트명	프로젝트.프로젝트명	프로젝트.위치	프로젝트.규모	프로젝트.기간	프로젝트.시작일
홍길동	1	설계부	건물_A	건물_A	부천시	50억	2년	1996-04-01
홍길동	1	설계부	건물_B	건물_B	서울시	100억	3년	1996-03-15
최청년	4	설계부	건물_A	건물_A	부천시	50억	2년	1996-04-01
이몽룡	3	설계부	건물_B	건물_B	서울시	100억	3년	1996-03-15

↓

사원.이름	사원.근무연수	사원.근무부서	사원.프로젝트명	프로젝트.프로젝트명	프로젝트.위치	프로젝트.규모	프로젝트.기간	프로젝트.시작일
홍길동	1	설계부	건물_A	건물_A	부천시	50억	2년	1996-04-01
최청년	4	설계부	건물_A	건물_A	부천시	50억	2년	1996-04-01

↓

사원.이름
홍길동
최청년

(2) 두 번째 실행방법

프로젝트명	위 치	규 모	기 간	시작일
건물_A	부천시	50억	2년	1996-04-01
건물_B	서울시	100억	3년	1996-03-15
건물_C	부천시	150억	2년	1996-05-05

↓

프로젝트명	위 치	규 모	기 간	시작일
건물_A	부천시	50억	2년	1996-04-01
건물_C	부천시	150억	2년	1996-05-05

이 름	근무연수	부 서	프로젝트명
홍길동	1	설계부	건물_A
홍길동	1	설계부	건물_B
최청년	4	관리부	건물_A
이몽룡	3	회계부	건물_B
이수일	2	인사부	

↓

사원.이름	사원.근무연수	사원.근무부서	사원.프로젝트명	프로젝트.프로젝트명	프로젝트.위치	프로젝트.규모	프로젝트.기간	프로젝트.시작일
홍길동	1	설계부	건물_A	건물_A	부천시	50억	2년	1996-04-01
최청년	4	설계부	건물_A	건물_A	부천시	50억	2년	1996-04-01

↓

사원.이름
홍길동
최청년

이들 두 가지 방법 중 어느 것이 보다 효과적인 것인지는 상황에 따라 다르다. 따라서 데이터베이스관리시스템이 각 테이블에 대한 통계치를 사용하여 가장 최적의 방법을 예측하여 결정한다. 즉 SQL 질의의 실행 순서는 SQL에서는 알 수 없으며, 데이터베이스관리시스템이 스스로 결정한다. 이와 같이 데이터베이스관리시스템이 SQL의 실행 절차를 결정하는 것을 질의 최적화라고 한다.

6.5 관계형 데이터모형의 제약

관계형 데이터모형은 현재까지 제시된 데이터모형들 중에서 가장 효과적인 데이터모형으로 평가되고 있다. 그러나 다른 한편으로, 단순 테이블 구조로 인하여 여러 가지 제약을 갖는다. 이러한 관계형 데이터모형의 제약을 나열하면 다음과 같다.

- 집합 등과 같은 비 단순 데이터들을 표현하기가 곤란함.
- 조직표, 구성표 등과 같은 계층적 정보를 조작하기가 쉽지 않음.
- 속성명과 같은 테이블의 구조를 자료값과 같이 검색할 수 없음.

6.5.1 비 단순 데이터의 표현

관계형 데이터모형에서 데이터 관리의 기본 단위는 릴레이션이다. 그리고 릴레이션에서 모든 데이터들은 단순 자료값으로 표시된다. 이 결과 테이블의 모든 필드들은 한 개의 값만을 가질 수 있다. 그러나 실제 현상에는 릴레이션 형태로 표현하기 곤란한 여러 형태의 데이터들이 존재한다. 이들 중에서 대표적인 것들을 나열하면 다음과 같다.

- 집합
- 복합 데이터

집 합

일상적으로 속성들이 여러 개의 값을 가질 경우들이 발생한다. 예를 들면, 특정 도서의 저자가 단독 저자일 수도 있으며, 공동 저자일 수도 있다. 공동 저자와 같이 속성이 여러 개의 값을 가질 경우, 가장 자연스러운 방안은 표 6-35(a)와 같이 이들을 집합으로 표현하는 것이다. 만약 릴레이션이 표 6-35(a)와 같이 집합을 표시할 수 있을 경우, 저자들은 속성의 값으로 쉽게 표시될 수 있다. 그러나 관계형 데이터모형은 이들을 나타낼 수 없으며, 따라서 표 6-35(b)와 같이, 각 저자들을 개별적으로 표시해야 한다.

만약 표 6-35(a)와 같이 저자들이 표현되어 있으면, 적어도 한 권의 책을 저술한 저자들의 집합을 쉽게 검색할 수 있다. 즉 단순히 저자 필드의 값을 검색하면 되며, 저자들은 {저자_1}, {저자_2, 저자_3}, {저자_1, 저자_3}으로 표시된다.

그러나 표 6-35(b)에서는 저자들을 추출하는 과정이 그렇게 쉽지 않다. 만약 단순히 저자 필드의 값들만을 검색하면, 이들이 단독 저자인지 또는 공동 저자인지 알 수 없다. 즉, 관계형 데이터모형은 저자를 각각 별도의 레코드로 취급하기 때문에 공동 저자들을 찾기 위해서는 먼저 도서명별로 저자들을 검색하고 이들을 공동저자로 결합하는 별도의 응용 프로그램을 실행해야 한다. 이러한 어려움이 발생하는 이유는 의미적으로는 집합으로 처리되어야 하는 공동 저자들이 개별 저자의 차원에서 관리되기 때문이다.

표 6-35 집합의 표현

(a)

도서명	저 자
책_1	{저자_1}
책_2	{저자_2, 저자_3}
책_3	{저자_1, 저자_3}

(b)

도서명	저 자
책_1	저자_1
책_2	저자_2
책_2	저자_3
책_3	저자_1
책_3	저자_3

복합 데이터

집합보다 일반적인 데이터 형태는 속성들이 복합 데이터 구조를 가지는 경우이다. 예를 들면, 3차원 물체를 저장한다고 하자. 이 경우, 삼차원 형상은 이를 구성하는 여러 하위 형상들로 구성된다. 그러나 이들을 관계형 데이터모형으로 표현할 경우에는 각각의 형상을 각각의 테이블로 구성하여야 한다. 그리고 이들 형상들 사이의 관계 또한 테이블로 표시되어야 한다. 이와 같이 복합 데이터들을 표현하기 위해서는 수십, 수백 개의 테이블을 포함할 수 있다.

설계 사무소에서 건축물의 도형들을 데이터베이스에 저장할 경우, 실제 저장되는 건축물의 수는 그렇게 많지 않다. 그러나 하나의 건축물을 표현하기 위하여 사용되는 테이블의 수는 수백 개를 쉽게 넘을 수 있다. 이와 같이 복합 데이터들을 표현하기 위해서는 많은 수의 테이블이 필요하며, 상대적으로 각 테이블당 저장되는 튜플의 수는 많지 않다. 따라서 단순 테이블 구조를 이용하여 많은 양의 데이터들을 저장하는 것을 목적으로 하는 관계형 데이터모형과는 부합되지 않으며, 비효과적이라고 할 수 있다.

6.5.2 계층적 정보의 검색

관계형 데이터모형의 가장 큰 장점은 릴레이션들 사이에 명시적인 탐색 경로가 존재하지 않는다는 점이다. 따라서 임의의 속성을 매개로 하여 릴레이션들을 결합할 수 있다. 그러나 이러한 장점은 동시에 단점으로 작용할 수 있다. 특히, 계층으로 구성된 데이터일 경우, 이들을 차례로 탐색하기 위한 기능이 취약하다.

예를 들면, 상위부품을 구성하는 하위부품들을 나타내는 제품구성표(BOM: Bill Of Material)가 표 6-36과 같이 표시되었다고 가정하자.

여기서 P1 부품을 구성하는 하위부품들을 모두 나열하기 위해서는 제품

표 6-36 제품구성표

상위부품번호	하위부품번호
P1	P11
P1	P12
P11	P21
P11	P22
P22	P31
P12	P23
P23	P32

표 6-37 제품구성표 ⋈ left outer 제품구성표

상위부품번호	하위부품번호	차하위부품번호
P1	P11	P21
P1	P11	P22
P1	P12	P23
P11	P21	
P11	P22	P31
P22	P31	
P12	P23	P32
P23	P32	

구성표의 튜플들을 차례로 탐색하여 P1의 하위부품이 P11, P12이며, P11의 하위 부품이 P21, P22이며, P22의 하위부품이 P31이며, P12의 하위부품이 P23이고, P23의 하위부품이 P32임을 도출하여야 한다. 그러나 관계형 데이터모형에서는 이들 튜플들을 연결하는 포인터가 존재하지 않기 때문에 튜플로부터 튜플로의 탐색이 불가능하다.[7)]

관계형 데이터모형에서 튜플들을 탐색하기 위해서는 조인 연산자를 이용하여 연관된 튜플들을 결합하여야 한다. P1 부품의 차하위부품번호를 탐색하기 위해서는 외부 조인을 사용하여 제품 구성표 릴레이션을 서로 조인하면 된다.

조인된 테이블을 제품 구성표와 다시 조인하면, 표 6-38과 같이 차차하위부품번호까지를 알 수 있는 릴레이션이 만들어진다. 이와 같이 외부 조인 연산자를 이용하여 튜플들 사이의 계층 관계를 탐하기 위해서는 필요한 계층까지 반복적으로 외부 조인을 반복적으로 실행하여야 한다. 그러나 찾고자 하는 데이터까지의 계층 수가 많을 경우, 이들 외부조인을 반복적으로 실행하는 것은 매우 번거로운 작업이다.

최근에는 관계형 데이터베이스 언어인 SQL에서 이러한 불편함을 해결하기 위한 명령어들이 제시되고 있는데, 이것이 다음에 예시되는 CONNECT BY 명령어이다.

7) 릴레이션이 아니라 트리(tree)와 같은 데이터 구조를 이용하면, 이들 부품들 사이의 상하 관계를 트리를 이용하여 쉽게 표현하고 탐색할 수 있다.

표 6-38 (제품구성표 ⋈ left outer 제품구성표) ⋈ left outer 제품구성표

상위부품번호	하위부품번호	차하위부품번호	차차하위부품번호
P1	P11	P21	
P1	P11	P22	P31
P1	P12	P23	P32
P11	P21		
P11	P22	P31	
P22	P31		
P12	P23	P32	
P23	P32		

```
SELECT          상위부품번호, 하위부품번호
FROM            제품구성표
CONNECT BY      PRIOR  하위부품번호=상위부품번호
START WITH      하위부품번호= 'P1' ;
```

위의 SQL은 'P1' 부품번호로부터 시작하여 이것을 상위부품번호로 하는 하위부품번호들을 도출하고, 다시 도출된 하위부품번호를 상위부품번호로 가지는 레코드들을 반복적으로 도출한다.

6.5.3 속성명의 검색

관계형 데이터모형에서 속성값과 속성명은 같이 처리할 수 없다. 예를 들면, 과목의 성적을 나타내기 위하여 1차시험, 2차시험 및 3차시험을 치른다고 가정하자. 이들 성적이 각 학생별로 표 6-39와 같이 저장되어 있다고 가정하자.

표 6-39 시험성적

학생이름	1차시험	2차시험	3차시험
홍길동	80	60	90
김북악	40	70	70
이성북	70	60	60

표 6-39의 시험성적 테이블에서 '1차시험 성적이 75점 이상인 학생의 이름' 과 같이 속성 값이 특정 조건을 만족시키는 튜플들은 쉽게 찾아낼 수 있다. 그러나 역으로 '최고 점수가 75점 이상인 시험은 무슨 시험들인가'와 같이 특정 조건을 만족시키는 속성명(즉, 칼럼)은 검색하기가 쉽지 않다.

SUMMARY 요약

본 단원에서는 관계형 데이터모형에 대하여 학습하였다. 본 단원에서 습득한 주요 개념들을 요약하면 다음과 같다.

개체 무결성 법칙(entity integrity rule): 주키값은 같은 값이 존재해서는 안 되며, 빈값(null)을 가져서도 안 된다는 법칙.

관계형 연산자: 관계형 데이터베이스에서 릴레이션들을 조작하기 위한 연산자이며, 릴레이션을 조작의 단위로 하며, 조작의 결과 또한 릴레이션임.

기본 속성: 속성의 값이 다른 속성들로부터 유도될 수 없는 속성.

단일값 속성: 하나의 값만을 가지는 속성.

데이터베이스: 릴레이션들의 집합.

데이터베이스 구조: 데이터베이스를 구성하는 릴레이션들과 데이터들이 지켜야 할 법칙들을 정의한 것.

데이터 정의어(DDL): 데이터베이스 안에 무슨 자료가 저장될 것인가를 정의하는 언어.

데이터 조작어(DML): 데이터베이스에 자료를 입력하거나 갱신하며, 검색 · 추출하기 위해 사용하는 명령어.

릴레이션(relation): 임의의 2개 이상의 자료값들로 구성된 순서쌍의 집합. 릴레이션은 테이블의 각 셀(cell)이 단일 자료값만을 가질 수 있는 단순 테이블의 형태를 지님.

릴레이션 구조(relation schema): 릴레이션을 구성하는 속성과 이들이 무엇을 나타내는가를 정의한 것.

무결성 법칙(integrity rules): 데이터베이스가 논리적으로 의미 있는 자료들만을 포함하기 위한 법칙들이며, 개체 무결성 법칙과 참조 무결성 법칙을 포함함.

복수값 속성: 여러 개의 값을 가질 수 있는 속성.

복합키: 하나의 속성만으로 튜플을 식별할 수 없는 경우, 두 개 이상의 속성으로 결합된 주키.

비교 조인(theta-join): 상호 비교 가능한 자료값 영역을 가지는 속성들을 비교하여, 비교 기준을 만족시키는 모든 튜플들을 결합하는 연산자.

선택(select 또는 restrict): 특정 조건을 만족시키는 튜플들만을 추출하는 연산자.

속성: 일반적으로 이야기하는 데이터 항목(data item). 관계형 데이터모형에서 릴레이션의 열.

SUMMARY

속성값: 속성의 값.

속성치 영역 또는 도메인(domain): 임의의 속성에 대하여 가능한 모든 속성값의 집합.

순수 조인(natural-join): 조인에서 동일한 속성을 매개로 하여 해당 속성의 값이 같은 튜플들을 결합하는 연산자.

외래키 또는 외부키(foreign key): 다른 릴레이션의 주키인 속성.

외부 조인(outer join): 조인 조건을 만족시키지 않는 튜플들도 조인된 릴레이션에 포함하는 조인 연산자.

유추 속성: 속성의 값이 다른 속성들로부터 유도될 수 있는 속성.

조인(join): 두 개의 릴레이션을 결합하여 새로운 릴레이션을 생성하는 연산자.

주키: 키 중에서 특정 릴레이션의 튜플을 식별하기 위하여 사용하기로 결정한 것.

질의 최적화(query optimization): 데이터베이스관리시스템이 SQL의 실행 절차를 결정하는 것.

참조 무결성 법칙(referential integrity rules): 외래키를 통하여 참조하는 값은 참조되는 테이블에 반드시 존재하여야 한다는 법칙.

카티션 적(cartesian product): 두 릴레이션 사이에 존재할 수 있는 모든 가능한 결합을 생성하는 연산자.

키: 릴레이션을 구성하는 개별 튜플들을 식별할 수 있는 속성 또는 속성의 집합.

투사(project): 해당 릴레이션의 일부 속성만을 추출하여 새로운 릴레이션을 생성하는 연산자.

튜플(tuple): 릴레이션의 행, 즉 릴레이션을 구성하는 레코드.

항수(degree): 릴레이션을 구성하는 속성의 수.

SQL: 데이터 정의, 데이터 조작 및 데이터베이스 관리리능을 수행하는 관계형 데이터베이스언어.

07 Database Management

함수종속성과 **정규형**

관계형 데이터베이스는 릴레이션(단순 테이블)의 집합이며, 관계형 데이터베이스 설계는 다름 아닌 릴레이션들을 설계하는 과정이다. 이러한 관계형 데이터베이스 설계에서 좋은 릴레이션들을 설계하기 위해서는 이를 판단하기 위한 기준이 존재하여야 한다.

관계형 데이터베이스에서 릴레이션들을 평가하는 등급이 정규형이다. 즉, 정규형이 높은 릴레이션은 잘 설계된 것이며, 낮은 릴레이션은 잘못 설계된 것이라고 할 수 있다. 이와 같이 정규형은 데이터베이스를 평가할 수 있는 척도를 제공한다. 그리고 정규형을 평가하기 위하여 사용하는 기준이 함수종속성이다. 즉, 릴레이션을 구성하는 속성들 사이의 함수종속성을 검토함으로써 릴레이션의 정규형을 판단한다. 이러한 점에서 볼 때, 관계형 데이터베이스를 평가함에 있어 가장 기본이 되는 개념이 정규형과 함수종속성이다. 본 장에서는 이들 정규형과 함수종속성을 살펴본다.

7.1 관계형 데이터베이스에서 데이터관리의 문제점

관계형 데이터베이스는 매우 효과적인 데이터관리도구이다. 그러나 아무리 효과적인 도구라고 하여도 올바르게 사용되지 않으면 여러 가지 문제들이 발생하게 된다. 관계형 데이터베이스에서 발생할 수 있는 문제들을 열거하면 크게 다음과 같다.

- 자료의 중복 관리
- 자료 관리의 모순

7.1.1 자료의 중복 관리

관계형 데이터베이스에서 발생할 수 있는 문제점을 분석하기 위하여 부품 공급에 대한 정보가 표 7-1과 같이 구성되어 있다고 가정하자.

표 7-1의 공급 테이블에서 가장 눈에 띄는 문제점은 공급자의 주소(S1의 주소가 서울이며, S2의 주소가 부산)가 여러 레코드에 중복되어 저장되어 있다는 것이다. 이러한 자료의 중복은 다음과 같은 문제점들을 발생시킨다.

- 중복 자료를 관리하기 위한 노력이 증가함.
- 레코드들 사이에서 자료의 불일치가 발생할 가능성이 높음.
- 저장 공간의 낭비를 초래함.

즉, 만약 S1의 주소가 서울에서 수원으로 변경될 경우, 표 7-1과 같이 S1의 주소가 여러 레코드(튜플)에 기록되어 있는 경우에는 이들 튜플들을 모두 갱신해야 한다. 이는 S1의 주소를 나타내는 튜플이 하나만 있을 경우와 비교하여 훨씬 많은 노력이 든다. 그리고 이들 튜플들 중 일부만 갱신되고 나머지 튜플들에 대하여서는 갱신이 이루어지지 않을 경우, 레코드별로 공급자의 주소가 달라지는 자료의 불일치가 발생할 수 있다. 또한 자료의 중복 저장은 저장 공간의 낭비를 초래한다.

표 7-1 공급 릴레이션의 예

공급자번호	주 소	부품번호	공급량
S1	서울	P1	300
S1	서울	P2	200
S1	서울	P3	400
S2	부산	P1	300
S2	부산	P2	400
S3	광주	P2	200

주키: {공급자번호, 부품번호}

7.1.2 자료관리의 모순

데이터 중복과 더불어, 표 7-1의 테이블은 데이터의 입력, 삭제 및 갱신시 의도하지 않은 문제들이 발생할 수 있는데 이를 유형별로 정리하면 다음과 같다.

입력 모순

입력 모순(insertion anomaly)이란 실제 현상에는 있는 사실을 데이터베이스에는 입력할 수 없는 상황을 말한다.

예를 들면, 주소가 대전이고 공급자번호가 S4인 현재는 부품을 공급하지 않는 잠재 공급자가 있다고 가정하자. 이 경우, S4에 대한 정보를 표 7-1의 공급 릴레이션에 입력하고자 할 경우 S4는 실제로 부품을 공급한 실적이 없기 때문에 부품번호값이 빈값(null value)이 된다. 그러나 관계형 데이터베이스에서는 개체 무결성 법칙에 의하여 주키값이 빈값인 튜플은 있을 수 없다. 그런데 공급 릴레이션의 주키가 {공급자번호, 부품번호}이기 때문에, 〈S4, 대전, null, null〉 레코드를 입력할 경우, 주키를 구성하는 부품번호의 값이 빈값이 되며, 개체 무결성 법칙을 위반하게 된다. 이에 따라 공급자번호가 S4이고 부품번호가 빈값인 레코드는 공급 테이블에 입력될 수 없다.

이와 같이 입력하려고 하는 데이터를 입력할 수 없는 현상을 입력 모순이라고 한다.

삭제 모순

삭제 모순(deletion anomaly)이란 원래 삭제하려고 하지 않은 데이터가 삭제되는 현상을 말한다.

예를 들면, 만약 S3라는 공급자로부터 부품 P2를 공급받는 계약이 취소되었다고 가정하자. 그래서 표 7-1의 공급 테이블에서 〈S3, 광주, P2, 200〉을 삭제하였다고 하자. 이 경우 데이터베이스에서 삭제된 내용은, S3가 P2를 공급하였다는 사실뿐만이 아니라 S3라는 공급자가 존재하며, 주소가 광주라는 사실까지 같이 포함하게 된다.

이와 같이 원래 삭제하려고 한 것과 더불어 삭제하려고 하지 않은 것도 같이 삭제되는 것을 삭제 모순이라 한다.

갱신 모순

갱신 모순(update anomaly)이란 실제 현상에서 데이터가 갱신되는 것과 다르게 데이터베이스에서 데이터가 갱신되는 현상을 말한다.

예를 들면, S1의 주소가 서울에서 수원으로 변경되었다고 가정하자. 이 경우, 실제 현상에서는 단 하나의 사실이 변경된 것이다. 그러나 데이터베이스에서는 여러 튜플(첫 번째부터 세 번째 튜플)의 내용이 변경되어야 한다. 이와 같이 데이터베이스의 변경 횟수가 실제 사실의 발생 횟수와 일치하지 않는 모순을 초래하게 되는데 이를 갱신 모순이라 한다. 갱신 모순은 자료의 중복관리에 기인한다.

7.1.3 잘 설계된 릴레이션

잘 설계된 릴레이션(well-structured relation)이란 데이터관리 모순이 발생하지 않는 릴레이션들이다. 바꾸어 말하면, 앞에서 소개한 데이터 관리 모순들은 릴레이션들이 잘못 설계되었기 때문이다. 따라서 우리가 릴레이션들을 잘 설계하면 이들 모순들을 모두 방지할 수 있다.

예를 들면, 앞 절에서 소개된 데이터관리 모순들은 표 7-1의 공급 테이블이 잘못 설계되었기 때문이다. 만약 표 7-1의 릴레이션을 표 7-2에 제시된 바

표 7-2 공급자 릴레이션과 공급자 릴레이션의 분리

공급

공급자번호	부품번호	공급량
S1	P1	300
S1	P2	200
S1	P3	400
S2	P1	300
S2	P2	400
S3	P2	200

주키: {공급자번호, 부품번호}

공급자

공급자번호	주 소
S1	서울
S2	부산
S3	광주

주키: 공급자번호

와 같이 공급자 릴레이션과 공급 릴레이션으로 분할하면 이들 모순들을 모두 해결할 수 있다.

요약하면 관계형 데이터베이스 설계에서 가장 중요한 과제는 자료관리 모순이 발생하지 않는 릴레이션들을 설계하는 것이며 이렇게 설계된 릴레이션을 잘 설계된 릴레이션이라고 한다.

7.2 함수종속성

관계형 데이터베이스에서 발생하는 데이터관리 모순들은 릴레이션들이 잘못 설계되었기 때문이다. 예를 들면 표 7-1에서 소개된 데이터관리 모순은 공급 테이블을 구성하는 공급자번호, 주소, 부품번호, 공급량이 하나의 테이블로 구성되지 않아야 되는데, 잘못하여 이들 속성들이 하나의 릴레이션에 포함되었기 때문이다.

이러한 데이터관리 모순을 제거하기 위해서는 속성들 사이의 관계를 정형화하여 표현함으로써 적절한 속성들만 같은 릴레이션에 포함되도록 하여야 한다. 이를 위하여 제시된 개념이 본 절에서 제시하는 함수종속성(functional dependency)이다. 즉 함수종속성은 같은 릴레이션에 포함되는 속성들을 찾아내기 위하여 속성들 사이의 관계를 나타내는 개념이다.

7.2.1 정 의

표 7-2의 공급자 릴레이션에서 공급자 번호가 정해지면 그 공급자의 주소가 하나로 정해진다. 그리고 공급 릴레이션에서는 공급자 번호와 부품번호를 알면 해당 공급의 공급량을 알 수 있다. 이와 같이 어떠한 속성의 값이 정해지면 다른 속성의 값도 하나로 정해질 경우, 후자는 전자에 대하여 함수적으로 종속된다고 한다. 이를 수학적으로 표현하면 다음과 같다.

임의의 릴레이션 R에서 속성(또는 속성들의 집합) X의 속성치에 대하여 속성 Y의 속성치가 정확하게 하나만 대응할 경우, 속성 Y는 속성(또는 속성들의 집합) X에 함수적으로 종속된다고 하며 다음과 같이 표기한다.

$$X \rightarrow Y$$

그림 7-1 함수종속성

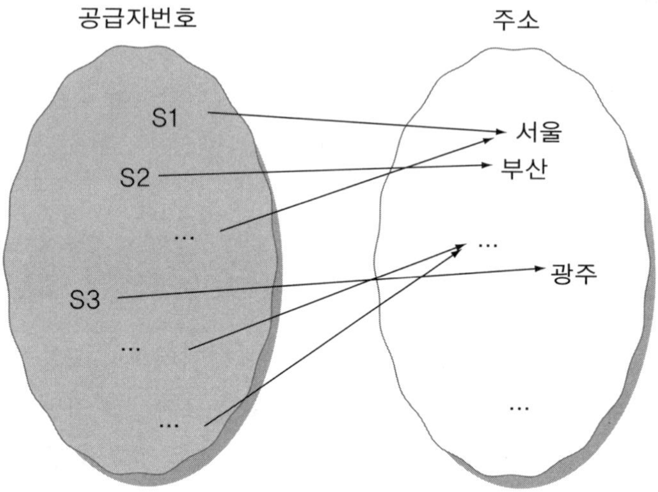

예를 들면 표 7-1에서 주소는 공급자별로 하나로 정해진다. 그러면, 그림 7-1에서 예시된 바와 같이, 공급자번호별로 주소가 하나만 대응하는 것으로 표시할 수 있으며, 이 경우 주소는 공급자번호에 함수적으로 종속된다고 한다. 이와 같이 함수종속성은 속성값들 사이의 대응 관계를 나타내는 개념이다. 즉 계산식이나 유도 과정을 나타내는 것은 아니다(주소를 공급자번호로부터 계산해 낼 수 있는 방법은 세상 어디에도 존재하지 않는다).

7.2.2 함수종속성의 법칙

함수종속성은 속성치들 사이의 대응 관계를 나타내는 개념이다. 따라서 만약 주소가 공급자번호에 대하여 함수적으로 종속되면, 이는 당연히 공급자번호와 공급자명에 대해서도 함수적으로 종속된다. 왜냐하면, 공급자번호의 값이 정해지면 주소가 하나로 정해지는데, 공급자번호뿐만이 아니라 공급자명까지 정해질 경우 더욱 당연히 하나로 정해진다. 이와 같이 특정 함수종속성들이 성립할 경우 다른 함수종속성들도 성립하는가를 판단할 수 있는데 이를 함수종속성 법칙이라고 한다.

함수종속성의 기본적인 법칙들을 정리하면 다음과 같다. 이들 중에서 합과 분해는 표현을 다르게 한 것이며, 준 추이성은 추이성의 확장이다. 따라서 본 교재에서는 이들 법칙들 중에서 환원과 확장, 추이성에 대해서만 자세히 설명한다.

1. 합: 만약 X → Z이고 X → Y이면, X → YZ
2. 분해: 만약 X → YZ이면, X → Y이고 X → Z
3. 환원: 만약 Y가 X의 부분 집합이면 X → Y
4. 확장: 만약 Z가 W의 부분 집합이고 X → Y이면, XW → YZ
5. 추이성: 만약 X → Y이고 Y → Z이면, X → Z
6. 준 추이성: 만약 X → Y이고 YZ → W이면 XZ → W

환원 법칙

모든 속성들은 자신에 대하여 함수적으로 종속되는데, 이를 환원 법칙이라고 한다. 예를 들면, 나이의 값이 하나 정하여지면 (매우 자명한 말이지만) 당연히 나이의 값이 하나 정하여진다(그림 7-2 참조).

이를 확대하면, 모든 속성은 이를 포함하는 다른 속성들에 대하여 함수적으로 종속된다. 즉, 모든 속성은 자신에 대하여 함수적으로 종속되며, 자신과 더불어 다른 속성을 추가로 포함하는 속성들에게는 더욱 당연히 함수적으로 종속된다. 예를 들면, 나이와 주소의 값이 하나 정해지면, 나이는 당연히 하나

그림 7-2 함수종속성의 환원 법칙

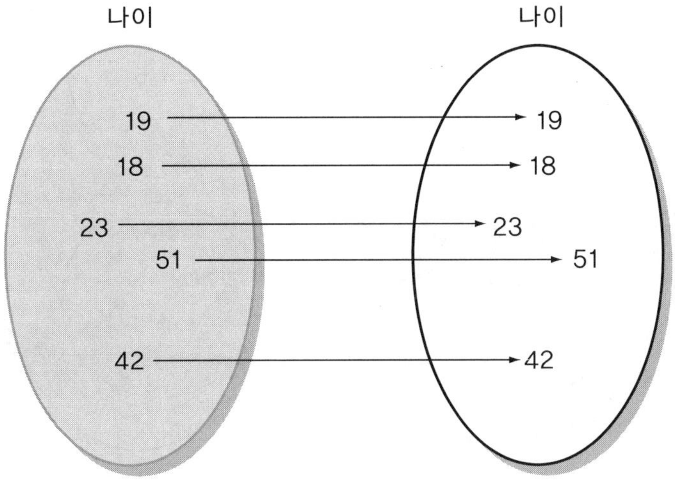

로 정하여진다.

확장 법칙

함수종속성에 다른 속성들을 추가하여도 함수종속성이 성립하는 데에는 아무런 영향을 미치지 않는다.

예를 들면, 이름의 값이 하나 정하여지면 나이의 값이 하나 정하여진다고 하자. 이러할 경우, 이름과 주소의 값이 하나 정하여지면, 당연히 나이와 주소의 값도 하나 정하여진다. 즉, 나이는 이름이 정하여지면 값이 하나 정하여지고, 주소는 주소가 정해지면 당연히 정하여지기 때문이다(그림 7-3 참조).

확장 법칙은 주어진 함수종속성에 환원법칙을 결합한 것이라고 할 수 있다. 따라서 이를 더욱 확장할 경우, 이름의 값이 하나 정하여지면, 나이의 값이 하나 정하여진다고 할 경우, 이름, 주소, 우편번호의 값이 정하여지면, 나이와 주소의 값이 정하여진다. 왜냐하면 이름의 값이 하나 정하여지면, 나이의 값이 하나 정하여지고, 환원법칙에 의하여 주소는 주소와 우편번호에 대하여 함

그림 7-3 함수종속성의 확장 법칙

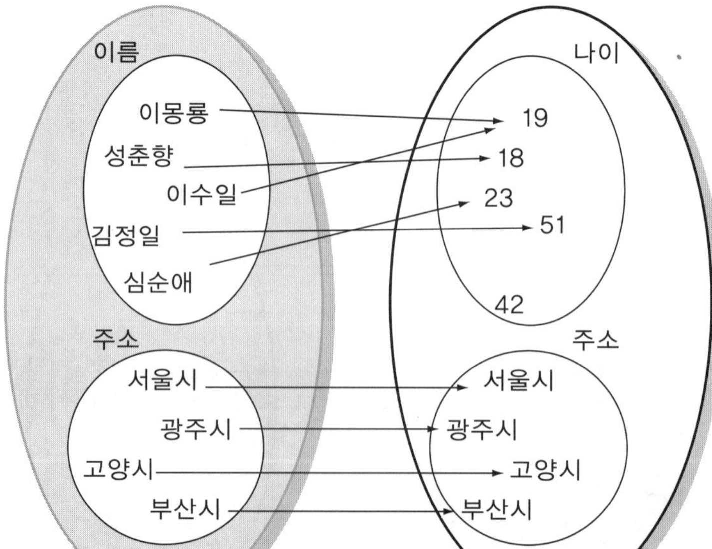

수적으로 종속되기 때문에, 이름과 주소, 우편번호가 하나 정해지면 나이와 주소가 하나만 정해진다.

추이성 법칙

함수종속성들은 추이적으로 서로 연결되는데 이를 추이성 법칙이라 한다. 예를 들면, 주소가 공급자번호에 함수적으로 종속되고, 국가명이 주소에 함수적으로 종속되면, 국가명은 공급자번호에도 함수적으로 종속된다. 즉, 그림 7-4에 열거된 것과 같이, 제일 왼쪽 집합인 공급자번호가 하나 정하여지면, 가운데 집합인 주소가 하나 정하여진다. 그리고 주소가 하나 정하여지면, 제일 오른쪽 집합인 국가명 또한 하나 정하여진다. 따라서 중간 집합인 주소를 제거하고 화살표들을 연결하면, 공급자번호가 하나 정해지면 국가명이 하나 정하여진다.

그림 7-4 함수종속성의 추이성 법칙

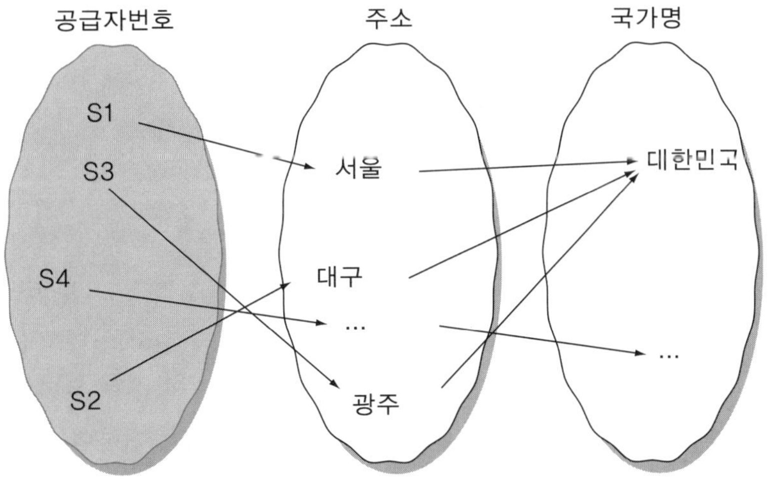

7.2.3 함수종속성의 유형

함수종속성은 형태에 따라 다음과 같이 나누어진다.

함수적 동등

두 속성(또는 속성들의 집합)이 서로 함수적으로 종속될 경우 이들은 함수적으로 동등하다고 한다. 예를 들면, 학번은 주민등록번호에 함수적으로 종속되며, 주민등록번호 또한 학번에 함수적으로 종속될 경우, 주민등록번호와 학번은 함수적으로 동등하다고 한다.

주민등록번호 → 학번
학번 → 주민등록번호

완전 함수종속성

특정 속성을 설명하는 함수종속성들은 여러 개가 존재할 수 있다. 예를 들면, 표 7-1에서 주소는 공급자번호에 함수적으로 종속된다. 그리고 공급자번호와 부품번호, 공급자번호와 공급량에도 함수적으로 종속된다.

공급자번호 → 주소
{공급자번호, 부품번호} → 주소
{공급자번호, 공급량} → 주소

이러한 여러 함수종속성들 중에서 주소를 함수적으로 결정하는 최소한의 속성만을 포함하는 함수종속성은 [공급자번호 → 주소]인데, 이를 완전 함수종속성이라고 한다. 즉, 함수종속성 X → Y에서 Y의 값을 유일하게 결정하기 위한 최소한의 속성들만을 X가 포함할 경우, Y는 X에 대하여 완전히 함수적으로 종속된다고 하며 이를 완전 함수종속성이라 한다.

임의의 릴레이션 R에서 속성(또는 속성들의 집합) X에 대하여 Y가 함수적으로 종속되나, X의 부분 집합(proper subset)에 대하여서는 함수적으로 종속하지 않을 경우, Y는 X에 대하여 완전 함수종속성을 갖는다고 한다. 그리고 이의 역도 성립한다.

부분 함수종속성

함수종속성 X → Y에서 만약 Y가 X의 부분 집합(proper subset)에 대하여서도 함수적으로 종속할 경우, Y는 X에 대하여 부분 함수적으로 종속된다고 한다.

위에서 예시된 주소에 대한 함수종속성들 중에서 다음의 것들은 부분함수 종속성이다.

{공급자번호, 부품번호} → 주소
{공급자번호, 공급량} → 주소

주소가 {공급자번호, 부품번호}, {공급자번호, 공급량}의 부분집합인 {공급자번호}에 대해서도 함수적으로 종속되기 때문이다.

추이적 함수종속성

함수종속성은 두 속성(또는 속성들의 집합) X와 Y 사이의 관계를 나타낸다. 그리고 추이성의 법칙에 의하여 이들은 서로 연결된다. 이때, 추이성으로 연결되는 속성들 사이의 함수종속성을 추이적 함수종속성이라고 한다.

> 임의의 릴레이션 R에서 속성(또는 속성들의 집합) Y가 A에 함수적으로 종속되며, 속성(또는 속성들의 집합) A가 X에 함수적으로 종속될 경우, Y는 A를 매개로 하여 X에 함수적으로 종속되며, X → Y를 추이적 함수종속성이라 한다. 이때 X는 A에 함수적으로 종속되지 않아야 한다.

예를 들면, {과목번호, 교수, 연구실}의 속성들에서 다음의 함수종속성들이 성립할 경우 연구실은 과목번호에 추이적으로 종속된다.

과목번호 → 교수, 교수 → 연구실,
교수 ↛ 과목번호

추이적 함수종속성의 정의에서 X는 A에 함수적으로 종속되지 않아야 한다는 것은 중요한 의미를 갖는다. 만약 X가 A에 함수적으로 종속되면, A가 X에 함수적으로 종속되기 때문에 A와 X는 함수적으로 동등하다고 할 수 있다. 이 경우 Y는 A를 매개로 하여 X에 함수적으로 종속되는 것이 아니라 A와 X에 모두 함수적으로 종속된다.

7.2.4 릴레이션의 주키와 함수종속성

릴레이션에서 튜플들을 식별하는 데 사용되는 속성(들)을 주키라고 하였다. 이러한 주키의 특성으로부터 우리는 다음과 같은 함수종속성을 정의할 수 있다.

주키 → 릴레이션의 속성들

위의 관계가 성립하는 이유는 다음과 같다. 릴레이션의 주키값이 정해지면 해당 주키값을 갖는 튜플(레코드)이 하나만 정해진다. 그리고 이렇게 정해진 튜플에서 모든 속성들의 값은 하나로 정해진다. (왜냐하면 릴레이션의 정의로부터 모든 속성들은 단일값 속성들이기 때문이다.) 따라서 주키값이 정해지면 릴레이션을 구성하는 모든 속성들의 값은 하나로 정해진다. 즉 릴레이션을 구성하는 모든 속성들은 주키에 대하여 함수적으로 종속된다.

예시를 위하여 표 7-1의 공급 릴레이션을 다시 분석해 보면, 표 7-1에서 주키는 {공급자번호, 부품번호}이다. 따라서 공급자번호가 S1으로 정해지고, 부품번호가 P1으로 정해지면 튜플 〈S1, 서울, P1, 300〉이 선택된다. 이렇게 선택된 튜플에서 공급자번호는 'S1', 주소는 '서울', 부품번호는 'P1', 공급량은 '300'이라는 하나의 값을 갖는다. 따라서 이들 속성들은 릴레이션의 주키인 {공급자번호, 부품번호}에 대하여 함수적으로 종속된다.

이상의 관계는 속성들 사이의 함수종속성과 릴레이션 구조와의 동질성

표 7-1 공급 릴레이션의 예 (재표시)

공급자번호	주 소	부품번호	공급량
S1	서울	P1	300
S1	서울	P2	200
S1	서울	P3	400
S2	부산	P1	300
S2	부산	P2	400
S3	광주	P2	200

주키: {공급자번호, 부품번호}

(equivalence)을 검증할 수 있는 주요한 기준을 제공한다. 즉 릴레이션이 나타내는 함수종속성이 속성들 사이의 실제 함수종속성과 같으면 우리는 이를 잘 설계된 릴레이션이라고 할 수 있다. 그러나 만약 그렇지 않으면 릴레이션이 속성들 사이의 함수종속성을 제대로 나타내지 못한다고 할 수 있으며, 따라서 잘못 설계된 릴레이션이라고 할 수 있다.

표 7-1의 공급 릴레이션에서 주키는 {공급자번호, 부품번호}이다. 따라서 릴레이션의 모든 속성들은 다음과 같이 공급자번호와 부품번호에 함수적으로 종속된다.

공급자번호, 부품번호 → 주소　　: 표 7-1의 공급 릴레이션이
공급자번호, 부품번호 → 공급량　　나타내는 함수종속성

그러나 실제 현상에서 이들 속성들 사이의 함수종속성을 정의하면 다음과 같다.

공급자번호 → 주소　　: 속성들 사이의 실제
공급자번호, 부품번호 → 공급량　　함수종속성

이들 함수종속성들을 비교해 보면 릴레이션이 나타내는 함수종속성이 실제 속성들 사이의 함수종속성들과 일치하지 않다는 것을 알 수 있다. 바꾸어 말하면, 표 7-1의 공급 릴레이션은 공급에 관한 실제 현상을 제대로 나타내는 릴레이션이라고 할 수 없다.

요약하면 데이터베이스가 실제 현상을 제대로 모델링한 것인가는 데이터베이스를 구성하는 릴레이션들이 나타내는 함수종속성과 속성들 사이의 실제 함수종속성을 비교함으로써 판단할 수 있다. 만약 이들 둘이 일치하면, 데이터베이스는 실제 현상을 제대로 모델링한 것이라고 할 수 있으며, 그렇지 않으면 잘못 모델링한 것이라고 할 수 있다. 표 7-1의 공급 릴레이션은 잘못 설계된 릴레이션이며, 이 결과 앞에서 분석된 바와 같이 데이터관리 모순들이 발생하는 것을 알 수 있다.

만약 공급 릴레이션이 표 7-2와 같이 바뀌어 설계되면, 표 7-2에서 공급 릴레이션의 주키는 {공급자번호, 부품번호}이고 공급자 릴레이션의 주키는 {공급자번호}이며, 따라서 릴레이션이 나타내는 함수종속성은 다음과 같다.

표 7-2 공급자 릴레이션과 공급 릴레이션 (재표시)

공급

공급자번호	부품번호	공급량
S1	P1	300
S1	P2	200
S1	P3	400
S2	P1	300
S2	P2	400
S3	P2	200

주키: {공급자번호, 부품번호}

공급자

공급자번호	주 소
S1	서울
S2	부산
S3	광주

주키: 공급자번호

공급자번호, 부품번호 → 공급량 : 표 7-2의 공급 릴레이션과 공급자 릴레이션이
공급자번호 → 주소 　　　　　　나타내는 함수종속성

이들 함수종속성은 속성들 사이의 실제 함수종속성과 일치한다. 즉, 릴레이션들이 나타내는 함수종속성과 속성들 사이의 함수종속성이 일치하며, 따라서 표 7-2의 릴레이션들은 잘 설계된 릴레이션들이라 할 수 있다.

우리는 관계형 데이터베이스에서 릴레이션들을 임의로 설계할 경우 여러 가지 데이터관리상의 모순이 발생할 수 있음을 살펴보았다. 그리고 이러한 모순의 발생 원인은 릴레이션이 나타내는 함수종속성과 속성들 사이의 실제 함수종속성이 일치하지 않기 때문이다. 만약 이들이 서로 일치하면 데이터관리상의 모순은 발생하지 않는다.

7.3 정 규 형

본 절에서는 릴레이션이 잘 설계된 정도를 평가하는 기준으로서 정규형(normal forms)을 공부한다. 정규형은 데이터관리의 관점에서 릴레이션을 평가하는 척도이다. 따라서 정규형이 올라갈수록 더욱 잘 설계된 릴레이션이라고 할 수 있으며, 데이터관리의 모순이 발생할 가능성이 적다고 할 수 있다. 이를 함수종속성과 연관하여 설명하면, 정규형이 올라갈수록 릴레이션이 나타내는

함수종속성이 속성들 사이의 실제 함수종속성과 일치(一致)하는 정도 또한 올라간다고 할 수 있다.

7.3.1 제 1 정규형 릴레이션

제 1 정규형(1NF: First Normal Form) 릴레이션은 관계형 데이터베이스에서 테이블을 생성하기 위한 최소의 기준이다. 부연하면, 제 1 정규형이 아닌 릴레이션들은 관계형 데이터베이스에 저장될 수 없다.

정 의

릴레이션을 구성하는 모든 속성들이 단일값을 가질 경우 이를 제 1 정규형 릴레이션, 또는 간단히 제 1 정규형이라 한다.

예 시

표 7-3에서 사원1은 비정규형 릴레이션이다. 그 이유는 이름이 홍길동인 튜플에서 프로젝트명의 값이 단일값이 아니라 건물A와 건물B를 합한 복수값이기 때문이다. 해당 릴레이션을 사원2와 같이 모든 튜플의 속성들이 단일값을 갖도록 변환한 것이 제 1 정규형 릴레이션이다.

표 7-3 제 1 정규형 릴레이션

사원1

이 름	근무 연수	부서	프로젝트명
홍길동	1	설계부	건물A, 건물B
최청년	4	설계부	건물A
이수일	2	인사부	건물C

주키: 이름

사원2

이 름	근무 연수	부서	프로젝트명
홍길동	1	설계부	건물A
홍길동	1	설계부	건물B
최청년	4	설계부	건물A
이수일	2	인사부	건물C

주키: {이름, 프로젝트명}

7.3.2 제 2 정규형 릴레이션

제1정규형 릴레이션은 사원2에서 예시된 바와 같이 중복된 자료값들을 가진다. 예를 들면 사원2에서는 이름이 홍길동인 사원의 부서가 설계부라는 것이 2번 표시되고 있다. 이와 같은 데이터 중복이 발생하지 않기 위해서는 제1정규형 릴레이션들이 완전함수종속성이라는 추가적인 제약조건을 만족시켜야 하는데, 이를 제 2 정규형(2NF: Second Normal Form) 릴레이션이라고 한다.

정 의

제1정규형이면서 모든 속성들이 릴레이션의 주키에 대하여 완전히 함수적으로 종속될 경우 이를 제2정규형 릴레이션이라고 한다. 따라서 제2정규형 릴레이션에서는 릴레이션의 주키와 속성들 사이에는 부분 함수종속성이 존재하지 않는다. 제1정규형을 제2정규형으로 변환시키기 위해서는 부분 함수종속성을 제거함으로써 모든 속성들이 릴레이션 주키에 대하여 완전히 함수적으로 종속되도록 변환시켜야 한다.

예 시

표 7-3의 사원2 릴레이션에서 근무연수와 부서는 이름에 함수적으로 종속된다. 즉, 릴레이션의 주키인 {이름, 프로젝트명}에 대하여서는 부분 함수종

표 7-4 제 2 정규형 릴레이션

사원3

이 름	근무연수	부서
홍길동	1	설계부
최청년	4	설계부
이수일	2	인사부

주키: 이름

사원4

이 름	프로젝트명
홍길동	건물A
홍길동	건물B
최청년	건물A
이수일	건물C

주키: {이름, 프로젝트명}

속성을 갖는다. 따라서 사원2는 제2정규형 릴레이션은 아니다. 이에 반하여 표 7-4의 사원3에서는 모든 속성들이 릴레이션의 주키인 이름에 함수적으로 종속된다.[1] 따라서 사원3과 사원4는 적어도 제2정규형 릴레이션이라고 할 수 있다.

부분 함수종속성과 데이터 중복

제1정규형 릴레이션에서 데이터관리의 모순이 발생하는 이유는 부분 함수종속성이 존재하기 때문이다. 즉 특정 속성들이 주키에 부분 함수적으로 종속될 경우, 주키의 일부를 구성하는 속성의 값이 중복하여 발생하면 이에 함수적으로 종속되는 속성의 값도 중복하여 발생한다. 예를 들면, 표 7-3의 사원2 릴레이션에서 주키의 일부인 이름에는 같은 값이 여러 번 나타날 수 있다. 그런데 근무연수와 부서는 이름에 함수적으로 종속되기 때문에 이름이 같으면 근무연수와 부서도 같은 값을 가진다.

릴레이션에서 부분 함수종속성을 제거하기 위해서는 이들을 식별하여 별도의 릴레이션으로 분리하여야 한다. 예를 들면 사원2 릴레이션에서 데이터 중복을 제거하기 위하여서는 릴레이션의 주키에 대하여 부분 함수종속성을 갖는 속성들인 {이름, 근무연수, 부서}를 찾아서 사원3에 예시된 바와 같이 별도의 릴레이션으로 분리한다. 이렇게 하면, 사원4에 예시된 바와 같이 이름과 프로젝트명이라는 속성들만이 남게 되며, 이들 사이에는 부분 함수종속성이 존재하지 않는다. 그리고 분리된 릴레이션에도 부분 함수종속성이 존재하지 않는다.

7.3.3 제 3 정규형 릴레이션

제2정규형은 부분 함수종속성을 식별하여 제거한 것이다. 그러나 부분 함수종속성을 제거함으로써 모든 바람직하지 않은 함수종속성이 제거된 것은 아니다. 즉, 표 7-5에 예시된 강의1 릴레이션에서 담당교수의 연구실은(이 교수님의 연구실이 1326이라는 것이) 중복적으로 표현된다. 그러나 강의1 릴레이션에서 모든 속성들은 주키에 대하여 완전 함수적으로 종속되며, 따라서 제2정

1) 사원3 릴레이션과 같이 주키가 한 개의 속성인 경우에는 부분 함수종속성이 존재할 수 없다. 왜냐하면 주키를 구성하는 속성이 한 개뿐이기 때문에 부분 집합이 있을 수 없기 때문이다.

규형이다.

이와 같이, 제 2 정규형 릴레이션에서도 데이터 중복이 발생함을 알 수 있다. 이러한 데이터 중복이 발생하지 않도록 하기 위해서는, 제 2 정규형 릴레이션이 비추이적 함수종속성이라는 추가적인 제약조건을 만족해야 하는데, 이를 제 3 정규형(3NF: Third Normal Form) 릴레이션이라고 한다.

정 의

제 2 정규형 중 추이적 함수종속성이 완전히 제거된 릴레이션을 제 3 정규형 릴레이션이라고 한다. 따라서 추이적 함수종속성이 존재하면 해당 릴레이션은 제 3 정규형이 아니다. 제 2 정규형을 제 3 정규형으로 변환시키기 위해서는 추이적 함수종속성을 제거함으로써 모든 속성들이 릴레이션의 주키에 대하여 직접 종속되도록 변환시켜야 한다.

예 시

제 2 정규형을 제 3 정규형으로 변환시키기 위해서는 추이적 함수종속성을 제거하여 모든 속성들이 릴레이션 주키에 직접 종속되도록 변환시켜야 한다. 표 7-5의 강의1 릴레이션에서 연구실은 과목번호에 함수적으로 종속된다. 그러나 동시에 연구실은 담당교수에도 함수적으로 종속된다. 담당교수는 과목번호에 함수적으로 종속되기 때문에 과목번호와 연구실 사이에는 추이적 함수종속성이 존재한다. 따라서 강의1은 제 3 정규형 릴레이션이 아니다.

추이적 함수종속성을 제거하기 위해서는 추이적 관계를 가지는 함수종속성(이 경우에는 연구실과 담당교수 사이의 함수종속성)을 찾아서 이들을 별도의 릴레이션으로 분리해야 한다. 이렇게 하여 추이적 함수종속성을 제거한 것이 강의2 릴레이션이며, 따라서 강의2 릴레이션은 제 3 정규형이다. 그리고 분리된 교수 릴레이션에도 추이적 함수종속성이 존재하지 않는다.

추이적 함수종속성과 데이터 중복

제 2 정규형 릴레이션에서 데이터 중복이 발생하는 이유는 해당 속성이 릴레이션의 주키에 대하여 직접 종속되지 않으며, 다른 속성을 매개로 하여 추

표 7-5 제 3 정규형 릴레이션

강의1

과목번호	과목명	담당교수	연구실
IS450	DB관리론	이교수님	1326
IS350	MIS	이교수님	1326
AT123	재무회계	김교수님	1223

주키: 과목번호

강의2

과목번호	과목명	담당교수
IS450	DB관리론	이교수님
IS350	MIS	이교수님
AT123	재무회계	김교수님

주키: 과목번호

교수

교수	연구실
이교수님	1326
김교수님	1223

주키: 교수

이적으로 종속되기 때문이다. 따라서 매개 속성의 값이 중복적으로 발생하면, 해당 속성의 값도 중복적으로 발생한다. 예를 들면 표 7-5의 강의1 릴레이션에서 주키가 아닌 담당교수에는 같은 값이 여러 번 나타날 수 있다. 그런데 연구실은 담당교수에 함수적으로 종속되기 때문에 담당교수가 같으면 연구실도 같은 값을 가진다.

7.3.4 보이스-카드 정규형 릴레이션

정규화의 일차적 목표는 제 3 정규형 릴레이션들을 획득하는 것이다. 바꾸어 말하면, 제 3 정규형 릴레이션을 도출하는 과정에서 부분 함수종속성과 추이적 함수종속성을 제거함으로써 데이터의 중복이나 데이터관리의 모순들은 대부분 제거된다.

그러나 제 3 정규형 릴레이션에도 여전히 데이터 중복 및 이로 인한 데이터관리의 모순들이 존재한다. 이러한 데이터관리의 모순이 발생하는 이유들 중의 하나는 릴레이션을 구성하는 속성들이 주키가 아닌 속성에 완전함수적으로 종속되기 때문이다. 따라서 제 3 정규형 릴레이션에서 데이터 중복이 발생하지 않기 위해서는 모든 속성들이 릴레이션의 주키에 대해서만 완전함수적으로 종속되어야 하는데 이러한 제약조건을 만족시키는 릴레이션을 보이스-카드 정규형 릴레이션(boyce-card normal form)이라고 한다.

제 3 정규형에서 데이터관리 모순의 발생 원인

{학생, 전공분야, 지도교수, 지도기간}의 속성들로 구성된 학생지도 릴레이션이 있다고 가정하자. 여기서 교수님은 한 전공분야만을 지도하며(지도교수는 전공분야를 변경하지 않는다), 학생들은 여러 분야를 전공하며, 각 분야에서 한 분의 교수님으로부터 지도를 받는다. 이 경우 학생지도 릴레이션이 표 7-6과 같이 예시되었다고 가정하자.

학생지도 릴레이션의 주키를 {학생, 전공분야}를 설정할 경우, 학생지도 릴레이션은 제 3 정규형이다. 즉, 주키가 아닌 속성인 지도교수와 지도기간은 릴레이션의 주키에 대하여 완전 함수적으로 비추이적으로 종속된다. 따라서 학생지도 릴레이션은 제 3 정규형이다. 그러나 학생지도 릴레이션을 자세히 분석해보면 지도교수의 전공분야가 중복하여 표현되고 있음을 알 수 있다. 그리고 만약 전공분야가 바이올린인 황교수님이 새로 부임하여 아직 학생을 지도하지 않는다고 하면, 황교수님에 대한 정보를 입력할 수 없다. 즉 데이터의 입력 모순이 발생한다. 그 이유는 〈null, '바이올린', '황교수님', null〉에서 주키를 구성하는 학생의 속성값이 빈값(null)이기 때문이다. 그리고 황군이 학교를 떠나서 황군에 대한 튜플들을 삭제하면, 김교수님이 성악을 지도한다는 사실도 같이 삭제되는 삭제 모순이 발생한다.

표 7-6 데이터의 중복을 포함하는 제 3 정규형 릴레이션

학생지도

학 생	전공분야	지도교수	지도기간
황군	피아노	이교수님	2년
황군	성악	김교수님	1년
박양	피아노	이교수님	3년
박양	성악	최교수님	2년

주키: {학생, 전공분야} 또는 {학생, 지도교수}

제3정규형인 학생지도 릴레이션에서 이상에서 언급한 데이터관리 모순이 발생하는 것은 릴레이션의 키가 2개 이상 존재한다는 사실과 연관된다. 학생지도 릴레이션에서 데이터 중복은 지도교수의 전공분야에서 발생하고 있다. 이의 발생 원인을 살펴보면 전공분야가 지도교수에 대하여 함수적으로 종속되기 때문이다. 그리고 지도교수는 릴레이션의 주키가 아니기 때문에 지도교수의 값이 같은 튜플들이 발생할 수 있으며, 이들 튜플에서 전공분야도 같은 값을 가지게 된다. 따라서 지도교수의 전공분야가 중복하여 표현된다.

지도교수 → 전공분야

그런데 제3정규형 릴레이션을 유도하는 과정에서 특정 속성이 릴레이션의 주키에 대하여 완전함수적으로 종속하지 않는 부분 함수종속성과 추이적 함수종속성들을 제거하였다. 그렇다면 제3정규형인 학생지도 릴레이션에서 아직도 릴레이션의 주키에 대하여 완전함수적으로 종속되지 않는 함수종속성이 존재한다는 것은 논리적으로 모순이다. 그 이유는 제3정규형을 유도하는 과정에서 이루어진 함수종속성들의 분석이 릴레이션의 주키가 아닌 속성들에 대해서 이루어졌기 때문이다. 따라서 주키를 구성하는 속성들에 대해서는 함수종속성을 분석하지 않았다. 바꾸어 말하면 주키를 구성하는 속성들에 대해서는 부분 함수종속성과 추이적 함수종속성을 분석하지 않았다. 따라서 주키를 구성하는 속성이 릴레이션의 다른 속성에 대하여 함수적으로 종속되면, 이들은 제거되지 않았으며, 이 결과 제3정규형에서도 자료의 중복이나 데이터관리의 모순이 발생하게 된다.

학생지도 릴레이션을 살펴보면 전공분야는 주키를 구성하는 속성이다. 따라서 이에 대한 부분 함수종속성이나 추이적 함수종속성은 분석하지 않았다. 그 이유는 전공분야가 주키인 {학생, 전공분야}에 대하여 부분 함수종속성이나 추이적 함수종속성을 가질 수 없기 때문이다. 그러나 전공분야가 주키가 아닌 다른 속성에 대하여 함수적으로 종속될 수 있는데, 이 경우에는 지도교수에 함수적으로 종속된다. 여기서 지도교수는 주키가 아니기 때문에 같은 값이 여러 번 나타날 수 있다. 그런데 전공분야는 지도교수에 함수적으로 종속되기 때문에 지도교수가 같으면 전공분야도 같은 값을 가지며, 이 결과 데이터 중복이 발생하고 있다.

릴레이션의 주키를 구성하는 속성들이 주키를 구성하지 않는 속성들에 함수적으로 종속되는 것을 제거하기 위해서는 이전에 제시된 정규화 기준과는 다른 형태의 기준이 필요하며, 이를 위한 개념이 결정자(determinant)이다.

결정자

완전 함수종속성의 화살표 왼쪽에 위치하는 속성(또는 속성들의 집합)을 결정자라고 한다. 즉, Y가 X에 대하여 완전히 함수적으로 종속될 경우, X는 결정자이다.

정 의

결정자를 기준으로 하여 모든 결정자들이 주키가 될 수 있도록 릴레이션들이 설계되었을 경우 해당 릴레이션들을 보이스-카드 정규형이라고 한다.

보이스-카드 정규형(BCNF: Boyce-Card Normal Form)은 제 2 정규형 또는 제 3 정규형에 추가적인 제약조건을 적용한 연속된 개념이 아니다. 부연하면, 보이스-카드 정규형이 되기 위해서는 제 2 정규형이나 제 3 정규형이 되기 위한 조건이 반드시 충족될 필요는 없다. 그러나 결과적으로 모든 보이스-카드 정규

그림 7-5 정규형들 사이의 연관도

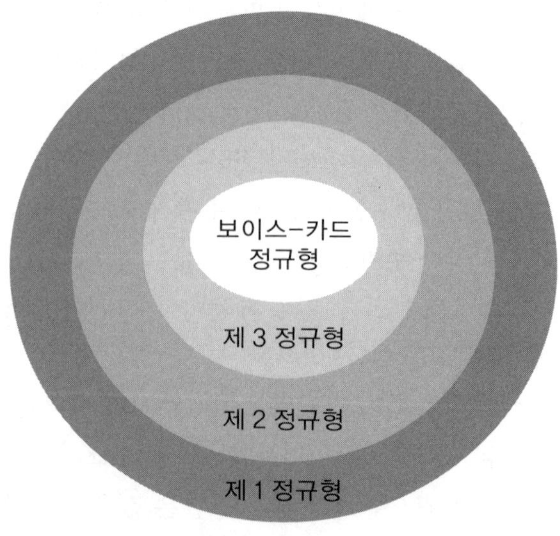

표 7-7 보이스-카드 정규형 릴레이션

학생지도2

학 생	지도교수	지도기간
황군	이교수님	2년
황군	김교수님	1년
박양	이교수님	3년
박양	최교수님	2년

주키: {학생, 지도교수}

지도교수

전공분야	지도교수
피아노	이교수님
성악	김교수님
성악	최교수님

주키: 지도교수

형은 제 3 정규형임이 증명되었으며, 따라서 보이스-카드 정규형은 제 3 정규형보다 엄격한 기준을 충족시키는 릴레이션이라 할 수 있다.

예 시

보이스-카드 정규형의 기준에 따라 표 7-6의 학생지도 릴레이션을 분석하면, 지도교수는 결정자이나 이를 주키로 갖는 릴레이션이 존재하지 않는다. 따라서 학생지도 릴레이션은 보이스-카드 정규형이 아니다. 이러한 학생지도 릴레이션을 표 7-7에 제시된 바와 같이 학생지도2 릴레이션과 지도교수 릴레이션으로 분해하여 구성할 경우, 각각은 모두 보이스-카드 정규형 릴레이션들이다.

예시를 통하여 알 수 있는 바와 같이 보이스-카드 정규형을 설계하기 위해서는 모든 속성들 사이의 완전 함수종속성만을 찾아내고 (바꾸어 말하면 부분 함수종속성이나 추이적 함수종속성들은 모두 제거하고), 이들로부터 결정자를 찾아낸 후, 이들을 주키로 하는 릴레이션을 구성하면 된다.

7.3.5 제 4 정규형

표 7-8에 제시되는 교과목 릴레이션에서 주키는 {과목, 교수, 교재}이다. 이 릴레이션에서 속성들 사이의 완전 함수종속성은 다음의 하나뿐이다.[2)]

과목, 교수, 교재 →

2) 교과목 릴레이션은 모든 속성들이 주키를 구성하기 때문에 주키에 함수적으로 종속되는(주키가 아닌) 속성은 없다. 이와 같은 경우 화살표 오른쪽은 · 으로 표시한다.

따라서 표 7-8의 릴레이션은 당연히 제 3 정규형이며, 또한 보이스-카드 정규형이다. 그러나 DB 관리론을 이교수님과 박교수님이 가르친다는 사실이 중복적으로 기록되며, 이들 과목의 교재가 데이터베이스 개론과 관계형 DB 설계라는 것 또한 중복적으로 기록되고 있다.

보이스-카드 정규형인 릴레이션에서 데이터의 중복이 발생한다는 것은 이전까지 적용한 함수종속성이나 결정자로는 설명할 수 없는 데이터 중복 요인이 존재함을 의미한다. 따라서 교과목 릴레이션에서 데이터 중복을 제거하기 위해서는 함수종속성이나 결정자와는 다른 개념을 필요로 하는데 이것이 다중종속성이다.

다중종속성(multi-valued dependency)

속성(또는 속성들의 집합) A의 각 값에 대하여 속성 B의 값들이 여러 개 존재할 경우, B는 A에 대하여 다중적으로 종속된다고 하며, 다음과 같이 표시한다.

$A \twoheadrightarrow B$

함수종속성은 다중종속성의 특수한 경우라고 할 수 있다. 즉, 다중종속성에서 B속성의 값이 하나만 존재하는 것이 함수종속성이다. 따라서 모든 함수종속성은 다중종속성이다. 예를 들면, 과목별로 교재가 1권만 사용될 경우, 교

표 7-8 데이터의 중복을 포함하는 보이스-카드 정규형

교과목

과 목	교 수	교 재
DB 관리론	이교수	데이터베이스 개론
DB 관리론	이교수	관계형 DB 설계
DB 관리론	박교수	데이터베이스 개론
DB 관리론	박교수	관계형 DB 설계
컴퓨터 개론	김교수	컴퓨터 개론
컴퓨터 개론	최교수	컴퓨터 개론

주키: {과목, 교수, 교재}

재는 과목에 함수적으로 종속된다. 그러나 여러 권 사용될 경우에는 다중적으로 종속된다.

정 의

속성 A에 다중적으로 종속되는 속성 B가 릴레이션 R에 존재할 경우, 릴레이션 R이 B와 A에 대하여 함수적으로 종속되는 속성들만을 포함할 경우 이를 제 4 정규형(4NF: Fourth Normal Form) 릴레이션이라 한다.

예 시

표 7-8의 교과목 릴레이션에서 교수는 과목에 다중종속된다. 따라서 과목과 교수에 대하여 함수적으로 종속되지 않는 교재가 같은 릴레이션에 포함될 경우, 교재는 과목을 담당하는 교수님들의 수만큼 중복되게 된다. 예를 들면, 표 7-8에서 데이터베이스 개론의 교재가 2권이므로, 담당교수가 이교수님과 박교수님이라는 사실이 2번씩 반복된다. 그리고 데이터베이스 개론을 담당하는 교수님이 두 분이므로, 교재가 데이터베이스 개론과 관계형 DB 설계라는 사실이 2번씩 반복된다. 따라서 다중종속성이 존재할 경우에는 다른 속성들을 포함하지 않도록 표 7-9와 같이 릴레이션을 구성하여야 한다.

표 7-9에서 과목교수 릴레이션은 과목과 이에 다중적으로 종속되는 교수를 포함한다. 그리고 과목교재 릴레이션은 과목과 이에 다중적으로 종속되는 교재, 그리고 과목과 교재에 함수적으로 종속되는 (예를 들면) 사용비율을 포함

표 7-9 제 4 정규형 릴레이션

과목교재

과 목	교 재	사용비율
DB 관리론	데이터베이스 개론	50%
DB 관리론	관계형 DB 설계	50%
컴퓨터 개론	컴퓨터 개론	90%

주키: {과목, 교재}

과목교수

과 목	교수
DB 관리론	이교수
DB 관리론	박교수
컴퓨터 개론	김교수
컴퓨터 개론	최교수

주키: {과목, 교수}

한다. 따라서 이들 두 릴레이션 모두, 다중 종속되는 속성(들)과 이들에 대하여 완전함수적으로 종속되는 속성만을 포함하며, 따라서 데이터의 중복이 발생하지 않는다.

7.3.6 추가적인 정규형

제1, 제2, 제3 보이스-카드 정규형 및 제4정규형에 추가하여 제5정규형 등이 존재한다. 그러나 본 교재에서는 제4정규형까지만 소개하고, 추가적인 정규형은 보다 전문적인 이론서를 참조하도록 한다.

7.4 정규형과 릴레이션 구조 분석

앞 절에서 우리는 정규형에 대하여 살펴보았다. 정규형은 관계형 데이터베이스의 구조를 분석하고 평가하기 위한 가장 기본적인 개념이다. 따라서 올바른 관계형 데이터베이스를 설계하기 릴레이션을 분석하여 이의 정규형을 파악하고 평가할 수 있어야 한다.

정규형을 소개하는 과정에서 설명하였지만, 정규형은 릴레이션의 평가 등급으로서 데이터관리 모순이 발생하는 원인들을 분석하여 등급을 부여한 것이다. 관계형 데이터베이스에서 릴레이션의 평가는 다음의 과정을 따른다.

- 릴레이션 구조를 파악하고 키를 식별.
- 발생 가능한 데이터관리 모순들을 식별.
- 데이터관리 모순들이 발생하는 원인들을 이론적으로 나열.
- 데이터관리 모순의 발생 원인들을 이론적으로 제거.

이들 과정을 되풀이하여 릴레이션의 구조를 향상시키는 과정이 다음 장에서 소개하는 관계형 데이터베이스의 논리설계이다.

(1) 릴레이션 구조의 파악

관계형 데이터베이스에서 릴레이션 구조를 파악하기 위해서는 먼저 릴레이션의 키를 식별할 수 있어야 한다. 만약에 릴레이션의 키를 파악할 수 없으면, 이후 이들 릴레이션에 대한 어떠한 분석도 할 수 없다. 따라서 릴레이션의 구조를 분석하고 정규형을 판단하기 위해서는 반드시 해당 릴레이션의 키를 식별하여야 한다.

릴레이션의 키를 파악하기 위해서는 먼저 무슨 속성들이 튜플을 유일하게 식별할 수 있는가를 분석한다. 예를 들면, 표 7-1에 예시된 릴레이션의 키를 파악한다고 가정하자. 이를 위하여 먼저 각 개별 속성들이 키가 될 수 있는가를 분석한다. 표 7-1에서 공급자번호나 주소, 부품번호, 공급량들은 개별적으로는 튜플을 식별할 수 없다. 왜냐하면, 이들 속성들에 대하여서는 같은 값을 갖는 튜플들이 2개 이상 존재한다. 즉 개별 속성들은 주키가 될 수 없다. 따라서 복합키를 찾아야 한다. 여기서 주소와 부품번호에 대해서는 같은 값을 가지는 튜플들이 현재는 존재하지 않는다. 따라서 키가 될 수 있다. 그러나 S2 공급자가 '서울'로 주소를 이동할 수 있으며, 이 경우에는 같은 값을 갖는 튜플들이 존재할 수 있다. 따라서 발생 가능한 모든 속성값들을 고려해 볼 때, {주소, 부품번호}는 릴레이션의 키가 될 수 없다. 표 7-1의 공급 릴레이션에서 키가 될 수 있는 것은 {공급자번호, 부품번호}이다.

(2) 발생 가능한 데이터관리의 모순 식별

관계형 데이터베이스에서 발생 가능한 데이터관리 모순은 데이터의 입력, 갱신 및 삭제 모순들이다. 표 7-1의 공급 릴레이션에서 발생하는 데이터 관리 모순은 이미 앞에서 자세히 분석하였다. 이와 같이 릴레이션에서 발생할 수 있는 데이터관리 모순들을 경우별로 식별한다.

(3) 데이터관리 모순의 발생 원인 도출

관계형 데이터베이스에서 데이터관리 모순은 릴레이션 구조가 실제 현상과 일치하지 않기 때문이다. 그리고 이러한 일치성 여부를 파악하는 기준이 함수종속성과 다중종속성이다. 즉, 관계형 데이터베이스에서 데이터관리의 모순이 발생하는 원인은 함수종속성과 다중종속성을 이용하여 설명된다. 따라서 릴레이션의 구조를 평가하고 정규형을 부여하기 위해서는 이들 데이터관리 모순의 발생 원인들을 함수종속성과 다중종속성의 개념을 이용하여 설명할 수 있어야 한다.

예를 들면, 표 7-1에 예시된 공급 릴레이션에서 데이터관리의 모순들이 발생하는 원인은 주소가 릴레이션의 주키인 {공급자번호, 부품번호}에 부분 함수적으로 종속되기 때문이다.

(4) 데이터관리 모순의 발생 원인 제거

관계형 데이터베이스에서 데이터관리 모순을 제거하기 위해서는 이의 원인들을 제거해야 한다. 그리고 이들 원인들은 함수종속성과 다중종속성으로 설명된다. 따라서 데이터관리 모순이 발생하지 않도록 하기 위해서는 원인이 되는 함수종속성과 다중중속성이 발생하지 않도록 제거하면 된다.

예를 들면, 표 7-1의 공급 릴레이션에서 데이터관리의 모순들은 주소가 릴레이션의 주키인 {공급자번호, 부품번호}에 부분 함수적으로 종속되기 때문이다. 따라서 이들 부분 함수종속성이 발생하지 않도록 릴레이션을 변경하여야 하는데, 이를 위한 방안이 표 7-2에 예시되었던 바와 같이 2개의 릴레이션으로 구성하는 것이다. 이렇게 새로이 구성된 릴레이션에는 부분 함수종속성이 존재하지 않으며, 따라서 데이터관리 모순이 발생하지 않는다.

S U M M A R Y

요약

본 단원에서는 관계형 데이터모형의 기본 개념인 함수종속성과 정규형에 대하여 학습하였다. 본 단원에서 습득한 주요 개념들을 요약하면 다음과 같다.

갱신 모순(update anomaly): 데이터베이스에서 데이터가 갱신되는 현상이 실제 사실의 발생 횟수와 일치하지 않는 모순.

결정자: 완전 함수종속성의 화살표 왼쪽에 위치하는 속성(또는 속성들의 집합).

다중종속성: 특정 속성의 속성값에 대하여 다른 속성의 속성값이 정확하게 여러 개 대응하는 관계.

보이스-카드 정규형: 결정자들이 주키가 될 수 있도록 설계된 릴레이션.

부분 함수종속성: 함수종속성 X → Y에서 Y가 X의 부분 집합에 대해서도 함수적으로 종속하는 형태의 함수종속성.

삭제 모순(deletion anomaly): 원래 삭제하려고 하지 않은 데이터가 데이터베이스에서 삭제되는 현상.

완전 함수종속성: 함수종속성 X → Y에서 Y가 X의 부분 집합에 대해서는 함수적으로 종속하지 않는 형태의 함수종속성.

입력 모순(insertion anomaly): 실제 현상에서 발생한 새로운 사실을 데이터베이스에는 입력할 수 없는 현상.

정규형(normal forms): 릴레이션이 올바르게 설계된 정도를 나타내는 기준으로서, 제 1 정규형, 제 2 정규형, 제 3 정규형, 보이스-카드 정규형 및 제 4 정규형 등이 있음.

제 1 정규형 릴레이션: 릴레이션을 구성하는 모든 속성들이 단일 자료값을 가지는 릴레이션.

제 2 정규형 릴레이션: 제 1 정규형이면서 주키와 속성들 사이에 부분함수종속성이 존재하지 않는 릴레이션.

제 3 정규형 릴레이션: 제 2 정규형 중 추이적 함수종속성을 제거한 릴레이션.

제 4 정규형: 다중종속성을 갖는 속성들과 이들 모두에 함수적으로 종속되는 속성들만으로 구성된 릴레이션.

추이적 함수종속성: 임의의 속성(또는 속성들의 집합)이 다른 속성을 매개로 하여 또 다른 속성(또는 속성들의 집합)에 함수적으로 종속되는 형태의 함수종속성.

함수적 동등: 두 속성(또는 속성들의 집합)이 서로 함수적으로 종속되는 경우.

함수종속성: 특정 속성의 속성값에 대하여 다른 속성의 속성값이 정확하게 하나만 대응하는 관계

08 Database Management

관계형 데이터베이스 논리설계

데이터베이스 설계는 개념 설계, 논리 설계 및 물리 설계로 구분된다. 이들 중 개념 설계는 데이터베이스에 저장될 내용들을 설정하는 단계로서 개체관계모형에서 소개하였다.

건축물을 예로 들면, 개념 설계는 건물을 구성하는 공간의 크기, 용도 등을 스케치하는 단계이다. 이에 반하여 논리 설계나 물리 설계는 건축 방법을 결정한 후(예를 들면, 철골 구조물로 건축할 것이라고 결정한 후), 이에 부합하는 구조를 설계하는 과정이다. 따라서 해당 구조물의 역학적 특성들을 고려하여 설계하여야 한다.

관계형 데이터베이스의 논리 설계와 물리 설계는 관계형 데이터 모형의 구조에 부합하여 데이터들을 저장 관리할 수 있도록 데이터베이스 구조를 설계하는 단계이다. 이들 중 표준적인 관계형 데이터 모형을 가정한 것이 논리 설계이며, 특정 구현 환경(특정 DBMS 및 컴퓨터 시스템 등)을 대상으로 한 것이 물리 설계이다.

본장에서는 관계형 데이터베이스의 논리설계에 대하여 공부한다. 물리설계는 이후 제 4 부 관계형 데이터베이스의 구축과 운영에서 다룬다.

8.1 관계형 데이터베이스의 설계 목표와 설계 방법론

데이터베이스 설계의 목적은 당연히 좋은 데이터베이스 스키마를 도출하는 것이다. 단지 어떠한 데이터베이스 스키마가 좋은 것이냐 하는 것이 문제이다.

8.1.1 데이터베이스 스키마의 평가 척도

데이터베이스 스키마는 상황이나 목적에 따라 평가 기준이 조금씩 다를 수 있다. 그러나 이것은 평가 척도 자체가 변하는 것이 아니라 상황에 따라 적용하는 척도들이 달라지기 때문이라고 할 수 있다. 즉, 특정 상황에서는 정규성이 보다 더 중요할 수 있으며, 다른 상황에서는 효율성이 더 중요할 수 있다.

일반적으로 이야기하는 데이터베이스 스키마의 평가 척도들을 나열하면 다음과 같다.

- 완전성(completeness)
- 정규성(correctness, normality)
- 효율성(minimality)
- 표현성(expressiveness, understandability)
- 확장성(expandability)

(1) 완전성

데이터베이스 스키마는 실제 현상을 제대로 추상화한 데이터 모형이어야 한다. 즉, 실제 현상에 존재하는 자료들과 이들 사이의 관계들을 데이터베이스 스키마가 모두 포함하여야 한다.

예를 들면, 공급 데이터베이스가 제7장의 표 7-2와 같이 설계되었다고 하자. 그런데 만약 공급자의 신용등급에 대한 정보가 필요하다고 하면, 제시된 데이터베이스는 완전성이 결여된 데이터베이스 스키마라고 할 수 있다.

(2) 정규성

관계형 데이터 모형의 관점에서 모든 릴레이션들은 데이터가 잘 관리될 수 있도록 설계되어야 한다. 즉, 데이터 중복이 가능한 범위 내에서 모두 제거되어야 하며, 데이터관리 모순이 발생하지 않도록 구성되어야 하는데 이를 데이터베이스 스키마의 정규성이라고 한다. 이러한 데이터베이스 스키마의 정규성을 측정하는 기준이 정규형이다.

예를 들면, 공급 데이터베이스가 제7장의 표 7-1과 같이 설계되었다고 하자. 그러면, 7장에서 살펴본 바와 같이 데이터관리의 모순들이 발생한다. 따라서 표 7-1의 스키마는 정규성이 높은 스키마라고 할 수 없다.

(3) 효율성

데이터베이스는 데이터의 입력, 갱신 및 검색이 가능한 범위 내에서 빨리 수행될 수 있도록 설계되어야 한다. 이와 같은 효율성을 판단하는 척도의 하나가 릴레이션의 수이다. 동일한 데이터를 나타내면서 릴레이션의 수가 적도록 모델링된 데이터베이스는 릴레이션의 수가 많은 데이터베이스보다 효율적으로 데이터를 관리할 수 있다.

예를 들면, 표 8-1에 예시된 바와 같이 사원3 릴레이션이 사원5와 사원6의 2개의 릴레이션으로 분해되었다고 가정하자. 이러할 경우 사원3 릴레이션을 이용하여 사원 데이터를 입력하고, 갱신, 삭제 및 검색하는 것이 사원5와 사원6이 2개의 릴레이션을 이용하는 것보다 훨씬 효율적임을 쉽게 알 수 있다. 후자의 경우는 모든 데이터를 입력하기 위해서는 2개의 릴레이션을 각각 처리하여야 하며, 검색할 경우에도 이들 릴레이션을 조인하여야 한다. 이에 반하여 전자는 하나의 릴레이션을 이용하여 데이터의 입력이나 삭제, 갱신, 검색

표 8-1 릴레이션의 수와 데이터관리의 효율성

사원3

이 름	근무연수	근무부서
홍길동	1	설계부
최청년	4	설계부
이수일	2	인사부

주키: 이름

사원5

이 름	근무연수
홍길동	1
최청년	4
이수일	2

주키: 이름

사원6

이 름	근무부서
홍길동	설계부
최청년	설계부
이수일	인사부

주키: 이름

을 처리할 수 있다.

(4) 표현성

데이터베이스 스키마는 실제 현상과 개념적으로 일치하여야 한다. 즉, 릴레이션을 구성하는 속성들을 보면, 해당 릴레이션에 무슨 종류의 데이터들이 저장되는가를 쉽게 이해할 수 있어야 하는데 이를 데이터베이스 스키마의 표현성이라고 한다.

(5) 확장성

데이터베이스 스키마는 확장 및 갱신이 용이해야 한다. 즉 새로운 속성이나 릴레이션들을 추가하기가 쉬워야 하며, 데이터의 적용 범위 또한 쉽게 확장할 수 있어야 한다. 예를 들면, 현재는 본사의 사원들에 대한 데이터들만을 관리하던 것을 전 부서의 사원으로 확장하고자 할 경우 이를 쉽게 실현할 수 있어야 한다. 또한 사원들에 대하여 부양가족과 같은 정보를 추가하고자 할 경우 이 또한 쉽게 구현할 수 있어야 한다.

8.1.2 완전 데이터베이스 스키마

데이터베이스 스키마의 평가 기준들 중에서 현실적으로 평가가 용이한 기준들을 만족시키는 스키마를 완전 데이터베이스 스키마(complete database schema)라고 한다. 완전 데이터베이스 스키마의 조건을 구체적으로 나열하면 다음과 같다.

- 릴레이션이 나타내는 함수종속성과 실제 현상에서 속성들 사이의 함수종속성이 동일하다.
- 모든 릴레이션들이 적어도 제3정규형 릴레이션들이다.
- 첫째와 둘째 조건을 만족시키면서 이보다 적은 수의 릴레이션들로 구성된 데이터베이스는 존재하지 않는다.

즉, 완전 데이터베이스 스키마는 적어도 제3정규형 릴레이션들로 구성된, 완전성과 효율성을 충족시키는 데이터베이스 스키마라고 할 수 있다.

8.1.3 설계 방법론

관계형 데이터베이스 설계의 구체적 목표를 완전 데이터베이스 스키마로 정의할 때, 둘째와 셋째 조건은 매우 객관적인 요건을 기술한다고 볼 수 있다. 그러나 첫째 조건, 즉 완전성은 우리가 어떠한 관점에서 실제 현상을 정의하느냐에 따라 달라질 수 있다.

실제 현상을 추상화하는 방법은 서술적 방법과 규범적 방법으로 구분할 수 있다.

- 서술적 방법은 현재 사용하는 데이터들을 기초로 실제 현상을 모델링하는 방법이다. 즉, 현재 사용하는 보고서나 파일들로부터 제 3 정규형 릴레이션들을 도출한다. 이러한 설계 방법을 분할에 의한 정규화(normalization through decomposition)라고 한다.
- 규범적 방법은 데이터베이스가 포함하여야 하는 이상적 데이터들의 집합으로 실제 현상을 정의한다. 이들 이상적 데이터들을 체계적으로 추출하고 정의하기 위하여 많이 사용되는 모형이 개체관계모형이며, 이를 이용하여 데이터베이스를 설계하는 방법을 개체관계 모형을 이용한 설계 방법이라고 한다.

데이터베이스 설계 방법은 사용되는 데이터 모형의 종류에 따라서도 구분할 수 있다. 그중 하나는 관계형 데이터 모형에 기초하여 직접 관계형 데이터베이스 스키마를 설계하는 방법이다. 예를 들면 데이터 항목들 사이의 함수종속성을 모두 나열하고, 이들을 논리적으로 조작하여 정규화된 릴레이션들을 도출하는 것인데 이를 통합 알고리즘의 적용 방법이라고 한다. 또 다른 방법은 개체관계모형을 이용하여 개념 모형을 정의하고 이로부터 관계형 데이터베이스 스키마를 설계하는 방법인데, 개체관계 모형을 이용한 설계 방법이 이에 해당한다.

이상에서 제시된 실제 현상의 추상화 방법과 데이터 모형에 따른 설계 방법을 종합하면, 관계형 데이터베이스 설계 방법은 크게 다음의 세 가지로 구분된다.

(1) 분할에 의한 정규화 방법

(2) 개체관계모형을 이용한 설계 방법

(3) 통합 알고리즘의 적용 방법

첫째와 셋째는 관계형 데이터 모형에 기초한 방법이며, 둘째는 개체관계 모형에 기초한 방법이다. 또한 첫째 방법은 서술적 설계에만 적용할 수 있으나, 둘째와 셋째는 규범적 설계에도 적용할 수 있다.

8.2 분할에 의한 정규화

데이터베이스 설계에서 가장 손쉬운 방법은 분할에 의한 정규화 방법이다. 이 방법은 현재 사용하고 있는 문서나 테이블 또는 양식을 수집한 후, 이들로부터 제3정규형 릴레이션들을 도출한다. 따라서 서술적 방법으로서의 특징을 가지며, 관계형 데이터 모형에 기초한다.

분할에 의한 정규화에서 데이터베이스 설계 과정을 살펴보면 다음과 같다.

1단계: 문서나 테이블 또는 양식 등을 수집한다.

2단계: 문서나 테이블 또는 양식 등을 제1정규형 릴레이션으로 전환한다.

3단계: 2단계에서 만들어진 각 릴레이션들을 R이라고 할 때, R이 제3정규형이면 분할을 종료한다. 만약 R이 제3정규형이 아니면 이를 정보의 손실 없이 데이터 중복을 제거하는 2개의 릴레이션인 R1과 R2로 분할한다.

4단계: 만약 분할된 R1과 R2가 적어도 제3정규형이면 해당 릴레이션의 분할을 종료한다. 그렇지 않은 경우에는 해당 릴레이션을 대상으로 3단계의 작업을 반복한다.

이상에서 설명된 바와 같이 분할에 의한 정규화는 릴레이션을 분할함으로써 제3정규형이 될 때까지 릴레이션의 정규형을 향상시키는 방법이다. 즉, 해당 릴레이션에서 데이터관리 모순이 발생하거나 데이터들이 중복 저장되어 있을 경우, 이를 분할하여 데이터의 중복 원인을 제거하는데, 릴레이션의 분할은 데이터 중복이 발생하지 않을 때까지 반복된다.

8.2.1 분할의 기준과 무손실 분할

분할에 의한 정규화에서 릴레이션들은, 분할된 릴레이션들로부터 원래의 릴레이션이 다시 복원될 수 있도록 분할하여야 한다. 즉, 릴레이션 R을 R1과 R2로 분할할 경우, 이들 릴레이션들을 결합하면 원래의 릴레이션 R을 다시 생성할 수 있어야 한다. 이와 같이 분할된 릴레이션들로부터 원래의 릴레이션을 재구성할 수 있을 경우, 정보의 손실이 발생하지 않았다고 하며, 그렇지 않을 경우, 정보의 손실이 발생하였다고 한다.

무손실 분할

릴레이션 R을 R1과 R2로 분할한다고 가정하자. 이들 릴레이션 R1과 R2를 조인하여 원래의 릴레이션 R을 재구성할 수 있을 경우, 무손실 분할(lossless decomposition)이라고 한다. 즉, 릴레이션 R1과 R2가 다음의 조건을 만족할 경우, 이를 무손실 분할이라고 한다.

$$\pi_{[R1]}(R) \bowtie \pi_{[R2]}(R) = R$$

예를 들면, 표 8-2의 지역별 전화번호 릴레이션을 전화번호를 매개로 하여 가입자 릴레이션과 전화번호 릴레이션으로 분할한다고 가정하자. 이 경우 분할된 릴레이션들을 조인할 경우, 원래의 릴레이션이 만들어진다. 따라서 표 8-2의 분할은 무손실 분할이다.

그러나 표 8-2의 지역별 전화번호 릴레이션을 성명을 매개로 하여 표 8-3과 같이 주소 릴레이션과 전화번호 릴레이션으로 분할하면, 분할된 두 릴레이션을 조인하여도 원래의 릴레이션을 복원할 수 없다. 즉 표 8-3의 주소 릴레이션과 전화번호 릴레이션은 지역별 전화번호 릴레이션의 손실 분할이다. 그 이유는 조인된 릴레이션은 원래의 릴레이션과 일치하지 않기 때문이다. 즉 표 8-3에 예시된 바와 같이, 분할한 릴레이션을 다시 조인하면, 조인된 릴레이션은 원래의 릴레이션에는 없는 추가적인 튜플들을 포함한다. 이를 집합의 포함 관계로 표시하면 다음과 같다.

표 8-2 무손실 분할의 예

지역별 전화번호

성 명	전화번호	도 시	통화수
홍길동	t1	c1	108
홍길동	t2	c2	50
김북악	t3	c1	273

주키 : 전화번호

가입자

성 명	전화번호
홍길동	t1
홍길동	t2
김북악	t3

전화번호

전화번호	도 시	통화수
t1	c1	108
t2	c2	50
t3	c1	273

지역별전화번호 $\subseteq \pi_{[\text{성명, 도시}]}$(지역별전화번호) $\bowtie$ $\pi_{[\text{성명, 전화번호, 통화수}]}$(지역별전화번호)

여기서 조인된 릴레이션이 원래의 릴레이션에는 없던 튜플들을 포함한다는 것은 원래의 릴레이션에만 포함되었던 튜플들에 대한 정보가 손실되었음을 의미한다.

이상에서 살펴본 바와 같이 릴레이션이 어떻게 분할되는가에 따라 정보의 손실이 발생하기도 하고 발생하지 않기도 한다. 따라서 릴레이션을 분할할 때에는 정보 손실이 발생하지 않도록 하여야 하는데, 이것이 무손실 분할 법칙이다.

무손실 분할 법칙 1

릴레이션 R(XYZ)에서 X → Y 또는 X → Z이며, X, Y, Z는 임의의 속성(들)일 경우, 이들 함수종속성(보다 구체적으로 결정자)을 매개로 한 분할은 무손실 분할이다. 즉,

R[XYZ] = R[XY] $\bowtie$ R[XZ]

표 8-3 손실 분할의 예

주소

성 명	도 시
홍길동	c1
홍길동	c2
김북악	c1

전화번호

성 명	전화번호	통화수
홍길동	t1	108
홍길동	t2	50
김북악	t3	273

주소 $\bowtie$ 전화번호

성 명	전화번호	도 시	통화수
홍길동	t1	c1	108
홍길동	t1	c2	108
홍길동	t2	c1	50
홍길동	t2	c2	50
김북악	t3	c1	273

무손실 분할 법칙 2

릴레이션 R(XYZ)에서 $X \twoheadrightarrow Y$이며, X, Y, Z는 임의의 속성(들)일 경우, 다중종속성(보다 구체적으로, 다중종속성의 왼쪽 속성)을 매개로 한 분할은 무손실 분할이다. 즉,

$$R[XYZ] = R[XY] \bowtie R[XZ]$$

무손실 분할의 법칙들에서 살펴본 바와 같이, 함수종속성이나 다중종속성을 매개로 한 분할은 무손실 분할이다. 따라서 정규형에서 살펴본 부분 함수종속성이나 추이적 함수종속성 또는 다중종속성 등을 제거하기 위한 분할은 모두 무손실 분할이다.

8.2.2 분할의 절차

분할에 의한 정규화는 무손실 분할을 적용하여 데이터의 중복을 제거하는 방법이다. 즉, 부분 함수종속성, 추이적 함수종속성 및 다중 함수종속성을 제

그림 8-1 분할에 의한 정규화 절차

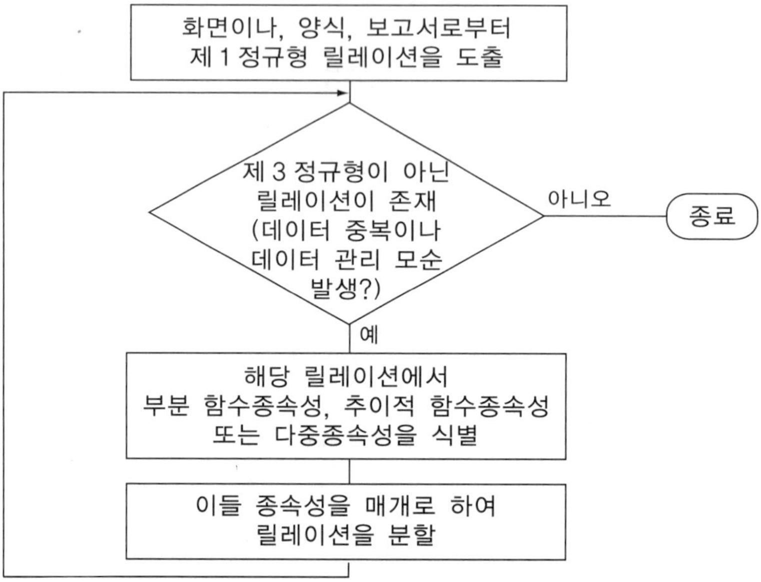

거함으로써 데이터의 중복 관리와 데이터관리 모순이 발생하지 않는 릴레이션들을 도출하는 과정이다.

그림 8-1에 예시된 바와 같이 분할에 의한 정규화는 데이터의 중복 저장이나 데이터관리 모순이 발생하지 않을 때까지 반복된다. 따라서 분할에 의한 정규화는 데이터관리 모순을 제거하는 과정이지 릴레이션의 정규형을 제 1 정규형으로부터 제 2 정규형, 제 3 정규형으로 순차적으로 향상시키는 과정이 아니다.

예를 들면, 제 1 정규형 릴레이션을 2개의 릴레이션으로 분할할 경우, 분할된 릴레이션들은 해당 데이터의 중복이 제거된 릴레이션들이다. 따라서 이들은 제 3 정규형이거나 제 4 정규형 릴레이션이 될 수도 있으며, 계속 제 1 정규형 릴레이션일 수도 있다.

분할에 의한 정규화의 예제로서, 표 8-4의 물품 판매대장으로부터 정규화된 릴레이션들을 설계한다고 가정하자. 먼저 표 8-4를 표 8-5와 같이 제1정규형 릴레이션으로 변환한다.

표 8-5의 릴레이션은 데이터들을 중복하여 포함한다. 이들 중복 저장된 데이터들 중의 하나가 고객의 주소와 전화번호이다. 이와 같이 주소와 전화번

표 8-4 물품판매대장

날짜: 2008. 4. 5.

주문번호	고객명	주 소	전화번호	상품명	구매가	판매가	수 량	소 계	합 계	지 불
01	홍길동	성북구	910-1114	갑라면	300	350	100	35000	135000	현금
				A과자	400	500	200	100000		
02	김북악	일산	(031) 916-0114	갑라면	300	330	1000	330000	460000	카드
				C설탕	12000	13000	10	130000		
03	홍길동	성북구	910-1114	배추	800	900	100	90000	90000	외상

표 8-5 물품판매대장 릴레이션

날 짜	주문번호	고객명	주 소	전화번호	상품명	구매가	판매가	수 량	소 계	합 계	지불
2008. 4. 5.	01	홍길동	성북구	(02) 910-1114	갑라면	300	350	100	35000	135000	현금
2008. 4. 5.	01	홍길동	성북구	(02) 910-1114	A과자	400	500	200	100000	135000	현금
2008. 4. 5.	02	김북악	일산	(031) 916-0114	갑라면	300	330	1000	330000	460000	카드
2008. 4. 5.	02	김북악	일산	(031) 916-0114	C설탕	12000	13000	10	130000	460000	카드
2008. 4. 5.	03	홍길동	성북구	(02) 910-1114	배추	800	900	100	90000	90000	외상

주키: {주문번호, 상품명}

호가 중복하여 저장되는 이유는 이들이 릴레이션의 주키인 주문번호와 상품명에 대하여 고객명을 매개로 추이적으로 종속되기 때문이다. 즉, 다음과 같은 추이적 함수종속성이 성립한다.

주문번호, 상품명 → 고객명
고객명 → 주소, 전화번호

이들 함수종속성을 이용하여 고객명을 매개로 표 8-5의 물품판매대장 릴레이션을 분할하면, 표 8-6의 고객 릴레이션과 물품판매 릴레이션이 만들어진다. 이들 중에서 고객 릴레이션은 데이터의 중복을 포함하지 않는다. 즉, 고객 릴레이션은 제 3 정규형 릴레이션이며, 따라서 더 이상 분할할 필요가 없다. 그러나 물품판매 릴레이션은 아직도 데이터 중복을 포함한다.

표 8-6 물품판매대장 릴레이션의 분할

물품판매

날 짜	주문번호	고객명	상품명	구매가	판매가	수 량	소 계	합 계	지불
2008. 4. 5.	01	홍길동	갑라면	300	350	100	35000	135000	현금
2008. 4. 5.	01	홍길동	A과자	400	500	200	100000	135000	현금
2008. 4. 5.	02	김북악	갑라면	300	330	1000	330000	460000	카드
2008. 4. 5.	02	김북악	C설탕	12000	13000	10	130000	630000	카드
2008. 4. 5.	03	홍길동	배추	800	900	100	90000	90000	외상

주키: {주문번호, 상품명}

고객

고객명	주 소	전화번호
홍길동	성북구	(02) 910-1114
김북악	일산	(031) 916-0114

주키: 고객명

물품판매 릴레이션에서 중복 관리되는 데이터들 중의 하나가 고객명, 날짜, 합계와 지불인데, 그 이유는 이들이 릴레이션의 주키인 주문번호와 상품명에 대하여 부분적으로 종속되기 때문이다. 즉, 다음의 부분 종속성이 존재한다.

주문번호 → 날짜, 합계, 지불

이 부분 함수종속성을 이용하여 주문번호를 매개로 물품판매 릴레이션을 분할하면, 표 8-7의 상세주문 릴레이션과 주문 릴레이션으로 분할된다.

표 8-7에서 주문 릴레이션은 데이터의 중복을 포함하지 않는다. 즉, 주문 릴레이션은 적어도 제3정규형 릴레이션이며, 따라서 더 이상 분할할 필요가 없다. 그러나 상세주문 릴레이션은 아직도 구매가를 중복 저장하는데, 이는 구매가가 릴레이션의 주키인 주문번호와 상품명에 부분적으로 종속되기 때문이다. 즉, 다음의 부분 함수종속성이 존재한다.

상품명 → 구매가

이 부분 함수종속성을 이용하여 상품명을 매개로 상세주문 릴레이션을 분

표 8-7 물품판매 릴레이션의 분할

상세주문

주문번호	상품명	구매가	판매가	수 량	소 계
01	갑라면	300	350	100	35000
01	A과자	400	500	200	100000
02	갑라면	300	330	1000	330000
02	C설탕	12000	13000	10	130000
03	배추	800	900	100	90000

주키: {주문번호, 상품명}

주문

주문번호	고객명	합 계	지불	날 짜
01	홍길동	135000	현금	2008. 4. 5.
02	김북악	630000	카드	2008. 4. 5.
03	홍길동	90000	외상	2008. 4. 5.

주키: 주문번호

표 8-8 상세주문 릴레이션의 분할

상세물품주문

주문번호	상품명	판매가	수 량	소 계
01	갑라면	350	100	35000
01	A과자	500	200	100000
02	갑라면	330	1000	330000
02	C설탕	13000	10	130000
03	배추	900	100	90000

주키: {주문번호, 상품명}

상품

상품명	구매가
갑라면	300
A과자	400
C설탕	12000
배추	800

주키: 상품명

할하면, 표 8-8의 상세물품주문 릴레이션과 상품 릴레이션이 만들어진다. 이들 릴레이션은 둘다 데이터 중복을 포함하지 않는다. 즉, 두 릴레이션 모두 적어도 제 3 정규형 릴레이션이며, 따라서 더 이상 분할할 필요가 없다.

이상에서 소개된 분할에 의한 정규형 과정을 그림으로 표시하면 그림 8-2와 같다. 이들 과정에서 알 수 있는 바와 같이 릴레이션은 항상 2개로 분할되며, 분할의 기준은 부분함수종속성이나 또는 추이적 함수종속성이다 (다중종속성도 기준이 될 수 있으나, 본 사례에서는 발생하지 않았다). 그리고 분할된 릴레이션은 분할 이전의 릴레이션과 같은 단계의 정규형이거나 또는 높은 단계의 정규형이다.

그림 8-2 물품판매대장 릴레이션의 분할에 의한 정규화 과정

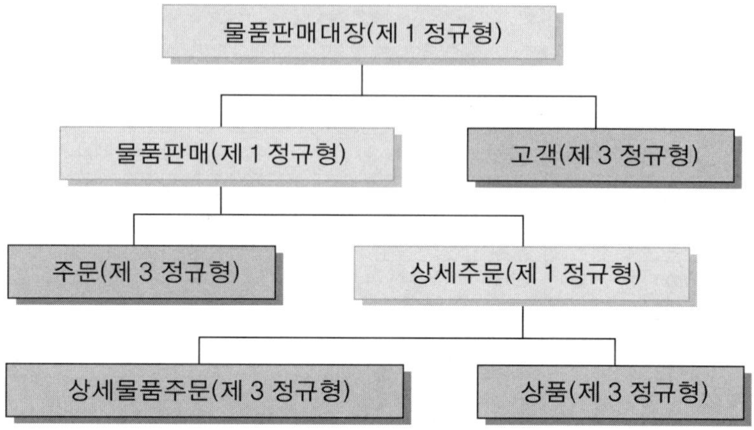

8.3 개체관계모형을 이용한 설계 방법

관계형 데이터베이스 설계를 위하여 가장 많이 사용되는 방법은 제 II 부에서 소개한 개체관계모형을 사용하여 개념설계를 하고, 이로부터 관계형 데이터베이스 스키마를 유도하는 방법이다. 보다 구체적으로, 개체관계모형을 이용한 관계형 데이터베이스의 설계 과정을 살펴보면 다음과 같다.

1단계: 개체관계모델링을 한다.

2단계: 개체관계모형으로부터 개체 릴레이션과 관계 릴레이션들을 추출한다.

3단계: 적어도 제 3 정규형이 되도록 개체 릴레이션들과 관계 릴레이션들을 정규화한다.

4단계: 릴레이션의 수를 최소화한다.

첫 번째와 두 번째 단계는 개념 모형의 설계 단계로서 본 교재의 제 II 부에서 설명하였다. 따라서 여기서는 개체 릴레이션과 관계 릴레이션으로부터 완전 데이터베이스 스키마를 도출하는 셋째부터 넷째까지의 단계에 대하여 설명한다.

8.3.1 정 규 화

개체관계모형으로부터 추출된 개체 릴레이션과 관계 릴레이션들은, 모델링이 올바르게 수행되었다는 가정 하에서, 적어도 제3정규형이다. 따라서 대부분의 경우 정규화가 필요없다.

그러나 경우에 따라서는, 모델링의 편의나 또는 오류에 의하여, 복수값을 갖는 속성을 포함할 수도 있으며, 여러 개체를 단일 개체로 표현하기도 한다. 따라서 정규화 과정이 필요할 수가 있는데, 대표적으로 정규화가 필요한 경우들을 열거하면 다음과 같다.

- 복수값 속성
- 추이적 함수종속성

(1) 복수값 속성

개체관계모형에서 복수값 속성을 모델링하기 위한 방법은 제4장 개체관계모형의 설계에서 자세히 설명하였다. 그러나 만약 복수값을 가지는 속성이 아직도 개체관계모형에 포함되어 있을 경우에는 제4장에서 소개된 방법을 사용하여 모든 속성들이 단일값으로 표현되도록 변환한다.

(2) 추이적 함수종속성

과목에 대한 속성들이 그림 8-3과 같이 정의되었을 경우, 과목에 대한 개체 릴레이션은 표 8-9와 같이 표시되는데, 담당교수의 연구실 번호들이 중복됨을 알 수 있다. 이와 같이 연구실 번호가 중복되는 이유는 연구실 번호가 릴레이션의 주키인 과목번호와 학기에 대하여 담당교수명을 매개로 추이적으로 종속되기 때문이다. 따라서 데이터 중복을 제거하기 위해서는 과목 릴레이션을 표 8-10과 같이 과목2 릴레이션과 교수 릴레이션으로 분할하여야 한다.

표 8-9의 과목 릴레이션에서 데이터 중복이 발생하는 이유는 개체관계모델링이 잘못되었기 때문이다. 즉 그림 8-4와 같이 모델링되어야 하는 것을 그림 8-3과 같이 잘못 모델링하였기 때문이다. 따라서 그림 8-3의 개체관계모형을 추이적 함수종속성이 발생하지 않도록 그림 8-4와 같이 재모델링하면,

그림 8-3 추이적 함수종속성을 갖는 개체

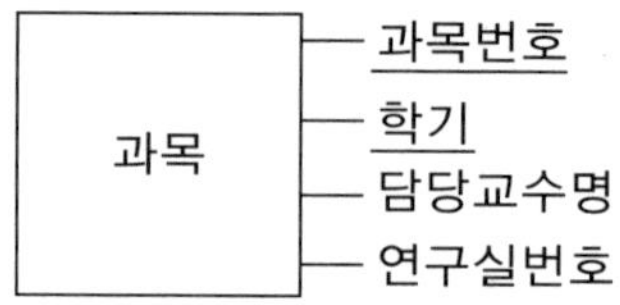

표 8-9 추이적 함수종속성을 갖는 개체 릴레이션

과목

과목번호	학 기	담당교수명	연구실번호
0331	1998. 1	이교수	국C303
0331	1997. 1	이교수	국C303
0132	1998. 2	김교수	국C317

주키: {과목번호, 학기}

표 8-10 정규화된 릴레이션(추이적 함수종속성)

과목2

과목번호	학 기	담당교수명
0331	1998. 1	이교수
0331	1997. 1	이교수
0132	1998. 2	김교수

주키: {과목번호, 학기}

교수

교수명	연구실번호
이교수	국C303
이교수	국C303
김교수	국C317

주키: 교수명

그림 8-4 과목 개체의 재모델링

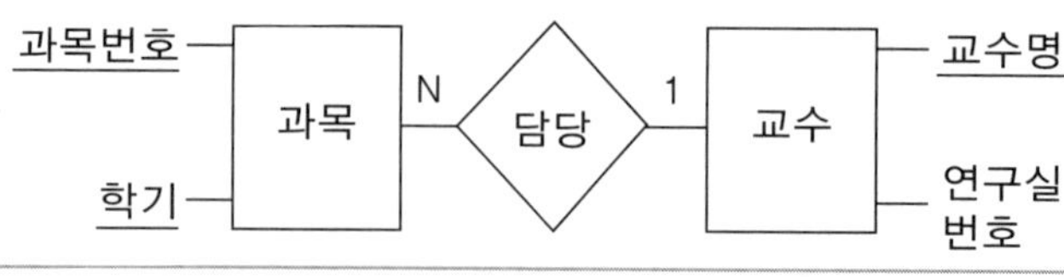

표 8-10과 같이 데이터 중복이 발생하지 않는 제3정규형인 릴레이션들이 만들어진다.[1)]

1) 그림 8-4에는 2개의 개체가 있고 1개의 관계가 있는데 만들어진 개체 릴레이션과 관계 릴레이션이 모두 3개가 아니고 2개뿐인 이유는 원래 3개의 릴레이션을 2개의 릴레이션으로 합친 것으로, 이에 대해서는 릴레이션 수의 최소화에서 자세히 설명한다.

이상에서 살펴본 바와 같이, 개체 릴레이션이나 관계 릴레이션의 정규화가 필요한 이유는 제 4 장에서 소개한 개체관계모형의 설계 기준들이 적용되지 않았기 때문이라고 할 수 있다. 따라서 이들 설계 기준들이 잘 적용되었는가를 재검토하고, 개체관계모형으로부터 만들어진 릴레이션들을 정규화함으로써 데이터관리 모순이 발생하지 않는 관계형 데이터베이스를 설계할 수 있다.

8.3.2 릴레이션 수의 최소화

개체관계모형에서 정의된 모든 개체 릴레이션과 관계 릴레이션들은 각각이 관계형 데이터베이스의 릴레이션들이다. 그러나 이들을 모두 별도의 릴레이션으로 생성할 필요는 없다. 물론 가장 간단한 방법은 모든 개체와 관계에 대하여 개체 릴레이션과 관계 릴레이션을 생성하는 것이다. 그러나 앞에서 설명된 데이터베이스 설계의 평가 기준인 효율성(최소한의 개수의 릴레이션으로 데이터베이스를 설계)에 비추어볼 때 가능하면 최소한의 개수의 릴레이션들이 만들어지도록 하는 것이 바람직하다.

구체적으로 개체관계모형의 개체와 관계들이 관계형 데이터베이스의 릴레이션으로 어떻게 구성되는가를 유형별로 살펴보면 다음과 같다.

- 다수-대-다수 관계
- 1-대-다수 관계
- 1-대-1 관계
- 일항 관계의 다수-대-다수 관계
- 일항 관계의 1-대-다수 관계

(1) 다수-대-다수 관계

다수-대-다수 관계를 구성하는 두 개체와 이들 사이의 관계는 3개의 릴레이션으로 표현된다. 즉, 각 개체들은 개체 릴레이션들로 표현되며, 관계는 관계 릴레이션으로 표현됨으로써 도합 3개의 릴레이션이 만들어진다.

예를 들면, 사원들이 참여하는 프로젝트에 대한 개체관계모델링이 그림 8-5와 같이 이루어졌을 경우, 이들로부터 3개의 릴레이션이 만들어지는데, 사원 릴레이션의 주키는 사원 개체의 주키인 사원번호이며, 프로젝트 릴레이션

그림 8-5 다수-대-다수 관계의 릴레이션 설계

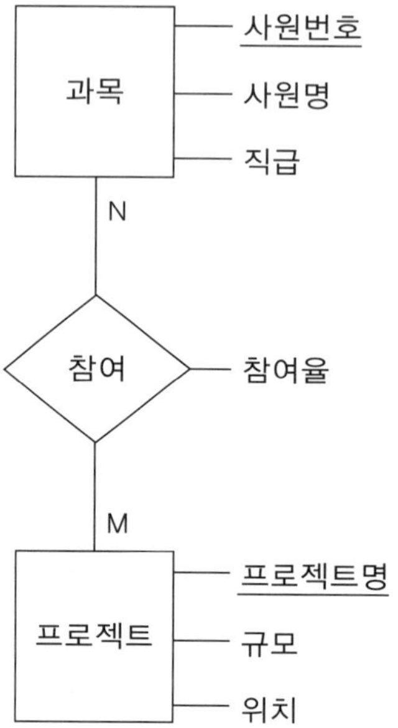

과목

사원번호	사원명	직급
E1	홍길동	과장
E2	최청년	부장
E4	이수일	부장

참여

프로젝트명	사원번호	참여율
건물_A	홍길동	60%
건물_B	홍길동	40%
건물_A	최청년	100%

프로젝트

프로젝트명	위치	규모
건물_A	부천시	50억
건물_B	서울시	100억
건물_C	부천시	150억

의 주키는 프로젝트 개체의 주키인 프로젝트명이다. 그리고 참여 관계를 나타내는 릴레이션의 주키는 사원 릴레이션의 주키와 프로젝트 릴레이션의 주키를 결합한 복합키이다.

그림 8-5에 제시된 릴레이션들은 모두 적어도 제3정규형이며, 데이터 중복이나 데이터관리 모순이 발생하지 않는다. 그리고 이들 중에서 어느 것을 결합하여도(특히, 참여 릴레이션을 사원 릴레이션이나 프로젝트 릴레이션과 결합할 경우), 결합된 릴레이션은 제3정규형보다 낮은 형태의 정규형을 갖게 된다. 바꾸어 말하면, 데이터관리 모순을 수반하지 않고, 릴레이션의 수를 줄일 수 있는 방법은 없다. 따라서 그림 8-5의 릴레이션들은 완전 데이터베이스 스키마이다.

(2) 1-대-다수 관계

1-대-다수 관계를 구성하는 개체들과 이들 사이의 관계들 또한 3개의 릴레이션으로 표현된다. 그러나 이들 모두가 관계형 데이터베이스에서 별도의 릴레이션으로 관리될 필요는 없다.

그림 8-6 1-대-다수 관계의 릴레이션 설계 (최적화 전)

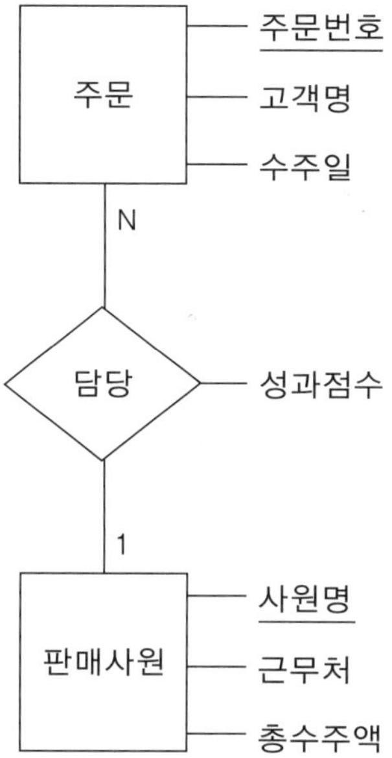

주문

주문번호	고객명	수주일
01	홍길동	1999/1/6
02	최청년	1999/4/2
03	이수일	1999/4/5

담당

주문번호	사원명	성과점수
01	최동국	10
02	박국민	15
03	최동국	10

판매사원

사원명	근무처	총수주액
최동국	부천시	5000만원
김북악	서울시	1000만원
박국민	부천시	1500만원

예를 들어서 한 명의 판매사원이 여러 주문을 담당하며, 각 주문은 반드시 이를 담당하는 판매사원이 존재하는 경우를 생각해 보자. 그러면 주문과 판매사원을 포함하는 개체관계도는 그림 8-6과 같이 표시된다. 그리고 이로부터 2개의 개체 릴레이션과 1개의 관계 릴레이션이 만들어진다.

그림 8-6의 개체관계모형으로부터 만들어지는 릴레이션들의 주키를 분석해보면 주문 릴레이션의 주키는 주문번호이며, 판매사원 릴레이션의 주키는 사원명이다. 그리고 담당 릴레이션의 주키는 주문번호와 사원명을 결합한 복합키이다. 그러나 담당 릴레이션의 주키를 보다 자세히 분석해보면 주문번호와 사원명을 둘다 알 필요없이 주문번호만 알아도 튜플을 식별할 수 있음을 알 수 있다. 그 이유는 판매사원과 주문 사이의 관계가 1-대-다수이기 때문이다. 즉, 주문이 하나 결정되면(즉 주문의 주키인 주문번호가 결정되면), 이를 담당하는 판매사원이 1명으로 정해진다(즉 사원명이 결정된다).[2] 이와 같이 주문

2) 사원명과 주문번호 사이에는 다음의 함수종속성이 존재한다.
주문번호 → 사원명

번호가 정해지면 사원명이 정해지기 때문에 담당 릴레이션의 튜플들을 식별하기 위하여 주문번호와 사원명을 모두 알 필요가 없이 주문번호만 알아도 충분하다. 이 결과 {주문번호, 사원명}의 복합키는 결국 {주문번호}의 단순키로 환원되며, 담당 릴레이션의 주키가 주문 릴레이션의 주키와 같게 된다.

관계형 데이터베이스 설계에서 주키가 같은 릴레이션들은 서로 결합하여 하나의 릴레이션으로 표현하는 것이 보다 바람직하다. 그 이유는 릴레이션들의 주키가 서로 같기 때문에 이들 릴레이션들을 합쳐도 정규형은 낮아지지 않는다. 그러나 릴레이션의 수는 2개에서 1개로 감소하기 때문에 효율성의 관점에서 보다 바람직하다. 따라서 그림 8-6의 릴레이션들은 그림 8-7과 같이 합치는 것이 낫다.

요약하면, 1-대-다수 관계일 경우, 이에 대응하는 릴레이션들은 다음과 같이 2개의 릴레이션으로 구성하는 것이 보다 효율적이다.

- 1-대-다수 관계에서 1쪽의 개체는 독립된 릴레이션으로 표현한다.
- 1-대-다수 관계에서 다수(N) 쪽의 개체와 관계는 1개의 릴레이션으로 표현한다.

그림 8-7 1-대-다수 관계의 릴레이션 설계

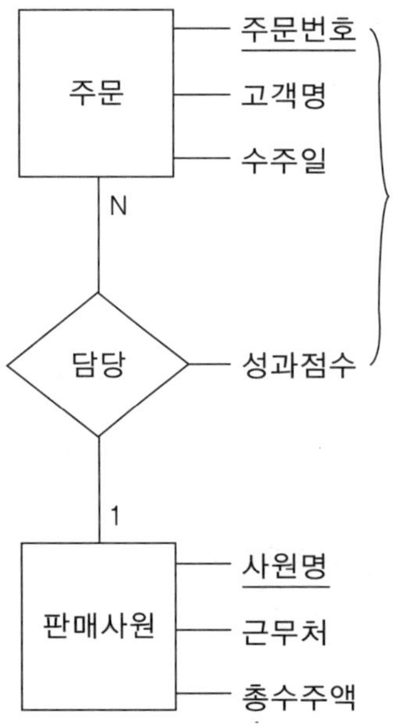

주문

주문번호	고객명	수주일	사원명	성과점수
01	홍길동	1999/1/6	최동국	10
02	최청년	1999/4/2	박국민	15
03	이수일	1999/4/5	최동국	10

판매사원

사원명	근무처	총수주액
최동국	부천시	5000만원
김북악	서울시	1000만원
박국민	부천시	1500만원

(3) 1-대-1 관계

1-대-1 관계가 나타내는 정보의 표현 방법은 앞에서 제시된 1-대-다수 관계의 표현 원칙과 유사하다. 먼저 개체들과 이들 사이의 관계는 3개의 릴레이션으로 표현된다. 그러나 이들 모두를 관계형 데이터베이스에서 별도의 릴레이션으로 관리할 필요는 없다.

예를 들면 부서와 계정이 존재한다고 가정하자. 모든 부서는 하나의 운용비 계정을 가지며, 모든 계정은 부서의 운용비 계정이라 하자. 그러면 이들 개체와 관계에 대응하는 릴레이션들은 그림 8-8과 같이 표현된다. 그러나 이들 릴레이션들을 자세히 살펴보면, 부서번호를 주키로 하는 부서 릴레이션, 계정번호를 주키로 하는 계정 릴레이션, 이들 둘을 복합키로 갖는 보유 릴레이션들이 모두 함수적으로 동등한 주키를 갖는 것을 알 수 있다. 바꾸어 말하면 부서번호와 계정번호 사이에는 다음과 같은 함수종속성이 존재하며, 함수종속성의 측면에서 이들 두 속성은 서로 동등하다.

부서번호 → 계정번호
계정번호 → 부서번호

그림 8-8 1-대-1 관계의 릴레이션 설계 (최적화 전)

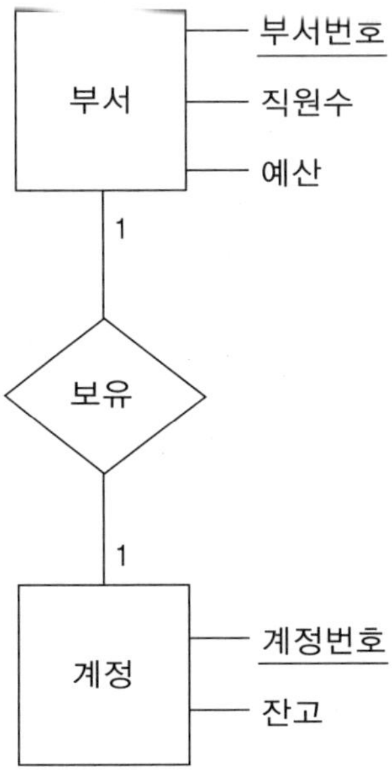

부서

부서번호	직원수	예산
D1	23	10,000,000
D2	12	20,000,000

보유

부서번호	계정번호
D1	A1
D3	A2

계정

계정번호	잔고
A1	1,300,000
A2	2,575,200

표 8-11 1-대-1 관계의 릴레이션 설계

부서번호	직원수	예 산	계정번호	잔 고
D1	23	10,000,000	A1	1,300,000
D2	12	20,000,000	A2	2,575,200

주키: 부서번호

표 8-12 1-대-1 관계의 릴레이션 설계

부서번호	직원수	예 산	계정번호
D1	23	10,000,000	A1
D2	12	20,000,000	A2

주키: 부서번호

계정번호	잔 고
A1	1,300,000
A2	2,575,200

주키: 계정번호

따라서 부서 릴레이션과 계정 릴레이션 및 보유 릴레이션을 하나의 릴레이션으로 통합하여도 정규형이 낮아지지 않는다. 즉 릴레이션 수의 최소화라는 측면에서 3개의 릴레이션보다는 표 8-11에 제시된 바와 같이 하나의 릴레이션으로 통합하여, 부서 관련 정보와 계정 관련 정보를 모두 포함하는 것이 바람직하다. 그러나 이들을 하나의 릴레이션으로 나타내면 만들어진 릴레이션이 부서에 대한 데이터를 나타내는지 또는 계정에 대한 데이터를 나타내는지 불확실할 수 있다. 따라서 표현성이라는 관점에서 볼 때는 이들을 하나로 결합하는 것보다는 부서 릴레이션과 계정 릴레이션으로 분리하여 표 8-12에 게시된 바와 같이 2개의 릴레이션으로 표현하는 것이 보다 더 바람직할 수도 있다.

(4) 일항 관계: 다수-대-다수 관계

일항 관계, 즉 단일 개체를 대상으로 하는 관계는 이항 관계와 유사하다. 다만 관계를 구성하는 개체 유형들이 서로 같다는 것이 다르다.

일항 관계가 다수-대-다수 관계일 경우, 관계는 개체와 독립적으로 표현된다. 즉, 개체는 1개의 릴레이션으로 표현되며, 관계는 별도의 관계 릴레이션으로 표현됨으로써 도합 2개의 릴레이션으로 표현된다.

예를 들면, 부품의 구성을 나타내는 부품구성표를 모델링한다고 가정하

그림 8-9 다수-대-다수 일항 관계의 릴레이션 설계

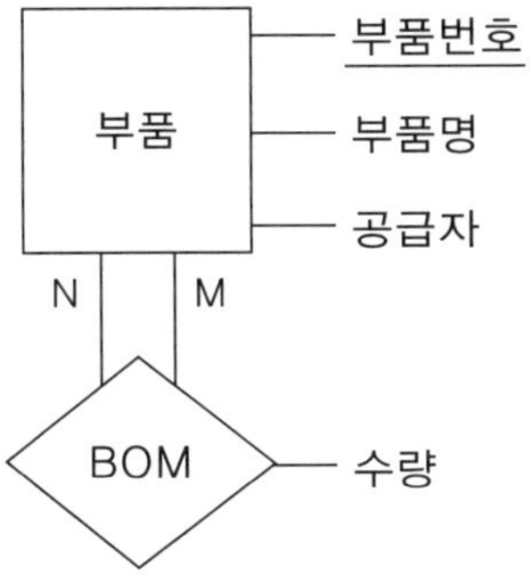

부품

부품번호	부품명	공급자
P1	전동키트	서울공급자
P2	볼터	갑수입업자
P3	모터	서울공급자
P4	상판	포항철강

BOM

부품번호	하위부품번호	수량
P1	P2	3
P1	P3	1
P1	P4	1
P3	P4	2

자. 부품구성표는 그림 8-9와 같이 모델링된다. 여기서 부품 개체는 부품 자체에 대한 정보를 나타내며, BOM(Bill Of Material) 관계는 부품들 사이의 구성 관계를 나타낸다. 부품구성표에서 상위 부품은 여러 개의 하위 부품들로 구성되며, 하위 부품들은 여러 개의 상위 부품에 이용된다. 따라서 이들 사이의 대응 개체 수는 다수-대-다수의 관계를 갖는다.

그림 8-9의 개체관계도로부터 개체 릴레이션과 관계 릴레이션들을 도출하면 부품 개체에 대한 릴레이션과 BOM 관계에 대한 릴레이션이 만들어진다. 이들 릴레이션에 대한 주키를 살펴보면 부품 릴레이션의 주키는 부품 개체의 주키인 부품번호이고, BOM 릴레이션의 주키는 관계를 구성하는 개체들의 주키인 부품번호들을 결합한 복합키이다. 따라서 각각의 릴레이션이 모두 제 3 정규형이며 이들을 결합하면 제 3 정규형보다 낮은 정규형이 된다. 바꾸어 말하면 그림 8-9의 릴레이션들은 완전 데이터베이스 스키마이다.

(5) 일항 관계: 1-대-다수 관계

일항 관계에서 가장 자주 발생하는 형태는 개체들 사이의 관계가 1-대-다수인 관계이다. 예를 들면, 군대의 편성이나 회사의 조직표 등은 모두 1-대-다수 관계인 계층 구조를 갖는다. 즉, 상위 개체는 여러 개의 하위 개체를

가지며, 하위 개체는 1개의 상위 개체에만 소속된다.

1-대-다수의 일항 관계에서 개체는 개체 릴레이션으로 표시된다. 그러나 다수-대-다수 관계와 달리, 관계를 나타내는 정보 또한 개체를 나타내는 릴레이션에 포함된다. 이와 같이 관계를 나타내는 정보를 개체와 같이 표현하는 것이 가능한 이유는 하위 개체에 대하여 상위 개체가 1개만 존재하기 때문이다.

예를 들면, 상위부대와 하위부대 사이에 1-대-다수의 관계가 존재하는 군대 편성을 그림 8-10과 같이 모델링하였다고 가정하자. 그러면 단위부대를 나타내는 개체 릴레이션의 주키는 부대번호이며, 편성을 나타내는 관계 릴레이션의 주키는 상위부대와 하위부대의 부대번호들을 결합한 복합키이다. 그러나 편성 릴레이션을 자세히 분석하면, 이 또한 하위부대번호가 주키임을 알 수 있다. 따라서 단위부대 릴레이션과 편성 릴레이션의 주키가 같게 된다.

이와 같이 두 릴레이션의 주키가 동일하게 된 이유는 상위 부대번호가 (하위)부대번호에 함수적으로 종속되기 때문이다. 즉, 상위 부대번호와 (하위)부대번호 사이에는 1-대-다수의 대응관계가 존재하며, 따라서 상위 부대번호에 대하여서는 여러 개의 (하위)부대번호가 존재하나, (하위)부대번호에 대하여는 한 개의 상위 부대번호만이 존재한다. 바꾸어 말하면, 부대번호가 결정되면 이에 대응하는 상위 부대번호 또한 하나만이 존재하며, 이 결과 상위 부대번

그림 8-10 1-대-다수 일항 관계의 릴레이션 설계 (최적화 전)

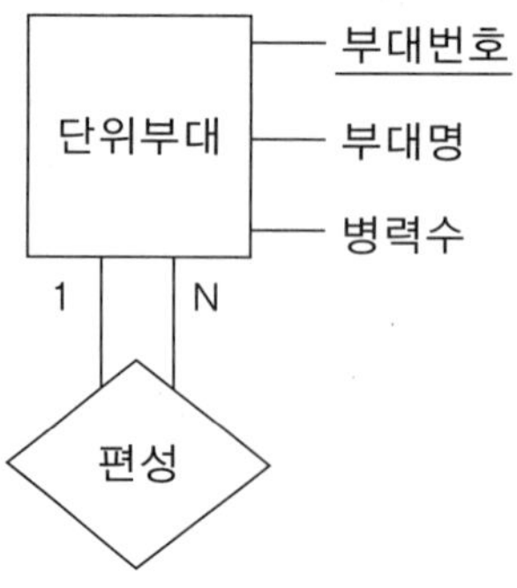

단위부대

부대번호	부대명	병력수
01	보병여단	300
02	기갑연대	1200
03	정찰소대	400
04	보병연대	1300

편성

상위 부대번호	하위 부대번호
01	02
01	04
04	03

표 8-13 1-대-다수 일항 관계의 릴레이션 설계 (최적화 후)

부대번호	부대명	병력수	상위 부대번호
01	보병여단	300	
02	기갑연대	1200	01
03	정찰소대	400	03
04	보병연대	1300	01

주키: 부대번호

호가 부대번호에 함수적으로 종속된다.

부대번호 → 상위 부대번호

이 결과 이들 두 릴레이션들은 표 8-13과 같이 1개의 릴레이션으로 결합할 수 있다. 결합된 릴레이션은 그림 8-10의 단위부대 릴레이션과 편성 릴레이션이 포함하는 것과 동일한 정보를 포함하며 정규형 또한 동일하다. 따라서 릴레이션 수의 최소화라는 측면에서 2개의 릴레이션보다는 1개의 릴레이션으로 설계하는 것이 바람직하다.

8.4 통합 알고리즘

통합 알고리즘은 속성들 사이의 함수종속성으로부터 정규화된 릴레이션들을 설계하는 방법이다. 즉, 속성들 사이의 함수종속성들을 모두 나열하고, 이들을 조작, 처리하여 결정자를 도출하고, 결정자를 주키로 하는 릴레이션을 설계하는 방법이다. 따라서 통합 알고리즘을 사용하여 설계된 릴레이션들은 모두 보이스-카드 정규형이다.

8.4.1 절 차

통합 알고리즘을 이용한 데이터베이스의 설계 과정은 다음과 같다.

1단계: 모든 속성들을 나열하고, 이들 사이의 함수종속성들을 모두 나열

한다. 이 함수종속성들의 집합을 S라고 한다.

2단계: 집합 S에서 추이적 함수종속성이나 부분 함수종속성과 같은 중복된 함수종속성들을 제거함으로써 최소한의 함수종속성만을 도출한다. 이를 최소 함수종속성 집합(함수종속성 집합 S의 minimal cover)이라고 한다.

3단계: 최소 함수종속성 집합으로부터 보이스-카드 정규형 릴레이션들을 설계한다. 릴레이션의 설계 법칙은 다음과 같다.

(3-1) 함수종속성의 관점에서 서로 동등한 속성들을 모두 도출한다.

(3-2) 최소 함수종속성 집합으로부터 결정자를 도출하고, 결정자가 서로 같은 함수종속성들로 분류한다.

(3-3) 결정자를 주키로 하고, 이들 결정자에 완전 함수적으로 종속되는 속성들을 결합하여 릴레이션을 구성한다.

요약하면, 통합 알고리즘은 함수종속성들로부터 중복된 종속성을 제거하고 결정자를 도출하는 알고리즘이다.

함수종속성들을 분석하기 위해서는 함수종속성들 사이의 추이적 관계 및 중복 여부들을 판단할 수 있어야 한다. 그러나 이들을 함수종속성들의 추론 법칙들을 사용하여 분석하는 것은 알고리즘적으로는 효과적이나 시각적으로 판단하기는 쉽지 않다. 따라서 통합 알고리즘을 수작업으로 적용할 경우에는 함수종속성 다이어그램을 사용한다.

통합 알고리즘의 실행 절차를 함수종속성 다이어그램을 이용하여 설명하면 다음과 같다.

첫째, 모든 속성들 사이의 함수종속성들을 다이어그램으로 표시한다.(이를 함수종속성 다이어그램이라고 한다.)

둘째, 함수종속성 다이어그램에서 중복된 화살표(즉, 함수종속성)들을 제거한다.

셋째, 화살표의 왼쪽에 있는 결정자(또는 서로 동등한 결정자)들을 추출한다.

넷째, 결정자를 주키로 하고, 결정자에 완전 함수적으로 종속되는 속성들을 개별 릴레이션으로 설계한다.

추론 법칙

통합 알고리즘의 핵심은 중복된 함수종속성을 제거하여 완전 함수종속성만을 도출하는 과정이라 할 수 있다. 여기서 중복된 알고리즘을 제거하기 위한 추론 법칙은 다음과 같다.

1. 합: 만약 X → Z이고 X → Y이면, X → YZ
2. 분해: 만약 X → ZY이면, X → Y이고 X → Z
3. 환원: 만약 Y가 X의 부분 집합이면 X → Y
4. 확장: 만약 Z가 W의 부분 집합이고 X → Y이면, XW → YZ
5. 추이성: 만약 X → Y이고 Y → Z이면, X → Z
6. 준 추이성: 만약 X → Y이고 YZ → W이면 XZ → W

이들 추론 법칙들 중에서, 합과 분해는 두 개의 함수종속성을 하나로 표현하거나 하나의 함수종속성을 두 개로 표현하는 표현 방법만을 바꾼 것이며, 환원은 자명한 함수종속성을 나타낸다. 따라서 중복된 함수종속성을 제거하는 세부 기준은 4번 이후의 추론 법칙들이라고 할 수 있다.

확장은 부분 함수종속성을 제거하는 추론 법칙이며, 추이성은 추이적 함수종속성을 제거하는 추론 법칙이다. 준 추이성 또한 추이적 함수종속성을 제거하는 법칙이다. 따라서 추론 법칙을 이용하여 중복된 함수종속성을 제거하는 과정이란 다름 아닌 부분 함수종속성과 추이적 함수종속성들을 제거하는 과정이라고 할 수 있다.

8.4.2 사 례

분할에 의한 정규화에서 예시한 물품판매대장을 통합 알고리즘을 이용하여 설계하고자 한다고 가정하자.

(1) 속성들을 추출하고, 이들 사이에 존재하는 모든 함수종속성들을 열거한다.

주문번호 → 고객명
주문번호 → 주소
주문번호 → 날짜
주문번호, 상품명 → 구매가
주문번호, 상품명 → 판매가
주문번호, 상품명 → 수량

그림 8-11 물품판매대장의 함수종속성 다이어그램

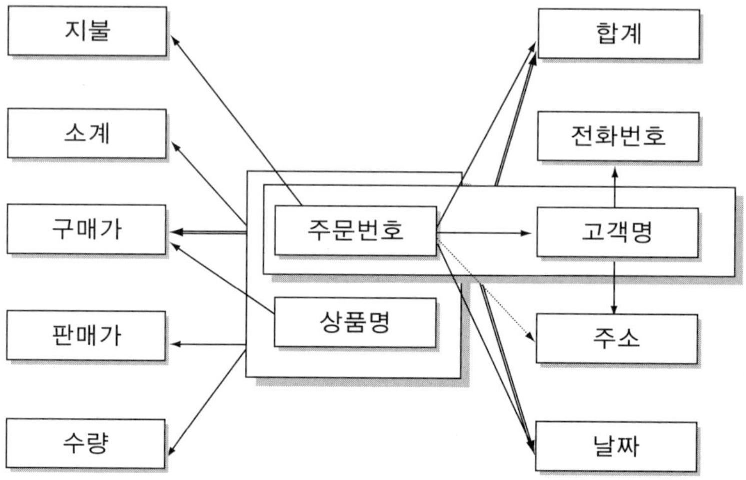

주문번호 → 합계	주문번호, 상품명 → 소계
주문번호 → 지불	상품명 → 구매가
고객명 → 주소	주문번호, 고객명 → 날짜
고객명 → 전화번호	주문번호, 고객명 → 합계

(2) 그림 8-11과 같이 함수종속성 다이어그램을 작성한다.

(3) 부분 함수종속성과 추이적 함수종속성을 제거함으로써 최소 함수종속성 집합을 도출한다. 최소 함수종속성 집합의 도출 과정은 다음의 단계를 따른다.

- 먼저 동일 속성을 함수적으로 결정하는 속성들이 2개 이상 존재하는 경우를 식별한다. 그리고 이들 사이의 포함관계를 분석한다. 만약 포함관계가 성립할 경우에는 추론법칙(확장)을 적용하여, 중복되는 함수종속성을 제거한다(그림 8-11에서 이중선으로 표시된 것이며, 이는 부분 함수종속성을 제거하는 과정이다).
- 동일 속성을 함수적으로 결정하는 속성(또는 속성들의 집합)이 2개 이상 존재하며 이들이 함수종속성으로 연결될 경우, 추론법칙(추이성 또는 준 추이성)을 적용하여 중복되는 함수종속성을 제거한다(그림 8-11에서 가는 점선으로 표시된 것이며, 이는 추이적 함수종속성을 제거하는 과

그림 8-12 물품판매대장의 최소 함수종속성 다이어그램

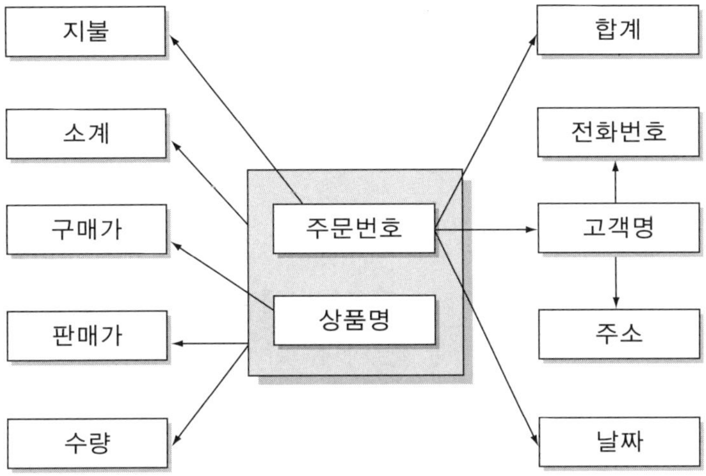

정이다).

(4) 그림 8-12와 같이 최소 함수종속성 집합을 이용하여 최소 함수종속성 다이어그램을 작성하고, 이로부터 결정자를 도출한다. 그림 8-12로부터 다음과 같이 4 종류의 결정자가 도출된다.

- 주문번호
- 상품명
- 주문번호, 상품명
- 고객명

(5) 각 결정자에 함수적으로 종속하는 속성들을 모두 찾은 후, 이들 속성들을 결합하여 결정자를 주키로 하는 릴레이션을 구성한다.

- R1(<u>주문번호</u>, 지불, 합계, 고객명, 날짜)
- R2(<u>상품명</u>, 구매가)
- R3(<u>주문번호</u>, <u>상품명</u>, 소계, 판매가, 수량)
- R4(<u>고객명</u>, 전화번호, 주소)

8.4.3 통합 알고리즘의 단점

통합 알고리즘은 이론적으로 정교하며, 속성들 사이의 함수종속성이 입력될 경우, 이로부터 정규화된 데이터베이스 스키마를 자동적으로 도출할 수 있는 장점을 갖는다. 그러나 다음의 단점들 때문에, 실제 데이터베이스 설계에서는 거의 사용되지 않는다.

- 대규모 시스템의 경우 속성의 수와 이들 사이에 정의되는 함수종속성의 수가 기하급수적으로 증가하게 된다. 따라서 모든 함수종속성을 찾아내는 것이 거의 불가능하다.
- 데이터베이스의 설계의 최초 단계에서 개별 속성들을 식별하는 것이 쉽지 않다. 일반적으로 데이터베이스 설계자나 분석자들은 속성보다 상위의 보다 큰 대상인 개체들을 식별하고 이들을 기준으로 속성들을 추출하는 과정을 따른다.

요약 SUMMARY

본 단원에서는 관계형 데이터베이스의 설계 방법들에 대하여 학습하였다. 본 단원에서 습득한 주요 개념들을 요약하면 다음과 같다.

1-대-1 관계 릴레이션의 설계: 1-대-1 관계를 구성하는 두 개체와 이들 사이의 관계는 모두 1개의 릴레이션으로 나타낼 수 있으나, 표현성이라는 관점에서 보통 각 개체를 나타내는 2개의 릴레이션으로 분할하여 설계함.

1-대-다수 관계 릴레이션의 설계: 1-대-다수 관계를 구성하는 두 개체와 이들 사이의 관계는 2개의 릴레이션으로 표현되는데, 각 개체는 별도의 릴레이션으로 설계되며, 관계에 대한 정보는 다수쪽 개체를 나타내는 릴레이션에 같이 표현됨.

다수-대-다수 관계 릴레이션의 설계: 다수-대-다수 관계를 구성하는 두 개체와 이들 사이의 관계는 3개의 릴레이션으로 표현되는데, 각 개체는 별도의 릴레이션으로 설계되며, 관계도 별도의 릴레이션으로 설계됨.

데이터베이스 스키마의 완전성: 데이터베이스 스키마가 실제 현상에 존재하는 자료들과 이들 사이의 관계들을 모두 포함하는가를 평가하는 척도.

데이터베이스 스키마의 정확성: 데이터의 중복이 모두 제거되어야 하며, 데이터 관리의 모순이 발생하지 않도록 구성됨을 평가하는 척도.

데이터베이스 스키마의 효율성: 데이터베이스가 다른 데이터베이스보다 적은 수의 릴레이션으로 구성됨을 평가하는 척도.

무손실 분할: 분할된 릴레이션을 조인하여 원래의 릴레이션을 재구성할 수 있는 분할 방법.

무손실 분할 법칙: 함수종속성(보다 구체적으로, 함수종속성의 왼쪽 속성인 결정자)과 다중종속성(보다 구체적으로, 다중종속성의 왼쪽)을 매개로 릴레이션을 분할하면 정보의 손실이 발생하지 않음.

분할에 의한 정규화: 현재의 문서나 테이블 또는 양식 등을 분할하여 데이터베이스 스키마를 도출하는 설계 방법.

손실 분할: 분할된 릴레이션을 조인할 때 원래의 릴레이션을 재구성할 수 없는 분할 방법.

완전 데이터베이스 스키마: 제 3 정규형 릴레이션들로 구성된 완전성과 효율성을 충족시키는 데이터베이스 스키마.

최소 함수종속성 집합: 함수종속성들의 집합에서 중복된 함수종속성들을 제거하여 구성한 최소한의 함수종속성들만으로 구성된 집합.

통합 알고리즘: 데이터베이스에 저장되는 모든 속성들 사이의 함수종속성을 모두 나열하고, 이들을 조작, 처리하여 결정자들을 도출하고, 이들을 주키로 하는 릴레이션들을 설계하는 방법.

제 4 부
데이터베이스 구축 및 운용

09 관계형 데이터베이스 물리설계
10 데이터베이스 운영과 보안

DATABASE MANAGEMENT

04

데이터베이스 구축 및 운용

제9장 관계형 데이터베이스 물리설계

제10장 데이터베이스 운영과 보안

09

Database Management

관계형 데이터베이스 물리설계

데이터베이스의 물리설계는 데이터베이스의 구현 환경, 즉 특정 데이터베이스관리시스템과 서버(컴퓨터 시스템)를 대상으로 실제 데이터베이스의 저장 구조를 설계하는 과정이다. 이러한 점에서 물리 설계는 데이터베이스 설계의 마지막 단계이다.

데이터베이스의 물리설계는 논리 설계의 결과물인 관계형 데이터베이스 스키마를 기초로 하며, 데이터베이스의 크기, 사용 양태, 구현 환경 및 대상 데이터베이스관리시스템의 기능, 성능 요구사항 등을 고려하여 이루어진다. 본 장은 데이터베이스 물리설계를 위한 기본 개념들로서 트랜잭션, 데이터베이스의 저장구조와 인덱스 등을 살펴본 후, 뷰의 설계와 데이터베이스의 물리설계 기준에 대해서 설명한다.

9.1 트랜잭션

데이터베이스 설계에서 물리 모형(즉, 저장 구조)이 논리 모형과 다르게 되는 이유는 동일한 데이터들도 실제로는 다른 형태로 저장될 수 있기 때문이다. 즉, 고객에 대한 데이터들을 한 개의 고객 릴레이션에 저장할 수 있으나, 이를 고객신상 데이터를 저장하는 릴레이션과 고객 재무정보 데이터를 저장하는 릴레이션으로 구분하여 저장할 수도 있다.

논리 설계에서는 함수종속성과 같은 데이터들 자체의 연관성만을 고려하여 테이블을 설계하였다. 그러나 물리설계에서는 이들 데이터들이 어떻게 활용될 것인가를 고려하여 저장 구조 및 표현 형태 등을 설계하여야 한다.

데이터베이스에서 데이터의 활용 현황을 분석하는 단위는 트랜잭션이다. 따라서 데이터베이스의 저장 구조를 결정하기 위해서는 무슨 트랜잭션들이 어떻게 발생하는가를 분석함으로써 데이터의 활용 현황을 파악하고 이에 부합한 설계가 이루어져야 한다.

9.1.1 트랜잭션의 정의

실제 환경에서 업무들이 처리되는 기본 단위를 데이터베이스 시스템에서는 트랜잭션이라고 한다. 예를 들면, 금융거래에서 계좌이체와 같은 것이 하나의 트랜잭션이다. 그림 9-1에 예시된 바와 같이, 계좌이체는 출금계좌인 A계좌로부터의 출금과 입금계좌인 B계좌로의 입금이 함께 이루어진다. 출금만 이루어지고 입금이 이루어지지 않거나 출금이 거부된 상태에서 입금만 이루어지거나 하는 계좌이체는 있을 수 없다. 따라서 입금과 출금은 계좌이체이라는 관점에서 하나의 작업 단위로서 같이 이루어져야 한다.

이와 같이 트랜잭션은 연속된 일련의 기능을 수행하는 논리적인 작업 단위(logical unit of work)이다. 즉, 트랜잭션은 하나의 업무 단위로 실행되며, 이를 분

그림 9-1 트랜잭션의 예 (계좌이체)

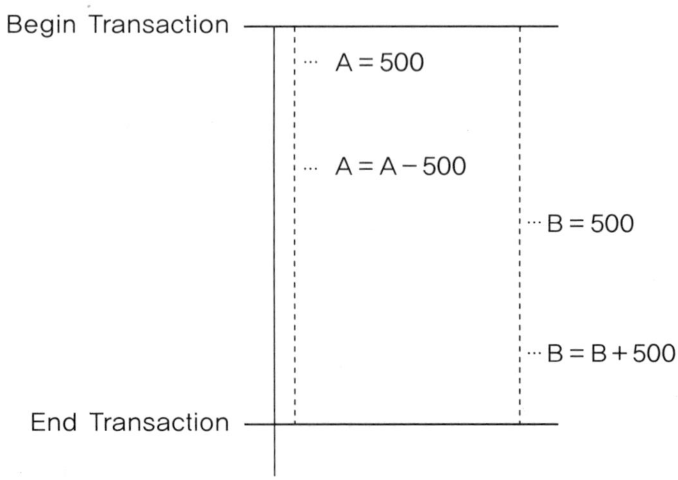

해하여 일부만을 수행해서는 안 된다. 따라서 트랜잭션은 입력, 갱신, 삭제, 읽기와 같은 데이터의 조작 단위가 아니라 이들로 구성되는 업무의 처리 단위이다.

9.1.2 트랜잭션의 분석

트랜잭션은 업무 처리의 기본 단위이다. 따라서 트랜잭션에 대한 분석은 데이터베이스 설계보다는 응용 프로그램, 즉 애플리케이션 설계에서 다루어져야 한다고 볼 수도 있다. 그러나 앞에서 언급한 바와 같이 데이터베이스 갱신은 모두 트랜잭션 단위로 이루어진다. 따라서 데이터베이스 설계를 위해서도 트랜잭션에 대한 분석이 먼저 이루어져야 한다.

데이터베이스 설계에서 트랜잭션 분석은 무슨 트랜잭션(What)을, 왜(Why) 수행하는가를 중심으로 이루어진다. 이러한 점에서 트랜잭션의 분석은 응용 프로그램의 분석 및 설계와는 구별된다.

트랜잭션의 분석 과정을 개략적으로 살펴보면 다음과 같이 3단계로 구분할 수 있다.

- 트랜잭션의 식별
- 트랜잭션 뷰의 정의
- 트랜잭션 처리과정의 정의

트랜잭션의 식별

트랜잭션은 업무 기능들을 분해하여 하향식으로 도출한다. 예를 들면 주문관리 프로세스를 분해하면, 그림 9-2에 제시된 바와 같이, 주문의 수주, 취소, 변경 및 분석으로 나눌 수 있다. 여기서 주문수주, 취소, 수정들을 각각 트랜잭션이라고 한다. 그리고 주문관리는 트랜잭션들로 구성된 프로세스라고 한다.

주문수주, 취소, 수정들을 트랜잭션이라고 하고, 주문관리를 트랜잭션들로 구성된 프로세스라고 하는 이유는, 트랜잭션은 다음의 조건을 충족시켜야 하기 때문이다.

- 트랜잭션은 이의 일부만 실행될 수 없다.
- 트랜잭션은 예측 가능한 실행결과를 산출하여야 한다.
- 트랜잭션은 시작과 종료의 기준이 명확하여야 한다.

그림 9-2 프로세스와 트랜잭션(예)

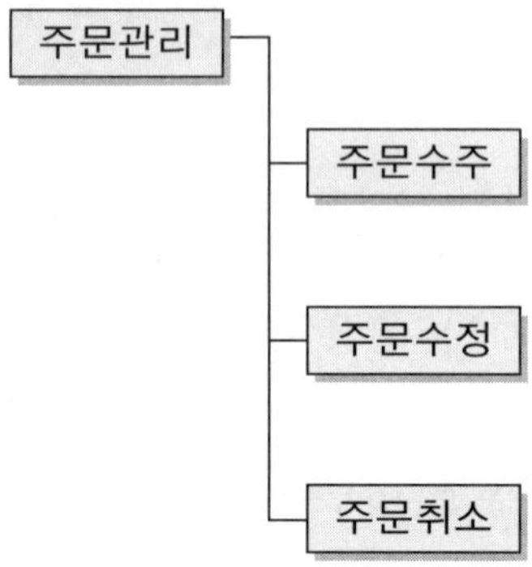

- 트랜잭션은 데이터베이스를 이전 상태에서 다른 상태로 변환시킨다.

이상의 기준에서 살펴볼 때, 주문수주는 트랜잭션이며, 주문관리는 트랜잭션이 될 수 없다. 그 이유는 주문관리는 주문수정이나 취소, 수정별로 개별적으로 실행되며, 주문관리 자체가 무슨 결과를 산출할 것인지를 예측할 수 없기 때문이다. 그러나 주문수주는 수주된 주문을 데이터베이스에 입력한다는 예측 가능한 결과를 산출하며, 시작이나 종료의 기준이 명확하다. 따라서 주문수주는 트랜잭션이다.

데이터베이스의 관점에서 볼 때, 주문 분석과 같은 분석 활동은 트랜잭션이 될 수 없다. 왜냐하면 분석 활동은 상황에 따라 사용하는 데이터들이 상이하며, 분석의 내용 또한 항상 가변적이기 때문이다. 그리고 분석은 매번 다른 유형의 정보들을 산출한다. 그러나 고객별 신용잔고 분석 등과 같이 정형화되고, 이미 설계되어 있는 분석 활동들은 트랜잭션의 요건을 충족시킨다.

이와 같이 트랜잭션은 기본적으로 시작과 종료가 명확하며, 처리되는 내용을 구체적으로 나열할 수 있는 업무 단위이다.

트랜잭션 뷰의 정의

트랜잭션 뷰란 트랜잭션을 처리하기 위하여 사용되는 데이터들을 트랜잭션 별로 정의한 것이다. 트랜잭션 뷰를 정의하는 과정을 살펴보면 다음과 같다.

- 트랜잭션 처리를 위하여 필요한 데이터들을 열거한다.
- 이들 데이터를 포함하는 테이블들을 논리모형에서 추출한다.

그림 9-3 트랜잭션 뷰

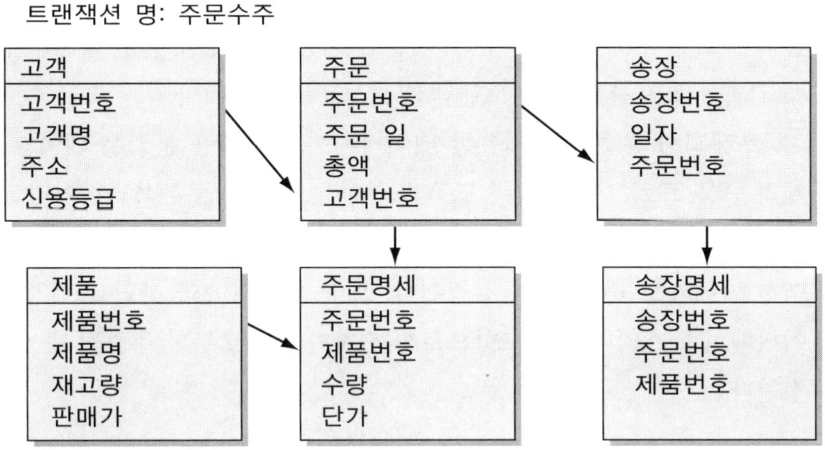

- 테이블들 사이의 관계(외래키, 참조 무결성 법칙 및 공통된 속성)들을 열거한다.

이러한 과정을 따름으로써 각 트랜잭션별로 뷰를 정의할 수 있다. 예를 들면, 주문수주 뷰는 그림 9-3과 같다.

트랜잭션 처리과정의 정의: 트랜잭션 분석도

트랜잭션 분석도(transaction action diagram 또는 logical access map)는 각각의 트랜잭션들이 테이블들을 어떻게, 어떤 순서로, 어떤 빈도로 이용하는가를 나타내는 도형이다. 트랜잭션 분석도는 데이터의 처리 단계만을 나타내며, 처리 알고리즘은 포함하지 않는다. 이러한 점에서 트랜잭션 분석은 응용 프로그램 분석과 구분된다.

구체적인 예시를 위하여 주문수주 트랜잭션을 분석하여 보자. 구체적으로 주문수주 트랜잭션은 다음의 작업들로 구성된다고 가정하자.

(1) 고객 확인 및 신용도 검색

(2) 주문 레코드 작성

(3) 상품 재고 확인

(4) 주문서 인쇄

(5) 송장 인쇄

주문수주 트랜잭션의 분석도를 작성하면 그림 9-4와 같다. 제시된 트랜잭션 분석도는 데이터베이스의 이용빈도와 이용유형을 포함한다. 이들 분석도를 통하여 트랜잭션이 사용하는 테이블과 이용횟수, 형태들을 식별할 수 있다. 분석 결과는 표 9-1과 같이 트랜잭션 분석표로 요약된다.

트랜잭션 분석도를 이용한 데이터베이스의 활용 분석은 데이터베이스 설계와 응용 프로그램 설계를 모두 포함하는 복합적인 분석과정이라고 할 수 있다. 즉 정보 시스템의 두 구성 요소인 데이터베이스와 응용 프로그램이 트랜잭션을 매개로 하여 상호 검정된다. 보다 상세히 설명하면 트랜잭션 뷰와 데이터베이스 스키마를 비교함으로써 전자가 후자로부터 추출될 수 있는지를 검정한다.

그림 9-4 트랜잭션 분석도(주문수주)

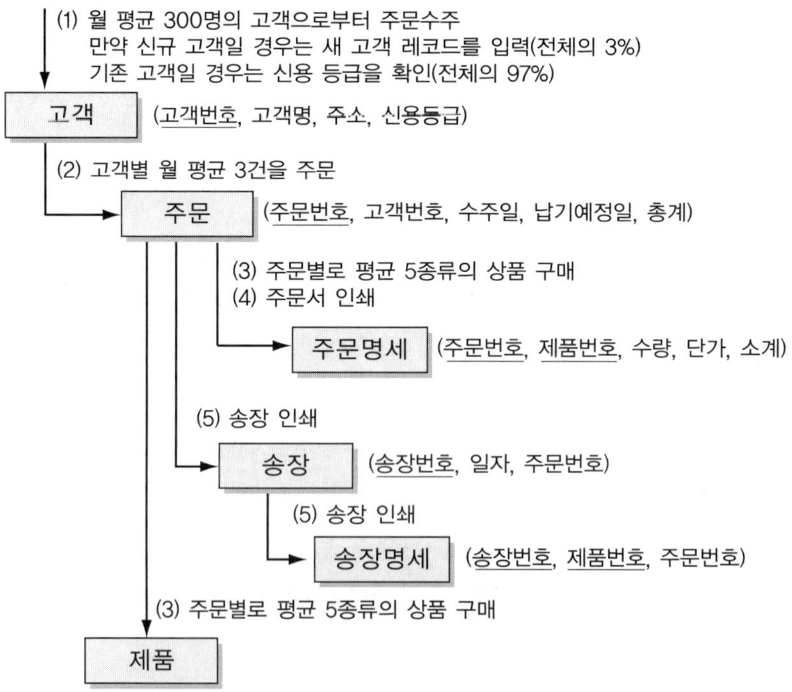

표 9-1 트랜잭션 분석표(주문수주)

일련 번호	작 업 명	이용 형태	사용 테이블	평균 이용 횟수	
				트랜잭션당	월
1	고객확인 및 신용도 검색	읽기	고객	0.97	291
		쓰기	고객	0.03	9
2	주문 레코드 작성	쓰기	주문	1	900
3	상품 재고 확인	읽기	제품	5	4500
4	주문서 인쇄	쓰기	주문명세	5	4500
5	송장 인쇄	쓰기	송장	1	900
		쓰기	송장명세	5	4500

9.1.3 데이터베이스 활용도

데이터베이스 활용도(usage map)는 각 트랜잭션별로 분석된 트랜잭션 분석표를 결합하여 데이터베이스 전체에 대한 활용 통계를 표시한다. 예를 들면 주문 데이터베이스에서 주문수주 트랜잭션의 분석표는 표 9-1과 같이 예시되었다. 동일한 방법으로 주문 갱신과 주문 삭제에 대한 분석표가 각각 표 9-2와 표 9-3과 같이 정리된다고 가정하자.

표 9-2 트랜잭션 분석표(주문 갱신)

번호	작 업 명	이용 형태	사용 테이블	평균 이용 횟수	
				트랜잭션당	월
1	고객확인	읽기	고객	1	150
2	주문 레코드 정정	쓰기	주문	1	150
3	상품 재고 확인	읽기	제품	2	300
4	주문서 재인쇄	쓰기	주문명세	2	300
5	송장 재인쇄	쓰기	송장	1	150
		쓰기	송장명세	2	300

표 9-3 트랜잭션 분석표(주문 삭제)

번호	작 업 명	이용 형태	사용 테이블	평균 이용 횟수	
				트랜잭션당	월
1	고객확인	읽기	고객	1	30
2	주문 레코드 삭제	쓰기	주문	1	30
4	주문서 삭제	쓰기	주문명세	5	150
5	송장 삭제	쓰기	송장	1	30
		쓰기	송장명세	5	150

그림 9-5 데이터베이스 활용도

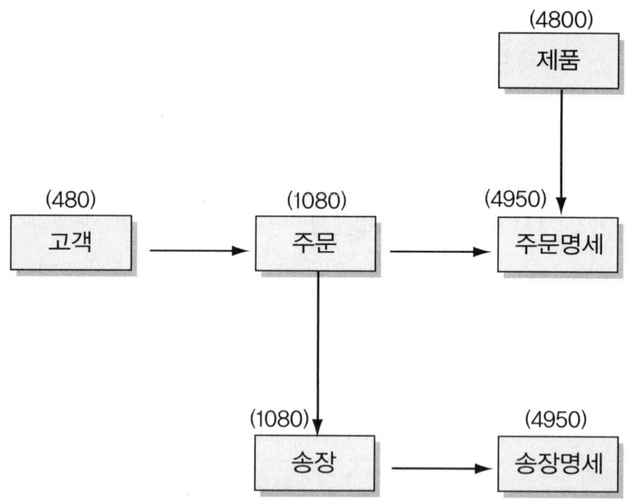

이 경우, 만약 주문 데이터베이스를 사용하는 트랜잭션이 주문수주와 주문 갱신 및 주문분석의 3개뿐이라고 한다면, 이들로부터 데이터베이스 활용도는 그림 9-5와 같이 계산된다.

9.2 데이터베이스의 저장 구조와 인덱스

관계형 데이터베이스는 테이블들의 집합이다. 그리고 테이블들은 레코드들의 집합이다. 이들 레코드들은 테이블단위로 하드디스크와 같은 매체에 저장된다. 이때 레코드들을 연결하는 물리적 구조는 없으며, 다만 검색의 편의를 위하여 인덱스를 설정할 수 있다. 요약하면 관계형 데이터베이스는 테이블 단위로 설정된 인덱스를 제외한 어떠한 저장 구조도 가지지 않는다.

본 절에서는 이러한 관계형 데이터베이스의 저장 구조와 이를 효과적으로 관리하기 위한 인덱싱 방법들에 대하여 살펴본다.

9.2.1 데이터베이스의 저장 구조

관계형 데이터베이스에서 레코드들은 단순 파일(flat file) 형태로 저장된다. 이렇게 저장된 레코드들을 효과적으로 관리하는 모듈을 저장관리시스템이라고 한다. 본 절에서는 저장관리시스템의 기능을 예시하고, 저장 매체에 기록된 테이블의 구조를 개략적으로 소개한다.

데이터 저장관리시스템

데이터 저장관리시스템은 SQL로 작성된 데이터의 정의 및 관리 명령을 실제로 수행하는 데이터베이스관리시스템의 구성요소이다. 보다 구체적으로 살펴보면, 그림 9-6에 예시된 바와 같이, 저장관리시스템은 데이터베이스 명령문들을 운영체제(operation system)가 실행할 수 있는 명령문으로 번역한다. 그리고 운영체제의 파일 시스템 또는 디스크 관리자에게 이의 실행을 요청한다. 예를 들어 데이터를 검색할 경우에는 저장관리시스템이 데이터베이스에 저장된 레코드들을 운영체제에 요청하며, 운영체제는 요청된 데이터들을 저장매체(즉, 하드디스크, 광디스크 등)로부터 읽어 데이터베이스관리시스템에 전달한다. 그리고 반대로 데이터를 갱신할 경우에는 갱신될 데이터를 운영체제에게 전달하여 데이터베이스 갱신을 요청한다.

이상에서 설명된 데이터의 조작 과정에서, 디스크로부터 데이터를 입출력

그림 9-6 데이터베이스의 물리적 저장관리체제

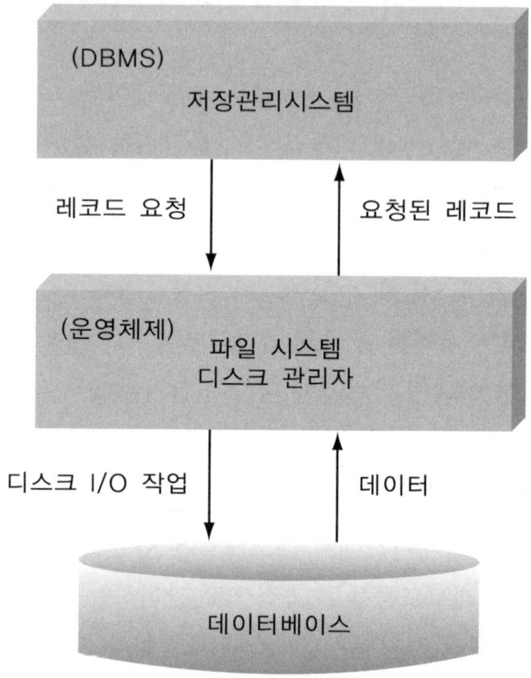

하는 작업은 주기억장치에서의 레코드 처리속도와 비교하여 상대적으로 매우 느리다. 따라서 저장관리시스템의 가장 큰 관심은 디스크의 입력 및 출력 횟수를 가능한 최소화함으로써 데이터베이스의 처리 시간을 향상시키는 것이라고 할 수 있다.

저장 테이블의 구조

기본적으로 데이터베이스를 구성하는 레코드들은 저장 매체(이하에서는 하드디스크를 대상으로 설명한다)의 특정 페이지에 물리적으로 기록된다. 여기서 페이지(page 또는 block)는 디스크 관리를 위한 입력 및 출력 단위이다. 즉, 디스크에 저장된 데이터는 레코드 단위로 입력 및 출력되는 것이 아니라 페이지 단위로 입력 및 출력된다.

비교적 간단한, 길이가 짧은 레코드들은 하나의 페이지에 여러 개의 레코드들이 저장되며, 길이가 긴 레코드들인 경우에는 하나의 레코드가 두 개 이상의 페이지에 연속하여 저장될 수도 있다.

저장매체에 레코드가 저장된 위치를 나타낸 것을 레코드 번호(RID 또는 Record Number)라고 한다. 실제적으로 레코드 번호는 하드디스크의 실린더번호, 트랙번호, 페이지번호, 해당 페이지 내에서의 해당 레코드의 시작 위치 등으로 부여된다. 그러나 여기서는 이의 구체적인 구성 형태는 고려하지 않고 다만 레코드 번호로써 저장 위치를 알 수 있다고 가정한다. 레코드번호는 외부적으로 알 수 있는 번호가 아니라 내부적으로 레코드의 저장 위치를 가리키는 포인터이다. 따라서 이하에서는 레코드번호를 포인터 표시(↑)로 나타낸다.

예를 들면, 사원 테이블이 표 9-4에 예시된 바와 같다고 가정하자. 그러면 이들 각 사원 레코드들은 표 9-5와 같이 레코드 번호가 나타내는 위치에 저장된다.

표 9-4 사원 테이블(예시)

사원번호	이 름	나 이	직 급
E10	PARK	35	과장
E5	KIM	45	부장
E26	KIM	30	직원
E3	CHOI	40	부장
E2	HONG	25	직원
E1	JUNG	27	직원

표 9-5 사원 테이블 (레코드번호 포함)

레코드번호 (저장위치)	사원번호	이 름	나 이	직 급
↑E10	E10	PARK	35	과장
↑E5	E5	KIM	45	부장
↑E26	E26	KIM	30	직원
↑E3	E3	CHOI	40	부장
↑E2	E2	HONG	25	직원
↑E1	E1	JUNG	27	직원

그림 9-7 데이터베이스의 저장 구조

P1			↑P2
E1	PARK	35	과장
E2	KIM	45	부장

P2			↑P3
E3	KIM	30	직원
E5	CHOI	40	부장

P3			●
E10	HONG	25	직원
E26	JUNG	27	직원

표 9-5의 사원 레코드들이 주키 값인 사원번호 순서대로 저장되어 있다고 가정할 경우, 사원 테이블은 하드디스크에 사원번호순서로 저장된다. 만약 하나의 페이지에 2개의 레코드가 저장될 수 있다고 하면 6개의 레코드로 구성된 사원테이블은 3개의 페이지에 연속하여 저장된다. 이들 페이지의 페이지번호를 P1, P2, P3이라고 할 경우, 사원 테이블은 그림 9-7과 같이 저장된다. 즉, 페이지들은 각각 다음 페이지를 나타내는 포인터를 가지고 있기 때문에 사원테이블이 저장된 페이지들을 연속적으로 찾을 수 있다. (첫 번째 페이지인 P1은 다음 페이지인 P2를 가리키는 포인터 ↑P2를 가지며, P2는 다음 페이지인 P3를 가리키는 포인터 ↑P3를 가진다. 그리고 마지막 페이지인 P3는 다음 페이지가 없으므로 다음페이지를 가리키는 포인터를 갖지 않는다(●로 표시).)

클러스터링

데이터베이스는 저장 매체에 레코드 단위로 저장되는데, 이들 레코드들을 배치하는 방법을 클러스터링(clustering)이라고 한다.

데이터베이스의 저장 방법을 결정하는 가장 중요한 기준은 저장된 데이터를 읽거나 쓰기 위한 입·출력 작업의 수와 이들 작업에 소요되는 시간을 최소화하는 것이다. 데이터의 입·출력 작업은 주기억장치에서의 데이터 조작이나 연산보다 훨씬 많은 시간이 소요된다. 따라서 효율적인 데이터베이스의 저장 관리를 위해서는 입·출력 횟수를 가능한 최소화하고 이들 작업이 수행될 경우에도 수행 시간을 최소화하는 것이 필요하다.

하드디스크에서 데이터를 입력 또는 출력하는 데 소요되는 시간은 레코드의 저장 위치를 찾는 탐색시간(seek time)과 실제로 데이터를 읽거나 쓰는 시간으로 구분된다. 따라서 총 소요 시간을 최소화하기 위해서는 먼저 탐색시간을 최소화해야 하는데 이를 위해서는 자주 같이 사용되는 레코드들을 탐색시간이 많이 걸리지 않도록 같은 페이지 또는 인접한 페이지에 저장하는 것이 효과적이다. 이와 같이 동시에 사용되는 데이터들이 서로 인접하여 위치하도록 하는 것이 데이터의 클러스터링 기법이다. 예를 들어 설명하면 다음과 같다.

사례 1: 그림 9-7에서 레코드 ↑E1과 ↑E2가 동시에 자주 사용된다고 하자. 이 경우 이들은 같은 페이지(즉 페이지 P1)에 기록되어 있으므로 한 번의 디스크 읽기로써 이들 두 레코드를 한 번에 읽어 들일 수 있다. 즉, 처음에 ↑E1을 읽어 들일 때 운영체제의 디스크 관리자는 P1 페이지를 읽어 들인다. 즉, ↑E1과 ↑E2를 같이 읽어 들인다. 이 결과 그 다음에 ↑E2를 읽어 들일 때는 또다시 P1 페이지를 읽어 들일 필요 없이 ↑E1을 읽을 때 읽어둔 ↑E2를 사용하면 된다. (페이지를 읽을 때 이미 읽어온 레코드들은 버퍼에 저장된다.) 따라서 추가적인 디스크 입/출력이 필요하지 않다. 그러나 만약 ↑E1과 ↑E2가 다른 페이지에 기록되어 있을 경우에는 두 번의 디스크 읽기가 별도로 수행되어야 한다.

사례 2: 그림 9-7에서 레코드 ↑E5와 ↑E10이 동시에 자주 사용된다고 하자. 이 경우 이들은 같은 페이지에 있지 않으므로 두 번의 디스크 읽기가 수행되어야 한다. 그러나 이들이 만약 서로 인접하여 저장되어 있을 경우에는 디스크 읽기를 위한 탐색시간을 줄일 수 있다. 즉, 처음에 ↑E5가 포함된 페이지 P2를 읽어 들일 때 디스크의 헤드는 P2 페이지를 찾아서 해당 위치에 머무르게 된다. 그 다음에 ↑E10이 포함된 P3을 읽을 경우에는 바로 근처에 있는 P3으로 이동함으로써 탐색시간을 줄일 수 있다.

그림 9-7에서 예시된 바와 같이, 가장 일반적인 클러스터링 방법은 주키값의 순서대로 저장하는 방법인데 이를 주키 클러스터링이라고 한다. 주키 클러스터링을 가장 많이 사용하는 이유는 관계형 데이터베이스에서는 주키값 순서대로 데이터를 읽는 경우가 가장 많이 발생하기 때문이다.

그러나 경우에 따라서는 다른 속성을 기준으로 클러스터링할 수 있다. 예를 들어 직급을 기준으로 한 클러스터링 방법을 설명하면 다음과 같다.

그림 9-8 데이터베이스의 저장 구조(직급에 따른 클러스터링)

P1			↑P2
E5	CHOI	40	부장
E2	KIM	45	부장

P2			↑P3
E1	PARK	35	과장

P3			●
E3	KIM	30	직원
E10	HONG	25	직원
E26	JUNG	27	직원

사례(직급에 따른 클러스터링): 만약에 직급별 사원 데이터의 활용이 많다면, 사원 레코드들은 직급별로 클러스터링하는 것이 나을 수 있다. 즉, 부장이나 과장, 직원 레코드들이 서로 같은 페이지에 인접하여 위치하도록 클러스터링한다. 이러한 클러스터링 방법을 그림으로 나타내면 그림 9-8과 같다.

이상에서 설명한 주키 클러스터링 또는 직급에 따른 클러스터링과 같이 단일 테이블 안에서의 레코드 배치 방법을 파일내 클러스터링(intra-file clustering)이라고 한다. 파일내 클러스터링과는 달리 상호 연관된 테이블들을 서로 인접하도록 배치시키는 것을 파일간 클러스터링(inter-file clustering)이라고 한다. 파일간 클러스터링 방법을 예를 들어 설명하면 다음과 같다.

사례(파일간 클러스터링): 만약에 사원 데이터별로 부양가족을 참조하는 작업이 매우 많다고 가정하자. 이 경우에는 그림 9-9와 같이 사원 파일 다음에 바로 인접하여 부양가족 파일을 위치시키는 것이 효과적이다.

그림 9-9 데이터베이스의 저장 구조(파일간 클러스터링)

P1			↑P2
E1	PARK	35	과장
E2	KIM	45	부장
E3	KIM	30	직원
E5	CHOI	40	부장

P1			↑P2
E10	HONG	25	직원
E26	JUNG	27	직원
S1	child	5	E1
S2	spouse	35	E1

P3			●
S3	spouse	39	E2
S4	child	15	E2
S5	spouse	30	E5

9.2.2 인덱스와 데이터 검색

데이터베이스의 저장 구조에서 살펴본 바와 같이, 레코드들은 특정 기준에 따라 저장된다. 그리고 이들 레코드들을 바로 읽어 들이기 위해서는 해당 레코드가 저장된 위치, 즉 레코드 번호를 알아야 한다. 예를 들어, 그림 9-7과 같이 저장된 데이터베이스에서 사원번호가 E10인 레코드가 저장된 위치, 즉 ↑E10을 알아야 저장관리시스템이 이 레코드를 읽어 들일 수 있다. 만약 레코드의 저장 위치를 모르면, 해당 레코드를 직접 찾아가는 것이 불가능하다. 이러한 경우에는 테이블의 시작 위치를 찾아서 모든 레코드들을 순차적으로 읽어 들여야 한다. 따라서 많은 노력과 시간이 소요된다.

이와 같이 데이터베이스에서 특정 레코드(들)을 쉽게 찾기 위하여 각 레코드들의 저장 위치를 목록화하여 놓은 것을 인덱스(index)라고 하며, 인덱스를 만드는 작업을 인덱싱(indexing)이라고 한다. 즉, 인덱스는 특정 속성에 대하여 자료값별로 해당 레코드의 위치를 기록한 것이다. 예를 들면, 직급별로 사원 테이블을 인덱싱하면 표 9-6과 같은 직급 인덱스가 만들어진다.

인덱스는 데이터베이스의 조작 과정에서 먼저 읽어 들여 주기억장치에 저장된다. 따라서 레코드들의 저장위치를 찾기 위하여 추가적인 디스크 입·출력은 불필요하다.

인덱스는 테이블을 구성하는 모든 속성에 대하여 설정할 수 있다. 주키에 설정된 인덱스를 주키 인덱스(primary index)라고 하며, 주키가 아닌 속성들에 대하여 설정된 인덱스를 분류키 인덱스 또는 2차 인덱스(secondary index)라고 한다.

표 9-6 직급 인덱스

데이터 필드	주소 필드
과장	↑E1
부장	↑E5, ↑E2
직원	↑E3, ↑E10, ↑E26

주키 인덱스

주키값별로 레코드의 저장 위치를 기록한 것을 주키 인덱스(primary index)라고 한다. 즉, 주키 인덱스는 주키값별로 해당하는 레코드의 저장 위치를 나타낸다.

관계형 데이터베이스에서 모든 주키는 자동으로 인덱싱된다. 왜냐하면 거의 모든 데이터베이스 작업에서 기준이 되는 값이 주키값이기 때문이다. 즉, 레코드를 추가할 경우 새로운 레코드의 주키값이 이미 존재하는가를 먼저 확인하여야 한다. 그리고 테이블을 조인할 경우에도 가장 많이 사용되는 속성이 주키이다. 이와 같이 관계형 데이터베이스에서 거의 모든 작업은 주키를 매개로 하여 이루어지기 때문에 주키 인덱스는 필수적이다. 만약 주키 인덱스가 만들어져 있지 않으면, 테이블을 구성하는 모든 레코드들을 다 뒤져서 비교하여야 하는데 이는 지극히 비효율적인 방법이다.

표 9-7에서와 같이 주키 인덱스가 데이터필드와 주소필드로 구성되어 있다고 가정하자. 주키 인덱스의 데이터 필드는 주키값을 나타내는 필드이므로 중복이 허용되지 않도록 이미 정렬되어 있으며, 주소 필드는 각 레코드의 저장 위치(address)를 나타낸다. 그림 9-1과 같이 주키 클러스터링에 의하여 주키값의 순서대로 레코드들이 저장되어 있다고 가정할 경우 각 레코드들은 주키값의 순서대로 페이지에 기록된다. 따라서 레코드별로 주소 필드의 값을 모두 기록할 필요는 없으며, 페이지의 시작점에 있는 첫 번째 레코드의 주소만을 기록하면 된다.[1)]

표 9-7 사원 테이블의 주키 인덱스

데이터 필드	주소 필드
E1	↑E1
E2	
E3	↑E3
E5	
E10	↑E10
E26	

1) 그래서 주키 인덱스를 논덴스 인덱스(non-dense index)라고 한다.

주키 인덱스 테이블에서 해당 주키의 인덱스를 찾기 위해서는 데이터 필드의 값이 정렬이 되어 있기 때문에 주키 값을 순차적으로 검색하지 않고 이진 검색(binary search)이 가능하다.

분류키 인덱스

주키에 의하여 인덱싱된 테이블에서 주키가 아닌 속성을 이용하여 데이터들을 검색하고자 할 경우에는 앞에서 설명한 주키 인덱스를 이용할 수 없다. 왜냐하면, 주키 인덱스는 주키값을 이용하여 레코드의 위치를 검색하기 때문이다. 따라서 주키가 아닌 다른 속성의 값을 이용하여 레코드를 검색하고자 할 경우에는(예를 들면, 사원의 이름이나 나이를 이용하여 레코드를 찾아야 할 경우에는) 해당 속성별로 인덱스를 각각 설정하여야 하며, 이를 분류키 인덱스라고 한다.

표 9-6에서 이미 예시되었던 바와 같이, 직급이라는 속성을 이용하여 특정 직급에 속하는 레코드들을 바로 검색하기 위해서는(즉, 특정 직급에 속하는 레코드들의 저장 위치를 알기 위해서는) 직급에 대하여 인덱스를 설정하여야 한다. 이때, 해당 직급에 속하는 레코드들의 저장 위치, 즉 레코드 번호들은 인덱스 테이블의 주소 필드에 기록된다.

관계형 데이터베이스에서 주키가 아닌 속성들은 같은 값이 여러 번 나타날 수 있다. 따라서 분류키 인덱스에서는, 표 9-6에서 이미 예시되었던 바와 같이, 여러 레코드들의 레코드 번호가 인덱스 테이블의 주소 필드에 나타나게 된다.

분류키 인덱스는 반드시 단일 속성별로 설정할 필요가 없다. 즉, 두 개 이상의 복합 속성에 대하여 인덱스를 설정할 수도 있다. 이와 같이 복합 인덱스를 설정할 경우에는 인덱싱의 순서를 결정하여 순서별로 인덱싱한다. 따라서 이는 개별 속성의 인덱스로도 활용될 수 있다.

예를 들면, 직급과 나이에 대한 복합 인덱스를 직급에 대하여 우선적으로 설정한다고 하면 인덱스 테이블은 표 9-8과 같이 표시된다. 표 9-8의 복합 인덱스는 직급에 대하여 우선 정렬되어 있으므로, 직급 인덱스로도 이용될 수 있다.

표 9-8 직급/나이 복합 인덱스

데이터 필드	주소 필드
과장/35	↑E10
부장/40	↑E3
부장/45	↑E5
직원/25	↑E2
직원/27	↑E1
직원/30	↑E26

9.2.3 이진 검색과 B+ 트리

인덱스는 속성값별로 해당 레코드의 위치를 쉽게 찾을 수 있도록 기록한 것이다. 즉 특정 속성에 대하여 속성값에 대응하는 레코드의 저장 위치를 인덱스 테이블의 주소필드에 기록함으로써 특정 속성값을 갖는 레코드들을 쉽게 찾아갈 수 있다. 특히 인덱스 테이블에는 속성값들이 순서대로 정렬되어 있기 때문에 이를 활용할 경우, 특정 속성값의 레코드 위치를 찾기 위하여 인덱스 테이블을 순차적으로 읽지 않고 보다 효과적으로 검색할 수 있다.

정렬되어 있는 데이터를 검색하는 방법으로서 가장 많이 사용하는 것이 이진 검색이다. 이진 검색을 사용할 경우, 모든 데이터들을 순차적으로 비교하지 않고도 해당 데이터를 찾을 수 있다. 본절에서는 정렬되어 있는 데이터의 검색방법으로서 이진 검색을 소개하고, 이를 활용한 테이블의 저장 구조로서 B+ 트리를 소개한다.

이진 검색

사원 테이블이 사원번호순서로 인덱싱되어 정렬되어 있다고 가정하자. 이 경우, 특정 사원번호의 사원을 검색하기 위해서는, 인덱스 테이블을 읽어 들이는 것과 인덱스 테이블에서 검색된 레코드 번호를 이용하여 사원 레코드를 읽어 들이는 것, 이렇게 2번의 디스크 입 · 출력이 필요하다. 그리고 인덱스 테이블에서 해당 사원번호의 인덱스 레코드를 찾기 위하여 인덱스 레코드의 사원번호와 찾고자 하는 사원번호를 비교하는 과정이 필요하다.

정렬된 값을 비교하는 방법 중 가장 일반적이며 효과적인 방법이 이진 검색이다. 이진 검색은 정렬된 값의 중간값을 먼저 비교하여, 찾고자 하는 값이 중간값보다 큰지 또는 작은지 판단하여 찾고자 하는 값이 포함된 영역을 반으로 줄여 가는 방법이다.

예를 들면, 사원번호가 245인 사원의 인덱스 레코드를 찾는다고 가정하고, 인덱스 테이블에 그림 9-10에 예시된 바와 같이 100부터 915까지의 17개의 사원번호가 저장되어 있다고 가정하자.

그러면 이진 검색에서는 그림 9-10에 예시된 바와 같이 전체 사원번호들을 반으로 나누어가면서 비교함으로써 최종적으로 1개의 레코드를 찾게 된다.

(1) 제일 처음에는 이들 사원번호들 중 가장 중간에 위치하는, 즉 8번째 값인 217과 비교한다. 비교의 결과, 245가 217보다 크므로 찾고자 하는 사원번호는 217보다 큰 영역에 포함됨을 알 수 있다.

(2) 두 번째는 217보다 큰 영역에서 가장 중간에 위치하는, 즉 5번째 값인 890과 비교한다. 비교의 결과, 245가 890보다 작으므로 찾고자 하는 사원번호는 890보다 작은 영역에 포함됨을 알 수 있다.

(3) 세 번째는 217보다 크고 890보다 작은 영역에서 가장 중간에 위치하는, 즉 세번째 값인 870과 비교한다. 비교의 결과, 245가 870보다 작으므로, 찾고자 하는 사원번호는은 870보다 작은 영역에 포함됨을 알 수 있다.

(4) 네 번째는 217보다 크고 870보다 작은 영역에서 비교되지 않은 값은 245 하나만이 존재한다. 따라서 찾고자 하는 사원번호가 발견된 것이다. 만약 이들 값이 같지 않으면 찾고자 하는 사원번호가 존재하는 않는 경우이다.

이상에서 예시된 바와 같이 이진 검색을 이용할 경우, 17개의 값을 비교하는 데 최악의 경우에도 4번만에 원하는 값을 모두 찾아낼 수 있다. 즉, 최악의 경우에도, 순차 검색의 경우와 같이 17번의 비교가 필요한 것이 아니라 4번만 비교하면 충분하다. 그 이유는 순차 검색의 경우는 한 번 비교로 한 개의 값이 비교 대상에서 제외되나 이진 검색의 경우에는 전체의 반이 제외되기 때문이다.

이와 같이 이진 검색은 한번 검색으로 비교 대상 영역에 있는 값들 중 $\frac{1}{2}$이

그림 9-10 이진 검색

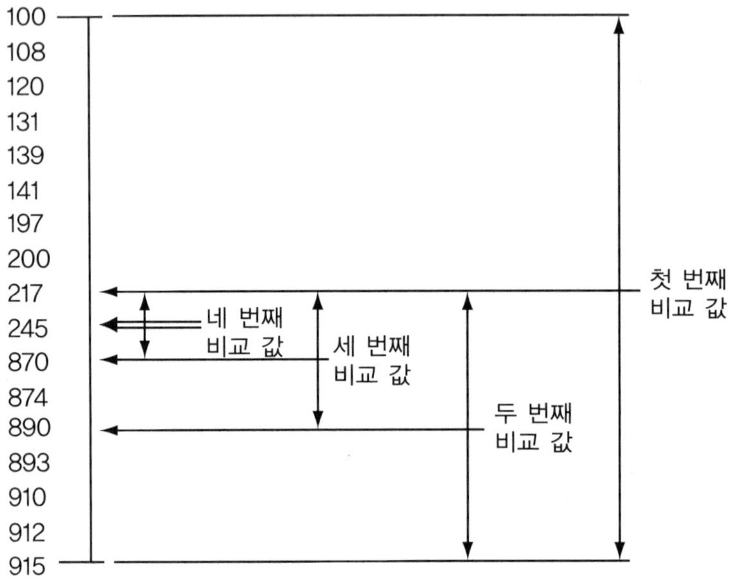

제거됨으로써 전체 검색 횟수를 획기적으로 줄일 수 있다. 이를 일반식으로 표현하면, 전체 N개의 값이 있을 경우, 이로부터 해당 값을 찾기 위한 비교 횟수를 K라고 하면 다음의 관계가 성립한다.

$$N \times \left(\frac{1}{2}\right)^{K} \leq 1$$
$$K \geq \log_2 N$$

요약하면,

- 최악의 경우 $\log_2(N)$번의 비교를 실행하여야 한다.
- 최상의 경우에는 물론 1번의 비교로 찾고자 하는 값을 찾을 수 있다. 이는 찾고자 하는 값이 가운데에 저장된 경우이다.

이진 검색 데이터 구조: B+ 트리

인덱스 테이블을 효율적으로 검색할 수 있기 위해서는 이진 검색과 같은 효율적인 검색 기법을 쉽게 적용할 수 있는 데이터 구조로 저장할 필요가 있다. 이를 위하여 관계형 데이터베이스는 B+ 트리, B 트리, 해쉬 테이블 등의 데이터 구조를 이용하는데, 이중에서도 B+ 트리를 가장 보편적으로 이용하고 있다. 이들 데이터 구조에 대한 상세 내용은 데이터 구조나 파일 구조 등의 전문서적을 참조하는 것으로 하고, 여기서는 B+ 트리를 이용한 인덱스 구조를 개략적으로 설명한다.

B+ 트리는 기본적으로 3개 이상의 자식 노드를 가지는 트리 구조이다. 예를 들면, 사원테이블의 주키 인덱스는 B+ 트리에 의하여 그림 9-11과 같이 저장된다. B+ 트리에서 중간 노드들은 해당 레코드들을 찾기 위한 다음 단계의 노드들을 가리키며, 최하위 노드는 해당 레코드들이 저장된 장소를 가리킨다.

예를 들면, 사원번호가 E1인 레코드를 찾기 위하여 최상위 노드를 방문하면 찾고자 하는 값인 E3이 최상위 노드의 값 E5보다 작기 때문에 제일 왼편 포인터를 따라 하위 노드를 방문하게 된다. 다음 노드에서 E1의 값이 노드의 값들 중에서 E2보다 작기 때문에 제일 왼편 포인터를 따라 하위 노드를 방문하게 된다. 그리고, 단말(leaf) 노드의 값이 E1이므로, 따라서 해당 필드가 가르키는 포인트(즉 레코드 번호)를 따라가면 E1 레코드를 만나게 된다. 이를 통하여 알 수 있는 바와 같이, 최상위 노드로부터 단말 노드까지 검색 경로를 따라가면 자동적으로 이진 검색과 유사한 검색[2)]이 실행된다.

이상에서 살펴본 바와 같이 B+ 트리의 특징을 살펴보면 다음과 같다. 그림 9-11은 m이 2인 B+ 트리이다.

1. m개부터 2m-1개 까지의 자식 노드를 가진다.
2. 최하위 자식 노드(이들을 단말 노드 또는 leaf라고 한다)로부터 루트까지의 경로의 길이는 모두 일정하다.
3. 만약 자식 노드의 수가 m보다 작아지면(즉 m-1개가 되면), 주변의 노드로부터 자식 노드를 빌려오며, 만약 빌려올 자식 노드가 없으며(즉 주변의 부모 노드도 m개의 자식 노드만을 가지고 있으면) 두 노드를 합하여 하나의 노드를 만든다(이 경우 2m-1개의 자식 노드를 가지게 된다).
4. 2m개보다 많아질 경우에는 이들을 분할하여 노드를 2개로 만든다.

2) 이진 검색이 실행되기 위하여서는 자식노드가 2개로 한정되는 이진 트리 형태로 인덱스 테이블이 구성되어야 한다. 그러나 B+ 트리에서는 자식 노드의 수가 3개 이상이기 때문에 정확히 이진 검색이 실현되는 것은 아니다.

그림 9-11 B+ 트리 구조(m=2)

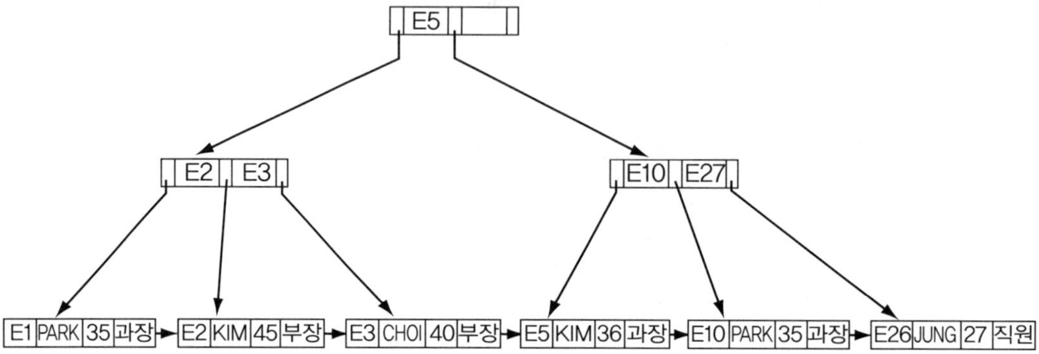

인덱스의 단점

인덱스의 주목적은 레코드의 저장 위치를 효율적으로 검색하는 것이라고 하였다. 그러나 인덱스를 설정하게 되면 이에 상응하는 추가적인 비용을 지불하여야 한다. 이것은 다름 아닌 인덱스 테이블의 갱신이다.

인덱스가 설정되지 않은 경우에는 레코드만을 추가하거나 갱신, 삭제하면 된다. 그러나 인덱스가 설정된 경우에는 인덱스 테이블도 같이 수정하여야 한다. 예를 들면, 표 9-4의 사원 테이블에서 사원번호 E1 사원이 직원에서 과장으로 승진하였다고 가정하자. 이 경우 데이터 테이블에서는 표 9-9와 같이 E1 사원의 직급을 직원에서 과장으로 변경시키면 된다. 그러나 직급에 대하여 인덱스가 설정되어 있을 경우에는 과장과 직원 인덱스 레코드의 주소 필드를 표 9-10과 같이 변경시켜야 한다.

인덱스의 설정 기준

인덱스는 데이터의 검색 속도를 향상시키는 장점과 더불어 데이터의 갱신 속도를 지연시키는 단점을 갖는다. 따라서 검색의 효율성과 갱신(레코드의 입력, 갱신, 삭제를 모두 포함하여)의 비효율성을 고려하여 전자의 장점이 후자의 단점보다 클 경우에 적용하여야 한다.

인덱스의 설정 대상들을 정리하면 다음과 같다.

- 주키: 관계형 데이터베이스에서 데이터관리의 기준은 주키이다. 바꾸어 말하면, 주키를 이용한 데이터의 검색, 테이블의 결합 등이 빈번하

표 9-9 사원 테이블(예시)

사원번호	이 름	나 이	직 급
E10	PARK	35	과장
E5	KIM	45	부장
E26	KIM	30	직원
E3	CHOI	40	부장
E2	HONG	25	직원
E1	JUNG	27	과장

표 9-10 직급 인덱스

데이터 필드	주소 필드
과장	↑E10, ↑E1
부장	↑E5, ↑E3
직원	↑E2, ↑E26

다. 그리고 주키는 개체 무결성 법칙에 의하여 서로 같은 값을 가질 수 없기 때문에 새로운 레코드가 추가되는 경우 항상 기존 레코드의 주키 값들과 비교해야 한다. 이러한 이유로, 주키 인덱스는 항상 설정하는 것이 바람직하다. 이에 따라 거의 모든 관계형 데이터베이스관리시스템에서 주키에 대해서는 자동적으로 인덱스가 만들어진다.

- 외래키: 관계형 데이터베이스관리시스템에서 테이블의 조인 기준으로 가장 많이 사용되는 것은 외래키이다. 외래키를 사용하여 조인이 이루어질 경우 이를 기준으로 레코드들을 읽어 들여 처리하므로 외래키에 대해서는 인덱스를 설정하는 것이 효율적이다. 이에 따라 대부분의 관계형 데이터베이스관리시스템에서 외래키에 대해서는 자동적으로 인덱스가 만들어진다.
- 분류키: 분류키는 일반적으로 데이터들을 분류하기 위하여 이용되는 속성들이다. 대표적인 예로서는 사원의 직급 등이 이에 해당한다. 따라서 검색의 편의를 위하여 인덱스를 만드는 것이 효율적이다. 그러나 분류 기준이 될 수 있다고 해서 모두 분류키로 정의하여서는 안 된다. 즉, 앞에서 살펴본 바와 같이 인덱스로 인한 효과가 이로 인한 비용보다 높은 경우에만 분류키로 지정하는 것이 바람직하다.
- 정렬키: 정렬키는 레코드들을 정렬하기 위하여 사용되는 인덱스이다. 대표적인 예로서는 우편번호 등이 있다. 이들 속성들은 보고서의 작성이나 출력작업을 위하여 사용된다.

9.3 뷰의 설계

데이터베이스시스템에서 특정 사용자가 데이터베이스에 포함된 모든 테이블들을 전부 사용하는 경우는 매우 드물다. 즉, 개별 사용자들은 데이터베이스의 일부 자료만을 사용한다. 이와 같이 개인 사용자나 응용 프로그램별로 데이터베이스의 내용을 정의한 것이 뷰이다.

데이터베이스의 개념 설계에서 우리는 각 사용자별로 식별된 외부 스키마를 개념 스키마로 통합하는 과정을 설명하였다. 물리설계에서는 역으로 통합된 스키마로부터 사용자 뷰를 도출해 낸다. 이를 통하여 사용자별로 필요로 하는 데이터들이 데이터베이스에 전부 포함되었는지를 검증할 수 있다.

9.3.1 뷰의 기능

뷰의 대표적인 기능들을 열거하면 다음과 같다.

- 복잡힌 데이터 구조의 단순화
- 다양한 관점에 의한 데이터의 제시
- 데이터의 보안

복잡한 데이터베이스 구조의 단순화

두 개 이상의 테이블을 미리 조인하여 뷰로 만들어 둠으로써 사용자들은 마치 뷰가 데이터베이스에 저장된 것처럼 쉽게 사용할 수 있다. 예를 들면, 제품의 유통 관리를 위하여 제품별로 제품군 테이블을 참조한다고 가정하자. 이 경우 유통 담당자가 이들 두 테이블을 항상 조인하는 것은 번거로운 일이다.

그림 9-12에 예시된 바와 같이, 이들 두 테이블을 조인하여 유통 담당자의 사용자 뷰를 미리 만들어 둠으로써 이들 자료들이 마치 하나의 테이블에 저장된 것처럼 나타낼 수 있다. 따라서 유통 담당자는 저장된 테이블들의 복잡한 구조를 알 필요 없이 본인이 원하는 종류의 자료를 뷰를 통하여 간단히 볼 수 있다.

그림 9-12 뷰를 이용한 복잡한 데이터베이스 구조의 단순화

유통 담당자의 뷰

제품분류	제품이름	제품번호	공급업체	분류번호	그 림
음료	오렌지 주스	1	서울무역	1	비트맵 이미지
음료	체리 주스	2	태양식품	1	비트맵 이미지
조미료	체리 시럽	3	태양식품	2	비트맵 이미지

제품 테이블

제품분류	제품번호	제품이름	공급업체
음료	1	오렌지 주스	서울무역
음료	2	체리 주스	태양식품
조미료	3	체리 시럽	태양식품

제품군 테이블

제품분류	분류번호	그 림
음료	1	비트맵 이미지
조미료	2	비트맵 이미지
과자류	3	비트맵 이미지
유제품	4	비트맵 이미지

다양한 관점에 의한 데이터의 제시

데이터베이스의 사용자들은 서로 다른 관점에서 다른 형식으로 데이터들이 제시되기를 바랄 수 있다. 그러나 데이터베이스는 통합된 데이터들을 하나의 형식으로 저장하여야 한다. 이러한 저장 내용과 외부 표현 형식과의 불일치를 해결하기 위한 대안이 뷰라고 할 수 있다. 뷰를 이용하여 다른 사용자들에게 서로 다른 형식으로 데이터를 제공함으로써 다양한 사용자의 요구를 동시에 충족시킬 수 있으며, 정보 공유를 실현할 수 있다.

예를 들면, 데이터베이스에 직원 데이터와 주문 데이터가 저장되어 있다고 가정하자. 직원관리 담당자들은 직원번호 순서대로 직원별 주문 실적 자료들이 제시되기를 바랄 수 있다. 이에 반하여 고객들은 고객별로 주문담당직원들이 제시되기를 바랄 수 있다. 이 경우 그림 9-13에 예시된 바와 같이, 동일한 직원 데이터와 주문 데이터로부터 서로 다른 두 사용자들에게 다른 형식의 자료를 제공할 수 있다.

그림 9-13 뷰를 이용한 다양한 관점에 의한 데이터의 제시

직원관리담당자의 뷰

직원번호	직원이름	직위	지역	고 객	주문번호	납기일
1	김소미	영업사원	경인	신세계통상	10258	1996-08-15
1	김소미	영업사원	경인	이화무역	10270	1996-08-29
2	김덕훈	부사장	경인	베네디스유통	10265	1996-08-22
2	김덕훈	부사장	경인	개성트레이딩	10307	1996-09-15
2	김덕훈	부사장	경인	신세계통상	10968	1996-04-20

신세계통상의 뷰

직원이름	주문번호	납기일	선적구분
김소미	10258	1996-08-15	대륙통운
김덕훈	10968	1996-04-20	국제특송

직원 테이블

직원번호	직원이름	직위	지역
1	김소미	영업사원	경인
2	김덕훈	부사장	경인

주문 테이블

직원이름	고 객	주문번호	납기일	선적구분
김소미	신세계통상	10258	1996-08-15	대륙통운
김소미	이화무역	10270	1996-08-29	대륙통운
김덕훈	베네디스유통	10265	1996-08-22	대륙통운
김덕훈	개성트레이딩	10307	1996-09-15	한일특급
김덕훈	신세계통상	10968	1996-04-20	국제특송

데이터의 보안

뷰를 이용하여 데이터에 대한 접근을 제한할 수 있다. 예를 들면 인사파일에 있어 개인의 프라이버시나 인사 기밀에 해당하는 정보를 제한할 수 있으며, 또는 볼 수 있는 레코드의 수를 제한할 수 있다. 즉, 외부인들은 해당 조직에 근무하는 직원의 일반자료들만을 열람할 수 있도록 하며, 인사담당자들은 모든 자료를, 본인은 본인 자료만을 열람할 수 있도록 설계할 수 있다. 이를 위하여

그림 9-14 뷰를 이용한 데이터의 보안

외부 사용자의 뷰

이름	직위
김소미	영업 사원
김덕훈	부사장
윤대현	영업 사원
최소라	영업 사원
안정훈	영업 과장
김찬진	영업 사원

인사담당자의 뷰

직원번호	이름	직위	생년월일	입사일
1	김소미	영업 사원	1968-12-08	1992-05-01
2	김덕훈	부사장	1953-02-19	1992-08-14
3	윤대현	영업 사원	1963-08-30	1992-04-01
4	최소라	영업 사원	1969-09-19	1993-05-03
5	안정훈	영업 과장	1955-03-04	1993-09-17
6	김찬진	영업 사원	1963-06-02	1993-09-17

직원번호 2의 뷰

직원번호	이름	직위	생년월일	입사일
2	김덕훈	부사장	1953-02-19	1992-08-14

직원 테이블

직원번호	이름	직위	생년월일	입사일
1	김소미	영업 사원	1968-12-08	1992-05-01
2	김덕훈	부사장	1953-02-19	1992-08-14
3	윤대현	영업 사원	1963-08-30	1992-04-01
4	최소라	영업 사원	1969-09-19	1993-05-03
5	안정훈	영업 과장	1955-03-04	1993-09-17
6	김찬진	영업 사원	1963-06-02	1993-09-17

각각의 뷰를 설계하고, 사용자별로 해당 뷰의 사용 권한만을 부여함으로써 권한이 부여된 자료 이외는 사용할 수 없도록 제한함으로써 데이터 보안을 강화할 수 있다. 그림 9-14는 각각 다른 관점에서의 뷰를 나타낸다.

9.3.2 뷰의 활용과 데이터의 저장 형식

사용자들이 외부적으로 인지하는 데이터들은 모두 그대로 테이블에 저장되는 것은 아니다. 예를 들면, 합계와 같은 처리 데이터들은 직접 저장하지 않고 사용자들에게 보여줄 때 계산하여 제시할 수 있다. 그리고 데이터들을 코드화하여 저장한 후, 외부적으로는 변환하여 제시할 수도 있다. 이와 같이 데이터베이스는 뷰를 이용함으로써, 저장 형식과 사용자에게 제시되는 형식을 분리할 수 있으며, 이를 통하여 데이터관리 효율을 향상시킬 수 있다.

간접 구현

뷰에 포함되는 데이터들 중 유추 데이터(derived data)들은 직접 물리적으로 저장되지 않을 수 있는데 이를 간접 구현이라고 한다. 예를 들면, 학생의 성적표에서 평점은 직접 그 값을 데이터베이스에 저장하여 사용할 수 있으나, 저장하지 않고 사용자들이 이를 요구할 경우마다 과목별 학점 수와 성적으로부터 계산하여 제공할 수도 있다. 전자를 직접 구현이라고 하고, 후자를 간접 구현이라고 한다.

유추 데이터의 간접 구현 방법은 데이터의 논리적 독립성을 향상시킨다. 새로운 사용자의 정보 요구가 발생하였다고 가정하자. 이 경우 만약 새로이 요구된 데이터가 이미 저장되어 있는 데이터로부터 유추될 수 있을 경우, 스키마의 변경이 없이 뷰만을 변경시킴으로써 새로운 정보 요구를 충족시킬 수 있다.

예를 들면 다음과 같은 뷰를 사용하여 선적회사별 운송매출액 뷰를 만들 수 있다.

```
CREATE VIEW shipvia_freight AS
        SELECT shipvia sum(freight)
        FROM   orders
        GROUP BY shipvia;
```

즉, 선적회사(shipvia)별 운임(freight)을 원할 경우 저장된 선적회사 고객별 운임으로부터 선적회사별 모든 고객 운임을 계산하여 제공하는 뷰를 생성함으로써 마치 선적회사별 매출액을 나타내는 데이터가 데이터베이스에 저장된 것처럼 보여줄 수 있다.

데이터의 코드화

데이터를 코드화하여 저장하고 사용자들에게는 코드가 아니라 일반적으로 사용하는 값으로 보여줄 수 있다. 예를 들면, 운송업체를 대륙통운, 한일특급, 국제특송의 문자열로 저장하는 것보다는 이를 코드화하여 1, 2, 3으로 저장한 후, 사용자들에게 보여주기로는 해당 코드에 대응하는 업체이름을 뷰에 나타낼 수 있다. 즉, 그림 9-15에 예시된 바와 같이 실제로는 선적회사 테이블과 주문 테이블로 2개의 테이블이 저장되나 사용자에게 보여지는 것은 마치 1개의 테이블이 저장된 것처럼 나타낼 수 있다.

데이터관리의 측면에서 코드화는 다음과 같은 장점을 갖는다.

- 데이터 저장 공간의 절약: 선적회사 명칭과 같이 긴 문자열을 저장하는 것보다는 숫자를 저장하는 것이 데이터의 저장 공간을 절약할 수 있다.
- 데이터 입력 오류의 방지: 명칭과 같은 자연어는 이를 직접 입력할 경우 입력오류가 발생하기 쉽다. 그러나 코드화를 할 경우 해당 코드를 입력함으로써 오류를 줄일 수 있다. 그리고 대부분의 경우 입력 화면에서 이들 코드를 대화적으로 선택할 수 있다.
- 데이터 명칭 변화에 대한 유연한 대응: 선적회사 명칭 등은 시간이 흐름에 따라 변경되기 쉽다. 이러한 경우, 자연어로 저장하였을 경우에는 모든 명칭을 전부 갱신하여야 한다. 그러나 코드로 저장할 경우에는 코드는 그대로 두고 코드 테이블에서 회사 명칭만 변경하면 된다.

그림 9-15 데이터의 코드화

주문관리담당자의 입력 뷰

주문번호	고객	선적일	선적구분	운임
10248	해바라기	1996-06-16	국제특송	₩32,000
10249	산타페	1996-06-10	대륙통운	₩12,000
10250	YH무역	1996-06-12	한일특급	₩66,000

선적회사 테이블

운송업체 번호	회사 이름	전화번호
1	대륙통운	(02)552-9831
2	한일특급	(02)355-3199
3	국제특송	(02)755-9931

주문 테이블

주문 번호	고객	선적일	선적 구분	운임
10248	해바라기	1996-06-16	3	₩32,000
10249	산타페	1996-06-10	1	₩12,000
10250	YH무역	1996-06-12	2	₩66,000

9.4 데이터베이스 물리설계의 기준

데이터의 물리설계는 앞에서 언급된 데이터베이스의 저장 구조를 참조로 하여 가장 효율적인 데이터베이스를 구축하고자 하는 설계 활동이다. 물리설계에서 가장 논란이 되는 것이 논리설계에서 제시된 릴레이션의 비정규화, 인덱스의 설정 등이라고 할 수 있다. 그런데 인덱스는 이미 자세히 설명하였으므로, 여기서는 비정규화를 중심으로 물리설계 기준을 제시한다.

9.4.1 비정규화

비정규화는 관계형 데이터베이스에서 자주 사용되는 필드를 복제하여 2개 이상의 테이블에 중복 저장하는 방법이다. 정규화에서 살펴본 바와 같이 데이터를 중복 저장할 경우 해당 테이블은 제3정규형이 아닌 제1정규형이나 제2정규형의 형태를 갖게 된다. 이와 같이 정규형을 감소시키는 것을 비정규화라고 한다.

비정규화가 필요한 경우를 구분하면 다음과 같이 나눌 수 있다.

(1) 중복 필드의 추가

(2) 중복 관계의 설정

중복 필드의 추가

비정규화의 가장 일반적인 형태는 같은 필드를 2개 이상의 테이블에 중복하여 저장하는 것이다. 예를 들면, 제품 데이터들을 사용하는 과정에서 항상 제품의 공급업체에 대한 자료들을 참조한다고 가정하자. 정규화된 데이터베이스는 제품 테이블과 공급자 테이블로 구분되며, 제품 테이블은 공급업체이름만을 외래키로 포함하고 있다. 따라서 제품의 공급업체자료를 열람하기 위해서는 제품 테이블과 공급자 테이블을 매번 번거롭게 조인하여야 한다. 따라서 보다 효율적인 데이터 검색을 위하여 그림 9-16에 예시된 바와 같이 공급자 테이블과 제품 테이블을 조인하여 모든 공급자 관련 속성을 제품 테이블에 통합하여 저장할 수 있다. 이 경우 제품 테이블은 부분 함수종속성을 가지게 되

그림 9-16 중복 필드의 추가에 의한 비정규화

(a) 정규화 릴레이션

공급자 테이블

회사 이름	담당자 이름	담당자 직위
태양식품㈜	박찬식	판매 1과장
신한식품㈜	김문식	수주 3과장
서울무역㈜		

제품 테이블

제품 번호	제품 이름	공급 업체	단가
1	태양 오렌지주스	서울무역㈜	₩80,000
2	태양 레몬주스	태양식품㈜	₩19,000
3	태양 체리시럽	태양식품㈜	₩10,000
4	신한 복숭아시럽	신한식품㈜	₩22,000
5	신한 파인 애플시럽	신한식품㈜	₩21,000

(b) 비정규화 릴레이션

공급자 테이블

회사 이름	담당자 이름	담당자 직위
태양식품㈜	박찬식	판매 1과장
신한식품㈜	김문식	수주 3과장
서울무역㈜		

제품 테이블

제품 번호	제품 이름	공급 업체	담당자 이름	담당자 직위	단가
1	태양 오렌지주스	서울무역㈜			₩80,000
2	태양 레몬주스	태양식품㈜	박찬식	판매 1과장	₩19,000
3	태양 체리시럽	태양식품㈜	박찬식	판매 1과장	₩10,000
4	신한 복숭아시럽	신한식품㈜	김문식	수주 3과장	₩22,000
5	신한 파인 애플시럽	신한식품㈜	김문식	수주 3과장	₩21,000

며 제1정규형의 형태를 띠게 된다.

이상에서 설명된 중복된 필드의 저장은 비록 검색의 효율성은 향상시킬 수 있으나, 매우 조심하여 사용되어야 한다. 즉, 데이터의 중복이 발생하며, 부분 함수종속성이나 추이적 함수종속성들이 발생함으로써, 데이터베이스의 갱신과 관련하여 여러 가지 바람직하지 않은 현상들이 발생할 수 있다. 예를 들

면, 공급업체의 담당자가 변경되면, 해당 업체에서 공급하는 모든 제품들에 대해서 담당자 이름과 직위를 변경시켜 주어야 한다. 만약 그렇지 않으면 서로 다른 데이터가 저장되게 된다. 따라서 이와 같은 현상이 발생하지 않도록 데이터의 정규성(또는 무결성)을 유지하기 위한 추가적인 장치가 마련되어야 한다.

중복 관계의 설정

관계형 데이터베이스에서 테이블들은 외래키를 통하여 복잡한 연관 관계를 형성하고 있다. 예를 들면, 그림 9-17에 예시된 바와 같이, 고객별 담당직원과 직원에 대한 정보, 부서에 대한 정보가 각각 주문 테이블, 직원 테이블, 부서 테이블에 저장되어 있다고 가정하자. 여기서 주문 테이블은 직원이름을 통해서 직원 테이블을 참조하고, 다시 부서를 통해서 직원의 (담당)지역을 참조한다. 이러한 경우, 주문별 직원의 담당지역을 참조하기 위해서는 주문 테이블과

그림 9-17 중복 관계의 추가에 의한 비정규화

(a) 정규화 릴레이션

주문 테이블

주문번호	고객	직원이름	납기일
10248	해바라기	안정훈	1996-08-01
10249	산타페	김찬진	1996-08-16

직원 테이블

직원이름	직위	부서
최소라	영업 사원	영업 1부
안정훈	과장	영업 1부
김찬진	영업 사원	영업 2부
오영수	영업 사원	영업 1부

부서 테이블

부서	지역
영업 1부	수도권
영업 2부	충청권
영업 3부	호남권
영업 4부	경상권

(b) 비정규화 릴레이션

주문 테이블

주문번호	고객	직원이름	부서	납기일
10248	해바라기	안정훈	영업 1부	1996-08-01
10249	산타페	김찬진	영업 2부	1996-08-16

직원 테이블

직원이름	직위	부서
최소라	영업 사원	영업 1부
안정훈	과장	영업 1부
김찬진	영업 사원	영업 2부
오영수	영업 사원	영업 1부

부서 테이블

부서	지역
영업 1부	수도권
영업 2부	충청권
영업 3부	호남권
영업 4부	경상권

직원 테이블, 부서 테이블을 조인해야 한다. 이와 같이 테이블들 사이의 관계가 연계되어 설정된 경우에는 조인의 횟수가 증가하게 되며, 따라서 데이터 검색을 위한 시스템의 부하가 증가하게 되며, 시간도 오래 걸리게 된다.

과도한 조인 횟수를 경감시키기 위해서는 테이블들을 직접 연결하는 속성을 저장함으로써 이들 테이블들이 바로 조인될 수 있도록 할 수 있다. 즉, 주문 테이블에 부서를 추가로 저장하면, 직원 테이블을 참조하지 않고서도 부서 테이블을 참조하여 주문별 직원의 담당지역을 알 수 있다. 이 방법은 실제로 중복을 허용함으로써 정규화를 위반하는 것인데 중복 관계의 설정도 중복 필드의 추가와 마찬가지로 중복을 허용하는 것이다. 따라서 데이터의 정규성(또는 무결성)을 유지할 수 있도록 추가적인 장치가 마련되어야 하며, 꼭 필요한 경우에만 조심스럽게 적용하여야 한다.

9.4.2 집계 테이블 또는 유추 데이터

유추 데이터(derived data)는 다른 데이터들로부터 계산되거나 유도될 수 있는 데이터를 말한다. 이를 별도의 테이블로 저장할 경우 집계 테이블이라고 하며, 기존 테이블에 중복하여 저장할 경우를 유추 데이터라고 한다.

집계 테이블

온라인으로 합계, 총 거래 건수 등의 집계성 정보를 조회하는 경우에는 대량의 레코드를 조회하여야 한다. 이 결과 시스템에 과도한 부하를 가하게 되며, 이는 곧 트랜잭션의 처리에 영향을 미치게 된다. 따라서 이와 같이 집계성 정보에 대한 조회가 많은 경우에는 조회 값을 미리 계산하여 별도의 테이블로 만들어 두는 것이 효율적이다.

예를 들면, 은행의 지점별 총 수신 현황에 대한 조회 요구가 자주 발생한다면, 조회 요청이 발생할 때마다 모든 수신 금액을 더하는 것보다는 미리 지점별 수신 금액을 계산하여 저장해 두는 것이 보다 효과적일 수 있다. 그러나 이와 같이 수신 금액을 미리 계산하기 위해서는 거래가 발생할 때마다 수신 금액을 갱신해야 하는 반대급부가 발생하므로, 이를 잘 고려하여 결정해야 한다.

이와 같이 집계 테이블은 거래 처리의 부하 증가와 집계 정보 조회의 효율성을 같이 고려하여 다음과 같은 경우에만 사용하는 것이 좋다.

- 집계 데이터에 대한 조회 빈도가 높은 경우
- 조회가 정형화되어 있는 경우
- 데이터를 여러 부문에서 이용하는 경우
- 집계 정보를 추출하기 위하여 노력이 많이 드는 경우

만약 위와 같은 경우가 아닌 경우에는 집계 테이블을 별도로 만드는 것보다는 조회 요청 시에 해당 레코드들을 읽어 처리하는 것이 더 효과적이다.

집계 테이블을 생성하는 방법에는 온라인, 일괄처리, 지연처리의 세 가지 방법이 있다.

(1) 온라인

온라인(on-line)은 원시 데이터가 처리될 때, 즉, 거래가 발생할 때, 집계 데이터를 같이 생성하는 방법으로서 현 시점의 정확한 정보를 제공하여야 하는 경우에 적합하다. 그러나 거래 처리 시간이 더 걸린다는 단점이 있다.

(2) 일괄처리

일괄처리(batch)는 주기적으로 데이터들을 처리하여 집계 데이터를 생성하는 방법이다. 거래 처리에 발생하는 부하가 문제가 되거나 실시간으로 정확한 집계 정보를 제공하지 않아도 되는 경우에 사용한다.

(3) 지연처리

지연처리(deferred)는 온라인과 일괄처리의 중간 형태로서 거래가 처리되고 난 후 일정한 시차를 두고 집계 데이터를 생성하는 방법이다. 지연 처리는 거래 처리에 부담을 주지 않으면서 집계 데이터를 처리할 수 있는 장점이 있다.

유추 데이터

유추 데이터는 기초 데이터로부터 계산될 수 있는 데이터들이다. 따라서 유추 데이터들은 원칙적으로는 데이터베이스에 저장할 필요가 없다. 그러나 이들을 계산하기 위해서는 여러 테이블을 조인하거나 여러 레코드들을 복잡하

게 처리하여야 하는 경우가 대부분이므로, 이들 유추 데이터들을 미리 계산하여 저장하는 것이 효율적일 수도 있다.

유추 데이터의 저장 여부는 데이터 사용 형태를 기준으로 데이터관리의 효율성 제고라는 관점에서 결정되어야 한다. 예를 들면, 누적구매액을 구매내역과 중복하여 저장할 경우, 구매내역 데이터들이 갱신됨과 동시에 누적구매액 또한 갱신하여야 한다. 따라서 데이터의 입력이나 갱신이 이루어질 경우 유추 데이터들을 갱신하기 위한 노력이 추가로 이루어져야 한다. 이에 반하여 저장되지 않을 경우에는 검색시에 매번 누적구매액을 계산해야 한다. 따라서 데이터 검색시 매번 추가적인 계산 작업을 수행해야 한다. 이와 같이 유추 데이터의 저장 방법은 데이터의 사용 형태를 기준으로, 신속한 검색을 필요로 하는 경우에는 중복하여 저장하는 방법을, 데이터의 입력과 갱신 노력을 최소화하기 위해서는 저장하지 않는 방법을 선택하는 것이 바람직하다.

9.4.3 테이블의 분할

레코드의 길이가 매우 길거나 레코드의 수가 지나치게 많은 테이블은 디스크 입·출력시 많은 부하를 발생시키며, 따라서 데이터관리 효율을 저하시키게 된다. 이들 유형 중에서 가장 대표적인 것이 품목 테이블들이다. 품목 테이블은 보통 수십 개부터 많은 경우 수백 개의 필드를 포함한다. 그리고 품목 테이블들은 보통 수십만 건의 레코드들을 포함한다. 이와 같이 거대한 테이블들은 하나로 관리하는 것보다는 분할하여 관리하는 것이 바람직하다.

예를 들면, 품목 테이블을 품목의 사양과 관련된 품목기준정보 테이블과 재고관리 또는 구매와 관련된 품목 재고 테이블로 구분하여 관리할 수 있다.

9.4.4 코드 테이블의 통합

관계형 데이터베이스는 많은 코드 테이블들을 포함하게 된다. 코드 테이블들은 데이터의 코드화에서도 언급한 바와 같이 필드값을 정확하게 표현하며, 저장 공간의 낭비를 줄일 수 있다는 점에서 매우 효과적인 데이터의 저장 방법이다. 그러나 이들 코드 테이블들을 각각 별도로 관리할 경우 다음과 같은 단점들이 발생할 수 있다.

- 테이블의 수가 증가하게 된다.
- 레코드의 추가나 조회 시 여러 코드 테이블들을 조회하여야 한다.
- 코드 테이블을 유지 관리하기 위한 프로그램들을 각각 유지하여야 한다.

반면에 만약 이들 코드 테이블을 하나로 통합하여 관리하게 되면 다음과 같은 장점들이 있다.

- 각 테이블을 관리하여야 하는 번거로움을 줄일 수 있다.
- 코드 테이블이 주기억 장치에 상주하게 될 가능성이 높으므로 코드의 조회 시간이 단축된다.
- 코드 테이블을 유지 관리하기 위하여 하나의 프로그램만 유지하면 된다.

통합된 코드 테이블에는 여러 종류의 코드들이 복합적으로 저장된다. 따라서 통합 코드 테이블은 다른 테이블들과 외래키에 의하여 직접 연결되지 않는다.

SUMMARY

요약

본 단원에서는 데이터베이스의 물리설계 방법에 대하여 학습하였다. 본 단원에서 습득한 주요 개념들을 요약하면 다음과 같다.

B+ 트리: 3개 이상의 자식노드를 가지는 트리 구조로서 관계형 데이터베이스에서 인덱스를 저장하기 위한 보편적으로 사용되는 데이터 구조임.

간접 구현: 유추 데이터(derived facts)들을 직접 물리적으로 저장하지 않고 사용자들이 이를 요구할 경우마다 계산하여 제공하는 방법.

데이터 저장관리시스템: 데이터베이스 언어(즉, 데이터 정의어 및 관리어)로 작성된 데이터의 정의 및 관리 명령을 실제로 수행하는 협의의 데이터베이스관리시스템.

데이터베이스 활용도: 각 트랜잭션별로 분석된 트랜잭션 분석표를 결합하여 도출한 분석도.

데이터의 독립성: 사용자의 뷰나 기저 테이블의 변경이 각각 독립적으로 이루어질 수 있도록 한 것.

레코드번호: 저장매체(예: 하드디스크)에 레코드가 저장된 위치를 가리키는 번호.

분류키 인덱스: 주키가 아닌 속성들에 대하여 설정된 인덱스.

비정규화: 관계형 데이터베이스에서 자주 사용되는 필드를 복제하여 2개 이상의 테이블에 중복 저장함으로써 제 3 정규형이 아닌 제 1 정규형이나 제 2 정규형 릴레이션들로 데이터베이스를 구현하는 방법.

유추 데이터: 데이터베이스에 저장되어 있는 다른 데이터로부터 계산될 수 있는 데이터.

이진 검색: 정렬되어 있는 데이터를 검색할 때 정렬된 값의 중간값을 먼저 비교하여 데이터를 검색하는 방법.

인덱스: 데이터베이스에서 특정 레코드 또는 레코드들을 쉽게 찾기 위하여 각 레코드들의 저장 위치를 목록화하여 만들어 놓은 것.

인덱싱: 인덱스를 만드는 작업.

주키 인덱스: 주키값별로 레코드의 저장 위치를 목록화하여 만들어 놓은 것.

집계 테이블: 다른 데이터들로부터 계산되거나 유도될 수 있는 데이터들을 별도로 저장한 테이블.

클러스터링: 데이터베이스에서 레코드 또는 파일의 배치 방법으로 주로 동시에 사용되는 데이터들이 서로 인접하여 위치하도록 하는 것임.

SUMMARY

트랜잭션 분석도: 트랜잭션들이 무슨 테이블들을 어떻게, 어떤 순서로 어느 빈도로 사용하는가를 나타내는 도형.

트랜잭션 뷰: 트랜잭션들이 사용하는 데이터들을 포함하는 뷰.

트랜잭션: 연속된 일련의 기능을 수행하는 논리적인 작업의 단위(logical unit of work)로서 업무의 처리 단위임.

파일간 클러스터링(inter-file clustering): 상호 연관된 테이블들을 서로 인접하도록 배치시키는 방법.

파일내 클러스터링(intra-file clustering): 단일 테이블의 레코드들을 배치하는 방법.

10 Database Management

데이터베이스 운영과 보안

데이터베이스는 하나의 살아 있는 생명체라고 할 수 있다. 본 교재의 대부분을 차지한 데이터베이스의 설계는 이러한 생명체의 사양을 만드는 작업이다. 그리고 데이터베이스의 운영과 보안은 사양에 맞도록 데이터베이스를 양성하는 것이라고 할 수 있다.

모든 생명체들은 최적의 환경 조건하에서 성장하는 것이 바람직하며, 이러한 조건이 유지될 수 있도록 지속적으로 관리하여야 한다. 관리 노력이 부족할 경우, 제대로 성장하지 못하고 소멸되거나, 원래의 사양과는 다른 형태로 성장하게 된다. 데이터베이스 또한 하나의 생명체라는 점에서 설계시 가정한 조건들이 충족되도록 관리하여야 한다. 이를 위하여 데이터베이스관리시스템은 사양에서 정의된 조건들을 확인하고 강제할 수 있는 기능을 포함하여야 하며, 데이터베이스 관리자는 이러한 사양이 지속적으로 충족되는가를 추적, 관리하여야 한다. 사실 좋은 데이터베이스를 구축하기 위해서는 데이터베이스 설계와 더불어 이를 운영하고, 관리 · 유지하는 노력이 같이 이루어져야 한다.

10.1 데이터베이스의 무결성

데이터베이스는 실제 현상을 추상화하여 기록한 것이다. 따라서 데이터베이스에 기록된 자료들은 항상 실제 현상에서 발생 가능한, 즉 논리적으로 모순되지 않은 상태를 나타내어야 한다. 이와 같이 데이터베이스가 상호 모순되지 않은 데이터들만을 포함하도록 강제하는 법칙들이 개체 무결성 법칙이나 참조 무결성 법칙과 같은 제약조건들이다. 이들 법칙이 충족되지 않을 경우, 데이터들은 상호 모순된 자료들을 포함할 수 있으며, 따라서 실제 현상을 잘못 나타내게 된다.

데이터베이스가 실제 현상을 제대로 나타내기 위해서는 무결성 법칙들이 항상 충족되어야 함과 동시에 트랜잭션들 또한 논리적으로 모순되는 내용을 포함하지 않아야 한다. 만약 데이터베이스가 모순된 트랜잭션에 의하여 갱신될 경우, 갱신된 데이터베이스는 당연히 모순된 데이터를 포함하게 된다.

10.1.1 트랜잭션의 무결성

데이터베이스의 물리 설계에서 언급한 바와 같이, 트랜잭션은 데이터 처리의 기본 단위이다. 즉 데이터베이스는 트랜잭션에 의하여 갱신된다. 이러한 점에서 트랜잭션은 데이터베이스의 무결성을 판단하는 기본 요소라고 할 수 있다.

데이터베이스의 갱신

연속적으로 갱신 유지되는 데이터베이스는 각각의 시점에서 실제 현상을 나타낸다. 그리고 이들 데이터베이스의 내용을 변경시키는 것이 트랜잭션들이다.

예를 들면, 현재의 데이터베이스에 계정_1, 계정_2, 계정_3의 잔고가 1000만원, 2000만원, 1000만원이며, 현금 보유액이 1억원이라고 하자. 이러한 데이터베이스는 특정 시점에서의 현재 상태를 나타낸다. 이러한 상태에서 특정 고객이 계정_1의 통장에서 500만원을 인출하게 되면, 계정_1의 잔고는 500만원이 되며, 현금 보유액도 9500만원으로 바뀌게 된다. 이렇게 변경된 데이터베이스는 또 다른 상태를 나타낸다. 따라서 데이터베이스의 갱신이란 다름 아닌 데이터베이스 상태가 변경되는 과정이라고 할 수 있다. 이와 같이 데이터베이스를 현재의 상태에서 다른 상태로 변경시키는 것이 트랜잭션이다.

그림 10-1의 예에서 계정_1에서 500만을 현금으로 인출하는 트랜잭션은 상태_A의 데이터베이스를 상태_B로 이동시킨다. 따라서 만약 상태_A가 실제

그림 10-1 데이터베이스의 상태

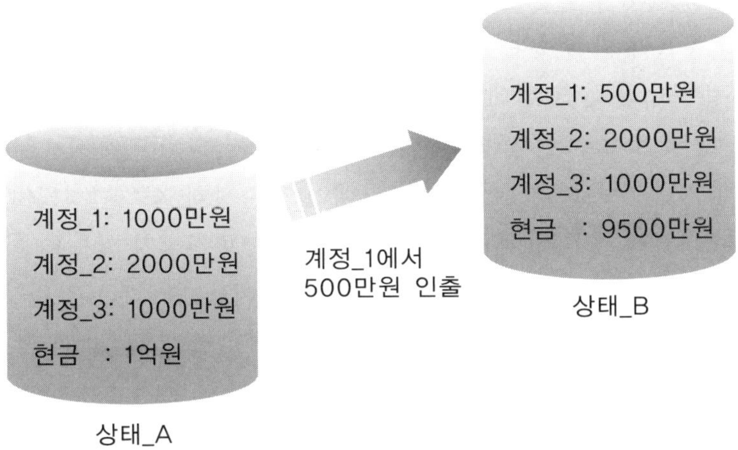

현상에서 발생 가능한 상태(즉, 무결성이 충족된 상태)라고 하고 계정_1의 현금 인출 트랜잭션 또한 발생가능하면, 변경된 상태_B 또한 실제 현상에서 발생 가능한 상태라고 할 수 있다.

이와 같이 현재의 상태가 실제로 발생 가능한 상태(즉, 무결성이 충족되는 상태)라고 할 때, 갱신시키는 내용 또한 논리적으로 모순되지 않으면, 변경된 새로운 데이터베이스 또한 무결성이 충족된다고 논리적으로 단언할 수 있다. 바꾸어 말하면, 현재의 상태가 무결성이 충족된 상태라고 가정할 경우, 변경된 데이터베이스가 무결성을 충족시키기 위해서는 트랜잭션의 무결성이 보장되어야 한다.

완료와 복귀

트랜잭션은 무결성을 유지하면서 데이터베이스를 변경시키는 작업 단위이다. 그러나 경우에 따라서는 트랜잭션의 일부만이 실행되는 상황이 발생할 수 있다.

예를 들면, 그림 10-2에서 계정_1의 잔고가 500만원으로 갱신된 후 현금이 인출되기 직전인 시점에서 시스템의 수행이 종료되었다고 가정하자. 이렇게 될 경우, 상태_A의 데이터베이스는 상태_X로 변경되게 된다. 그러나 상태_X는 발생할 수 없는, 즉 논리적으로 모순된 상태이다. 왜냐하면 금융거래에서 계정_1의 잔고가 줄면 해당하는 액수만큼 나머지 계정들의 잔고나 현금보유액이 바뀌어야 한다. 그러나 상태_X에서는 계정_1의 잔고만 감소하였다. 바꾸어 말하면, 상태_X는 절대로 발생하여서는 안 된다.

상태_X와 같은 데이터베이스가 발생하지 않기 위해서는, 비록 시스템은 상태_X에서 종료되었어도 데이터베이스는 상태_X로 변경되지 않도록 해야 한다. 이와 같이 데이터베이스가 상태_X로 변경되지 않도록 하기 위해서는, 트랜잭션이 성공적으로 완료되어 데이터베이스가 상태_B로 변경되지 못한 경우에는, 데이터베이스를 상태_A로 복귀시켜야 한다. 즉, 부분적으로 처리된 작업을 모두 포기하고 데이터베이스를 이전 상태로 복귀시키는 것이 대안이다.

요약하면 데이터베이스의 갱신은 트랜잭션이 전체적으로 완료된 시점에서 이루어지도록 해야 하며, 그러하지 못할 경우에는 부분적으로 처리된 작업을 모두 포기하고 데이터베이스를 이전 상태로 복귀시켜야 한다. 그림 10-3에 표시된 바와 같이 전자를 완료(commit)라 하고, 후자를 복귀(rollback)라고 한다.

그림 10-2 데이터베이스의 갱신(모순)

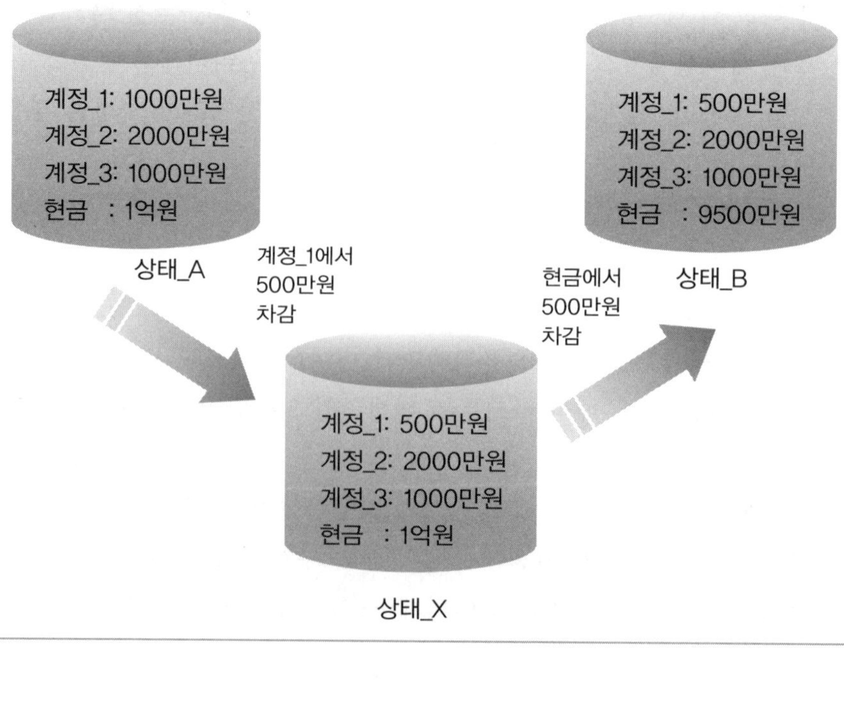

그림 10-3 트랜잭션의 실행 단계도

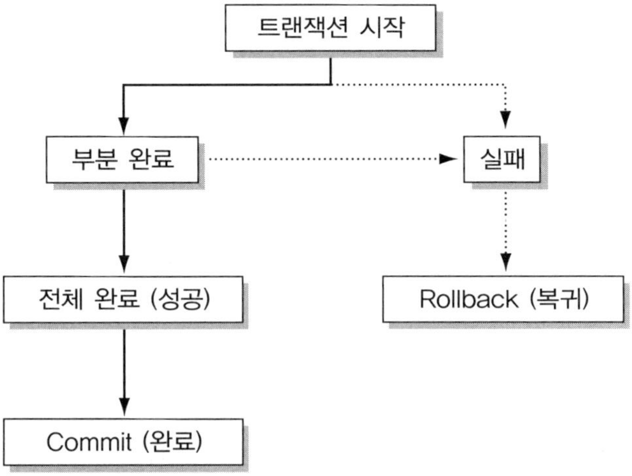

그림에서 보는 바와 같이 부분적으로만 수행된 트랜잭션은 데이터베이스의 관점에서 볼 때는 아무런 의미가 없으며, 완전히 실패한 트랜잭션과 동일하게 취급하며, 데이터베이스는 이전 상태로 복귀한다.

트랜잭션의 특성

데이터베이스의 갱신과 연관하여 트랜잭션은 여러 가지 중요한 특징을 갖는다. 이들 특징을 영문 단어의 첫 글자를 따서 ACID라고 한다.

(1) 원자성(atomicity)

트랜잭션은 더 이상 분해가 불가능한 최소의 단위이다. 따라서 트랜잭션은 전체가 처리되든지 또는 처리되지 않든지 해야 하며(이것을 영문으로 all or nothing이라고 한다), 일부분만을 처리하는 것은 있을 수 없다.

(2) 일관성(consistency)

트랜잭션은 데이터베이스를 일관된 상태로 변경시킨다.

(3) 격리성(isolation)

트랜잭션의 실행 중간 결과를 외부의 사용자나 또는 다른 트랜잭션들이 참조하거나 이용할 수 없다. 즉, 트랜잭션의 실행 과정은 외부로부터 완전히 차단되며, 외부에서 접근할 수 없다.

(4) 영속성(durability)

성공적으로 완료된 트랜잭션의 결과는 영속적으로 데이터베이스에 저장된다.

10.1.2 데이터 갱신의 무결성

데이터베이스의 무결성을 유지하기 위해서는 갱신되는 자료값이 현실적으로 발생 가능한 것인가를 검토해야 한다. 예를 들면, 고객의 주문을 처리함에 있어 주문에 포함된 내용들이 현실적으로 발생가능한가를 판단한 후, 발생가능한 주문들만이 처리되도록 제한해야 한다. 즉, 주문을 발주한 고객이 이미 존재하는 고객인가를 판단하여, 만일 신규고객이면 신규고객 등록을 먼저 해야 한다. 그리고 주문 제품들은 해당 기업에서 현재 취급하고 있는 단종되지 않은 제품들이어야 하며, 주문 수량도 취급단위와 부합하여야 한다. 만약 특정 제품을 12개 포장으로 판매할 경우, 주문 수량은 반드시 12의 배수이어야 한다. 이와 같이 관계형 데이터베이스에 기록되는 데이터들이 충족시켜야 하는 조건들을 무결성 법칙이라고 한다.

관계형 데이터베이스에서 대부분의 무결성 법칙들은 데이터베이스관리시스템에 의하여 지원된다. 그리고 이렇지 않을 경우에는 응용 프로그램과 같은 별도의 프로그램을 작성하여 무결성 법칙들이 준수되도록 해야 한다. 최근에는 데이터베이스관리시스템이 트리거 기능을 제공함으로써 업무 규칙들을 데이터베이스에 적용하기가 매우 용이하게 되었다.

무결성 법칙

관계형 데이터베이스에서 대표적인 무결성 법칙(integrity rule)은 개체 무결성 법칙과 참조 무결성 법칙이다. 이들 법칙은 데이터베이스 스키마의 작성과 더불어 데이터베이스관리시스템에 의하여 자동적으로 강제된다.

예를 들면, 고객 테이블의 주키가 고객번호로 정의되면 고객번호가 기재되지 않은 고객 레코드는, 개체 무결성 법칙에 의하여 입력이 불가능하다. 그리고 고객번호가 주문의 외래키인 경우, 모든 주문에 기록된 고객번호는 고객 테이블에 미리 존재하여야 한다. 그렇지 않을 경우, 참조 무결성 법칙에 의하여, 고객주문의 처리가 불가능하다.

트리거

데이터베이스에 저장된 데이터들은 업무규칙들을 준수하여야 한다. 예를 들면, 당해 학기의 평점이 1.7 이하이면 학사 경고가 발부되어야 하며, 21학점 이상을 수강 신청하기 위하여서는 이전 학기의 학점평균이 4.0 이상이어야 한다. 그리고 재고량은 안전재고량보다 항상 높도록 유지되어야 한다. 이들 업무 규칙들 또한 개체 무결성 법칙이나 참조 무결성 법칙과 마찬가지로 반드시 지켜져야 한다.

업무 규칙을 충족시키기 위해서는 데이터베이스 갱신을 하나하나 검토하여야 하며, 이를 위해서는 별도의 프로그램을 작성하여야 하는 경우가 대부분이다. 그러나 최근에는 이를 쉽게 구현할 수 있도록 대부분의 데이터베이스관리시스템이 트리거 기능을 제공하고 있다.

트리거(trigger)는 데이터베이스가 특정 상태에 도달하면, 자동으로 작동되도록 설정된 프로그램이다. 예를 들면, 그림 10-4는 재고(inventory) 테이블의 현 재고량(parts_on_ hand)이 안전 재고량(reorder_point)보다 낮을 경우 자동으로 주문이 발주되도록(즉, 주문(pending_order) 테이블에 새로운 레코드가 입력되도록) 하는 트리거이다.

예제를 통하여 알 수 있는 바와 같이 트리거는 다음과 같은 특성을 가진다.

- 레코드의 입력, 삭제 및 갱신 명령의 이전이나 이후에 작동하도록 설정될 수 있음.
- 설정된 조건이 충족될 경우 트리거는 반드시 실행되며, 이를 다른 방법으로 중지시키거나 실행되지 않도록 할 수 없음.

따라서 트리거를 이용함으로써 다음과 같은 기능을 실현할 수 있다.

- 논리적으로 잘못된 트랜잭션들이 실행되는 것을 막을 수 있음.
- 데이터베이스가 항상 업무 규칙에 맞게 갱신되고 관리되도록 함.

트리거는 또 다른 트리거를 수반할 수 있다. 예를 들면, 그림 10-5에서 예시된 바와 같이 테이블 T1의 갱신 명령이 수행되기 이전에 UPDATE_T1 트리거가 실행되며, UPDATE_T1 트리거의 실행을 위하여 테이블 T2에 새로운 레코드를 입력하라는 명령을 수반할 수 있다. 그리고 테이블 T2에 레코드를 입력하는 명령이 또 다른 트리거인 UPDATE_T2 트리거를 수반할 수 있다.

이와 같이 중첩 트리거를 설정할 경우에는 이들이 상호 모순되지 않는가를 주의 깊게 살펴보아야 한다. 앞에서 열거한 바와 같이, 트리거는 반드시 실행되며, 이를 다른 방법으로 중지시키거나 실행되지 않도록 할 수 없다. 따라서 만약 모순된 트리거가 설정되었을 경우에는 이를 방지할 수 있는 다른 수단이 없으며, 따라서 데이터베이스는 자기 모순에 빠지게 된다.

그림 10-4 트리거 (주문 발주 예)

```
CREATE TRIGGER reorder_trigger
                                  /* Triggering Statement */
  AFTER UPDATE OF parts_on_hand ON inventory
                                  /* Trigger Restriction */
  WHEN (new.parts_on_hand < new.reorder_point)
                                  /* Trigger Action */
  FOR EACH ROW                    /* row trigger, statement triggers */
  DECLARE
       NUMBER x;
  BEGIN
       SELECT     COUNT(*) INTO x
       FROM       pending_orders
       WHERE      part_no = :new.part_no;
       IF x = 0
       THEN
           INSERT INTO pending_orders
           VALUES(new.part_no, new.reorder_quantity, sysdate);
       END IF;
  END
```

그림 10-5 중첩 트리거

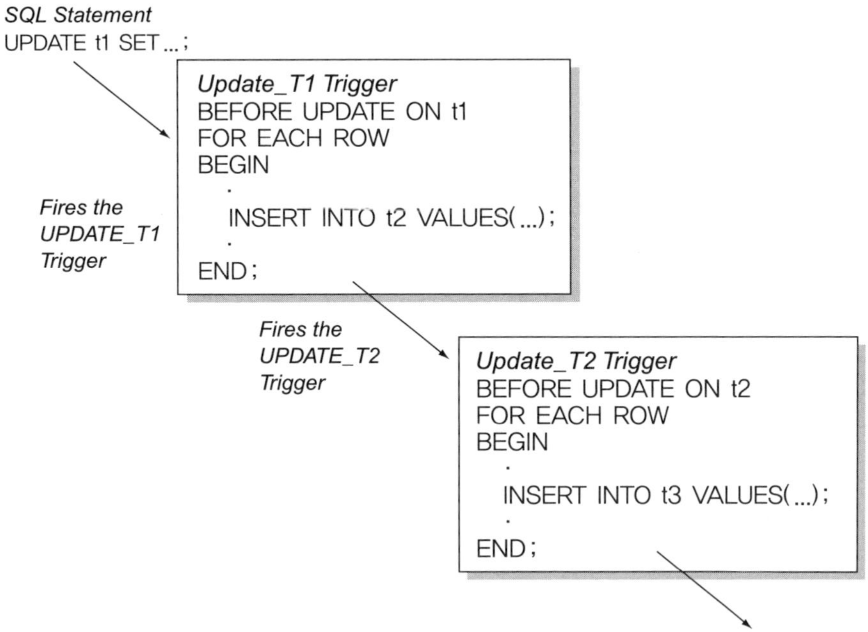

10.2 동시성 관리

데이터베이스는 다수의 사용자를 가정한다. 즉, 여러 사용자들이 여러 트랜잭션을 동시에 실행한다. 이와 같은 여러 개의 트랜잭션이 동시에 작동할 경우 이들 트랜잭션들이 상호 간섭하여 잘못된 결과가 발생할 수 있다. 따라서 데이터베이스관리시스템은 이러한 상호 간섭을 방지할 수 있어야 하는데, 이를 동시성 관리라고 한다.

10.2.1 동시성 관리의 목표

데이터베이스 응용 프로그램의 실행과정을 살펴보면, 여러 트랜잭션들이 교차적으로 실행됨을 알 수 있다. 즉, 여러 트랜잭션들이 CPU를 서로 교차적으로 사용하면서 데이터베이스 작업을 교차적으로 수행하게 된다. 따라서 이러한 트랜잭션들이 효과적으로 수행되기 위해서는 다음의 두 가지 목표가 실현되어야 한다.

- 동시성의 최대화: 동시에 실행되는 트랜잭션 수를 최대화함.
- 무결성의 유지: 데이터베이스의 내용이 무결성을 유지하면서 입력, 갱신, 삭제, 검색되도록 함.

위의 두 가지 목표는 서로 상충하는데, 이와 같이 서로 상충하는 목표를 실현하기 위한 노력을 동시성 관리(concurrency management)라고 한다. 동시성 관리가 이루어지지 않으면, 트랜잭션들이 서로 간섭을 일으키게 되며 데이터베이스의 무결성이 파괴될 수 있다. 그리고 트랜잭션들이 서로 간섭을 일으키지 않도록 하기 위하여 동시에 실행되는 트랜잭션들의 수를 제한하면 업무 처리 효율이 떨어지게 된다. 요약하면, 동시성 관리자(또는 트랜잭션 실행자)는 동시에 처리되는 트랜잭션의 수를 최대화하면서 트랜잭션들이 서로 간섭을 일으키지 않도록 하는 상충된 목표를 동시에 실현하여야 한다. 이상의 상충된 목표를 동시에 충족시키기 위해서는 트랜잭션들이, 외부적으로는 동시에 실행되는 것처럼 보이더라도 실제로는 하나씩 실행되도록 트랜잭션들을 순서화시켜야 하는데, 이를 위하여 가장 많이 사용되는 방법이 잠금(locking) 방식이다.

10.2.2 동시적 트랜잭션 실행의 현안

데이터베이스는 트랜잭션을 단위로 하여 갱신되고 관리된다고 하였다. 따라서 만약 개별 트랜잭션들이 무결성을 충족시킨다면, 변경 전의 데이터베이스가 무결성을 충족시킨다고 가정할 경우 변경 후의 데이터베이스 또한 무결성을 충족시킨다고 논리적으로 단언할 수 있다. 그러나 만약에 여러 트랜잭션들이 동시에 수행되면서 서로 간섭을 일으키게 되면, 비록 개별 트랜잭션들은 무결성을 유지한다고 하여도 변경된 데이터베이스는 무결성이 파괴될 수 있다.

여러 트랜잭션들이 동시에 수행됨으로써 발생하는 여러 문제들은 마치 한 사람의 물품 관리원으로부터 여러 고객들이 동시에 여러 개의 물품을 인출하는 경우와 유사하다고 할 수 있다. 이러한 경우, 물품 관리원이 인출된 사실을 기록하기 전에 해당 물건을 다른 고객이 다시 인출한다면, 먼저 인출한 사실이 누락되거나 최종 재고 숫자가 잘못 기록되는 등의 오류가 발생할 수 있다. 데이터베이스의 경우에도 여러 트랜잭션들이 동시에 처리될 때 이와 유사한 문제들이 발생하게 된다. 이들 문제들을 유형별로 파악하면 다음과 같이 세 가지로 구분할 수 있다.

- 갱신 누락(lost update)
- 현황 파악 오류(dirty read)
- 무결성 법칙의 위반(violation of integrity constraints)

갱신 누락

갱신 누락(lost update)은 2개 이상의 트랜잭션들이 동일 데이터를 동시에 갱신할 경우 발생하는 문제이다. 즉, 동일 데이터를 동시에 갱신할 경우 먼저 트랜잭션이 데이터를 갱신한 후 트랜잭션이 종료되기 이전에 다음 트랜잭션이 갱신값을 덮어쓰기 할 수 있으며, 만약 이러한 현상이 발생하게 되면 잘못된 값이 기록되는 갱신 오류가 발생한다.

예를 들면, 고객 갑이 시점_A에 계정_1로부터 현금을 500만원 인출한다고 가정하자. 그리고 또 다른 고객이(예를 들면, 고객 갑의 배우자가) 동시에 계정_1에서 또 다른 현금 400만원을 인출한다고 가정하자. 이들 트랜잭션의 수행 과정을 트랜잭션별로 시간순서대로 예시하면 그림 10-6과 같이 표시될 수 있다. 먼저 계정_1의 잔고가 1000만원이라고 할 때, 트랜잭션 1의 수행에 의하여 계정_1의 잔고는 500만원으로 기록된다. 즉,

- read(계정_1)에 의하여 계정_1의 값이 1000으로 읽어지며,
- 계정_1 = 계정_1 − 500에 의하여 계정_1의 값이 500으로 계산되며,
- write(계정_1)에 의하여 바뀌어진 계정_1의 값 500이 기록된다.

그러나 트랜잭션 2가 수행되면서, write(계정_1)에 의하여 계정_1의 잔고가 500으로 갱신되기 이전의 잔고를 읽게 되며, 따라서 계정_1의 잔고는 여전히 1000만원으로 하여 트랜잭션 2가 수행된다. 즉,

- read(계정_1)에 의하여 계정_1의 값이 1000으로 읽어지며,
- 계정_1 = 계정_1 − 400에 의하여 계정_1의 값이 600으로 계산되며,
- write(계정_1)에 의하여 바뀌어진 계정_1의 값이 600으로 기록된다.

이들 계산 과정을 통하여 알 수 있는 바와 같이 트랜잭션 1의 갱신 결과는 데이터베이스에 기록되지 않고 실종되었음을 알 수 있다. 그 이유는 트랜잭션

그림 10-6 갱신 누락 사례

트랜잭션 1	트랜잭션 2
Begin Transaction	Begin Transaction
read (계정_1)	
계정_1=계정_1−500	read (계정_1)
	계정_1=계정_1−400
write (계정_1)	
	write (계정_1)
read (현금)	
현금=현금−500	
write (현금)	
	read (현금)
	현금=현금−400
	write (현금)

2가 트랜잭션 1이 처리되기 이전의 값을 읽었고, 트랜잭션의 1의 처리 결과에 트랜잭션의 2의 처리 결과를 덮어쓰기 하였기 때문이다.

현황 파악 오류

현황 파악 오류(dirty read)는 트랜잭션의 중간 수행 결과를 다른 트랜잭션이 참조함으로써 발생하는 오류이다. 예를 들면, 트랜잭션 1이 데이터들을 갱신하고 있는 중간에 다른 트랜잭션이 이들 값을 읽어 합계를 계산한다면, 계산된 합계는 잘못된 값을 나타낼 수 있다.

보다 구체적으로, 그림 10-1에 예시되었던 3개 계정의 합계를 계산한다고 가정하자. 이때, 모든 계정에 대하여 이자가 2%씩 가산된다고 가정하자. 그리고 그림 10-7에 예시된 바와 같이, 갱신작업이 트랜잭션 1에 의하여 수행되는 중간에 합계 계산이 트랜잭션 2에 의하여 수행된다고 하자.

이 경우 트랜잭션 2는 계정_1의 잔고는 이자 지급에 따라 2% 증가된 이후 읽으며, 나머지 계정에 대하여서는 아직 이자 지급이 계산되기 이전에 읽음으로써 계정_1, 계정_2 및 계정_3의 값을 각각 1020만원, 2000만원, 1000만원으로 읽어들인다. 이 결과 이들 세 계정의 합계는 4020만원으로 계산된다. 그러나 실제의 합계는 이자 지급 이전은 4000만원이며, 이자 지급 이후는 4080만원으

그림 10-7 현황 파악 오류 사례

트랜잭션 1 (Begin Transaction)	트랜잭션 2 (Begin Transaction)
read (계정_1)	
계정_1 = 계정_1 × 1.02	
write (계정_1)	
	read (계정_1)
	read (계정_2)
	read (계정_3)
read (계정_2)	
계정_2 = 계정_2 × 1.02	
write (계정_2)	
	sum (계정_1, 계정_2, 계정_3)
read (계정_3)	
계정_3 = 계정_3 × 1.02	
write (계정_3)	

로 집계되어야 한다. 즉, 트랜잭션 2에 의하여 집계된 4020만원은 아무 의미가 없는 잘못된 숫자이다. 이와 같은 오류가 발생한 이유는 트랜잭션 1이 수행되고 있는 중간에 트랜잭션 2가 자료값들을 읽었기 (또는 역으로, 트랜잭션 2가 데이터들을 읽고 있는 중간에 트랜잭션 1이 데이터를 갱신하였기) 때문이다.

무결성 법칙의 위반

무결성 법칙의 위반(violation of integrity constraints)은 상호 연관된 데이터를 상호 참조 없이 변경시킴으로써 결과적으로는 논리적으로 모순된 데이터들이 발생하게 되는 오류이다.

예를 들면, 수술일정테이블과 외과의사테이블이 표 10-1과 같다고 가정하자. 표 10-1에서 김북악 환자는 심장과 동맥 수술이 모두 예정된 환자이며, 이들 중 심장 수술은 1999년 4월 3일 의사_갑이 하도록 일정이 잡혀 있다. 그러나 다른 사정으로 4월 3일에는 김북악 환자가 심장 수술이 아니라 동맥 수술을 하도록 일정이 바뀌었다고 가정하자. 그런데, 다른 트랜잭션에서는 1999년 4월 3일의 심장 수술 의사를 의사_갑에서 의사_을로 변경하였다고 가정하자. 이들 두 트랜잭션들이 서로 독립적으로 동시에 실행되면, 수술 일정은 표

표 10-1 무결성 법칙의 위반 사례

(a) 변경 전

수술일정

외과의사명	수술분야	수술일	환자명
의사_갑	심장	1999. 4. 3	김북악
·	·	·	·
·	·	·	·

의사수술분야

외과의사명	수술분야
의사_갑	심장
의사_갑	동맥
의사_을	심장

(b) 변경 후

수술일정

외과의사명	수술분야	수술일	환자명
의사_을	동맥	1999. 4. 3	김북악
·	·	·	·
·	·	·	·

의사수술분야

외과의사명	수술분야
의사_갑	심장
의사_갑	동맥
의사_을	심장

10-1의 변경 후 테이블들에서 나타나는 바와 같이 의사_을이 동맥 수술을 하도록 갱신된다. 그러나 동맥 수술은 의사_을의 수술분야가 아니다. 이와 같이 데이터 갱신을 상호 참조 없이 수행함으로써 의사의 수술분야와 수술일정이 일치하지 않는 완전히 모순된 데이터가 발생하게 된다.

10.2.3 잠　　금

동시적 트랜잭션 수행에 따른 문제들을 예방하기 위해서는 트랜잭션의 특성인 ACID가 항상 충족되도록 관리해야 한다. 즉, 트랜잭션들은 다른 트랜잭션의 간섭 없이 격리되어, 일관성을 유지하면서, 원자적으로 수행되어야 하며, 이렇게 수행된 결과는 소멸되지 않고 데이터베이스에 기록되어야 한다. 이를 위해서는 모든 트랜잭션들이 개별적으로 상호 간섭 없이 순차적으로 수행되어야 하는데, 이를 위한 방법의 하나가 잠금 방식이다. 잠금(locking)은 트랜잭션이 수행되는 동안 다른 트랜잭션들이 이를 간섭하지 못하도록 제한하는 기법이다.

잠금의 종류

잠금의 종류에는 쓰기 잠금(write lock)과 읽기 잠금(read lock)이 있다(데이터베이스에서 잠금의 대상은 테이블이 될 수도 있으며, 레코드가 될 수도 있다. 여기서는 이를 데이터라고 통칭한다).

(1) 쓰기 잠금

쓰기 잠금은 특정 트랜잭션이 데이터를 갱신하고 있는 동안 실행되며, 쓰기 잠금이 실행되면 다른 트랜잭션들은 해당 데이터를 전혀 사용할 수 없게 된다. 따라서 이를 배타적 잠금(exclusive lock)이라고도 한다.

(2) 읽기 잠금

읽기 잠금은 특정 트랜잭션이 데이터를 읽는 동안에 실행되며, 읽기 잠금이 실행되어도 다른 트랜잭션들이 해당 데이터를 읽을 수는 있다. 따라서 이를 공유 잠금(shared lock)이라고도 한다.

잠금의 방법에서 살펴본 바와 같이, 트랜잭션이 특정 데이터를 갱신할 경우에는 해당 데이터를 다른 트랜잭션들과 공유할 수 없다. 다만 읽기 트랜잭션들끼리는 서로 데이터를 공유할 수 있다.

잠금의 실행

잠금의 관점에서 볼 때 데이터베이스에 저장된 데이터들은 다음의 세 가지 상태 중에서 하나에 속하게 된다. 첫째는 잠금이 실행되지 않은 상태, 즉 비잠금 상태(unlocked)이며, 다음은 읽기 잠금 상태(read locked)이고, 나머지는 쓰기 잠금 상태(write locked)이다. 잠금 상태의 변화는 트랜잭션들이 해당 데이터에 대하여 읽기 잠금 명령(read_lock)이나 쓰기 잠금 명령(write_lock) 또는 잠금 해제 명령(unlock)을 실행함으로써 바뀌게 된다.

쓰기 잠금이나 읽기 잠금의 실행은 해당 데이터가 어떠한 상태에 있는가에 따라 다르게 실행된다.

그림 10-8 쓰기 잠금의 실행 절차

```
Loop : If   데이터 X가 비잠금 상태이면
            then 데이터 X를 쓰기 잠금 상태로 변환
        else {즉, 읽기 또는 쓰기 잠금 상태이면}
            비잠금 상태가 될 때까지 기다림
            goto Loop
```

(1) 쓰기 잠금

쓰기 잠금(write lock)은 그림 10-8의 절차도에 표시된 바와 같이, 해당 데이터가 이미 (다른 트랜잭션에 의하여) 쓰기 잠금 상태에 있으면, 쓰기 잠금을 수행할 수 없다(그렇지 않고 쓰기 잠금을 수행하여 데이터를 갱신하면 갱신 누락 오류를 초래할 수 있다). 그리고 읽기 잠금 상태에 있어도 기다려야 한다 (그렇지 않고 쓰기 잠금을 수행하여 데이터를 갱신하면 현황 파악오류를 초래할 수 있다). 그러나 해당 데이터가 비잠금 상태에 있으면 바로 쓰기 잠금을 수행할 수 있다.

(2) 읽기 잠금

읽기 잠금(read lock)은 그림 10-9의 절차도에 표시된 바와 같이, 해당 데이터가 이미(다른 트랜잭션에 의하여) 쓰기 잠금 상태에 있으면 읽기 잠금을 수행할 수 없다 (그렇지 않고 읽기 잠금을 수행하면 현황 파악오류를 초래할 수 있다). 그러나 읽기 잠금 상태에 있으면 서로 같이 공유할 수 있다. 그리고 해당 데이터가 비잠금 상태에 있으면 바로 읽기 잠금을 수행할 수 있다.

그림 10-9 읽기 잠금의 실행 절차

```
Loop : If     데이터 X가 비잠금 상태이면
       then   데이터 X를 읽기 잠금 상태로 변환하고,
              공유하는 트랜잭션의 수를 1개로 설정
       else if 데이터 X가 읽기 잠금 상태이면
              공유하는 트랜잭션의 수를 1개 더 증가
       else {즉, 데이터 X가 쓰기 잠금 상태이면}
           비잠금 상태가 될 때까지 기다림
           goto Loop
```

그림 10-10 잠금 해제의 실행 절차

```
Loop : If       데이터 X가 쓰기 잠금 상태이면
       then     데이터 X를 잠금 해제하고,
                모든 기다리는 트랜잭션들에게 통보
       else if  데이터 X가 읽기 잠금 상태이면
                공유하는 트랜잭션의 수를 1개 더 감소
                if      공유하는 트랜잭션이 없으면
                then    데이터 X를 잠금 해제하고,
                        모든 기다리는 트랜잭션들에게 통보
```

(3) 잠금 해제

데이터에 대하여 읽기 작업이나 쓰기 작업이 완료되면 unlock(X) 명령을 실행한다. 대상 데이터가 쓰기 잠금 상태에 있으면, 잠금 해제(unlock)를 실행함과 동시에 기다리고 있는 모든 트랜잭션들에게 잠금이 해제되었음을 통보한다(그림 10-10 참조). 읽기 잠금 상태에 있으면, 읽기 잠금을 공유하는 트랜잭션의 수를 하나 감소시킨다. 그리고 읽기 잠금을 공유하는 트랜잭션의 수를 확인하여 만약 트랜잭션이 하나도 없으면 잠금을 해제한다.

잠금의 단위

데이터베이스에서 잠금은 여러 형태로 실행할 수 있다. 즉, 데이터베이스 전체를 잠글 수도 있으며, 이보다 세부적으로 테이블을 잠글 수도 있다. 그리고 보다 세분화하여 페이지나 개별 레코드를 잠글 수도 있다.

잠금 단위의 결정은 시스템의 성능과 직접 연관되므로 다음의 사항들을 고려하여 결정한다.

- 잠금 단위를 크게 하면 동시에 수행될 수 있는 트랜잭션의 수가 감소하게 된다. 바꾸어 이야기하면, 더 많은 수의 트랜잭션들이 잠금이 해제되기를 기다리게 된다. 예를 들면, 테이블이 잠금 단위일 경우, 특정 트랜잭션이 고객주문을 처리할 경우 고객주문 테이블 전체가 잠기게 된다. 이때 만약 다른 트랜잭션이 다른 고객의 주문 현황을 읽고자 할 경우에도, 고객주문 테이블 전체가 잠겨 있기 때문에 기다려야 한다. 이와 같이 동시적으로 데이터베이스를 이용할 수 있는 트랜잭션의 수

는 잠금 단위의 크기에 반비례한다. 즉 잠금 단위가 커지면 동시적으로 데이터베이스를 이용할 수 있는 트랜잭션의 수는 적어지며, 잠금 단위가 작아지면 동시적으로 데이터베이스를 이용할 수 있는 트랜잭션의 수는 많아지게 된다.

- 잠금 단위를 세분화하면 여러 트랜잭션들이 데이터베이스의 다른 부분들을 동시에 사용할 수 있다. 그러나 잠금 대상의 수가 증가하게 되며, 이들에 대하여 잠금을 설정하고 해제하는 데 더 많은 시간과 노력이 소모된다. 즉, 하나의 트랜잭션을 수행하기 위하여 더 많은 수의 잠금 설정과 잠금 해제가 발생하게 된다. 예를 들면, 테이블이 잠금 단위일 경우에는 해당 지역에 거주하는 고객의 총 매출액을 계산하기 위해서는 1번의 잠금만을 설정하면 된다. 그러나 레코드가 잠금 단위일 경우에는 해당하는 모든 레코드들에 대하여 잠금을 설정하고 또 해제하여야 하기 때문에 노력이 많이 든다.

또 다른 잠금 단위의 설정 방법으로서는 잠금 단위를 결정하는 계층적 구조에서 임의의 단위에 대하여 잠금을 설정하는 방법이다. 이러한 잠금 방법을 다중 단위 잠금 기법이라고 한다(그림 10-11). 다중 단위 잠금 기법에서 잠금 단위 X에 대하여 잠금을 획득하게 되면, 당연히 하위 잠금 단위들에 대해서는

그림 10-11 다중 단위 잠금 기법의 잠금 단위 계층 구조 트리

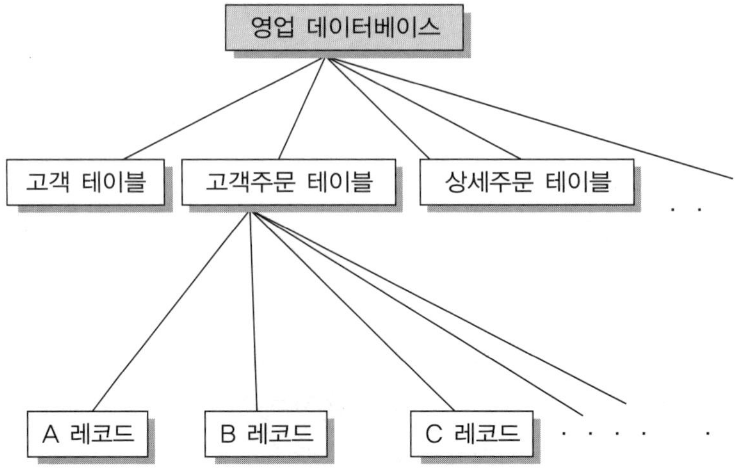

자동적으로 잠금을 획득하게 된다. 예를 들면, 고객주문 테이블에 대하여 잠금을 설정하면 A라는 고객주문 레코드는 당연히 잠기게 된다. 따라서 다중 잠금 기법을 적용하기 위해서는 이의 하위 단위들에 대하여 잠금이 설정되었는지를 파악하여야 한다. 예를 들면, A라는 고객주문 레코드에 대하여 쓰기 잠금이 설정되어 있을 경우, 고객주문 테이블에 대하여 새로운 잠금을 설정할 수 없다.

10.2.4 교착 상태

교착 상태(deadlock)란 2개의 서로 다른 트랜잭션이 현재 사용하고 있는(즉 잠금을 행사하고 있는) 데이터들이 잠금 해제되기를 기다릴 때 발생하는 현상이다. 즉, 트랜잭션 1과 트랜잭션 2의 두 트랜잭션들이 처리되기 위해서는 각각 X, Y 두 종류의 데이터가 필요하다고 가정하자. 그런데 이들이, 그림 10-12에 예시된 것처럼, 각각 한 종류의 데이터를 먼저 사용하고 있다고 가정하자. 그러면 이들은 다른 데이터들이 가용하기를 기다리게 된다. 즉, 트랜잭션 1은 X에 대한 잠금을 보유하면서 Y가 가용하기를(즉, Y에 대한 잠금이 해제되기를) 기다리게 되며, 트랜잭션 2는 Y에 대한 잠금을 보유하면서 X가 가용하기를(즉, X에 대한 잠금이 해제되기를) 기다리게 된다. 그러나 이들이 서로 상대 트랜잭션이 원하는 데이터를 사용하고 있으면서 상대 트랜잭션이 사용하고 있는 데이터가 잠금 해제되기를 기다리기 때문에 이들은 영원히 원하는 데이터를 획득할 수 없다. 따라서 필요로 하는 데이터에 대한 잠금이 해제되기를 기다리는 상

그림 10-12 교착 상태

Begin Transaction	트랜잭션 1	트랜잭션 2	Begin Transaction
	read_lock (X)		
	read (X)	read_lock (Y)	
		read (Y)	
	write_lock (Y)		
		write_lock (X)	

태는 영원히 지속되게 된다. 이러한 상태를 교착 상태라고 한다.

교착 상태의 식별: 대기 그래프

교착 상태를 보다 정확히 식별하기 위한 방법이 대기 그래프(WFG: Wait For Graph)이다. 대기 그래프는 트랜잭션들 사이의 대기 관계를 나타내는 그래프이다. 그림 10-13에 예시된 바와 같이, 대기 그래프의 노드(node)는 트랜잭션을 나타낸다. 그리고 선(edge)은 트랜잭션들 사이의 대기 관계를 나타낸다. 즉, 트랜잭션 T_i가 어떤 데이터 X에 대한 잠금을 가지고 있고, 트랜잭션 T_j가 이 X에 대한 잠금이 해제되기를 기다릴 때, $T_j \rightarrow T_i$로 나타낸다. 그림 10-13은 그림 10-12의 두 트랜잭션 T_1과 T_2의 대기 관계를 나타낸다.

대기 그래프에서 교착 상태는 사이클(cycle)로 표시된다. 즉, 교착 상태란 서로 상대 트랜잭션이 사용 중인 데이터가 해제되기를 기다리는 상태이다. 따라서 이들 트랜잭션 사이에는 서로 상대 트랜잭션으로 향하는 선이 존재하며, 이들을 연결하면 사이클이 된다. 이와 같이 대기 그래프를 이용함으로써 교착 상태를 쉽게 파악할 수 있다.

그림 10-13에 예시된 것처럼 반드시 2개의 트랜잭션들만이 사이클을 형성하는 것은 아니다. 여러 트랜잭션들도 순환 사이클을 형성하여 교착 상태에 빠질 수 있다. 즉, 만약, $T_1 \rightarrow T_2 \rightarrow T_4 \rightarrow T_1$이면, T_1은 T_2가 보유하고 있는 데이터가 잠금 해제되기를 기다리며, T_2는 T_4가 보유하고 있는 데이터가 잠금 해제되기를 기다리며, T_4는 다시 T_1이 보유하고 있는 데이터가 잠금 해제되기를 기다린다. 결국 T_1, T_2, T_4는 교착 상태에 빠져 있다.

동시성 제어 모듈이 대기 그래프에서 교착 상태를 발견하면, 순환 사이클을 구성하는 트랜잭션들 중 하나를 선택하여 실행을 철회한다, 즉, 대기 그래

그림 10-13 대기 그래프

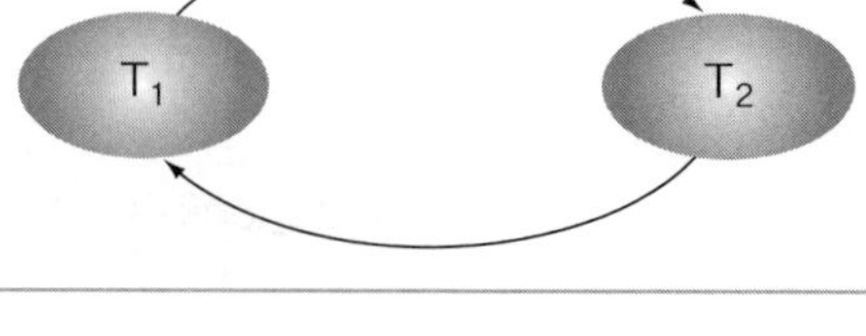

프에서 해당 노드와 선을 제거하여 순환 사이클을 파괴한다. 대기 그래프를 이용하여 교착 상태를 해결하는 방법은 순환 사이클을 식별하는 알고리즘이 복잡하다는 단점을 가지나, 교착 상태를 정확히 식별할 수 있다는 장점을 갖는다.

교착 상태의 해결 기법

교착 상태는 영원히 해결될 수 없다. 따라서 외부적인 방법에 의하여 교착 상태를 해결하여야 하며, 이를 처리하는 가장 대표적인 방법이 시간제한 방법이다. 시간제한 방법은 어떤 트랜잭션이 잠금 대기상태에서 일정 시간 이상 기다리게 되면, 이 트랜잭션이 교착 상태에 있다고 보고 이를 복귀시키는 방법이다. 복귀된 트랜잭션은 임의의 시간을 기다린 후 다시 실행된다.

교착 상태는 우연히도 트랜잭션들이 서로 상대방이 사용하고 있는 데이터를 동시에 사용하기를 원하기 때문에 발생한다. 따라서 이들 중 하나가 실행을 취소하고 임의의 시간을 기다렸다가 다시 실행될 때에도 교착 상태가 또다시 발생할 확률은 거의 영이라고 볼 수 있다. 따라서 시간제한 방법은 가장 일반적으로 이용되는 교착 상태의 해결 방법이다.

시간제한 방법에 의하면, 실제로는 교착 상태에 있지 않는 트랜잭션도 복귀될 우려가 있다. 즉, 매우 긴 트랜잭션이 사용하는 데이터를 얻기 위하여 기다리고 있는 경우에도, 잘못하여 교착 상태에 있는 것으로 오인될 수 있다. 따라서 제한 시간은 다음의 서로 상충하는 요건을 동시에 만족시킬 수 있도록 설정되어야 한다. 이들 두 조건을 같이 만족시키는 적절한 제한 시간을 선정하는 것은 실제로는 쉬운 일이 아니다.

- 트랜잭션이 실제로 교착 상태에 있을 경우를 판단할 수 있을 정도로 충분히 길어야 한다.
- 교착 상태에 빠진 트랜잭션들이 너무 오래 기다리지 않도록 짧아야 한다.

교착 상태의 예방 기법: 타임스탬프 기법

동시성 관리 기법 중에서 잠금 기법은 교착 상태가 발생한 후 이를 식별하여 제거하는 방법이다. 그러나 교착 상태에 대한 또 다른 해결 방법은 교착 상

표 10-2 교착상태에 대한 대응 구분

교착 상태에 대한 대응 구분	교착 상태 미 발생	교착 상태 예방	교착 상태 허용
방법	필요 자원을 동시에 확보하는 방법	타임스탬프 기법	잠금 기법

태를 예방하는 방법이다. 그리고 가장 극단적인 방법은 표 10-2에 예시된 바와 같이 교착 상태가 영원히 발생하지 않도록 하는 방법이다.

교착 상태가 전혀 발생하지 않도록 하는 방법은 트랜잭션들이 필요로 하는 모든 자원(즉, 데이터베이스의 경우에는 데이터)들을 동시에 확보하도록 하는 방법이다. 그러나 이렇게 할 경우, 동시에 실행되는 트랜잭션의 수가 매우 적게 되며, 따라서 동시성 관리의 목표의 하나인 동시성의 최대화를 실현할 수 없다. 따라서 교착 상태의 발생에 대한 대처 방안은 크게 허용과 예방으로 구분된다. 그리고 예방 기법 중 대표적인 방법이 표 10-2에 예시된 바와 같이 타임스탬프 기법이다.

타임스탬프 기법(timestamp)은 모든 트랜잭션들에게 발생 시간을 부여하고, 시간을 기준으로 트랜잭션들이 데이터에 대한 잠금을 계속 유지할 것인지 또는 트랜잭션을 복귀시킬 것인가를 결정한다. 타임스탬프 기법의 기본 논리는 만약에 모든 대기 트랜잭션들이 현재 자원을 사용하고 있는 트랜잭션보다 뒤에 생성된 트랜잭션이면, 교착 상태는 발생하지 않는다는 것이다. 타임스탬프를 이용한 트랜잭션들의 실행 알고리즘을 소개하면 그림 10-14와 같다.

그림 10-14 타임스탬프를 이용한 트랜잭션 실행 알고리즘

```
트랜잭션 T1이 현재 트랜잭션 T2가 사용하고 있는 데이터를 사용하고자 할 경우,
만약에 T1의 시간이 T2보다 오래되었으면
        T2의 실행을 복귀시킨다.
        (그리고 T1이 해당 자원을 사용한다)
아니면, (즉, T1의 시간이 T2보다 최근이면) T2의 작업이 종료될 때까지 기다린다.
```

10.3 데이터베이스의 파손과 복구

데이터베이스 운영에서 가장 중요한 현안의 하나는 위기에 대한 대비이다. 물론 운용중인 데이터베이스 시스템이 정상적으로 작동하는 것이 가장 바람직하다. 그러나 항상 예기치 않은 사고나 재해는 발생할 수 있기 때문에 이들 재해에 대한 대응 능력을 항상 보유하고 있어야 한다.

데이터베이스관리시스템은 데이터베이스가 파괴되었거나 실행이 중단되었을 경우 복구할 수 있는 기본 기능을 제공한다. 따라서 데이터베이스 관리자는 이들 복구 기능을 활용하여 데이터베이스의 파손에 능동적으로 대처할 수 있어야 한다. 이를 위하여 데이터베이스 파손의 유형, 데이터베이스 복구를 위한 기본 수단인 로그 파일, 그리고 이를 이용한 복구 알고리즘 등에 대하여 살펴본다.

10.3.1 파손의 유형

데이터베이스의 파손 유형들을 살펴보면, 트랜잭션의 실패로부터 시스템 자체의 파괴까지 다음과 같이 나누어 볼 수 있다.

- 트랜잭션의 실패
- 저장 매체의 파손
- 시스템의 파손

이들 파손 유형에 따라 복구 방법이나 대응 활동들 또한 달라진다.

트랜잭션의 실패

트랜잭션의 실패는 트랜잭션이 성공적으로 완료되지 못하고, 중단되는 경우이다. 이와 같은 경우 데이터베이스는 이전 상태로 복귀된다. 트랜잭션의 실패 원인들을 개략적으로 도출하여 보면 다음과 같다.

- 계산 프로그램에서 분모가 영이 되는 경우와 같은 프로그램 오류
- 교착 상태와 같이 다른 트랜잭션과의 충돌이 발생한 경우
- 데이터베이스의 무결성 법칙 등이 위배되어 트랜잭션이 더 이상 실행

될 수 없는 경우

데이터베이스 복구를 위하여 데이터베이스관리시스템(보다 구체적으로는 복구관리자(recovery manager))은 로그 파일에 트랜잭션이 실행되기 이전의 값인 갱신 이전 값(before image)을 기록한다. 그리고 트랜잭션이 실패할 경우, 로그 파일에 저장된 갱신 이전 값을 데이터베이스에 재기록함으로써 데이터베이스를 이전 상태로 복귀시킨다. 따라서 다른 트랜잭션들은 특정 트랜잭션의 실패에 대하여 직접 또는 간접적으로 전혀 영향을 받지 않는다.

저장 매체의 파손

저장 매체의 파손은 데이터베이스의 일정 부분이 파괴되는 경우를 말한다. 가장 대표적인 경우로는 하드디스크가 파괴되는 경우이거나 일부 파일들이 다른 요인으로 손상을 입은 경우들이 이에 해당한다. 이러한 저장 매체의 파손에 대비하기 위해서는 데이터베이스의 내용을 복사하여 관리하여야 한다.

데이터베이스의 내용을 복사하는 방법은 다음의 두 가지가 있다.

- 특정 시점별로, 데이터베이스의 내용을 백업 파일(back-up file)에 기록하여 저장하는 방법
- 데이터베이스의 내용을 그대로 다른 매체에 복사하여 저장하는 방법

백업 파일(back-up file)을 이용하는 경우는 데이터베이스가 파괴된 후, 가장 최근에 만들어진 백업 파일을 사용하여 데이터베이스 내용을 복원한다. 그리고 백업 파일이 만들어진 이후에 실행된 트랜잭션들을 로그 파일로부터 읽어들여, 이들 트랜잭션들을 다시 실행한다. 따라서 이 방법은 과거 실행된 트랜잭션들을 재실행하여야 하기 때문에 많은 시간과 노력이 소요될 수 있다.

데이터베이스의 내용을 그대로 다른 매체에 복사하여 저장하는 경우에는 하나의 저장 매체가 파괴되어도 다른 매체를 이용하여 데이터베이스를 계속적으로 운용할 수 있다. 이를 복제(mirroring)라고 한다. 이 방법은 그림 10-15에 예시된 바와 같이, 완전히 2개의 데이터베이스를 운영하는 방법으로서 논스톱(non-stop fault-tolerant) 시스템 등에서 이용된다.

그림 10-15 복제에 의한 데이터베이스 내용의 복사

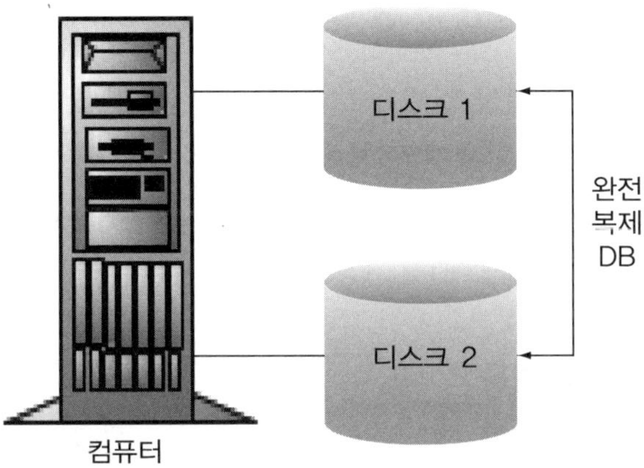

시스템의 파손

시스템 파손은 시스템이 비정상적인 요인으로 작동이 중단된 경우를 말한다. 파손을 초래하는 요인으로서는 정전, 컴퓨터의 기능적 고장 등이 있을 수 있다. 시스템의 실행이 중단되면, 종료되었으나 저장 매체에 아직 기록되지 않은 트랜잭션들과 현재 실행중인 트랜잭션들의 실행 결과가 모두 손실되므로 이들을 복구하여야 한다.

시스템 파손으로 인한 경우 데이터베이스를 복구하기 위해서는 다음 절에서 소개하는 로그 파일이 안전한 형태로 보존되어야 한다. 만약 저장 매체까지 파손된 경우에는 앞에서 언급한, 저장 매체의 파손에 의한 방법으로 데이터베이스를 복구하여야 한다.

저장 매체와 로그 파일이 파손되지 않은 경우, 시스템은 지난번 검사점(checkpoint)의 재시작 파일(restart file)을 사용하여 그때 상태로 복원된다. 이와 같이 재시작 파일로부터 데이터베이스 시스템을 재시작하는 것을 응급 재시작(emergency restart)이라고 한다.

10.3.2 로그 파일

데이터베이스 복구를 위한 가장 기본적인 수단이 로그 파일이다. 로그 파일은 데이터베이스에서 처리되는 트랜잭션의 내용을 모두 다 기록한 파일이다. 따라서 데이터베이스에서 처리된 모든 작업을 재실행할 수 있으며, 필요한 경우 이를 이용하여 데이터베이스를 과거의 상태로 복귀시키거나 또는 과거의 상태로부터 현재 상태를 재생성할 수 있다.

로그 파일의 내용

로그 파일(log file)은 데이터베이스 작업이 수행될 때마다 그 내용을 기록하는 파일이다. 따라서 로그 레코드들은 다음의 내용을 포함한다.

- 트랜잭션 식별자
- 로그 레코드의 유형, 즉 로그 레코드를 발생시킨 트랜잭션의 명령어
- 변경된 데이터의 식별자
- 데이터의 갱신 이전 값(before image)
- 데이터의 갱신 이후 값(after image)
- 이전 로그 레코드 포인터와 같이 로그 데이터 관리를 위한 정보

로그 파일의 생성 방법

로그 레코드들은 로그 버퍼에 기록된다. 이렇게 기록된 레코드들은 로그 파일에 저장된다(그림 10-16 참조). 로그 파일은 트랜잭션의 실행과 관련된 모든 자료를 저장한다는 점에서 매일 수백, 또는 수천만 바이트의 로그 데이터가 생성된다.

로그 파일은 데이터베이스 복구를 위한 가장 기초 자료를 제공하기 때문에 절대 파손되어서는 안 된다. 따라서 로그 파일들은 복제하여 저장한다. 로그 파일은 파손으로부터 비교적 안전한 저장 매체에 기록되며 이전에는 주로 마그네틱테이프가 사용되었다. 그러나 최근에는 복구의 신속성을 위하여 하드디스크와 같이 온-라인 저장 매체를 사용하기도 한다.

그림 10-16 로그 파일과 데이터베이스

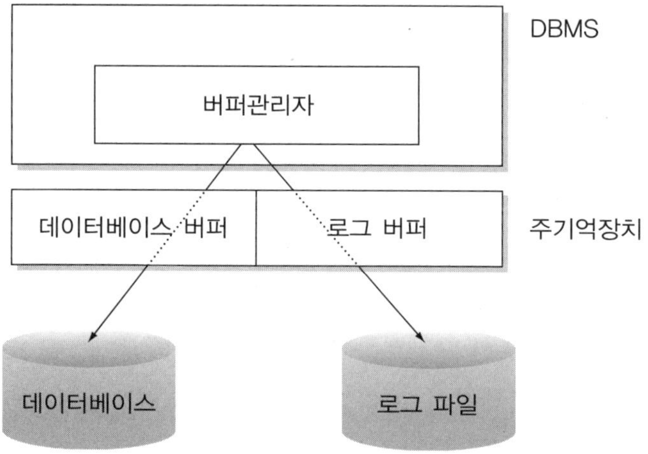

로그 파일의 생성 방법은 로그 버퍼에 있는 내용을 로그 파일에 기록하는 방법에 따라 동시적 로그 기록법과 비동시적 로그 기록법으로 구분된다.

(1) 동시적 로그 기록법

동시적 로그 기록법(synchronous log writing)은 로그 버퍼에 새로운 로그 레코드가 기록될 때마다 이를 바로 로그 파일에 기록하는 방법이다.

동시적 로그 기록법은 로그 레코드의 내용이 모두 로그 파일에 기록된다는 장점을 가진다. 따라서 데이터베이스를 복구할 경우, 가장 최근까지의 로그 데이터를 활용할 수 있다. 이에 반하여 트랜잭션의 실행과 동시에 로그 파일에 기록하기 때문에 트랜잭션 실행이 오래 걸릴 수 있다. 따라서 시스템 처리에서 병목 현상을 일으킬 수 있다.

(2) 비동시적 로그 기록법

비동시적 로그 기록법(asynchronous log writing)은 로그 버퍼에 저장된 레코드들을 비동시적으로 로그 파일에 기록하는 방법으로서, 보통 로그 버퍼가 다 차게 될 때 버퍼의 내용을 로그 파일에 기록한다.

비동시적 로그 기록법은 트랜잭션의 실행이나 시스템 처리 부하가 적게 발생한다. 그러나 데이터베이스 시스템이 파손될 경우 로그 파일에 기록되지 않은 로그 레코드들은 모두 사라져 버린다는 단점을 가진다.

로그 우선 프로토콜

로그 파일의 생성과 관련하여 중요한 사항은 데이터베이스의 쓰기 작업에 선행하여 로그 레코드가 만들어져야 한다는 점이다. 즉, 데이터베이스에 새로운 데이터가 기록되기 이전에 로그 버퍼에 로그 레코드가 기록되어야 한다. 이를 로그 우선 프로토콜(write-ahead log protocol)이라고 한다.

로그 우선 프로토콜은 데이터베이스 복구를 위하여 반드시 지켜져야 할 사항이다. 로그 우선 프로토콜 하에서는 데이터베이스에 갱신된 내용에 대한 로그 레코드가 존재한다. 따라서 만약, 해당 트랜잭션이 정상적으로 종료되지 않았으면, 데이터베이스관리시스템은 로그 레코드를 이용하여 데이터베이스를 갱신되기 이전의 값으로 복귀시킬 수 있다. 즉, 그림 10-17a에 기록된 바와 같이 갱신 이전 값으로 복구가 가능하다.

그러나 만약 로그 우선 프로토콜이 지켜지지 않고 데이터베이스의 값이 갱신되었다고 가정하자. 이 경우에는 갱신 이전 값이 데이터베이스에 없으며 (데이터베이스의 값이 갱신되었기 때문), 로그 파일에도 없는(로그 버퍼에 기록되지 않았기 때문) 상황이 발생하게 된다. 따라서 만약 이 경우에 데이터베이스를 이전 상태로 복귀시켜야 하는 상황이 발생하면 데이터베이스관리시스템은 데이터베이스의 내용을 복귀시킬 수 있는 방법이 없게 된다.

그림 10-17 로그 우선 프로토콜과 데이터베이스의 복구

(a) 로그 우선 프로토콜이 지켜질 경우

갱신 이전 값 ⟶ 로그 레코드에 기록 }
갱신 이후 값 } ⟶ 갱신 이전 값

(b) 로그 우선 프로토콜이 지켜지지 않을 경우

갱신 이전 값 ⟶ ? }
갱신 이후 값 } ⟶ ?(갱신 이전 값 복구 불가능)

검사점(checkpoint)

검사점은 데이터베이스의 내용을 복구할 경우 기준이 되는 시점이다. 즉, 데이터베이스가 파손된 경우, 데이터베이스관리시스템(즉, 복구 관리자는)은 어디까지 시간을 거슬러 올라가서 트랜잭션들을 다시 실행하여야 하는가를 결정하여야 하는데, 이때 기준이 되는 것이 검사점이다. 즉, 복구를 위해서는 현재의 파손으로부터 안전한 시점(즉 복구점)을 찾아내어 그때 이후의 트랜잭션을 로그 파일로부터 복구한다.

이와 같이 과거 데이터베이스의 상태를 알 수 있기 위하여 주기적으로 데이터베이스의 내용과 로그 파일의 내용을 일치시켜 놓은 시점을 검사점이라고 한다. 검사점의 생성 작업은 다음과 같다.

- 검사점 레코드를 로그 파일에 기록하고 이들의 위치를 재시작 파일에 기록한다.
- 모든 버퍼의 내용을 데이터베이스와 로그 파일에 기록한다.

10.3.3 데이터베이스의 복구 알고리즘

데이터베이스의 복구 알고리즘은 데이터베이스 버퍼의 내용을 언제 저장 매체에 영구적으로 기록하는가에 따라 달라진다. 데이터베이스 버퍼 내용을 데이터베이스에 기록하는 방법은 앞에서 설명한 바와 같이 동시적 데이터베이스 갱신과 비동시적 데이터베이스 갱신으로 구분된다.

- **동시적 데이터베이스 갱신**: 트랜잭션의 실행과 동시적으로 데이터베이스 버퍼의 내용을 저장 매체에 기록함으로써 데이터베이스를 갱신하는 방법
- **비동시적 데이터베이스 갱신**: 트랜잭션의 실행과는 비동시적으로 데이터베이스 버퍼의 내용을 저장 매체에 기록함으로써 데이터베이스를 갱신하는 방법

데이터베이스 복구 작업을 버퍼 내용의 기록 방법과 연관하여 설명하면 다음과 같다.

- **동시적 갱신일 경우 필요한 복구 작업**: 만약에 동시적 갱신법에 따라 데이터베이스 버퍼의 내용을 트랜잭션이 완료되기 이전에 데이터베이스

에 기록하게 되면, 해당 변경 내용을 취소(undo)하여야 할 가능성이 발생하게 된다.

- 비동시적 갱신일 경우 필요한 복구 작업: 만약 비동시적 갱신법에 따라 트랜잭션이 완료된 이후 버퍼 관리자의 판단에 따라 버퍼의 내용을 데이터베이스에 기록할 경우에는 버퍼에 기록된 내용이 데이터베이스에 기록되지 못하고 손실될 가능성이 발생한다. 따라서 트랜잭션의 실행 내용을 재실행(redo)하여야 할 가능성이 발생하게 된다.

이상의 기준에 따라 데이터베이스 복구 알고리즘들을 분류하면 다음과 같이 네 가지로 구분된다.

- no-undo/redo
- undo/no-redo
- undo/redo
- no-undo/no-redo

No-undo/Redo

데이터베이스 버퍼의 내용을 비동시적으로 갱신하는 경우의 데이터베이스 복구 알고리즘이다. 트랜잭션이 완료되기 이전에 데이터베이스 갱신 내용이 절대 기록되지 않기 때문에 이미 데이터베이스에 기록된 내용은 트랜잭션이 완료된 것들이다. 따라서 이미 실행된 내용을 취소할 염려는 없다(no-undo).

다만 완료된 트랜잭션의 내용이 데이터베이스 버퍼에 기록되고, 저장 매체에 영구적으로 기록되지 않은 상태에서 시스템이 파손될 수 있다. 이러한 경우에는 이들 트랜잭션의 내용이 데이터베이스에 기록되지 않았기 때문에 재실행(redo)해야 한다.

Undo/No-redo

데이터베이스 버퍼의 내용을 동시적으로 갱신하는 경우의 데이터베이스 복구 알고리즘이다. 즉, 데이터베이스의 갱신 내용이 트랜잭션이 완료되기 이전에 기록될 수 있으며, 따라서 이들 트랜잭션들이 완료되기 이전에 시스템이 파손될 경우 데이터베이스에 변경 기록된 내용을 취소하여야(undo) 한다. 그러나 데이터베이스 버퍼에 있는 내용은 데이터베이스에 모두 동시적으로 영구적으로 기록하므로 트랜잭션의 내용을 재실행할 염려는 없다(no-redo). 따라서 undo/no-redo 알고리즘을 사용할 경우에는 데이터베이스의 갱신 이후값을 로그 파일에 저장할 필요가 없다.

Undo/Redo

만약에 데이터베이스 버퍼의 내용을 시스템의 상태에 따라 동시적으로 데이터베이스에 기록하기도 하며, 비동시적으로 기록하기도 할 경우에는, 변경된 데이터베이스 내용을 취소하거나(undo) 버퍼에만 기록된 후 데이터베이스에 기록되지 않은 내용을 재실행(redo)하여야 하는 경우가 모두 발생할 수 있다.

따라서 이 경우에는 취소 리스트와 재실행 리스트를 모두 유지하여야 하는 번거로움이 있으나, 시스템의 부하 상태에 따라 버퍼의 내용을 유연하게 데이터베이스에 기록할 수 있다는 장점이 있다.

No-undo/No-redo

No-undo/no-redo는 갱신된 내용을 데이터베이스에 기록하지 않을 경우 적용할 수 있는 알고리즘이다. 여기서 변경된 내용을 데이터베이스에 기록하지 않는다는 것은 버퍼의 내용을 동시적으로 저장 매체에 기록하지만 데이터베이스와는 다른 영역에 기록하는 방법이다. 그리고 트랜잭션이 완료되면, 찰나적으로 데이터베이스 인덱스를 갱신된 자료가 있는 곳으로 바꾸어 준다. 이렇게 하면, 항상 트랜잭션의 실행 상태와 데이터베이스의 내용이 일치하며, 따라서 버퍼의 내용을 데이터베이스에 재기록하거나 또는 기록된 내용을 취소할 필요가 없게 된다.

10.4 데이터 보안

데이터 보안은 불법 접근이나, 파괴활동 등을 방비함으로써 데이터의 완전성, 비밀성 및 가용성 등을 보장한다. 데이터 보안을 위해서는 데이터베이스에 대한 보안과 더불어 컴퓨터 시스템에 대한 보안, 인원에 대한 보안 등이 동시에 이루어져야 한다.

10.4.1 데이터베이스에 대한 보안

데이터베이스에 대한 위협으로는 데이터의 부당한 변경, 삭제, 유출 등이 있다. 이들을 방지하기 위해서는 적절한 보안 작업이 필요한데, 데이터베이스에 대한 보안은 다음과 같이 구분할 수 있다.

- 데이터베이스 접근에 대한 보안
- 데이터베이스 암호화

(1) 데이터베이스 접근에 대한 보안

데이터베이스관리시스템은 사용자마다 고유의 권한을 부여하여 데이터베이스에의 접근을 통제할 수 있다. 특히 데이터베이스에 대한 접근 제어는 다음에 제시된 바와 같이 데이터베이스를 구성하는 단위별로 다양하게 접근을 통제할 수 있다.

- **테이블**: 데이터베이스 접근 통제의 가장 일반적인 방법으로 테이블 또는 뷰[1]를 대상으로 한다. 즉 테이블 또는 뷰에 대한 접근권리가 명시적으로 기술되었는지를 확인함으로써 권한이 없는 사용자가 부적절하게 데이터를 읽거나 갱신하지 못하도록 제한한다.
- **컬럼 또는 레코드**: 테이블을 포함하여 레코드 또는 컬럼별로 보안 등급을 부여함으로써 보안 등급이 낮은 사용자들이 해당 데이터에 접근할 수 없도록 제한한다.

이러한 데이터베이스에 대한 접근 제어는 권한을 가진 사용자들이 데이터

1) 뷰는 가상 테이블이란 점에서 테이블과 동등한 수준에서 관리된다.

를 적법하게 활용할 수 있도록 통제하는 방법이다. 따라서 데이터베이스에 대한 백도어 설치와 같은 해킹에 대하여서는 데이터베이스를 보호할 수 없다. 즉, 부적절한 사용자들이 불법으로 데이터베이스에 접근할 경우에는 이에 대한 별도의 방비가 필요한데, 이를 위한 방안이 데이터 암호화이다.

(2) 데이터베이스 암호화

데이터베이스 암호화는 데이터베이스에 저장된 데이터들을 암호화함으로써 이들이 불법적인 사용자들에게 노출될 경우에도 사용자들이 내용을 파악할 수 없도록 방지한다. 즉 데이터들을 암호화함으로써 복호화 키를 가지고 있는 사용자들만이 내용을 볼 수 있도록 제한한다. 이와 같이 데이터 암호화는 불법적이거나 우연히 권한이 없는 사용자들이 데이터를 획득하게 되어도 내용을 볼 수 없도록 제한함으로써 데이터의 보안을 향상시키는 방안이다.

근자에 이르러 조직의 주요 데이터들이 데이터베이스에 저장됨에 따라 데이터베이스 암호화가 데이터 보안을 위한 필수 요소로 인식되고 있다. 그러나 데이터베이스 암호화는 저장되는 데이터의 형태를 바꾸기 때문에 경우에 따라서는 다음과 같은 문제들이 발생할 수 있다.

- 숫자 필드에 대하여 암호화를 수행할 경우 필드의 데이터 형식이 숫자가 아닌 문자로 바뀔 수 있다.
- 주키에 대하여 암호화를 수행할 경우, 주키의 정렬 기능이 작동하지 않을 수 있다. 즉, 원래 값의 정렬 순서와 암호화된 값의 정렬 순서가 달라질 수 있다.
- 암호화에 의하여 주키 필드의 데이터 형식이 바뀔 경우, 이에 대응하는 외래키의 데이터 형식 또한 변경되어야 한다.
- 데이터 형식이 변경될 경우 인덱스가 작동하지 않을 수도 있다.

이러한 변경 사항들은 곧바로 데이터베이스시스템의 운영과 소프트웨어 개발 시 추가적인 부하를 발생시키게 된다.

- 데이터베이스 암호화는 저장되는 데이터 형식을 변경하기 때문에, 데이터를 암호화(encryption)하여 저장하고, 저장된 데이터를 해독(decryption)하는 데 추가적인 노력이 든다. 이 결과 방법에 따라 차이가 있으

나 대략 30% ~ 200%의 성능 저하가 발생한다.

- 필드의 데이터 형식이 변경될 경우, 응용 프로그램의 개발자들이 암호화에 대하여 세부적으로 잘 알고 있어야 하기 때문에 소프트웨어를 개발하고 유지하는 데 많은 노력이 소요된다.

이 결과 데이터베이스 암호화의 필요성에도 불구하고 아직도 많은 데이터베이스들이 암호화 없이 데이터들을 저장하고 있다. 그러나 최근에 와서는 데이터베이스 시스템의 사용자들이 암호화 여부를 알 필요 없이 데이터베이스 관리시스템이 암호화와 해독을 자동으로 실행하는 투명한 암호화 기법(transparent database encryption)이 제공됨에 따라, 데이터베이스의 암호화가 활발히 적용되고 있다.

투명한 암호화는 데이터베이스 스키마 또는 응용 프로그램의 변경 없이 데이터를 암호화하고 해독하는 방법이다. 이러한 데이터의 암호화는 대상이 무엇인가에 따라 다음과 같이 나눌 수 있다.

- 필드: 필드를 암호화의 대상으로 하는 방법으로서 테이블 생성시 create table 명령어에서 해당 필드의 암호화 여부를 정의한다.
- 테이블: 하나 또는 둘 이상의 테이블들을 테이블 스페이스(table space)[2]에 저장하고, 테이블 스페이스의 암호화 여부를 정의한다. 즉, 테이블이나 컬럼과 같이 관계형 데이터베이스의 구성 요소를 암호화하는 것이 아니라 테이블 스페이스라는 저장 단위를 암호화한다.
- 데이터베이스: 전체 데이터베이스를 암호화하는 방법이다. 이 또한 alter database와 같은 명령어를 이용하여 데이터베이스의 암호화 여부를 결정한다.

---

2) 테이블 스페이스는 저장 매체에 데이터들을 저장하는 단위로서 하나의 테이블 스페이스에 여러 테이블의 데이터들이 저장될 수도 있으며, 하나의 테이블이 여러 테이블 스페이스에 걸쳐 저장될 수도 있다.

10.4.2 컴퓨터 시스템에 대한 보안

컴퓨터 시스템에 대한 보안은 하드웨어, 각종 장비, 네트워크 시스템, 시설물 등에 대한 보안을 포함한다. 이는 데이터베이스시스템을 포함하는 시설물이나 기계, 장비 등에 대한 보안을 의미한다. 그리고 인원에 대한 보안은 데이터베이스 시스템의 개발자, 운영자, 관리자 및 사용자들에 대한 보안을 말한다.

하드웨어 시스템에 대한 보안

하드웨어 시스템에 대한 위협 요인으로는 도난, 부당한 사용, 자연 재해로 인한 손상 등이 있다. 이러한 위협 요인들에 대한 보안 방안을 정리하면 표 10-3과 같다. 하드웨어에 대한 보안 중에서 도난 등과 같은 것은 시설물 전체에 대한 보안으로 해결되어야 한다. 시설물 전체에 대한 보안을 위해서는 침입 방지, 방화 등과 같은 방안이 제공되어야 한다.

표 10-3 하드웨어 시스템 위협 요인들에 대한 보안 방안

요 인	보안 방안
도난	시설 보안
부당한 이용	스마트 카드와 같은 식별 카드 이용, 지문 인식, 음성 인식, 홍채 인식 등과 같은 생물학적 인식 방법, 패스워드 이용
자연 재해	자연 재해에 의한 피해가 적은 장소 선정
전기적 충격	시설 보안

시설물에 대한 보안

시설물에 대한 위협으로는 시설물에 대한 침입, 시설물의 물리적 훼손, 자연 재앙으로 인한 시설물의 파손 등이 있다. 이러한 위협 요인들에 대한 가능한 보안 방안들을 정리한 것이 표 10-4이다.

표 10-4 시설물 위협 요인들에 대한 보안 방안

요 인	보안 방안
침입 방지	밀폐된 공간에 컴퓨터 장비의 은닉 장벽의 설치 물리적, 전기적 잠금 장치의 설치 수위, 조명 장치의 설치 자동화된 입실 장치 설치 침입 방지를 위한 통신망 구축 내부인에 대한 보안 의식 고취
침입 감지	움직임 감지 장치 설치 경보장치, 감시 장치 설치
전압 제어	UPS Surge Protector Grounding
방 수	습기 감지 장치 설치 수해 발생이 적은 지점의 선정
방 화	화재 감지 장치 설정 소화기 설치 자동 소화시설 마련

SUMMARY

요약

본 단원에서는 데이터베이스의 운영과 보안에 대하여 학습하였다. 본 단원에서 습득한 주요 개념들을 요약하면 다음과 같다.

ACID: 트랜잭션의 특성들인 원자성(atomicity), 일관성(consistency), 격리성(isolation), 영속성(durability)의 영문 첫 글자.

No-undo/Redo: 데이터베이스 버퍼의 내용을 비동시적으로 갱신하는 경우의 데이터베이스 복구 알고리즘으로서, 트랜잭션 실행 내용이 데이터베이스 버퍼에 기록되고 저장 매체에는 영구적으로 기록되지 않은 상태에서 시스템 파손이 발생하였을 수 있으므로, 이들 경우를 위하여 트랜잭션의 내용을 재실행(redo)하는 알고리즘임.

Undo/No-redo: 데이터베이스 버퍼의 내용을 동시적으로 갱신하는 경우의 데이터베이스 복구 알고리즘으로서, 데이터베이스의 갱신 내용이 트랜잭션의 완료이전에 기록될 수 있으며, 따라서 이들 트랜잭션들이 완료되기 이전에 시스템의 파손이 발생하였을 수 있으므로, 이들 경우를 위하여 트랜잭션의 내용을 취소(undo)하는 알고리즘임.

Undo/Redo: 데이터베이스 버퍼의 내용을 시스템의 상태에 따라 동시적으로 데이터베이스에 기록하기도 하며, 비동시적으로 기록하기도 할 경우의 데이터베이스 복구 알고리즘으로서, 변경된 데이터베이스 내용을 취소하거나(undo) 버퍼에만 기록된 후 데이터베이스에 기록되지 않은 내용을 재실행하여야 하는(redo) 경우가 모두 발생할 수 있으므로, 이들 경우를 위하여 트랜잭션의 내용을 취소(undo) 및 재실행(redo)하는 알고리즘임.

갱신 누락(lost update): 2개 이상의 트랜잭션들이 동일 데이터를 갱신할 경우 먼저 트랜잭션이 갱신한 데이터를 나중 트랜잭션이 덮어쓰기 함으로써 먼저 갱신된 값이 누락되는 현상.

검사점: 데이터베이스의 내용과 로그 파일의 내용을 일치시켜놓은 시점.

교착 상태: 2개의 트랜잭션이 서로 다른 트랜잭션이 현재 사용하고 있는(즉, 잠금을 행사하고 있는) 데이터들이 해제되기를 기다림으로써 서로 무한히 기다리게 되는 현상.

대기 그래프: 트랜잭션들 사이의 대기 관계를 나타내는 그래프로서, 대기 그래프에서 교착 상태는 순환 사이클(cycle)로 표시됨.

데이터베이스 암호화: 데이터베이스에 저장된 데이터들을 암호화함으로써 이들이 불법적인 사용자들에게 노출될 경우에도 사용자들이 내용을 파악할 수 없도록 방지하며, 복호화 키를 가지고 있는 사용자들만이 내용을 볼 수 있도록 제한하는 방법.

SUMMARY

동시성 관리: 여러 개의 트랜잭션이 동시에 작동할 때, 이들 트랜잭션들의 상호간섭 작용에서 데이터베이스를 보호할 수 있도록 하는 기능.

로그 파일: 데이터베이스에서 처리되는 트랜잭션의 내용을 모두 기록한 파일.

복귀(rollback): 데이터베이스의 갱신에서 부분적으로 처리된 작업을 모두 포기하고 데이터베이스를 이전 상태로 복귀시키는 기능.

시간 제한 방법: 어떤 트랜잭션이 잠금을 일정 시간 이상 기다리게 되면, 이 트랜잭션이 교착 상태에 있다고 보고 이를 철회하는 방법.

완료(commit): 트랜잭션이 전체적으로 완료된 후에 데이터베이스의 갱신이 이루어지도록 하는 기능.

잠금: 트랜잭션이 수행되는 동안 다른 트랜잭션들이 이를 간섭하지 못하도록 제한하는 기법.

타임스탬프 기법: 모든 트랜잭션들에게 발생 시간을 부여하고, 시간을 기준으로 트랜잭션들이 데이터에 대한 잠금을 계속 유지할 것인지 또는 트랜잭션의 실행을 복귀할 것인가를 결정하는 기법.

투명한 암호화 기법(transparent database encryption): 데이터베이스시스템의 사용자들이 암호화 여부를 알 필요 없이 데이터베이스관리시스템이 암호화와 해독을 자동으로 실행하는 암호화 기법.

트리거: 데이터베이스가 특정 상태에 도달하면, 자동으로 작동하도록 설정된 프로그램.

현황파악오류(dirty read): 한 트랜잭션이 데이터들을 갱신하고 있는 중간에 다른 트랜잭션이 이들 값을 읽음으로써 읽혀진 데이터가 잘못된 값을 나타내는 현상.

제 5 부
전사적 데이터관리

11 정보자원관리

12 기업정보흐름과 마스터데이터관리

13 데이터 품질

DATABASE MANAGEMENT

05

전사적 데이터관리

제11장 정보자원관리

제12장 기업정보흐름과 마스터데이터관리

제13장 데이터 품질

11 Database Management

정보자원관리

기업 활동을 위하여 자금과 기계 설비 및 노동력 등이 필요한 것과 마찬가지로 정보나 데이터 또한 기업 활동을 위한 필수 요소이다. 이러한 점에서 정보나 데이터 또한 조직의 주요 자원으로 관리하여야 하는데, 이를 정보자원관리라고 한다.

정보자원관리는 데이터나 정보에 대한 기술적인 관리가 아니라 기업 활동의 자원으로서 이들을 관리하는 활동이다. 따라서 이들에 대한 관점 또한 바뀌어야 한다. 이는 마치 산림자원관리가 식물의 구조와 같은 생물학적 연구로부터 해당 식물의 경제적 사회적 효용에 대한 연구로 관점을 전환하는 것과 유사하다고 하겠다. 따라서 정보자원관리는 단지 데이터베이스뿐만이 아니라 조직에서 활용되는 모든 데이터나 정보를 포함하며, 이들의 역할 및 가치 평가에 중점을 둔다.

11.1 정보자원관리의 대상

조직이 보유하고 있는 정보나 데이터는 조직의 입장에서 보면 중요한 자산이다. 이들이 순간적으로 파괴될 경우 해당 조직은 정상적인 활동을 수행할 수 없게 된다. 그리고 이들을 복원하기 위해서는 많은 시간과 노력이 투자되어야 한다. 바꾸어 말하면, 데이터나 정보들은 오랜 기간 동안 많은 시간과 노력을 투자하여 축적된 결과이다. 따라서 이들도 다른 자원들과 마찬가지로 계획되고 관리되어야 한다.

정보나 데이터는 기계 설비, 노동력 등과 같은 유형의 자원이 아니라 무형의 자원이다. 그러나 이들 무형의 자원을 생산하고 사용하기 위해서는 컴퓨터나 통신 네트워크와 같은 유형의 설비들이 필요한바, 이들 또한 정보자원관리의 범주에 포함된다. 이러한 관점에서 정보자원관리는 다음의 자원들에 대한 관리를 포함한다.

- 하드웨어 또는 컴퓨터 시스템
- 소프트웨어
- 데이터베이스

이들 중, 본 교재는 데이터베이스를 중심으로 정보자원관리를 다룬다. 소프트웨어(또는 응용 프로그램)와 컴퓨터 시스템에 대하여는 기본적인 지식을 보유하고 있다고 가정하며, 본 교재에서는 자세히 언급하지 않는다.

11.2 정보자원관리 활동

정보자원관리는 특정 시점에서 특정 목적을 달성하기 위하여 일회적으로 수행하는 활동이 아니라 지속적으로 수행하는 활동이다. 즉, 정보자원관리는 필요한 데이터들을 정의하고, 이들을 생산, 저장, 이용, 관리하는 활동으로서, 사용자의 요구로부터 시작하여 이들 요구가 계획된 대로 실현되는가를 추적 관리하는 활동이다. 이러한 점에서 이들을 정보자원관리 사이클이라고 한다. 이러한 정보자원관리는 과거에는 정보 공학(Information Engineering)의 테두리 안에서 연구되었다. 그러나 최근에는 정보기술아키텍처(ITA: Information Technology Architecture 또는 EA: Enterprise Architecture)를 참조모형으로 하여 많이 연구되고 있다.

정보기술아키텍처는 그림 11-1에 예시된 바와 같이 정보 시스템을 비즈니스 아키텍처, 데이터 아키텍처, 애플리케이션 아키텍처 및 기술 아키텍처라는 상호 연관된 4가지 요소로 구분하여 파악한다. 그리고 현재의 정보시스템을 목표 정보시스템으로 향상시키는 것을 정보자원관리의 궁극적 목표로 한다. 이러한 정보기술 아키텍처의 프레임워크하에서 정보자원관리의 활동 단계를

그림 11-1 정보기술아키텍처 프레임워크

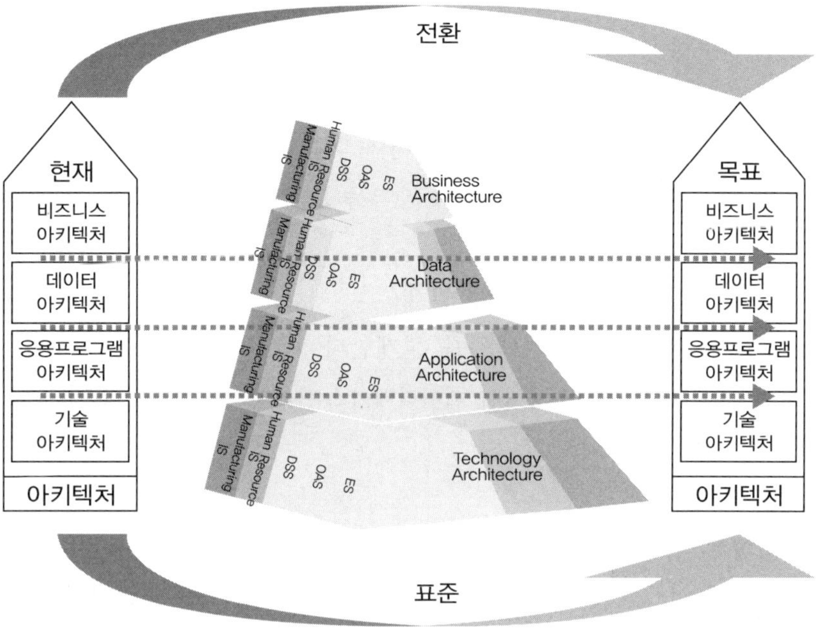

살펴보면 다음과 같다.

(1) 필요 정보 정의 및 비즈니스 아키텍처 설계

(2) 전사적 데이터 아키텍처 및 응용 프로그램 아키텍처 설계

(3) 전사적 기술 아키텍처 설계

(4) 정보 시스템 개발 구축

(5) 정보 시스템 운용 및 데이터 이용 실태 평가

필요 정보 정의 및 비즈니스 아키텍처 설계

필요 정보(information needs)를 추출하는 방법 중의 하나는 조직이 목표 달성을 위하여 무슨 정보를 필요로 하는가로부터 시작하는 방법이다. 즉, 조직의 목표를 달성하기 위하여 무슨 업무들이 수행되어야 하는가를 먼저 정의하는데 이를 비즈니스 아키텍처라고 한다. 그리고 비즈니스 아키텍처로부터 필요 정보 목록을 정의한다.

전사적 데이터 아키텍처 및 응용 프로그램 아키텍처 설계

필요 정보를 상세화하여 데이터 개체들을 정의하고, 이들을 사용하거나 생산하는 응용 프로그램들을 정의하며, 이들 사이의 상호 연관 관계를 정의한다. 그리고 데이터 개체와 이들 사이의 관계를 개체관계도로 구체화함으로써 전사적 데이터 모형을 설계한다. 이와 더불어 응용 프로그램과 데이터들 사이의 연관성으로부터 정보 시스템 영역을 분해하여 정의한다.

전사적 기술 아키텍처 설계

전사적인 기술 아키텍처를 설계한다. 즉, 컴퓨터 시스템, 통신 네트워크, 시스템 소프트웨어(운영체제, 데이터베이스 관리시스템 등) 등의 기술 요소들을 선정하고 구조를 설계한다.

정보 시스템 개발 구축

정보 시스템을 개발하여 구축한다. 즉, 응용 프로그램과 데이터베이스를 개발하며, 컴퓨터 시스템을 설치하여 운용한다.

정보자원의 생산 이용 실태 평가

정보의 생산 및 이용 실태를 파악하며 관리한다.

이상에서 제시된 바와 같이 정보자원관리는 전사적 데이터 모형(corporate data model 또는 enterprise model)을 근간으로 하며, 정보 시스템(데이터베이스 또는 파일 등)의 운영 및 데이터의 처리 과정을 통합적으로 관리한다. 그리고 사용자의 정보 요구, 업무 비즈니스 등과 같은 요구 명세들과 전사적 데이터 모형, 응용 프로그램 및 전산 시스템들과의 연관 관계를 추적 관리한다.

11.3 정보자원관리시스템

정보자원관리를 위해서는 관리 대상을 식별하고 이를 기록하여야 한다. 즉, 무슨 정보가 생산되고 이용되며, 이들이 어떻게 처리되고, 저장되는지를 기록하여야 한다.

정보자원에 대한 관리 정보는 정보에 대한 정보라는 점에서 메타 정보로서의 성격을 갖는다. 즉, 정보가 유 · 무형의 자원에 대한 기록인바, 정보 자원에 대한 관리 정보는 기록된 정보를 효과적으로 활용하기 위하여 필요한 정보들을 기록한 것이다. 그리고 정보자원에 대한 메타 정보들을 저장하고 관리하는 시스템이 정보자원관리시스템이다.

정보자원을 관리하기 위해서는 다음의 세 가지의 관리 정보를 필요로 한다.

(1) 무슨 데이터나 정보가 처리, 이용되는가에 대한 목록 정보
(2) 데이터나 정보가 어떻게 생성, 처리, 이용되는가를 나타내는 처리 과정에 대한 정보
(3) 사용자의 요구로부터 시작하여 이들 요구가 계획되고 설계된 대로 실현되는가를 추적하는 추적관리활동에 대한 정보

목록 정보

목록 정보란 조직에서 사용하고 있는 정보들의 목록을 나타내는데, 이를 위하여 제시된 것이 정보자원사전(information resource dictionary)이다. 정보자원사전은 표 11-1에 제시된 바와 같이 파일(데이터베이스)이나, 레코드(테이블),

표 11-1 ANSI IRDS 표준 모델의 구성 요소(목록 정보 부분)

구분		
개체 타입:		
	SYSTEM,	BIT-STRING
	FILE	CHARACTER-STRING
	RECORD	FIXED-POINT
	ELEMENT	FLOAT
	DOCUMENT	
속성 타입:		
	ADDED-BY	NUMBER-OF-RECORDS
	ALLOWABLE-VALUE	RECORD-CATEGORY
	ALTERNATE-NAME	DOCUMENT-CATEGORY
	DATA-CLASS	DATE-ADDED
관계성 타입:		
	CONTAINS	DERIVED-FROM
	REPRESENTED-AS	

데이터 항목, 문서 등과 같이 정보 시스템을 구성하는 데이터 개체들을 중심으로 이들의 속성과 이들 사이의 연관 관계를 나타낸다.

정보자원사전은 데이터 개체들 사이의 구성 관계(contains), 어느 데이터 개체가 어느 개체들로부터 산출되는지를 나타내는 유추관계(derived-from)와 데이터 개체들의 물리적 표현 유형(represented-as)들을 포함한다. 이들 중 구성 관계와 표현 유형은 전통적인 데이터 모형에 포함되는 관계이며, 유추관계는 ANSI IRDS 표준 모델에 추가로 포함된 것이다.

정보자원사전에는 데이터나 정보들뿐만이 아니라 시스템, 프로그램들에 대한 정보도 같이 저장된다. 그러나 여기서는 이들을 처리과정에 대한 내용으로 구분하여 별도로 제시한다.

처리과정 정보

정보자원관리의 일차적인 관심은 무슨 데이터가 존재하는가이며, 다음은 이들이 어떻게 처리되는가에 대한 정보이다. 처리과정은 시스템과 프로그램, 모듈 등과 같이 데이터들을 처리하는 프로세스를 포함한다. 이들 사이의 실행 관계(calls, run), 관리 책임(responsible-for) 등과 어느 프로세스 개체가 어느 데이터 개체를 처리하는가를 나타내는 처리 관계(processes), 그리고 목록 정보에서 소개되었던 유추 관계(derived-from) 등을 포함한다.

표 11-2 ANSI IRDS 표준 모델의 구성 요소(처리 과정 부분)

개체 타입:		
	SYSTEM,	PROGRAM
	MODULE	USER
속성 타입:		
	ADDED-BY	NUMBER-OF-RECORDS
	ALLOWABLE-VALUE	RECORD-CATEGORY
	ALTERNATE-NAME	DOCUMENT-CATEGORY
	DATA-CLASS	DATE-ADDED
관계성 타입:		
	PROCESSES	GOES-TO
	RESPONSIBLE-FOR	CALLS
	RUN	DERIVED-FROM

처리과정에 대한 정보는 데이터의 변환에 대한 정보라는 점에서 데이터의 구조나 형식을 위주로 설명하는 목록 정보와는 차이가 있다. 즉, 목록 정보를 메타 데이터 정보라고 하면, 처리과정에 대한 정보는 메타 프로세스 정보라고 할 수 있다.

추적관리 정보

정보자원관리는 사용자의 요구로부터 시작하여 이들 요구가 계획된 대로 실현되는가를 추적하는 관리 활동이다. 이러한 점에서 볼 때, 정보자원사전 또는 자료사전 등과 같이 구현된 데이터 개체들에 대한 목록만으로는 정보자원관리를 위한 충분한 정보를 제공하지 못한다.

보다 효과적인 정보자원관리를 위해서는 요구 명세서, 모형, 구현된 정보 시스템 등의 각 단계에 따라 연관 관계를 관리하여야 한다. 이를 통하여 단계별로 추적관리가 가능하다. 그리고 데이터나 정보는 자기 발생적으로 진화하고 축적된다. 따라서 정보의 생성 구조는 하향적이고 계층적으로 관리하는 것보다는 상향적이고 네트워크적으로 관리하는 것이 보다 효과적이다. 즉, 새로운 데이터 개체가 발생하거나 기존에 존재하는 데이터 개체들이 사용되지 않을 경우 이들을 쉽게 추가하거나 또는 삭제할 수 있어야 한다.

SUMMARY

요약

본 단원에서는 전사적 정보자원관리의 개념에 대하여 학습하였다. 본 단원에서 습득한 주요 개념들을 요약하면 다음과 같다.

기술 아키텍처: 조직에서 사용하는 정보시스템의 기술 요소들인 컴퓨터 시스템, 통신 네트워크, 시스템 소프트웨어(운영체제, 데이터베이스 관리시스템 등) 등에 대하여 이들의 구조를 서술하는 모형.

데이터 아키텍처: 조직에서 사용하는 모든 데이터들과 이들 사이의 상호 연관성을 서술하는 모형.

메타 데이터 정보: 데이터를 서술하는 정보들 중에서 데이터 자체에 대한 정보.

메타 프로세스 정보: 데이터를 서술하는 정보들 중에서 데이터의 변환에 대한 정보.

비즈니스 아키텍처: 조직에서 수행하는 모든 업무를 서술하는 모형.

응용프로그램 아키텍처: 조직에서 사용하는 모든 응용프로그램을 서술하는 모형.

전사적 데이터 모형: 조직에서 사용하는 모든 데이터들을 총괄적으로 정의한 데이터 모형.

정보기술 아키텍처: 정보 시스템을 비즈니스 아키텍처, 데이터 아키텍처, 애플리케이션 아키텍처 및 기술 아키텍처라는 상호 연관된 4가지 구성요소로 구분하여 파악하는 관점.

정보자원관리: 정보 또는 데이터를 조직의 주요 자원으로 관리하기 위한 활동.

정보자원사전: 시스템(데이터베이스)이나 파일(테이블), 레코드, 데이터 항목, 문서 등과 같이 정보 시스템을 구성하는 데이터 개체들을 중심으로 이들의 속성과 이들 사이의 연관 관계를 기록한 사전.

12

Database Management

기업정보흐름과 마스터데이터관리

데이터가 기업이나 조직에서 활용되는 형태를 살펴보면, 일상적인 업무 처리를 위한 경우와 전략적인 정보 분석을 위한 경우로 크게 나눌 수 있다. 이중에서 본 교재에서는 주로 업무처리를 위한 데이터베이스, 즉 트랜잭션을 처리하기 위한 데이터베이스를 가정하였다. 그러나 기업 전체적으로 데이터들이 효과적으로 관리되고 활용되기 위하여서는 다음과 같이 전반적인 정보 흐름이 원활하게 이루어져야 한다.

- 기업의 모든 거래활동을 지원하고 기록하는 운영 데이터베이스(operational database)가 잘 구축되어야 한다.
- 기업 활동에 대한 모든 데이터들을 과거의 데이터들까지 포함하여 주제별로 저장한 데이터웨어하우스가 구축되어야 한다.
- 운영 데이터베이스로부터 데이터웨어하우스 및 데이터 사용자에게의 정보 흐름이 원활하게 이루어져야 한다.
- 데이터 관리 및 분석 도구들이 잘 제공되어야 한다.

이러한 점에서 본 장에서는 운영 데이터베이스를 포함하여 기업 전체적인 정보의 흐름을 살펴보고, 기업정보흐름에서 주춧돌 역할을 하는 마스터데이터관리에 대하여 살펴본다.

12.1 기업정보의 흐름

기업에서 정보들이 만들어지고 사용되는 과정을 살펴보면, 먼저 기업 활동 과정에서 발생하는 데이터들이 운영 데이터베이스에 저장되고, 이들이 다시 기업 활동을 위하여 활용된다. 그리고 이들 운영 데이터베이스에 저장된 데이터들은 기업이나 조직의 경영 실적이나 성과 분석, 계획 및 통제와 같은 전반적인 기업 활동을 위하여 사용된다. 이러한 기업이나 조직 전체적인 정보의 생성과 흐름을 도형으로 나타내면 그림 12-1과 같다.

기업 활동에 대한 데이터들은 보통 ERP 시스템과 같은 업무용 통합 애플리케이션이나 이전부터 사용되어온 개별 업무 시스템(legacy system)으로부터 생성된다. 그리고 이들 데이터들은 다시 거래처리를 위하여 활용된다. 이렇게 기업의 기본 활동은 응용 시스템과 운영 데이터베이스들을 중심으로 이루어지는데, 이를 거래처리 영역이라고 한다.

운영 데이터베이스에 저장된 데이터들은 정보 분석을 위하여 활용되는데, 이러한 정보 분석은 보통 다음과 같이 3가지 형태로 이루어진다.

- 첫 번째는 데이터들의 상호 비교를 통하여 연관 관계들을 정성적으로 살펴보는 것이며, 이는 보통 OLAP(OnLine Analytic Processing) 솔루션을 이용한 다차원 분석으로 이루어진다.
- 두 번째는 데이터들 사이에 존재하는 특정한 패턴이나 법칙들을 도출하는 것인데, 이는 데이터마이닝의 다양한 분석 기법을 사용하여 이루어진다.
- 세 번째는 SEM(Strategic Enterprise Management), CPM(Corporate Performance Management), CRM(Customer Relations Management), SCM(Supply Chain Management) 등과 같은 경영분석 솔루션을 활용하는 것이다.

정보 분석을 위해서는, 운영데이터와는 다른 성격을 갖는 분석 정보들을 별도로 관리하여야 하는데, 이들을 저장한 것이 데이터웨어하우스 또는 다차원 데이터베이스들이다. 이들 데이터웨어하우스 또는 다차원 데이터베이스와 이들을 이용하는 정보 분석 도구들을 중심으로 구성된 영역을 분석정보 영역이라고 한다. 그리고 이들 분석정보 영역을 위한 총괄 솔루션을 비즈니스 인텔리전스(BI: Business Intelligence)라고 한다.

분석정보 영역과 거래처리 영역을 연결하는 것이 데이터의 통합 및 변환 프로세스들이다. 이들은 운영 데이터나 외부 데이터들로부터 분석 정보들을 추출하여 데이터웨어하우스에 저장하는 과정을 담당한다. 이러한 데이터의 통합과 변환을 위하여서는 운영 데이터베이스에 저장되어 있는 데이터들을 일종의 작업 공간에 저장한 후, 변환이나 통합을 수행히는 것이 직접 변환, 통합하는 것보다 효율적이다. 운영 데이터들을 변환하고 통합하여 데이터웨어하우스에 저장하기 이전에 전사적으로 운영 데이터들을 저장한 저장소를 ODS(Operational Data Store)라고 한다.

그림 12-1 기업정보 프레임워크

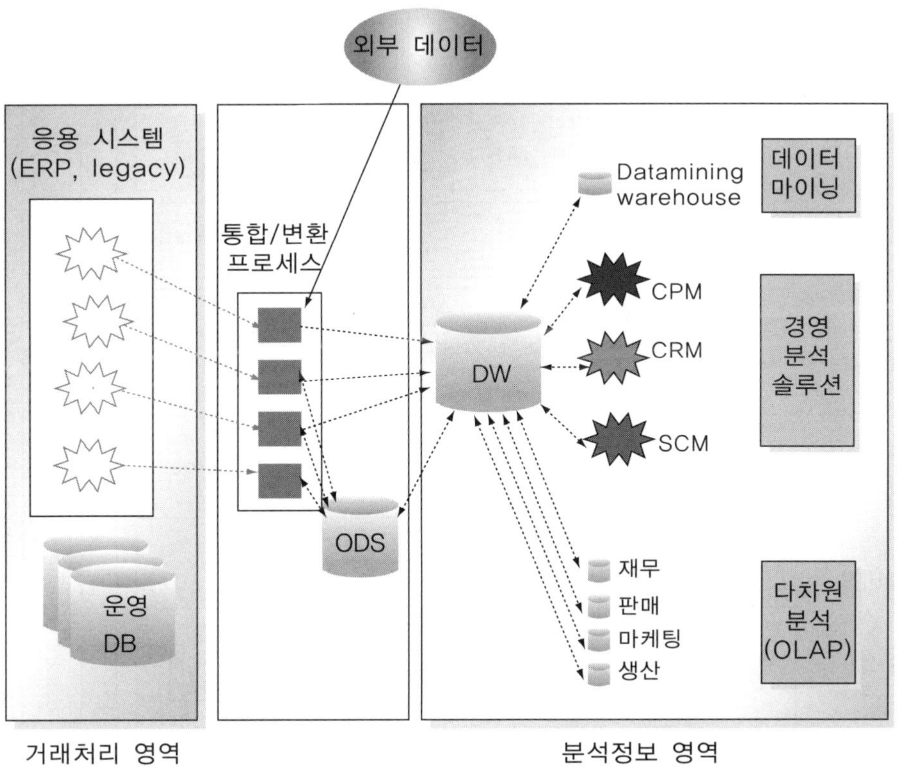

12.2 비즈니스 인텔리전스의 구성요소

비즈니스 인텔리전스를 구성하는 요소들은 그림 12-1에서 살펴본 바와 같이, 데이터웨어하우스와 다차원 데이터베이스와 같은 데이터 플랫폼과 이들을 이용하는 다차원 분석 및 데이터마이닝 도구나 솔루션들로 구성된다. 이러한 구성요소들을 다시 BI의 관점에서 재구성하면 그림 12-2와 같다.

이들 구성요소들 중에서 가장 중심을 이루는 것이 전사적 데이터웨어하우스 및 개별 데이터마트들이다. 데이터웨어하우스와 데이터마트들은 다음에

그림 12-2 BI 프레임 워크

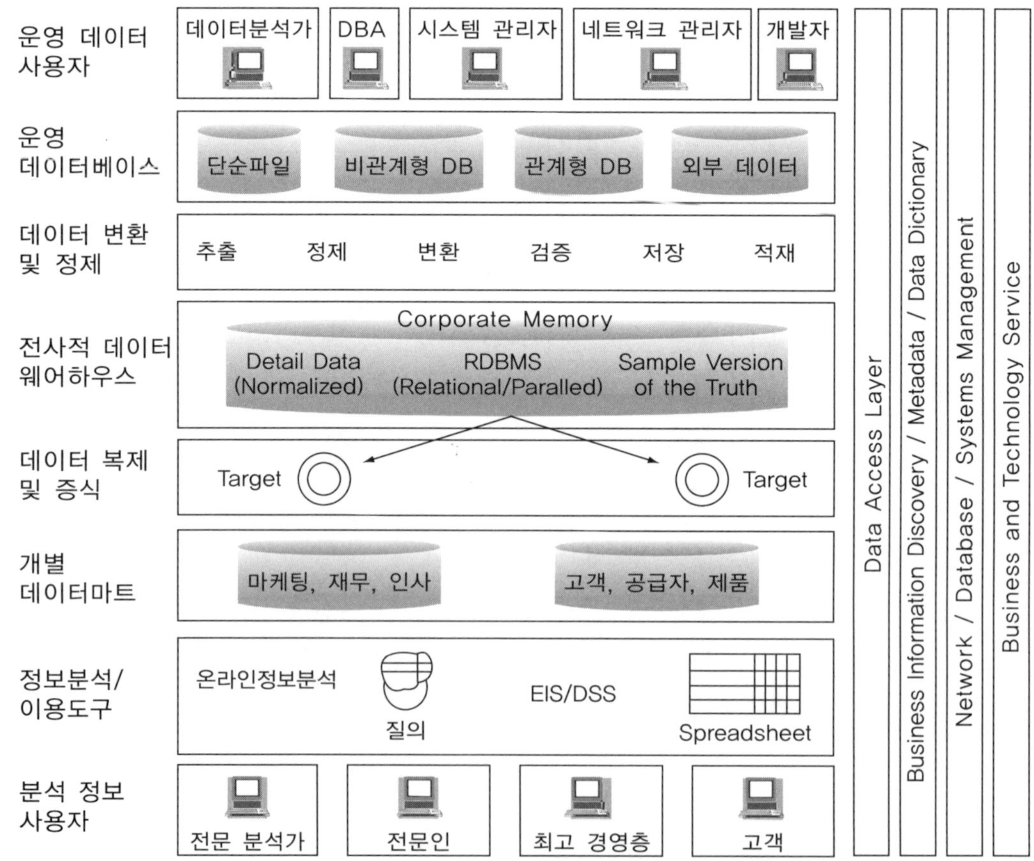

설명되는 바와 같이 모두 데이터베이스의 일종이다. 다만 운영 데이터베이스와는 다른 구조를 가지는데 이들을 위한 데이터모형들 중에서 가장 대표적인 것이 다음 절에 소개되는 다차원 데이터 모형이다.

비즈니스 인텔리전스는 데이터웨어하우스, 데이터마트, 정보분석 도구 등이 서로 연관된 통합 데이터 환경이다. 즉, 여러 종류의 데이터베이스들을 기반으로 하며, 이를 활용하는 의사결정 및 분석도구들이 상호 연관된 통합 환경이다. 특히, 이의 원천이 되는 운영 데이터베이스와 이를 활용하는 정보분석 도구들과 밀접한 연관관계를 갖는다. 운영 데이터베이스가 구축되지 않은 환경에서 데이터웨어하우스를 구축하는 것은 모래성을 쌓는 것과 같다고 할 수 있다. 왜냐하면, 데이터웨어하우스에 저장되는 데이터들은 모두 운영 데이터베이스들로부터 추출되기 때문이다. 따라서 운영 데이터베이스들이 잘 구축되어 있지 않은 경우에는 데이터웨어하우스에 저장될 데이터들을 제대로 확보할 수 없게 된다.

운영 데이터베이스 없이 데이터웨어하우스를 구축할 경우, 처음에는 일회성으로 데이터들을 수집하여 데이터웨어하우스를 생성할 수 있다. 그러나 시간이 지나면서 이들 데이터들은 노후화되고 새로운 데이터들이 갱신되지 않기 때문에, 결국은 아무런 가치가 없는 데이터웨어하우스가 된다. 따라서 데이터웨어하우스를 갱신하기 위하여서는 다시 데이터들을 수집하고 다시 데이터웨어하우스를 갱신하여야 하는데, 이는 마치 곧 무너질 모래성을 반복적으로 쌓는 것처럼 의미 없는 작업이다.

그리고 정보분석 도구나 활용 시스템 없이 비즈니스 인텔리전스 환경을 구축하는 것은 아무도 살지 않는 황무지에 고층 아파트를 짓는 것과 같다고 할 수 있다. 비록 데이터웨어하우스를 구축하고 데이터들을 잘 적재해 두어도 이를 분석하고 이용하기 위한 도구들이 잘 제공되지 않으면 이를 사용하는 사람도 없고, 이들 데이터들은 사장되게 된다. 따라서 성공적인 비즈니스 인텔리전스 환경을 구축하기 위하여서는 좋은 데이터웨어하우스를 구축하는 것과 더불어 이를 잘 사용하고 활용할 수 있는 환경이 같이 만들어져야 사용자들이 모여들게 된다.

그림 12-2는 운영 데이터베이스로부터 데이터웨어하우스를 구축하기 위

한 데이터의 변환 및 정제과정, 데이터웨어하우스로부터 데이터마트를 구축하기 위한 데이터의 복제 및 증식과정, 그리고 온라인 정보분석, 의사결정 지원시스템, 중역 정보시스템들을 이용한 정보 활용을 통합적으로 보여 준다.

운영 데이터베이스

데이터웨어하우스에 저장되는 원시데이터들은 다양한 형태의 운영 데이터베이스들로부터 도출된다. 대부분의 운영 데이터들은 관계형 데이터베이스에 저장되어 있다. 그러나 경우에 따라서는, 여러 가지 형태의 파일시스템을 포함할 수 있으며, IMS와 같은 비 관계형 데이터베이스 구조를 가질 수도 있다.

데이터 변환 및 정제

운영 데이터베이스로부터 데이터웨어하우스를 구축하는 것은 용이한 일이 아니다. 비록 전사적 데이터모형이 구축되어 있다고 하여도, 분석정보들을 데이터웨어하우스에 적재하기 위해서는 여러 과정을 거쳐야 한다.

무엇보다도 먼저 여러 형태의 원시 데이터들로부터 필요한 분석정보들을 추출하고 변환하여야 하는데, 이들 기능을 수행하는 도구들이 데이터 변환처리도구들이다. 운영 데이터베이스에 저장된 데이터 항목들은 여러 과정을 거쳐 정제되며, 이렇게 정제된 데이터들이 데이터웨어하우스에 적재된다. 만약 이러한 정제과정을 거치지 않을 경우, 표현방법이나 내용이 서로 다른 분석정보들이 저장될 수 있으며, 이는 데이터웨어하우스의 효과성을 저하시키는 치명적인 요인이 될 수 있다.

데이터 복제 및 증식

데이터마트는 데이터웨어하우스에 저장된 분석정보들 중 일부를 복제하거나 이로부터 새로운 형태의 분석정보들을 생성하여 저장한 것이다. 이러한 데이터마트를 효과적으로 구축하기 위해서는 이를 위한 데이터의 복제 및 증식도구들이 필요하다.

온라인 정보분석(OLAP) 솔루션

데이터웨어하우스 또는 데이터마트로부터 원하는 형태의 정보들을 실시간으로 추출하는 작업을 온라인 정보분석이라고 한다. 온라인 정보분석(online analytic processing)을 위해서는 분석정보들이 분석 차원별로 정리되어 있어, 이들 차원별로 세분화(drill down)와 합산(roll up)이 자동적으로 이루어질 수 있어야 한다.

예를 들면, 주문판매 데이터마트를 이용하여 지역별 주문합계, 제품별 주문합계 등을 즉각적으로 계산할 수 있다. 그리고 제품별 주문합계는 다시 제품 종류별로 취합할 수도 있으며, 이들을 다시 상세 분류별로 세분화할 수도 있다. 그리고 고객을 거주 지역별로 분해하여 주문현황을 살펴볼 수도 있으며, 지역별 주문액 또는 비율 등을 자동적으로 계산할 수도 있다.

경영성과관리시스템 및 경영 분석 솔루션

데이터웨어하우스 또는 데이터마트들이 이미 구축되어 있는 경우, 이들을 이용하여 SEM(Strategic Enterprise Management), CPM(Corporate Performance Management), CRM(Customer Relations Management), SCM(Supply Chain Management) 등과 같은 경영분석 솔루션을 쉽게 구축할 수 있다. 그리고 이러한 시스템을 통하여 데이터웨어하우스의 가치가 실증된다.

특히 경영성과관리시스템(CPM: Corporate Performance Management)은 데이터웨어하우스에 저장된 분석정보들을 이용하여 기업의 경영성과를 한눈에 파악할 수 있도록 제공하는 경영성과의 나침판(dashboard)이다. 이러한 경영성과관리시스템의 유래를 살펴보면 중역정보시스템(EIS: Executive Information System)에서 찾을 수 있다.

종래의 경우 중역정보시스템 구축의 최대 난제는 필요한 정보를 적시에 획득하는 일이었다. 이에 따라 좋은 중역정보시스템들이 구축되었으나, 초기의 효과에도 불구하고 지속적으로 활용되지 못하고 폐기되는 경우가 허다하였다. 이것은 모두 필요한 정보들이 제대로 공급되지 못하였기 때문이다. 그러나 데이터웨어하우스가 구축됨으로써 중역정보시스템들에 필요한 정보를 제대로 공급할 수 있게 되었다. 즉 데이터웨어하우스에 저장된 분석정보들을 자동적으로 복제 또는 증식함으로써 필요 정보를 자동으로 공급할 수 있게 되었으며, 이를 통하여 실질적으로 경영의사결정을 지원할 수 있는 환경을 구현할 수 있게 되었다.

12.3 분석질의와 다차원 데이터모형: 스타 스키마(Star Schema)

분석정보 영역에서 가장 큰 관심은 측정값을 상호 비교 분석하는 것이며, 이를 위한 질의를 분석질의라고 한다. 분석질의의 특징을 살펴보기 위하여 가장 대표적인 질의를 예시하면 다음과 같다.

각 매장별로 시간별, 제품별로 판매량과 매출액의 증가율은?

이러한 분석질의는 다음의 운영 데이터베이스 질의와 다른 형식임을 쉽게 알 수 있다.

2005-07-15일 종로매장에서 판매된 주문번호 17589 주문 고객의 연락 선화번호는?

예시된 질의를 통하여 쉽게 알 수 있는 바와 같이, 분석질의는 두 가지 요소를 포함한다.

- 분석 차원(dimension): 시간, 제품, 매장과 같이 분석하는 척도를 비교하는 기준을 나타낸다. 즉, 분석척도인 판매량을 무엇들에 대하여 비교할 것인가를 나타내는 것이 분석차원이다. 예를 들면 서로 다른 매장들이 이에 해당한다.
- 분석 척도(measure): 분석하고자 하는 값을 나타내는데 사실(fact) 또는 변수(variable)라고도 한다. 예를 들면 매출량이나 매출액 증가율 등이 이에 해당한다.

예시된 분석 질의를 통하여 쉽게 알 수 있는 바와 같이, 정보를 분석하고자 할 경우 사용자별로 분석차원이 다를 수 있으며, 같은 사용자도 동시에 여러 개의 차원에 대하여 분석할 수 있다. 이러한 점에서 분석질의를 다차원 질의라고 한다. 이러한 다차원 분석을 효과적으로 처리하기 위한 데이터모형이스타 스키마(Star Schema)로 불리는 다차원 데이터 모형이다.

스타 스키마는 관계형 데이터모형에 기초하여 다차원 데이터베이스를 표현하는 방법이다. 먼저 대표적인 스타 스키마의 형태를 예시하면, 측정변수 데이터들을 저장하는 사실 테이블(fact table)과 분석 차원들을 저장하는 차원 테이블로 구성된다. 그림 12-3은 제품별, 시간별, 매장별로 매출액, 매출원가 및 매출이익을 저장한 다차원 데이터베이스를 스타 스키마로 나타낸 것이다. 이를 스타 스키마라고 부르는 것은 그림에서 사실 테이블이 가운데 있고 차원 테이블들이 주위에 붙어 있는 것이 눈(snow)의 결정체처럼 보인다고 하여서 그렇게 부른다.

스타 스키마가 다차원 데이터베이스 설계를 위하여 보편적으로 사용되는 이유는 3가지로 정리할 수 있다.

- 스키마의 구조가 매우 간단하여 이해하기 쉽다. 스타 스키마는 차원 테이블과 사실 테이블로 구성된다. 사실 테이블은 분석 대상 값을 저장하며, 차원 테이블은 분석 기준을 저장한다. 따라서 분석 정보의 사용자들인 일반 관리자들이 이해하기 쉽다.

그림 12-3 스타 스키마 예시

product

Prod_id	Prod_name	Prod_type	Prod_Group
1	저지방우유	우유	음료
2	칼슘우유	우유	음료
3	등심	소고기	육류

time

Time_id	Month	Quarter	Year
1	1	1	1997
2	2	1	1997
..	..	..	..

warehouse

WH_id	WH_name	Region	Country
1	강북	서울	대한민국
2	분당	경기	대한민국
..	..	..	..

Sales_fact

Prod_id	WH_id	Time_id	WH_Sales	WH_Cost	WH_Profit
1	1	1	136,000	129,000	7,000
1	1	2	126,000	119,000	7,000
1	1	3	123,000	118,000	5,000
1	1	4	119,000	110,000	9,000
1	1	5	120,000	110,000	10,000
..	..	..	..	..	..
..	..	..	..	..	..
3	2	22	146,000	129,000	17,000
3	2	23	147,000	135,000	12,000
3	2	24	158,000	143,000	15,000

- 정규화와 같은 기술적인 이슈들을 포함하지 않는다. 즉, 스타 스키마는 모두 차원 테이블과 사실 테이블로 구성되며, 차원 테이블의 주키가 모두 사실 테이블에 외래키로 포함되기 때문에 모두 적어도 제3정규형 테이블들이다. 즉, 정규화를 고려하지 않아도 자동적으로 정규화가 된 테이블들이 만들어진다.
- 스키마가 차원 테이블과 사실 테이블로 구성되며, 모든 차원 테이블들은 서로 독립적이기 때문에(차원 테이블이 다른 차원 테이블을 참조하는 경우가 없기 때문에), 차원 테이블과 사실 테이블의 크기를 예측하기가 쉬우며, 이를 통하여 다차원 데이터베이스의 크기를 예측하기도 쉽다.

이러한 점에서 볼 때, 스타 스키마는 다차원 데이터베이스에 저장될 데이터들을 정의하는 논리 스키마라고 할 수 있으며, 이러한 다차원 데이터베이스가 관계형 데이터베이스에 저장될 것인지 또는 다차원 데이터베이스에 저장될 것인지는 구현에 관한 문제로서 저장 기법의 구분이라고 할 수 있다.

12.3.1 사실 테이블

사실 테이블은 분석하고자 하는 사실 또는 측정 변수를 기록한다. 스타 스키마에서 사실 테이블의 변수는 다음의 조건을 충족시켜야 한다.

- 숫자로 표시(numeric)
- 가산성(additivity)

사실 테이블은 테이블에 저장된 측정 변수의 값이 단일 트랜잭션의 값을 나타내는지 또는 일정 기간 동안의 통계치를 나타내는지에 따라 다음과 같이 구분된다.

- 트랜잭션을 나타내는 사실 테이블
- 스냅샷을 나타내는 사실 테이블

트랜잭션을 나타내는 사실 테이블

대부분의 사실 테이블들은 트랜잭션을 나타내는 사실 테이블들이다. 이들은 1개의 트랜잭션을 1개의 레코드로 표시한다.

그림 12-4에서 우측 하단의 order_fact 테이블은 주문별(order no) 세부주문

항목(line item no)의 매출액(sales amount)을 나타내는 사실 테이블이다. 이러한 트랜잭션을 나타내는 사실 테이블들은 다음과 같은 특성들을 갖는다.

- 가능한 자세한 수준으로 사실 데이터들을 기록한다. 예를 들면, 주문별로 사실 데이터를 기록하기보다는 세부 주문 항목의 개별 제품별로 사실 데이터를 기록한다.
- 트랜잭션을 나타내는 주키를 사실 테이블의 주키로 사용한다. 예를 들면, ordcr_fact 테이블의 주키는 주분번호(order no)와 세부주문 항목(line item no)을 결합한 것이다.
- 트랜잭션을 나타내는 사실 테이블들은 보통 1개 또는 2개의 측정 변수 값을 가지며, 이들을 값(amount)으로 표시한다.
- 분석을 위한 차원(dimension)들은 사실 테이블에 외래키로 포함된다. 그림 12-4의 order_fact 테이블에서 고객(customer), 매장(location), 날짜(activity date)들은 분석 차원들이다. 그림 12-4에서는 편의상 고객(customer)을 나타내는 차원 테이블만 표시되어 있다.

스냅샷을 나타내는 사실 테이블

일정 기간 동안 발생한 거래나 상태에 대한 데이터들을 처리하여 그 내용을 기록한 테이블을 스냅샷을 나타내는 사실 테이블이라고 한다.

그림 12-4에서 sales_fact 테이블은 고객별로 매월 주문횟수(number of transactions), 평균 주문액(average tx amount), 최고 주문액(tx high), 최저 주문액(tx low), 주문 취소건수(txs cancelled) 등을 나타내는 사실 테이블이다. 이러한 사실들은 일정 기간 동안 발생한 트랜잭션들을 처리하여 기록한 것이다. 일정 기간 동안의 스냅샷을 분석해서 그 동안의 변화를 기록하였다고 하여 스냅샷을 나타내는 사실 테이블이라고 한다.

스냅샷을 나타내는 사실 테이블들은 다음과 같은 특성들을 갖는다.

- 여러 종류의 통계 정보들을 나타내기 때문에 측정 변수가 여러 개인 경우가 대부분이다.
- 사실 테이블의 주키는 분석 기준을 나타내는 차원 테이블의 주키들로 구성된다. 그림 12-4에서 sales_fact 테이블의 주키는 고객번호

그림 12-4 트랜잭션 테이블과 스냅샷 테이블

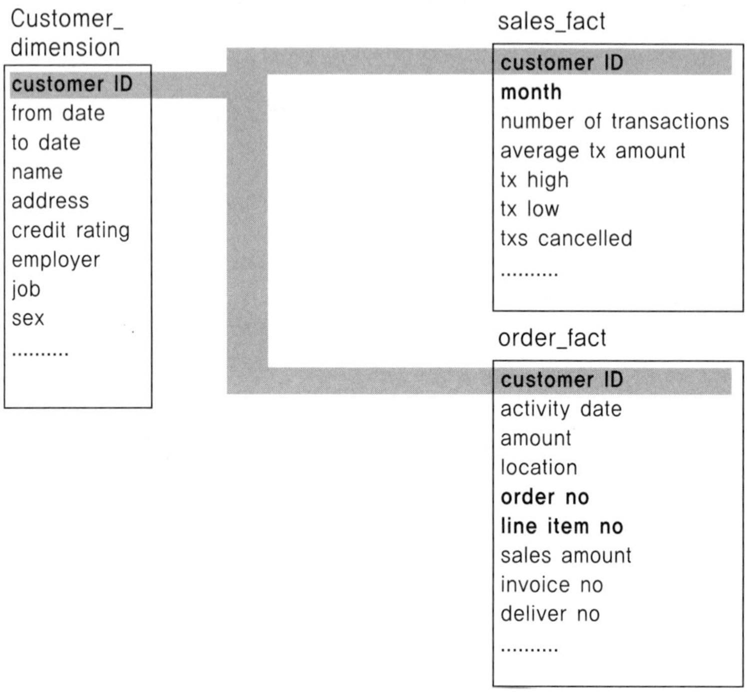

(customerID)와 기간(month)이다.

- 분석을 위한 차원들은 사실 테이블에 외래키로 포함된다.

이상에서 살펴본 바와 같이 사실 테이블들은 특정 거래 사실이나 일정 기간 동안의 상태나 활동을 표시한다. 그리고 이러한 사실 테이블들은 서로 연관되는 것을 알 수 있다. 예를 들면, 그림 12-4에서 sales_fact 테이블은 order_fact 테이블로부터 도출될 수 있다.

비즈니스 인텔리전스 환경에서 사실 테이블들은 동일한 차원 테이블에 의하여 상호 연결된다. 그림 12-4에서 볼 수 있는 바와 같이, sales_fact와 order_fact 테이블이 상호 연결되었다는 것은 동일한 차원 테이블인 customer_dimension 테이블을 공유하기 때문이라고 할 수 있다.

12.3.2 차원 테이블

차원 테이블은 다차원 정보 분석의 기준인 차원을 나타내기 위한 테이블이다. 따라서 차원 테이블들은 각 차원의 계층들과 계층 구조를 나타낸다. 이러한 차원 테이블들은 차원 계층들을 포함하며, 최하위 계층의 원소들에게 식별자를 부여한다.

차원 테이블의 주키

차원 테이블에서는 운영 데이터베이스에서 사용하는 주키들은 가능하면 같이 사용하지 않는 것이 바람직하다. 그 이유는 운영 데이터베이스와 차원 테이블의 목적이 서로 다르기 때문이다.

- 운영 데이터베이스의 주키: 운영 데이터베이스에서 주키는 실제로 존재하는 개체를 구별하기 위하여 사용된다. 따라서 만약 해당 개체의 속성이 바뀐다고 하여도 주키는 바뀌지 않는다. 예를 들면, 고객의 거주지나 신용상태가 변경되었다고 하여도 고객의 주키는 바뀌지 않는다.
- 차원 테이블의 주키: 차원 테이블의 주키는 분석 기준을 나타내기 위하여 사용된다. 따라서 분석 기준이 바뀌면 해당 개체 또한 다른 개체로 표현할 수 있다. 예를 들면, 거주지가 바뀐 고객은 다른 고객으로 볼 수 있다.

이와 같이 속성이 바뀜에 따라 주키를 변경하게 되면, 다차원 데이터베이스에서의 개체 수는 실제 개체 수보다 훨씬 많게 된다.

대용량 차원 테이블의 관리

다차원 데이터베이스에서 차원 테이블의 주키는 운영 데이터베이스의 주키와는 분리하여 별도로 설계하는 것이 바람직하다고 하였다. 따라서 차원 테이블의 레코드 수는 실제 개체수보다 많게 된다.

대부분의 다차원 데이터베이스에서 차원 테이블들은 사실 테이블과 비교하여 크기가 매우 작기 때문에 속성이 바뀜에 따라 다른 주키값을 부여하더라도 큰 문제가 되지 않는다. 그러나 고객과 같은 대용량 차원 테이블의 경우에는 이러한 주키값의 변경이 중요한 현안으로 등장할 수 있다.

예를 들면, 고객의 수가 3,000,000명이라고 하고, 고객의 분석 기준을 나타내는 속성, 예를 들면 주소, 신용등급, 결혼 여부들이 바뀔 때마다 별도의 주키값을 부여할 경우, 고객 차원 테이블의 레코드 수는 기하급수적으로 증가하게 된다.

이러한 대용량 차원 테이블 관리의 문제점을 해결하기 위한 대안으로서는 각 차원 개체별로 속성이 바뀜에 따라 다른 주키값을 부여하는 것이 아니라, 분석 기준을 나타내는 차원들을 별도로 만드는 것이다. 예를 들면, 앞에서 언급한 고객 테이블을 다음과 같이 구성할 수 있다.

- 고객 차원 테이블은 고객에 대한 기본 정보 및 현재의 속성들만을 나타낸다.
- 바뀔 수 있는 속성들인 거주지, 신용등급들을 나타내는 차원 테이블들을 별도로 만든다. 예를 들면 고객거주지 차원 테이블, 고객신용등급

그림 12-5 대용량 차원 데이터 표시를 위한 속성별 차원 테이블

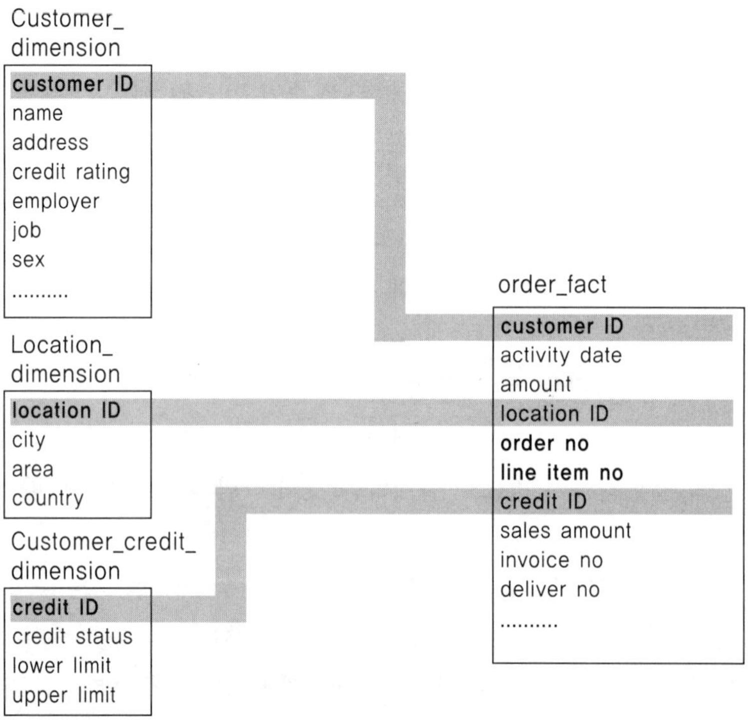

차원 테이블들을 생성한다.

- 사실 테이블에는 고객차원 테이블의 주키뿐만이 아니라 고객거주지 차원 테이블과 고객신용등급 차원 테이블의 주키들도 외래키로 포함한다.

즉, 그림 12-4에서 표시된 것처럼 하나의 차원 테이블을 가지는 것이 아니라 그림 12-5에 표시된 것 같이 여러 개의 차원 테이블을 갖는다. 이렇게 할 경우 만약 신용등급이 바뀌어도, 고객번호(customer ID)가 변경되는 것이 아니라 신용등급(credit ID)을 변경시키면 되며, 따라서 고객 차원 테이블의 레코드 수는 실제 고객 수와 같이 일정하게 유지된다.

12.4 비즈니스 인텔리전스 솔루션의 기능

분석정보 영역을 위한 솔루션의 기능은 다양한 각도에서 다양하게 이야기되고 있다. 이러한 기능들 중 가장 대표적인 것이 OLAP Report(http://www.olapreport.com)에서 제시하고 있는 FASMI 테스트이다. 비즈니스 인텔리전스 솔루션이 가져야 할 기능들 중 대표적인 것을 다음과 같이 추출할 경우 이들 요구기능들의 영어 첫 글자들을 따서 FASMI라고 한다.

신속성(Fast)

분석정보를 위한 솔루션은 무엇보다도 사용자들에게 신속한 처리결과, 즉 분석정보를 제공할 수 있어야 한다. 이러한 처리 속도를 나타내는 단어들 중에서 가장 일반적으로 이야기하는 기준이 실시간이다. 즉 실시간으로 정보분석이 이루어지는 것처럼 사용자들이 느낄 수 있어야 하는데, 이러한 기준으로 보통 5초 이내, 1초 이내, 늦어도 20초 이내 등의 기준이 제시되고 있다.

그러나 거래처리와 달리 정보분석은 다량의 데이터들을 이용하여 비정형 분석을 실시하는 것이기 때문에 이를 실시간으로 처리하는 것은 쉬운 일이 아니다. 이와 같이 대용량 데이터의 신속한 처리를 위하여 특수한 데이터 저장 방법, 중간처리결과의 저장 등을 시도하고 있다.

분석기능(Analysis)

사용자들은 다양한 분석을 손쉽게 실행할 수 있어야 한다. 여기서 손쉽게 실행한다는 의미는 데이터베이스나 SQL, 프로그래밍에 대한 지식이 없는 사용자들도 데이터의 비교나 분석을 용이하게 할 수 있어야 함을 의미한다.

가장 대표적인 분석 기능은 스프레드시트의 계산 기능과 그래픽 기능들이라고 할 수 있다. 이러한 점에서 스프레드시트는 비즈니스 인텔리전스 솔루션의 분석기능을 판단하는 기준으로 볼 수 있다.

공유(Shared)

분석정보 영역에서 데이터들은 분석정보 데이터베이스에 저장된다. 그리고 이들 분석정보 데이터베이스는 여러 사용자들이 공유하여 사용함으로써 일관된 분석정보들이 의사결정에 활용될 수 있는 기반을 제공한다.

다차원성(Multi-dimensional)

정보 분석을 특징하는 한 가지 단어를 선택하라고 하면 다차원성을 들 수 있다. 즉 다양한 각도에서 여러 차원들을 이용하여 데이터를 분석할 수 있다는 점이 비즈니스 인텔리전스 솔루션을 일반 데이터베이스 질의 도구들과 구별하는 대표적인 기능이다.

다차원 분석과 연관하여 차원별로 다양한 계층을 정의할 수 있어야 하며, 필요시 2개 이상의 계층구조를 사용할 수 있어야 한다. 예를 들면, 시간 차원에는 년, 분기, 월, 주, 일 등의 여러 계층이 있을 수 있으며, 이들을 이용하여 필요한 경우에는 년-월-일 구조의 계층 분석이 가능하여야 하며, 또한 년-주-요일 단위의 계층 분석 또한 가능하여야 한다.

정보의 충분성(Information)

비즈니스 인텔리전스 솔루션은 충분한 정보를 관리하고 저장할 수 있어야 한다. 여기서 충분한 정보를 저장할 수 있다는 것은 정보 분석을 위하여 필요한 다양한 종류의 데이터들을 제공할 수 있어야 함을 의미한다.

비즈니스 인텔리전스의 프레임워크에서 살펴본 바와 같이, 분석 정보 영역에서 데이터들은 데이터웨어하우스 또는 주제별 데이터마트에 저장된다. 따라서 이러한 데이터들을 이용함에 있어 솔루션별로 매우 차이가 크다. 즉, 전사적 데이터웨어하우스에 버금가는 다양한 데이터들을 제공하는 솔루션이 있는가 하면, 해당 분석을 위한 데이터들만을 제공하는 솔루션이 있다. 이러한 점에서 비즈니스 인텔리전스 솔루션은 특정 주제 분석을 위한 다양한 데이터들을 제공할 수 있어야 한다.

12.5 마스터데이터관리

기업이나 조직에서 다양한 현상들에 대한 정보를 실시간으로 활용함에 있어 우리가 묵시적으로 가정하고 있는 것은 파악하고자 하는 대상물을 정확하게 구분할 수 있다는 것이다. 즉, 인터넷으로 주문을 발주하거나 배송상태를 파악하고자 할 경우, 해당 상품이 무엇인지, 또는 무슨 주문의 배송상태를 파악하고자 하는 것인지 등을 상품번호나 주문번호 또는 주문자의 주민번호 등을 사용하여 쉽게 구분할 수 있음을 가정한다.

만약 주문 수주 부서의 제품번호와 재고관리부서의 제품번호가 다를 경우, 당연히 다른 제품이 주문자들에게 배송될 수 있으며, 이러한 문제를 방지하기 위하여서는 사람이 중간에 개입하여 같은 제품인지를 각각 확인하여야 하며, 많은 시간과 노력이 들 수 있다. 이와 같이 정보화의 첫 단계는 대상물을 구분하여 표준화하는 것이다.

일상생활이나 기업 활동에서 가장 중심이 되는 대상물들은 도로와 같은 지형물, 사람(고객, 사원, 시민 등), 사물(제품, 부품, 원재료, 기계, 건물, 창고 등)을 포함한다. 이들에 대한 관리는 데이터베이스의 개념 설계부터 매우 중요하게 다루어져 왔다. 최근에 와서는 특히 다양한 데이터베이스들과 정보시스템들이 기업이나 조직에서 활용됨에 따라 이에 대한 중요성이 더욱 커지고 있는데, 이들에 대한 정보들을 마스터데이터(Master Data)라고 하며, 이를 표준화하여 관리하는 것을 마스터데이터관리라고 한다.

정보화에 따른 데이터관리 형태를 살펴보면, 개별 업무들만이 전산화되었던 초창기에는, 데이터관리 또한 해당 정보체계별로 이루어졌다. 즉, 사원자료들은 급여정보시스템에서 관리하였으며, 품목자료들은 재고관리정보시스템에서 관리하였다. 그러나 정보화가 확대됨에 따라, 사원자료들을 급여정보시스템에서만 사용하는 것이 아니라 교육정보시스템에서도 사용하게 되었다. 이 결과 급여정보시스템과 교육정보시스템의 사원자료가 서로 달라서, 휴직중인 사원에게 교육지원금이 지급되는 등의 오류가 발생할 수 있게 되었다. 모든 정보시스템과 사용자들이 정확한 정보를 같이 공유하는 것은 정보화의 초창기부터 지향해온 목표이다. 그러나 정보화가 진전됨에 따라 이러한 목표를 달성하는 것이 더욱 어렵게 되는 역설적인 현상이 발생하게 되었다. 이를 해결하고 정보화의 목표를 실현하기 위한 방안의 하나로서, 기업이나 조직의 주요 구성물에 대한 데이터들을 표준화하여 관리하는 방안이 제시되고 있는데 이것이 마스터데이터관리(Master Data Management)이다.

12.5.1 마스터데이터의 식별

마스터데이터는 기업이나 조직 활동의 근간을 이루는 주요 데이터들이다. 조직 활동의 근간을 이루는 데이터들로서는 인사 대장(臺帳)이나 품목 대장, 시설 대장, 거래 장부(帳簿) 등과 같은 것들이 있다. 그러면 이들이 모든 마스터데이터들인가? 그리고 만약 이들이 모두 마스터데이터이면 마스터데이터관리는 종래의 데이터관리와 무엇이 다른가라는 의문이 생길 수 있다.

결론부터 이야기하면 거래장부에 기록된 데이터는 거래데이터이다. 그리고 마스터데이터는, 거래 장부에 기록된 거래가 적합하게 이루어졌는가를 확인하기 위하여 참조하는, 인사대장, 품목대장 등에 기록된 데이터들이다.

예를 들어 갑회사가 2009년 11월 4일 ABC 제품 10kg들이 200상자를 을회사로부터 구매했다고 하자. 여기서 이 거래(transaction)가 적합하게 이루어졌는가를 확인하기 위하여서는 다음의 항목들에 대한 검증이 필요하며, 이들 확인 또는 검증을 위한 데이터들을 마스터데이터라고 한다.

- 을회사가 적법한 회사인가를 확인
- ABC 제품 10kg 상자가 갑회사의 구매목록에 등재되어 있는 구매품인가를 확인

이상에서 살펴본 바와 같이 모든 데이터들은 거래데이터들과 마스터데이

터로 구분된다. 전자는 거래 사실을 나타내며, 후자는 거래에 참여하는 인적 물적 구성물들을 나타낸다.

마스터데이터들을 보다 구체적으로 살펴보면, 그림 12-6과 같이, 기업이나 조직 활동에 참여하는 내부 및 외부의 구성물(개체, entity)들이 포함됨을 알 수 있다. 이러한 마스터데이터들을 기업 활동의 육하(六何)원칙과 연관하여 살펴보면, 누가, 어디서, 무엇을, 어떻게 등이 마스터데이터에 포함된다.

- 누가(Who): 기업이나 조직 내부 및 외부의 모든 인적 자원에 대한 데이터로서 사원, 고객, 협력사 등에 대한 데이터들을 포함한다.
- 어디서(Where): 기업이나 조직의 활동이 발생하거나 구성원들이 위치하는 장소에 대한 지리적 특성이나 속성을 나타내는 데이터로서, 최근에는 모바일 환경의 확산으로 지리정보에 대한 관심이 증대하고 있다.
- 무엇을(What): 기업이나 조직이 취급하는 상품이나 서비스와 같은 유형 및 무형의 물적 자원에 대한 데이터로서 상품, 물자, 서비스 등에 대한 데이터들을 포함한다.
- 어떻게(How): 기업 활동의 근거가 되는 (주로 무형의) 개체들에 대한 데이터로서 사업, 계정, 계약 등에 대한 데이터들을 포함한다.

이와 같이 마스터데이터는 기업이나 조직을 구성하는 유형 및 무형의 개체(entity)들에 대한 데이터이다. 따라서 어떤 마스터데이터를 관리하여야 하

그림 12-6 마스터데이터의 종류

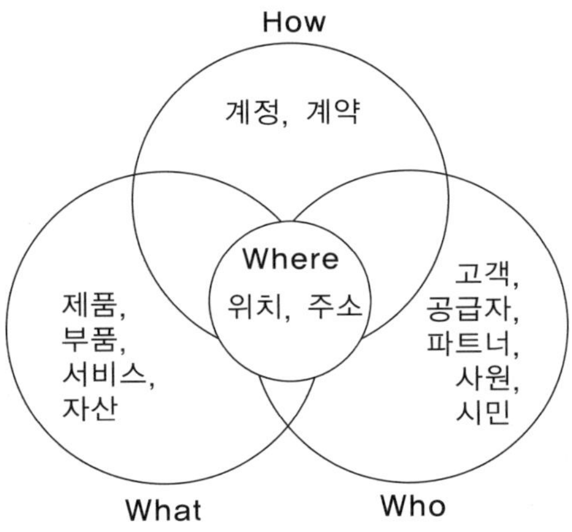

는가를 찾기 위하여서는 해당 기업이나 조직을 구성하는 개체들을 찾아내면 된다.

이렇게 식별한 개체들을(예: 고객, 제품 등) 대상으로, 이들을 설명하는 속성들을(예: 성별이나 가격 등) 모델링하고, 속성들을 표현하기 위한 데이터들을(예: 'F', 'M', '20,000원', '$20.05' 등) 표준화하는 과정을 거친다. 따라서 조직이나 기업의 형태나 종류에 따라 마스터데이터 또한 달라지며, 조직이나 기업별로 마스터데이터 또한 고유하다고 할 수 있다.

12.5.2 용어 표준화

마스터데이터관리가 도입된 이유는 정보체계별 데이터의 불일치를 해소하고 모든 정보체계와 사용자들이 정확한 데이터들을 같이 공유할 수 있도록 하기 위해서이다. 이러한 마스터데이터관리의 목적을 실현하기 위해서는 무엇보다도 먼저 기업이나 조직에서 사용하는 용어들이 표준화되어야 한다.

예를 들면, 47인치LEDTV의 이름을 한쪽에서는 '47LEDTV' 라고 하며, 다른 쪽에서는 '47평면TV' 라고 하고, 또 다른 쪽에서는 '47평면티비' 라고 한다면 이들이 같은 모델의 TV를 지칭하는지 또는 다른 모델을 지칭하는지 알 수 없다. 또한 사람의 성별을 나타내는 값을 어느 정보시스템에서는 '남' 과 '여' 로 표시하고, 다른 정보시스템에서는 'M' 과 'F' 로 표시한다면, 이들이 같은 값인지 또는 다른 값인지를 구분할 수 없다. 따라서 마스터데이터관리를 위하여서는 전사적인 관점에서 데이터들을 어떻게 표현해야 할지를 결정하여야 한다. 이를 위해서는 먼저 사용하는 용어들을 표준화하고, 특정 대상물이나 값을 나타내는데 표준 용어들만이 사용되도록 해야 한다.

용어 표준화를 위한 주요 과제를 살펴보면 다음과 같다.

- 같은 의미를 갖는 용어들을 동의어(synonym)들로 정의
- 용어들 사이의 포함관계를 정의

용어 표준화를 위해서는 표준 용어들을 정의하고 이를 사용하도록 권장해야 하나, 일반 사용자들이 항상 표준 용어들을 미리 알아서 사용하는 것이 아니며, 표준 용어가 아닌 다른 용어들을 이미 사용하고 있을 수 있다. 따라서 표준 용어들뿐만이 아니라, 이미 사용하고 있거나 사용할 것으로 예상되는 용어

들을 표준 용어의 동의어로서 관리할 필요가 있다. 그리고 표준 용어들을 개별적으로 파악하는 것도 중요하지만, 이들 사이의 연관성을 광의어(廣義語), 협의어(狹義語) 등으로 같이 파악하는 것도 필요하다. 예를 들면, '개인용 컴퓨터'가 '데스크탑'과 '노트북'으로 구분된 것을 사용자들이 알 경우,[1] 이들을 보다 잘 이해하고 잘 사용할 수 있다. 이와 같이 용어 표준화는 표준적인 단어들만을 지정하는 것이 아니라 해당 조직이나 집단이 이들 용어에 부여하는 개념 또는 의미를 표준화하고 정형화하는 과정이라고 할 수 있다. 이러한 점에서 표준 용어들은 해당 집단이 공유하는 지식체계를 나타낸다.

이상에서 살펴본 바와 같이, 마스터데이터는 대상물들을 식별하고, 이들에 데이터를 부여하는 과정을 거친다. 이러한 점에서 용어 및 데이터 표준화 또한 마스터데이터의 생성과 병행하여 이루어져야 한다. 즉 이미 적용중인 용어들에 대한 표준화 작업과 마스터데이터 생성 작업을 병행함으로써 궁극적으로 마스터데이터와 운용중인 정보시스템을 순조롭게 통합할 수 있다.

12.5.3 마스터데이터의 공유

모든 마스터데이터들은 개인의 소유가 아니라 조직 전체의 소유이다. 마스터데이터관리는 이들이 전사적으로 공유되는 환경을 구축하고자 한다. 마스터데이터를 공유하기 위한 세부 목표를 살펴보면 다음과 같다.

- Visible (가시성)
- Accessible (가용성)
- Understandable (이해가능성)
- Trusted (신뢰성)
- Interoperable (상호운용성)
- Responsive (즉시성)

이들 목표들은 데이터 공유 및 데이터 품질관리 등의 분야에서 전통적으로 다루어 온 요소들로서 다만, 정확성 등과 같은 품질 요소보다는 사용자들이 마스터데이터를 활용하는 데 도움이 되는 요소들에 주안점을 둔 것이다. 따라서 가시성과 가용성, 이해가능성들이 주요 요소들로 취급되고 있다. 즉,

1) 즉, '개인용 컴퓨터'가 '노트북'의 광의어이며, '노트북'은 '개인용 컴퓨터'의 협의어이다.

무슨 마스터데이터들이 어디에 있는가를 쉽게 파악할 수 있으며(가시성), 이들을 바로 사용할 수 있으며(가용성), 이들이 무슨 내용을 나타내는지 쉽게 이해할 수 있는(이해가능성) 정보시스템 구축을 목표로 한다. 더불어 이들 마스터데이터들이 믿을 수 있으며(신뢰성), 여러 사용자나 정보체계들이 공동으로 사용할 수 있으며(상호운용성), 데이터의 발생과 더불어 바로 파악할 수(즉시성) 있도록 지원한다.

이들 목표들을 살펴보면, 궁극적으로는 모든 사용자들이 마치 개인적으로 저장한 정보를 사용하는 것처럼, 전사적으로 마스터데이터들을 편리하고 쉽게 사용할 수 있는 환경을 구축하고자 하는 것이 마스터데이터관리라고 할 수 있다.

S U M M A R Y

요약

본 단원에서는 전사적 정보자원관리의 개념과 정보자원의 품질 특성에 대하여 학습하였다. 본 단원에서 습득한 주요 개념들을 요약하면 다음과 같다.

경영성과관리시스템(CPM: Corporate Performance Management): 데이터웨어하우스에 저장된 분석정보들을 이용하여 기업의 경영성과를 한눈에 파악할 수 있도록 제공하는 경영성과의 나침반(dashboard) 역할을 하는 시스템.

다차원 질의: 여러 개의 차원들을 사용하여 데이터를 다양한 관점에서 분석하기 위한 질의.

동의어(synonym): 같은 의미를 갖는 용어들.

마스터데이터(master data): 일상생활이나 기업 활동에서 가장 중심이 되는 대상물들에 대한 데이터.

분석 차원(dimension): 시간, 제품, 매장과 같이 분석 척도를 비교하는 기준.

분석 척도(measure): 분석하고자 하는 값을 나타내는데 사실(fact) 또는 변수(variable)라고도 함.

비즈니스 인텔리전스(BI: Business Intelligence): 데이터웨어하우스 또는 다차원 데이터베이스와 이들을 이용하는 정보 분석 도구들을 중심으로 구성된 분석정보 영역을 위한 총괄 솔루션.

사실 테이블(fact table): 다차원 데이터모형에서 분석하고자 하는 사실 또는 측정 변수를 기록하는 테이블.

스타 스키마(star schema): 다차원 분석을 효과적으로 수행하기 위한 데이터 모형으로서 사실 테이블이 가운데 있고 차원 테이블들이 주위에 붙어 있는 것이 눈(snow)의 결정체처럼 보인다고 하여서 그렇게 부름.

온라인 정보분석(OLAP: OnLine Analytic Processing): 데이터웨어하우스 또는 데이터마트로부터 원하는 형태의 정보들을 실시간으로 추출하는 작업.

차원 테이블(dimension table): 다차원 데이터모형에서 다차원 정보 분석의 기준인 차원을 나타내는 테이블.

13 Database Management

데이터 품질

데이터 관리는 데이터의 품질에 의하여 평가된다. 즉, 생산된 데이터가 양질일 경우 데이터 관리가 효과적으로 수행되었다고 할 수 있으며, 그렇지 않은 경우 데이터 관리가 효과적이지 못하였다고 할 수 있다.

13.1 데이터의 품질 프레임워크

데이터 품질은, 일상적인 제품의 품질과 달리, 무형적 특성을 측정한다. 이러한 점에서 품질에 대한 기준(또는 차원: dimension)과 측도(metric)를 설정하는 것이 쉽지 않다. 전통적으로 품질이란 사용자의 요구를 충족시키는 정도로 판단된다. 따라서 품질에 대한 평가는 내구성 등과 같은 제품에 대한 차원과 더불어 사용 편이성 등과 같은 사용자의 주관적인 차원들을 포함한다.

데이터에 대한 품질 평가 또한 데이터에 대한 객관적인 평가와 더불어 사용자들에 의한 주관적인 평가 또한 포함한다. 또한 최근에는 이러한 품질에 영향을 미치는 원인을 추적하여 이를 같이 평가하는 방향으로 확대되고 있다.

데이터 품질 차원

데이터 품질에서 일차적인 관심사는 데이터가 실제 현상을 얼마나 잘 나타내는가를 측정하는 데이터의 정확성이다. 이에 따라 데이터 품질 또한 정확성을 중심으로 발전하여 왔다.

실제 현상에 대하여 사용자들이 알고자 하는 정보를 제공한다는 점에서 데이터는 무엇보다도 정확한 정보를 제공하여야 한다. 그리고 이러한 정보들이 사용자들에게 유용하여야 하며, 사용자들이 찾고자 하는 모든 정보를 완전하게 제공할 수 있어야 한다. 이러한 관점에서 정확성, 유용성 및 완전성이 가장 대표적인 데이터의 품질 척도로 사용되고 있다.

이러한 데이터 품질 척도들에 추가하여, 데이터베이스에 저장된 값들을 관리하는 관리자 관점에서의 품질 척도를 생각할 수 있다. 데이터 관리자 관점에서의 대표적인 품질 척도로는 데이터들 사이의 상호 일치성을 평가하는 일관성, 논리적 모순을 평가하는 무결성 등이 있다. 이와 같이 데이터 품질은 평가 주체에 따라 사용자의 관점에서 평가하는 품질과 데이터 관리자의 관점에서 평가하는 품질로 구분할 수 있다.

평가 주체에 따른 구분과 더불어 평가 대상이 무엇이냐에 따라 데이터의 품질을 구분할 수 있다. 평가 대상은 데이터 자체에 대한 품질과 데이터를 제공하는 서비스에 대한 품질로 구분되어 왔다. 여기서 데이터 자체에 대한 품질은 데이터베이스에 저장되어 있는 데이터에 대한 평가로서 정확성, 완전성, 현행성, 일관성 등을 포함하며, 서비스에 대한 품질은 사용자들이 느끼는 서비스에 대한 평가로서 검색성, 사용용이성, 사용자 지원성 등을 포함한다.[1)] 비슷한 구분으로 한국데이터베이스진흥센타는 데이터 품질로는 정확성, 완전성, 최신성, 포괄성, 활용성을, 서비스에 대한 품질로는 검색성, 편의성, 지원성, 시스템 성능을 제시하였다.

이러한 품질 차원들에 대한 연구의 일환으로 Wang은 데이터 품질 차원들을 표 13-1의 4가지 카테고리로 분류하고 있다. Wang이 제시한 데이터 품질 카테고리들을 앞에서 언급한 평가 대상(데이터 자체에 대한 품질과 데이터의 서비스에 대한 품질) 및 평가 주체(사용자 중심과 데이터베이스 관리자 중심)에 따른 평가 기준들과 상호 비교하면 표 13-2와 같이 정리할 수 있다.

---

1) 반드시 그러한 것은 아니나, 일반적으로 서비스에 대한 품질은 사용자 중심의 품질과 연관성이 높으며, 데이터 자체에 대한 품질은 데이터베이스 관리자 중심의 품질과 연관성이 높다고 할 수 있다.

표 13-1 Wang의 데이터 품질 카테고리

카테고리	차 원
내재적 정보 품질 (Intrinsic IQ)	Accuracy, Objectivity, Believability, Reputation
접근적 정보 품질 (Accessible IQ)	Access, Security
상황적 정보 품질 (Contectual IQ)	Relevancy, Value-added, Timeliness, Completeness, Amount of Data
표현적 정보 품질 (Representational IQ)	Interpretability, Ease of understanding, Concise presentation, Consistent representation

표 13-2 데이터 품질 차원의 상호 비교

Wang의 카테고리	평가 대상에 따른 구분	평가 주체에 따른 구분
내재적 정보 품질	데이터 자체에 대한 품질	데이터베이스 관리자 중심의 품질
상황적 정보 품질		사용자 중심의 품질
접근적 정보 품질	데이터 서비스에 대한 품질	데이터베이스 관리자 중심의 품질
표현적 정보 품질		사용자 중심의 품질

데이터 품질 원인

통합품질관리(TQM: Total Quality Management)는 제품 또는 서비스의 설계부터 제조 및 사후 관리까지의 전 과정을 포함한다. 따라서 최종 제품 및 이에 대한 사용자들의 평가만이 아니라 시작단계부터 전 과정을 포함하도록 품질 관리를 확장한다.

데이터의 경우에도 양질의 데이터를 서비스하기 위하여서는 최종 데이터에 대한 품질 관리뿐만이 아니라 데이터를 생성하는 데이터베이스 구조, 생성 프로세스 등의 모든 과정에 대한 관리가 같이 이루어져야 한다. 데이터에 대한 품질 관리를 이와 같이 확장할 경우, 데이터 품질은 앞 절에서 언급한 데이터에 대한 평가와 더불어 데이터 품질에 영향을 미치는 환경적 요인들에 대한 평가를 포함하도록 확장된다.

데이터 품질에 영향을 미치는 환경적 요인으로서 일반적으로 다음의 4가지를 제시하고 있다.

- 데이터 설계
- 데이터의 처리 프로세스
- 시스템
- 데이터 관리 정책 및 절차

이들 데이터의 품질에 영향을 미치는 원인들 중에서 최근 새로이 많이 연구되고 있는 분야는 데이터 처리 프로세스와 데이터 관리 정책 및 절차 등이다. 데이터 처리 프로세스는 이전에는 응용 시스템의 일부로 분류되어 데이터 관리 범위 밖의 문제로 취급되었었다. 그러나 최근에는 이를 데이터 관리의 수명주기에 포함시키는 모형들이 제시되고 있다. Redman은 양질의 데이터 서비스를 위한 노력으로서 정보처리기능모형(Information Processing Model)을 제시하고 있으며, Wang은 정보제조시스템(Information Manufacturing System) 등을 제시하고 있다. 이들 모두 데이터의 처리 프로세스를 데이터 관리의 관점에서 단순화하여 표현한 모형들이다.

통합 데이터 품질 평가 기준

통합 품질관리의 관점에서 볼 때, 데이터 품질 평가는 데이터에 대한 평가와 데이터 품질에 영향을 미치는 원인들에 대한 평가를 모두 포함함을 알 수 있다. 본 절은 이러한 통합 데이터 품질을 실제 현상 투사 패러다임(real-world mapping paradigm)에 기초하여 품질 평가 기준 및 차원들을 종합적으로 재구성한다.

실제 현상 투사 패러다임에 기초하여 볼 때, 데이터는 실제 현상을 부호로 표현한 것이며, 데이터 서비스의 목적은 실제 현상에 대한 정보를 데이터를 통하여 제공하고, 이를 이용하여 사용자의 활동을 지원하는 것이라고 정의할 수 있다. 이러한 패러다임에 기초하여 데이터의 생성 및 활용 과정을 살펴보면 그림 13-1과 같이 3부분으로 나눌 수 있다.

(1) 데이터의 생성: 실제 현상을 나타내는 데이터를 생성하여 저장
(2) 데이터의 접근: 사용자가 데이터를 제공받고 이해
(3) 데이터의 적용: 데이터를 실제 업무에 적용

그림 13-1 데이터의 이용 주기

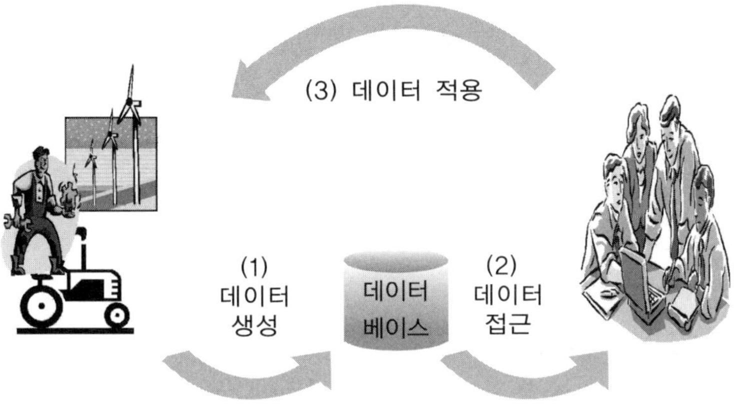

이들을 데이터의 이용 주기라고 하면, 데이터의 품질은 이용 주기를 구성하는 각 단계별로 다르게 평가되어야 한다. 표 13-3은 데이터 이용 주기의 각 단계별로 품질 기준과 품질 평가의 주체 또는 구성 요소들을 제시하고 있다.

데이터 생성 단계의 품질은 데이터가 실제 현상을 얼마나 잘 나타내는가에 의하여 평가되며, 평가 시스템을 구성하는 주 요소는 데이터와 실제 현상이다. 이에 반하여 데이터 접근 단계는 데이터를 이용하고 이해하기에 얼마나 편리한가에 의하여 평가되며, 평가 시스템의 주 구성요소는 사용자와 데이터이다. 그리고 데이터 적용 단계는 사용자가 실제 업무를 수행하는 데 데이터가 얼마나 유용한가를 평가하는데, 이때 평가 시스템을 구성하는 주요 요소는 사용자와 실제 현상이다.

표 13-3 실제 현상 투사 패러다임에 근거한 데이터 품질 기준

데이터 이용 주기	품질 기준	평가 시스템의 주체 또는 구성 요소	Wang의 품질 카테고리
데이터의 생성	실제 현상을 얼마나 잘 나타내는가	데이터와 실제 현상	내재적 품질
데이터의 접근	이용하기에 얼마나 편리한가	데이터와 사용자	접근적 품질
	이해하기에 얼마나 편리한가		표현적 품질
데이터의 적용	행동을 결정하고 실행함에 얼마나 유용한가	사용자와 실제 현상	상황적 품질

여기서 평가 시스템의 주체 또는 구성 요소는 평가의 주체 또는 대상으로서 평가 척도를 구성하는 주요 결정인자들이다. 즉, 데이터 생성 단계의 주 구성 요소가 데이터와 실제 현상이라는 것은 사용자들이 느끼는 정성적인 평가 기준이 데이터 생성 단계에서의 주요 평가 기준이 아니라는 것을 의미한다. 이에 반하여 데이터 적용 단계의 주 구성 요소가 사용자와 실제 현상이라는 것은 적용 단계에서는 사용자가 느끼는 정성적인 평가 기준들이 주요한 평가 기준으로 취급되어야 함을 의미한다.

통합 데이터 품질 평가 프레임워크

통합 데이터 품질 관리는 데이터 품질에 대한 평가와 더불어 품질에 영향을 미치는 원인들에 대한 평가를 함께 포함한다. 이에 따라 품질 평가의 대상 또한 데이터뿐만이 아니라 이에 영향을 미치는 모든 원인들을 포함한다.

품질에 영향을 미치는 원인들로서는 데이터베이스의 구조, 데이터의 생성 프로세스, 데이터의 관리 정책과 절차, 시스템 등이 있다. 이들은 다음에 예시된 바와 같이, 여러 가지 경로로 데이터 품질에 영향을 미친다.

- 데이터베이스 구조는 데이터의 일관성이나 무결성과 같은 내재적 품질과 이해 용이성 등과 같은 표현적 품질에 영향을 미친다.
- 생성 프로세스는 데이터를 만들고 변환, 처리하는 과정으로서 데이터의 정확성과 같은 구조적 품질과 데이터의 적시성, 완전성 등의 상황적 품질에 영향을 미친다.
- 시스템은 데이터의 검색 속도, 보안 등과 같은 접근적 품질에 영향을 미친다.
- 관리 정책/절차는 포괄적이고 간접적으로 데이터의 품질에 영향을 미친다.

이와 같이, 데이터 품질의 차원을 데이터의 이용 주기와 평가 대상으로 구분하여 총괄적으로 표시한 것이 표 13-4의 통합 품질 평가 프레임워크이다.

통합 품질 평가 프레임워크는 품질 차원들을 데이터의 이용 주기별로 분류하여 제시하며, 데이터만이 아니라 데이터베이스 스키마, 프로세스, 시스템 및 관리 절차 등도 평가 대상으로 포함한다. 따라서 데이터에 대한 사후적 평

표 13-4 데이터 이용 단계와 평가 대상에 따른 통합 데이터 품질 평가 프레임워크

데이터 이용 주기			평가 대상				
	품질 카테고리	품질 차원	데이터	설계 구조	생성 프로세스	시스템	관리정책/절차
데이터 생성	내재적 품질	정확성	*		*		*
		무결성	*	*	*		*
		일관성	*	*			*
데이터 접근	표현적 품질	표현일관성	*	*	*		*
		해석용이성	*	*			*
	접근적 품질	접근성		*	*	*	*
		성능				*	*
		보안				*	*
데이터 적용	상황적 품질	유용성					*
		적시성			*	*	*
		완전성		*	*		*
평가의 종류			현상평가	원인 평가			

가만이 아니라 품질에 영향을 미치는 원인들에 대한 평가 또한 포함한다.

데이터 품질 평가는 평가 대상에 따라 크게 현상 평가와 원인 평가로 구분된다. 데이터에 대한 사후적 평가 또는 현상 평가는 평가 대상이 데이터이며, 사용자에게 서비스되는 데이터의 품질을 평가하는 것이다. 이에 반하여 원인 평가는 데이터 품질에 영향을 미치는 원인들이 평가 대상이며, 이들 원인들의 특성을 평가하는 것이다. 예를 들면 실제 저장된 값과 참값의 일치여부를 직접 측정하는 것이 정확성에 대한 현상 평가이며, 도메인이 얼마나 정확하게 정의되어 범위를 벗어나는 데이터가 입력될 수 있는 가능성을 미연에 방지하는가를 평가하는 것이 정확성에 대한 원인 평가이다.

13.2 품질 차원

데이터의 품질은 여러 관점에서 평가될 수 있음을 살펴보았다. 본 절에서는 앞에서 언급된 품질 차원들을 보다 자세히 설명한다.

정확성

정확성(accuracy)은 제공된 자료가 얼마나 정확한 정보를 나타내는가를 표시하는 기준이다. 정보 시스템을 실제 현상의 모형으로 정의할 때, 데이터의 질은 제공되는 데이터가 실제 현상을 얼마나 잘 나타내느냐에 의하여 결정된다고 볼 수 있으며, 이를 나타내는 기준이 정확성이다. 그렇다면 여기서 정확하다는 것은 무엇을 의미하는가?

정확성을 판단하기 위해서는 이의 평가기준인 실제값(眞의 값)이 존재하여야 한다. 즉 재고량의 정확성을 고려하기 위해서는 실제 저장된 상품의 수량이 존재하여야 한다. 전자(즉, 재고량)를 기록된 자료라 할 때, 후자(즉, 실제 저장된 수량)는 기록된 자료에 대응하는 실제값이다.

정확성이란 데이터와 실제값과의 오차로써 판단된다. 오차가 클수록 정확하지 않으며, 오차가 작을수록 정확하다고 할 수 있다. 여기서 오차란 자료값과 실제값과의 차이로써 측정되며, 측정 방법에 따라 상대오차와 절대오차로 구분된다.

- 절대오차란 자료값과 실제값과의 차이의 절대 크기로써 측정된다. 예를 들면, 특정 부품의 현 재고량이 180개로 기록되어 있으며, 실제 재고량이 200개일 경우, 절대오차는 20개이다.
- 상대오차란 실제값에 대비한 절대오차의 상대적 크기로써 측정된다. 예를 들면, 특정 부품의 현 재고량이 180개로 기록되어 있으며, 실제 재고량이 200개일 경우, 상대오차는 10%(20/200)이다.

제시된 사례로부터 유추할 수 있듯이 정확성은 저장된 자료만으로는 평가할 수 없다. 바꾸어 이야기하면, 기록된 자료값을 실제값과 비교함으로써 비로소 평가된다. 앞의 예에서 180개라는 재고 수량의 정확성은 180개가 실제 재고를 얼마나 정확히 잘 나타내는가에 의하여 결정된다. 만약 실제 재고가 200개이면 180개는 부정확한 자료이며, 실제 재고가 181개이면 비교적 정확한 자료라 이야기할 수 있다.

데이터와 실제값과의 오차는 자료 조작의 오류, 정보 조작자의 의도적 행위, 기계적 장치의 결함 및 정보시스템의 본질적 제한성 등에 의하여 발생한다. 여기서 정보시스템의 본질적 제한성이란 실제 현상을 나타냄에 있어 정보시스템이 지니는 본질적 한계를 의미한다. 예를 들면 특정인의 키를 cm로 나타낼 경우 아무리 정확한 자료값을 표현하고자 하여도 실제의 값과 다를 수 있다. 이러한 정보시스템의 본질적 제한성은 유효숫자를 늘리는 것과 같이 추가적인 노력에 의하여 감소시킬 수 있으나 궁극적으로 완전히 제거할 수는 없다.

자료의 정확성을 향상시키기 위해서는 추가적인 시간이나 노력이 소요되며 이에 따라 정확성은 다음에 제시되는 적시성과 상호 배타적 관계를 갖는다. 즉, 정확성을 높이기 위해서는 오류의 확인 및 정정을 위하여 많은 시간과 노력을 투자하여야 한다. 그러나 이러한 시간과 노력의 투자는 자료 제공의 적시성을 떨어뜨리며, 반대로, 적시성만을 강조하여 오류의 확인이나 정정을 소홀히 할 경우, 정확성이 떨어지게 된다.

일관성

일관성(consistency)이란 동일한 실제 현상을 나타내는 여러 자료들의 값이 서로 동일한가를 평가하는 기준이다. 예를 들면, 갑이라는 공급업체로부터 3월중 구매한 A라는 상품의 양이 구매대장에는 500개로 기록되어 있으며, 대금지불대장에는 300개로 기록되어 있다고 가정하자. 이 경우 이들 자료들은 일관성이 결여되었다고 한다(여기서 말하는 일관성은 데이터의 내용적인 일관성이다. 데이터의 일관성이라고 할 때, 내용적인 일관성에 추가하여 표현의 일관성 또한 고려할 수 있는데, 이는 이후 표현의 일관성에서 자세히 설명된다).

일관성이 데이터의 질적 평가기준으로서 중요한 이유는 상이한 자료들은 반드시 오류를 포함하기 때문이다. 위에서 제시된 예에서, 구매보고서에 기록된 500개의 구매량과 대금지불보고서에 기록된 300개의 구매량 중 적어도 하나는 잘못된 값임이 틀림없다. 논리적으로 서로 다른 둘 이상의 데이터가 모두 정확할 수는 없다. 이들 중 적어도 하나는 부정확한 자료이다. 보다 구체적으로, 최선의 경우 오직 하나만이 정확한 데이터이며, 나머지는 모두 부정확한 데이터이다. 최악의 경우는 모두 부정확한 데이터일 수도 있다.

제시된 예를 통하여 알 수 있듯이 일관성은 정확성의 필요조건이다. 따라서 정확성을 향상시키기 위해서는 무엇보다도 먼저 일관성이 향상되어야 한다. 또한 일관성은 실제값을 확인할 필요 없이 데이터베이스에 기록된 값들만으로 오류를 파악할 수 있다는 점에서 매우 유용한 기준이며, 이러한 특성 때문에 데이터 관리를 위한 주요 척도로 활용된다.

무결성

무결성(integrity)은 데이터들 사이의 논리적 적합성을 측정하는 척도이다. 무결성의 개념을 먼저 사례를 통하여 살펴보기 위하여 갑이라는 공급업체가 A라는 부품을 납품한다고 가정하자. 여기서 갑은 생산제품을 매월 모두 납품하는 전담 외주생산업체이며, 월 최대 생산량이 350개이며, 자체 재고는 유지하지 않는다고 가정한다. 이 경우 만약 3월에 갑이 공급한 물량이 500개로 기록되어 있다고 하면, 갑 공급업체의 공급량은 최대생산량을 초과함을 알 수 있다. 즉 논리적으로 모순이다. 따라서 갑의 공급량이나 최대생산능력 중 적어도 하나는 잘못 기록된 값임이 분명하다.

다른 예로서 을이라는 제조업체의 모든 작업자들은 주 5일 근무하며, 일일 최대 잔업시간은 4시간을 넘지 못하도록 규정되어 있다고 가정하자. 이 경우 특정 부서 작업자의 2월 중 총 잔업시간이 115시간으로 청구된 경우 이는 월 근무일수 20일과 일일 최대 잔업시간 4시간을 기준으로 볼 때, 논리적으로 모순된(즉, 현실적으로 불가능한) 값이다. 이와 같이 데이터들이 상호 논리적으로 모순된 값들을 나타낼 때 데이터의 무결성이 낮다고 하며, 상호 모순되지 않은 값들만을 나타낼 경우 무결성이 높다고 한다.

데이터의 무결성은 데이터들이 실제 현상에서 발생 가능한가를 판단하는 기준이다. 따라서 무결성이 높다고 하여 반드시 정확하다고 할 수는 없으나, 정확하기 위해서는 먼저 무결성이 보장되어야 한다. 왜냐하면, 자료는 실제현상에서 발생 가능한 상태(즉, 논리적으로 모순되지 않은 상태)를 표시하여야 한다. 만약 발생 가능한 상태가 아닐 경우 이는 부정확한 자료임이 틀림없다. 데이터의 무결성은 실제 현상의 참값을 확인할 필요 없이 데이터들만으로 품질을 평가할 수 있다는 점에서 매우 중요한 평가 척도이다.

일관성이 단일 현상을 나타내는 여러 데이터들이 동일한가를 판단하는 것에 반하여, 무결성은 2개 이상의 다른 데이터들이 나타내는 논리적 의미를 판단한다. 앞에서 제시된 예들을 통하여 살펴보면, 일관성은 공급량과 같이 단일 현상을 나타내는 데이터들의 동일성(또는 이의 반대 개념으로서 모순)을 측정하는 척도이다. 이에 반하여 무결성은 잔업근무시간과 일일 최대작업시간 또는 공급량과 최대 생산능력과 같이 서로 다른 현상을 나타내는 데이터들 사이의 논리적 적합성(또는 이의 반대 개념으로서 논리적 모순성)을 측정하는 척도이다.

적절성/유용성

적절성(relevancy) 또는 유용성(usefulness)은 데이터가 사용 목적에 부합하는 정보를 제공하는가를 판단하는 기준이다. 즉, 사용 목적에 부합하는 정보를 제공할 경우 적절성이 높다고 하며, 그렇지 않을 경우 적절성이 낮다고 (또는 부적절하다고) 한다.

이러한 점에서 볼 때, 적절성은 데이터의 사용용도, 즉 의사결정 상황에 따라 다르게 평가된다. 즉, 적절성은 데이터 사용자의 주관적 판단에 의존하게 되며, 사용 경험에 따라 사후적으로 평가된다고 할 수 있다. 그러나 사용자들이 요구하는 정보를 데이터들이 포함할 경우 적절한 정보를 제공할 가능성이 높다. 이러한 점에서 데이터에 대한 충분한 수요 조사 또는 요구정의가 적절성을 향상시키기 위한 주요 수단이라고 할 수 있다.

예를 들면, 각 대리점의 영업 실적을 판매량을 기준으로 평가한다고 가정하자. 그러나 만약 반품률이 상대적으로 높을 경우, 해당 기간 동안의 판매량만은 영업실적을 나타내기에 부적절한 데이터라고 할 수 있으며, 판매량에서 반품량을 차감한 순판매량이 적절한 데이터라고 할 수 있다.

완전성

완전성(completeness)은 필요한 데이터가 모두 제공되는가를 판단하는 기준이다. 이러한 점에서 완전성은 데이터 항목의 완전성과 데이터 값의 완전성으로 구분할 수 있다.

- 데이터 항목의 완전성이란 사용자들이 원하는 데이터 항목들이 모두 포함되어 있어야 함을 의미한다.
- 데이터 값의 완전성은 해당 항목의 값들이 누락 없이 모두 기록되어 있음을 의미한다.

예를 들면, 비상 연락을 위하여 사원들의 신상 데이터를 참조한다고 가정하자. 이때, 사원들의 신상 데이터가 주소, 집 전화번호 등과 같은 데이터들만을 포함하며, 휴대폰 번호나 전자메일 주소를 포함하지 않는다고 한다면, 해당 신상 데이터들은 비상 연락을 위한 데이터로서 완전하다고 할 수 없다. 비상연락을 위한 주요 데이터들인 휴대폰 번호나 전자메일 주소 같은 데이터 항목들이 누락되어 있기 때문이다.

이에 반하여, 데이터 값의 완선성은 해당 데이터의 값이 누락 없이 완전하게 기록되었는가를 나타내는 기준이다. 예를 들면, 만약 많은 사원들의 현 주소가 빈 칸으로(또는 null 값을 갖는 것으로) 기록되어 있을 경우, 데이터 값의 완전성이 결여되었다고 할 수 있다. 또는 사원별 판매 실적 데이터 중에서 2001년 1월부터 2001년 12월까지 데이터들이 누락되어 있을 경우에도 해당 사원별 판매 실적 데이터는 완전다고 할 수 없다.

완전성의 평가에서 데이터 항목의 누락과 데이터 값의 누락은 상호 별개의 사항이라기보다는 상호 연관되며, 전자는 후자의 특수한 경우라고 할 수 있다. 즉, 데이터 항목이 누락된 것은 해당 데이터 항목에 대하여 모든 값이 누락된 경우라고 할 수 있다. 예를 들면, 사원의 휴대폰 번호가 누락된 경우는 모든 사원들의 휴대폰 번호가 빈값으로 기록되었다고 생각할 수 있다.

가용성

가용성(availability)은 필요한 데이터가 획득 가능한가를 판단하는 기준이다. 요구된 자료가 획득 · 가능하며 제공될 수 있을 경우 이를 가용하다고 하며,

획득 불가능할 경우 가용하지 않다고 한다. 이러한 점에서 볼 때, 가용성은 다음에 제시되는 적시성과 연관되는데 다음과 같은 차이가 있다.

- 가용성은 데이터베이스의 접근 유무, 즉 가용 여부를 판단하기 위한 기준으로 사용된다. 예를 들면 거래처와의 거래실적 데이터베이스를 항상 사용할 수 있으면 가용하다고 하며, 특정 기간 동안 사용할 수 없으면 가용하지 않다고 한다.
- 적시성은 가용한 데이터가 사용 시점에 얼마나 즉각적으로 제공되는가의 시간적 적절성을 판단하는 기준으로 사용된다. 예를 들면 거래처별 전월 거래 내역이 월말 거래 마감과 동시에 제공되면 적시성이 높다고 할 수 있으며, 거래 마감 이후 20여일 경과된 후 제공된다면 적시성이 낮다고 할 수 있다.

가용성은 데이터 품질을 평가함에 있어 가장 선행되어야 하는 전제조건이다. 즉 가용하지 않은 데이터에 대해서는 품질을 평가할 수 없다.

적시성

적시성(timeliness)은 사용자의 시간적 요구조건을 얼마나 잘 충족시키는 가를 평가하는 기준이다. 적시성이 높음은 사용자가 원하는 시점에 데이터가 제공됨을 의미하며, 낮음은 원하는 시점으로부터 제공되는 시점이 멀리 떨어져 있음을 의미한다.

적시성은 전산화 자료관리시스템의 시초부터 전산화의 가장 큰 장점으로 강조되어 왔다. 예를 들면, 수작업에서는 여러 시간이 소요될 수 있는 월말 총 판매량의 집계가 컴퓨터를 이용할 경우 수초, 수분 이내에 이루어질 수 있다는 점은 확실히 전산화 자료 관리의 큰 이점이었다. 즉, 전산화 자료관리시스템은 정보 생산시간을 단축함으로써 적시성을 향상시켰다. 또한 초기의 오프라인(off-line), 일괄처리(batch processing)에서 온라인(on-line), 실시간 처리(real-time processing) 등으로 변화됨으로써 정보 생산시간은 더욱 단축되었다. 그러나 정보 제공시간의 단축은 반대 급부로 사용자의 요구시간을 더욱 단축하게 되었으며, 요구되는 정보의 종류 및 양도 더욱 증가하게 되었다. 즉, 전산화 자료관리시스템의 발전과 더불어, 사용자의 요구 또한 기존의 몇 일, 몇 시간에서 몇

분, 몇 초로 바뀌게 되었다. 이 결과 정보시스템의 처리 능력이 향상되었음에도 데이터의 적시성은 여전히 중요한 품질차원으로 인식되고 있다.

이해 용이성

이해 용이성(understandability)은 사용자들이 데이터를 얼마나 쉽게 잘 이해할 수 있는가를 평가하는 차원이다. 데이터를 이해할 수 있을 때 데이터의 궁극적 효과가 실현됨을 고려할 때, 이해 용이성은 매우 중요한 품질차원이라고 할 수 있다.

데이터의 이해 용이성은 물리적, 내용적 표현 방법에 의하여 결정된다. 물리적 표현 방법은 문자 또는 숫자, 표, 그래프, 이미지, 소리 등과 같이 사용자에게 특정 정보를 전달하는 방법들을 말한다. 이들 표현 방법들은 각각 고유한 장점을 가지므로 어느 방법이 항상 우수하다고 할 수 없다. 따라서 내용과 상황에 부합되는, 사용자들이 쉽게 이해할 수 있는 표현 방법이 나은 방법이라고 할 수 있다.

예를 들면, 문자 또는 숫자는 그래프에 비하여 정확한 정보를 제공한다. 그러나 상대적인 차이를 비교하는 데는 그래프가 훨씬 우월하다. 따라서 특정 대상에 대한 값을 전달하고자 할 경우에는 문자나 숫자로 표현하는 것이 나으며, 여러 대안들을 상대적으로 비교하고자 하는 경우에는 그래프로 표현하는 것이 낫다. 그리고 상세한 정보를 많이 제공하는 것이 항상 이해에 도움이 되는 것은 아니며, 경우에 따라서는 정보의 과부하(information overload)를 발생시킬 수 있음을 유의하여야 한다.

표현의 일관성

표현의 일관성(representational consistency)은 동일한 데이터 항목 안에서 모든 데이터의 표현 형식이 서로 같은가를 평가하는 기준이다. 예를 들면, 사원의 성별을 나타내는 데이터가 갑 부서의 사원 데이터에서는 '남' / '여' 로 표현되어 있으나, 을 부서의 사원 데이터에서는 '1' / '0' 으로 표현되어 있으면, 일관성이 있다고 할 수 없다.

표현의 일관성은 데이터의 상호 비교 및 통합을 위하여 매우 필요한 요소이다. 앞의 예에서 갑과 을 부서를 포함하는 모든 부서의 사원 데이터로부터 성별 구성비를 도출한다고 가정할 경우, 일관되지 않은 방법으로 표현된 데이터들은 많은 문제를 야기할 수 있다.

SUMMARY 요약

본 단원에서는 데이터의 품질 특성에 대하여 학습하였다. 본 단원에서 습득한 주요 개념들을 요약하면 다음과 같다.

가용성: 필요한 데이터가 획득 가능한가를 판단하는 데이터의 품질 평가 기준.

데이터 품질의 원인 평가: 데이터 품질에 영향을 미치는 원인들이 평가 대상이며, 이들 원인들의 특성을 평가.

데이터 품질의 현상 평가: 평가 대상이 데이터이며 사용자에게 서비스되는 데이터의 품질을 평가.

무결성: 데이터들이 실제 현상에서 발생 가능한 상태(즉, 논리적으로 모순되지 않은 상태)를 나타내는가를 판단하는 데이터의 품질 평가 기준.

완전성: 원하는 데이터의 값이 빠짐없이 완전하게 제공되는가 판단하는 데이터의 품질 평가 기준.

이해 용이성: 사용자들이 정보를 얼마나 쉽게 잘 이해할 수 있는가를 나타내는 데이터의 품질 평가 인자.

일관성: 동일한 실제 현상을 나타내는 여러 자료들의 값이 서로 동일한가를 평가하는 데이터의 품질 평가 기준.

적시성: 사용자의 시간적 요구 조건을 얼마나 잘 충족시키는가를 나타내는 데이터의 품질 평가 기준.

적절성: 데이터가 사용 목적에 적절한 정보를 제공하는가를 판단하는 데이터의 품질 평가 기준.

정확성: 자료와 실제값과의 오차를 나타내는 데이터의 품질 평가 기준.

표현의 일관성: 동일한 데이터를 나타내는 여러 데이터 항목의 표현 형식이 서로 동일한가를 나타내는 데이터의 품질 평가 기준.

영문색인

[A]

accuracy *404*
ACID *329*
additivity *382*
after image *350*
ALTER *205*
alternate key *65, 174*
application system *20*
asynchronous log writing *351*
atomicity *329*
attribute *80*
availability *408*

[B]

back-end system *11*
back-up file *348*
base table *206*
basic attributes *170*
BCNF: Boyce-Card Normal Form *244*
before image *348, 350*
BI: Business Intelligence *375*
binary relationship *70*
block *296*
BOM(Bill Of Material) *274*
boolean operators *186*
BPR: Business Process Reengineering *8, 151*
business constraints *184*

[C]

candidate key *65*
cardinality *75*
cartesian product *200*
checkpoint *349*
clustering *298*
commit *328*
complete database schema *256*
completeness *408*
composite key *64, 174*
Conceptual Data Model *110*
conceptual database model *42*
conceptual schema, conceptual view *42*
conceptual system *6*
concurrency management *334*
consistency *329, 405*
CPM: Corporate Performance Management *379*
CREATE *204*

[D]

data *12*
data communications and network *8*
data element *13*
data inconsistency *23*
data item *168*
data warehouse *18*
database *7, 14, 17, 180*
database schema *179*
database system *18*

DBA: Database Administrator *211*
DDL: Data Definition Language *204*
deadlock *343*
degree *173*
deletion anomaly *225*
derived attributes *169*
derived data *314*
determinant *244*
dimension *380*
Division *201*
DML: Data Manipulation Language *207*
documentation *8*
domain *62, 116, 169*
DROP *204*
durability *330*

[E]

embedded data sublanguage *207*
engineering *33*
entity *53, 391*
entity class *54*
entity integrity rule *182*
entity relation *91*
Entity Relationship Diagram *88*
entity set *54*
exclusive lock *339*
existence dependency *56*
external model, external schema *42*

[F]

fact table *381*
FASMI *387*
field *13*
file *14*
file system *16*
1NF: First Normal Form *237*
FIS: Functional Information System *9*
flat file *14, 295*
foreign key *93, 175*
front-end system *10*
full outer join *198*
functional dependency *227*

[G]

generalization *81*
GRANT *212*

[H]

hardware 7

[I]

IN *187*
index, indexing *301*
information *12*
Information Engineering *366*
information overload *410*
information resource dictionary *369*
information-intensive systems *36*
Input-Process-Output chart *4*
insertion anomaly *225*
integrity *406*
integrity rules *180, 181*
interactive query language *207*
internal model *43*
isolation *330*

[J]

join *193, 209*

[K]

key *64*
key constraints *182*

[L]

left outer join *198*
locking *338*
log file *350*
logical access map *291*
lossless decomposition *259*
lost update *335*

[M]

manual data processing system *15*
Master Data *389*
measure *380*
minimal cover *278*
mirroring *348*
MODIFY *205*
Multi-dimensional *388*
multi-valued attributes *170*
multi-valued dependency *246*
multi-valued facts *61*

[N]

n-ary relationship *71*
natural-join *193*
non-stop fault-tolerant *348*
normal forms *236*
normalization through decomposition *257*
null *182, 209*
Null value *112*

[O]

ODS(Operational Data Store) *375*
OLAP(OnLine Analytic Processing) *374*
online analytic processing *379*
order *69*
outer-join *197*

[P]

page *296*
PDM: Physical Data Model *110*
physical system *6*
primary index *301, 302*
primary key *64, 174*
procedure *8*
process-intensive systems *35*
project *192*
property or attributes *58*

[R]

read lock *339, 340*
real world mapping paradigm *34, 100*
record *13*
Record Number *297*
recovery manager *348*
referential constraints, referential integrity rule *183*
relation *170*
relation schema *172*
relational algebra *185*
relational operator *185*
relationship *67*
relationship relation *93*
relationship set *68*
relevancy *407*
representational consistency *410*
restrict *189*
REVOKE *212*
RID *297*
right outer join *198*
rollback *328*

[S]

schema *43*

2NF: Second Normal Form 238
secondary index 301
select 89
shared lock 339
single-valued attributes 170
single-valued facts 61
software 7
specialization 81
SQL 203
Star Schema 381
sub system 4
sub_class 81
super system 5
super_class 81
synchronous log writing 351
system 4

[T]

3 level architecture 41
3NF: Third Normal Form 240
table space 358
ternary relationship 71
theta-join 195
timeliness 409
timestamp 346
TQM: Total Quality Management 399
transaction action diagram 291
transitivity 154
transparent database encryption 358
trigger 331

[U]

unary relationship 69
understandability 410
Union Compatibility 186
uniqueness constraints 182
unlock 341
update anomaly 226
usage map 293
usefulness 407

[V]

violation of integrity constraints 337

[W]

well-structured relation 226
WFG: Wait For Graph 344
write lock 339, 340
write-ahead log protocol 352

국문색인

[ㄱ]

가산성 382
가상 테이블 205
가시성 394
가용성 394, 408
간접 구현 314
강제적 관계 78, 86
개념 데이터 모형 110
개념 모형 41, 42
개념 스키마 42
개념적 개체 56
개체 53, 104, 282, 391
개체 릴레이션 91, 266
개체 무결성 법치 182, 225, 326, 330
개체관계도 88
개체관계모형 49, 53
개체유형 54
개체의 누락 161
개체의 세분화 86
개체의 속성 104
개체의 정의 109
개체중심 표현방법 127, 130
갱신 누락 335
갱신 모순 226
갱신 이전 값 348, 350
갱신 이후 값 350
거래처리 영역 374
거래처리시스템 18
검사점 349, 353
격리성 330
결정자 244, 246, 260, 278, 281
경영분석 솔루션 374
경영성과관리시스템 379
경영정보시스템 18
경영혁신 8
계층 구조 275
공유 388
공유 잠금 339
공학 33
관계 53, 67, 104, 118
관계 릴레이션 93, 266
관계 유형 68
관계의 개체화 125
관계의 누락 161
관계의 생성 118
관계의 속성 80
관계의 정의 118
관계의 차별화 86
관계의 항수 69
관계형 개체 122, 124, 127, 142, 147
관계형 대수식 185
관계형 데이터베이스언어 203
관계형 연산자 185
광의어(廣義語) 393
교착 상태 343
구조적 품질 402

권한의 종류 *211*
기간(基幹)업무 데이터베이스 *18*
기능별 정보시스템 *9*
기본 속성 *60, 170*
기저 테이블 *206*

[ㄴ]

나눗셈 *201*
나눗셈 연산자 *201*
내부 모형 *41, 43*
내장형 데이터 조작어 *207*
내장형 SQL *208*
내재적 품질 *402*
논리 설계 *44, 287*
논리적 시스템 *6*
논스톱 시스템 *348*

[ㄷ]

다수-대-다수 관계 *76, 269, 274*
다중 잠금 기법 *343*
다중종속성 *246, 261*
다차원 데이터베이스 *374*
다차원 데이터 모형 *381*
다차원 분석 *374*
다차원 질의 *380*
다차원성 *388*
단순 선택 *189*
단순 자료값 *178, 215*
단순 질의 *209*
단순 테이블 *171, 178*
단순 파일 *14, 295*
단일값 *114*
단일값 속성 *61, 114, 170*
대기 그래프 *344*
대응개체수 *75, 79, 127, 129*
대체키 *65, 174*
대화형 SQL *208*
대화형 질의어 *207*
데이터 *12, 34*
데이터 갱신 *210*
데이터 검색 *209*
데이터 공유 *24*
데이터 모형 *167*
데이터 변환 및 정제 *378*
데이터 보안 *356*
데이터 삭제 *211*
데이터 이용 주기 *401*
데이터 입력 *208*
데이터 정의어 *204*
데이터 조작어 *207*
데이터 중복 *239, 240*
데이터 중심 개발 방법론 *36*
데이터 중심 모델링 *50, 152*
데이터 중심 모형 *50*
데이터 중심 정보시스템 *36*
데이터 항목 *168*
데이터마이닝 *374*
데이터마트 *378*
데이터베이스 *7, 10, 14, 17, 34, 180*
데이터베이스 관리자 *211*
데이터베이스 구조 *179*
데이터베이스 모형 *40*
데이터베이스 스키마 *256*
데이터베이스시스템 *18*
데이터베이스 암호화 *357*
데이터베이스언어 *203*
데이터베이스의 물리 설계 *287*
데이터베이스 활용도 *293*
데이터웨어하우스 *18, 373, 374*
도메인 *62, 112, 116, 169, 182, 184*

동시성 관리 *334*
동시적 데이터베이스 갱신 *353*
동시적 로그 기록법 *351*
동의어 *393*

[ㄹ]

레코드 *13, 168, 171*
레코드 번호 *297*
로그 우선 프로토콜 *352*
로그 파일 *350*
릴레이션 *168, 170, 173*
릴레이션 구조 *172*
릴레이션 수의 최소화 *269*
릴레이션의 교집합 *187*
릴레이션의 차집합 *188*
릴레이션의 합집합 *186*

[ㅁ]

마스터데이터 *389*
마스터데이터관리 *389*
마케팅정보시스템 *9*
메타 데이터 정보 *371*
메타 정보 *369*
메타 프로세스 정보 *371*
모형화 오류 *138, 151*
무결성 *406*
무결성 법칙 *180, 181, 330*
무결성 법칙의 위반 *337*
무손실 분할 *259*
무손실 분할 법칙 *260, 261*
문법적 오류 *135, 141*
문서화 *8*
물리 데이터 모형 *110*
물리모형 *43*
물리 설계 *44, 287, 288*
물리 스키마 *43*
물리적 개체 *56*
물리적 시스템 *6*
물적 자원 *391*

[ㅂ]

B+ 트리 *307*
배타적 잠금 *339*
백업 파일 *348*
보이스-카드 정규형 *244, 277*
복구관리자 *348*
복귀 *328*
복수값 *114*
복수값 속성 *61, 114, 170, 267*
복제 *348*
복합 데이터 *216*
복합 질의 *209*
복합키 *64, 157, 174*
부분 함수종속성 *156, 233, 279, 280*
분류키 인덱스 *303, 301*
분석기능 *388*
분석정보 *379*
분석정보 영역 *375*
분석질의 *380*
분석 차원 *379, 380*
분석 척도 *380*
분할된 릴레이션 *265*
분할에 의한 정규화 *257, 258*
불필요한 개체 *162*
뷰 *205, 310*
뷰의 삭제 *207*
뷰의 생성 *205*
비교 조인 *195*
비동시적 데이터베이스 갱신 *353*
비동시적 로그 기록법 *351*

비절차형 언어 212
비즈니스 모델 38
비즈니스 아키텍처 367
비즈니스 인텔리전스 375
비추이적 함수종속성 240
빈값 66, 112, 182, 209

[ㅅ]

사건관계 73
사실 테이블 381, 382
사용자 뷰 40, 42, 310
삭제 모순 225
산출물 162
3계층 모형 41
3항 관계 71, 121
상대오차 404
상위시스템 5
상태관계 72
상호운용성 394
생산정보시스템 9
서술자 59
선택 89
선택연산자 190
선택적 관계 87, 88
세분화 개체 83, 94
세분화 개체 릴레이션 94
세분화 유형 81
소프트웨어 7
속성 58, 80, 104, 168, 171
속성값 58, 169
속성의 상속 83
속성의 차별화 86
속성치 영역 62, 116, 168, 169, 184
속성치 조건 182
수작업처리시스템 15
순수 조인 193
스키마 43
스타 스키마 381
시간제한 방법 345
시나리오 101
시스템 4
식별자 59
신뢰성 394
신속성 387
실제 현상 투사 패러다임 34, 100, 400
쓰기 잠금 339, 340

[ㅇ]

IPO 차트 4
IS_A 관계 82
n항 관계 71
암호화 357
업무 제약 조건 184
영속성 330
오른쪽 외부 조인 198
온라인 정보분석 379
완료 328
완전 데이터베이스 스키마 270
완전성 254, 398, 408
완전 외부 조인 198
완전 함수종속성 156, 232
외래키 93, 175, 200, 383
외부 모형 40, 42
외부 스키마 42
외부 조인 197
외부키 93, 175
왼쪽 외부 조인 198
요구정의 오류 136, 150
용어 표준화 392
운영 데이터베이스 18, 373, 378

원인 평가 *403*
원자성 *329*
유용성 *398, 407*
유추 데이터 *314, 320*
유추 속성 *60, 169*
응용시스템 *20*
응용프로그램 *11, 20, 34*
의사결정지원시스템 *18*
의존개체 *60, 92, 115, 122, 127, 142*
이진 검색 *304*
이진 트리 *307*
2차 인덱스 *301*
2항 관계 *70, 119*
이해가능성 *394*
이해 용이성 *410*
인덱스 *301*
인덱스 구조 *307*
인덱싱 *301*
인사정보시스템 *9*
인적 자원 *391*
일관성 *329, 405*
1-대-1 관계 *75, 124, 273*
1-대-다수 관계 *75, 124, 272, 275*
일반개체 *57*
일반화 개체 *83, 94*
일반화 유형 *81*
일반화/세분화 관계 *81, 94*
1항 관계 *69, 120, 274, 276*
읽기 잠금 *339, 340*
입력 모순 *225*

[ㅈ]

자료값의 불일치 *23*
자료항목 *13*
잘 설계된 릴레이션 *226*
잠금 *338*
잠금 단위 *341*
잠금 해제 *341*
재무정보시스템 *9*
저장관리시스템 *295*
저장 구조 *288*
적시성 *409*
적절성 *407*
전사적 데이터 모형 *368*
전위시스템 *10*
절대오차 *404*
절차 *8*
절차 중심 모델링 *51*
접근적 품질 *402*
접근 제어 *356*
정규성 *254*
정규형 *223, 236*
정규화 *269*
정보 *12*
정보 공학 *366*
정보기술아키텍처 *366*
정보시스템 *7, 10, 34*
정보시스템 개발 *33*
정보시스템 모델 *39*
정보시스템아키텍처 *38*
정보시스템 프레임워크 *38*
정보의 과부하 *410*
정보의 손실 *259*
정보자원관리 *365*
정보자원관리 사이클 *366*
정보자원관리시스템 *369*
정보자원사전 *369*
정확성 *398, 404*
제 1 정규형 *237*
제 2 정규형 *238*

제 3 정규형 릴레이션 *240, 256*
제약조건 *326*
조인 *193, 209*
존재 종속성 *56, 92*
주키 *64, 112, 168, 174*
주키값의 변경 가능성 *66*
주키값의 유일성 *64, 65*
주키값의 유일성 조건 *182*
주키값의 존재성 *65*
주키 구성의 단순성 *67*
주키 인덱스 *301, 302*
주키 클러스터링 *299*
준 추이성 *279*
중역정보시스템 *379*
즉시성 *394*
직접 구현 *314*
질의 최적화 *215*
집합 *216*
집합 연산자 *186*

[ㅊ]

차원 테이블 *381, 385*
참조 무결성 법칙 *183, 326, 330*
참조 제약조건 *183*
최고경영자 정보시스템 *9*
최소 대응개체수 *119*
최소 함수종속성 다이어그램 *281*
최소 함수종속성 집합 *278*
추론 법칙 *279*
추이성 *154, 279*
추이성 법칙 *231*
추이적 함수종속성 *156, 233, 240, 267, 279, 280*
출력물 *152*

[ㅋ]

카티션적 *200*
컴퓨터시스템 *7, 366*
코드 *23*
코드화 *314*
클러스터링 *298*
키 *64, 174*

[ㅌ]

타임스탬프 기법 *346*
테이블 *168*
테이블 스페이스 *358*
테이블의 변경 *205*
테이블의 삭제 *204*
테이블의 생성 *204*
통신 네트워크 *8, 10, 366*
통합 알고리즘 *277*
통합품질관리 *399*
투명한 암호화 기법 *358*
투사 *192*
투사 연산자 *192*
튜플 *168*
트랜잭션 *288*
트랜잭션 분석도 *291*
트랜잭션 뷰 *290*
트리거 *331*

[ㅍ]

파워디자이너 *110*
파일 *14*
파일시스템 *16, 20*
페이지 *296*
표현성 *256, 274*
표현의 일관성 *410*

표현 형태 *288*
품질 기준 *401*
품질 차원 *402, 404*
프로세스 *34, 370*
프로세스 중심 개발 방법론 *35*
프로세스 중심 모델링 *51, 152*
프로세스 중심 모델링 방법 *152*
프로세스 중심 모형 *35, 52*
프로세스 중심 정보시스템 *35*
필드 *13, 168*
필수 속성 *112*

[ㅎ]

하드웨어 *7*
하위시스템 *4*
함수종속성 *223, 227, 246, 260, 287*
함수종속성 다이어그램 *278*
합집합 호환성 *186*
항수 *173*
현상 평가 *403*
협의어(狹義語) *393*
확장 *279*
확장 법칙 *230*
환원 법칙 *229*
활동관계 *73*
효율성 *255, 269, 272*
후위시스템 *11*

저자 소개

이춘열

〈 약력 〉

- 서울대학교 산업공학과 (학사)
- 서울대학교 대학원 경영학과 (석사)
- University of Micigan, 경영정보학(Computer & Information Systems) 전공 (박사)
- 한국경영정보학회, 한국데이터베이스학회, 한국BI 데이터마이닝학회 부회장 역임
- 국민대학교 정보기술연구소장, 정보과학대학원장, 비즈니스IT대학원장 역임
- 현 국민대학교 입학처장
- 현 국민대학교 경영대학 경영정보학부 교수

〈 저서 및 논문 〉

- 관계형 데이터베이스 관리론
- 네트워크형 기업과 미래경영전선
- 비즈니스 인텔리전스와 다차원 데이터 분석
- 통합사무자동화론
- A knowledge management scheme for meta-data: an information structure graph

김인재

〈 약력 〉

- 서울대학교 산업공학과 (학사)
- KAIST 경영과학과 (석사)
- University of Nebraska, 경영학과 경영정보학 전공 (박사)
- LG전자 중앙연구소 전산실 주임연구원 역임
- 한국경영정보학회 부회장 역임
- 동국대학교 국제정보대학원장 역임
- 현 동국대학교 국제화추진단장
- 현 동국대학교 경영대학 경영정보 전공 교수

〈 저서 및 논문 〉

- 관계형 데이터베이스 관리론
- 중소기업의 전략적 제휴의도에 영향을 미치는 요인에 관한 연구
- 무선 인터넷 서비스 수용의 영향요인에 관한 연구
- 객체지향 컴퓨팅에 하이브리드 기술수용 모형의 적용 연구
- 가상 커뮤니티의 상업화에 미치는 영향 요인
- 소프트웨어 프로세스 개선활동이 조직 성과에 미치는 영향
- 한국 조직블로그의 유형과 특성에 관한 연구
- 소프트웨어 개발 프로세스 평가모형의 비교와 전망
- 기술수용 및 제품구매의 구조방정식 적용분석
- 정보보호 관리체계의 실증분석
- 경영정보학에서 바라보는 경영교육 인증: 문제점과 해결방안
- 위치기반서비스를 이용한 스마트 폰 개인정보 보호 시스템 설계

데이터베이스관리론

2011년 8월 1일 초판인쇄
2011년 8월 10일 초판발행

저 자 이춘열 · 김인재
발행인 안 종 만
발행처 (주) 박영사
서울특별시 종로구 평동 13-31번지
전화 (733)6771 FAX (736)4818
등록 1959. 3. 11. 제300-1959-1호(倫)

저자와 협의하에 인지를 생략함

www.pakyoungsa.co.kr e-mail: pys@pakyoungsa.co.kr

정 가 28,000원 ISBN 978-89-6454-132-6